SELON (QUE) LA JURISPRUDENCE

Collection « Bibliothèque de droit africain »

Dirigée par Évariste Boshabet Matadi Nenga Gamanda

Titres parus

1. Ngondankoy Nkoy-ea-Loongya Paul-Gaspard, *Droit congolais des droits de l'homme*, 2004.
2. Masamba Makela Roger, *Droit économique congolais*, 2006.
3. Matadi Nenga Gamanda, *Droit judiciaire privé*, 2006.
4. Mutoy Mubiala, *La mise en oeuvre du droit des réfugiés et des personnes déplacées en Afrique*, 2006.
5. Boshab Évariste, *Pouvoir et droit coutumiers à l'épreuve du temps*, 2007.
6. Kangulumba Mbambi Vincent, *Précis de Droit civil des biens. Tome 1. Théorie générale des biens et théorie spéciale des droits réels fonciers et immobiliers congolais*, 2007.
7. Esambo Kangashe Jean-Louis, *La Constitution congolaise du 18 février 2006 à l'épreuve du constitutionnalisme*, 2010.
8. Boshab Évariste & Matadi Nenga Gamanda, *Le statut de représentants du peuple dans les assemblées politiques délibérantes*, 2010.
9. Kamukuny Mukinay Ambroise, *Contribution à l'étude de la fraude en droit constitutionnel congolais*, 2011.
10. Minaku Ndjalandjoko Aubin et Bokona Wiipa Bondjali François, *Lexique des assemblées politiques délibérantes*, 2014.
11. Esambo Kangashe Jean-Louis, *Le droit électoral congolais*, 2014.
12. Kahisha Alidor Munemeka, *Le droit OHADA de l'exécution forcée*, 2019.
13. Matadiwamba Kamba Mutu Tharcisse, *Selon (que) la jurisprudence*, 2019.

Tharcisse MATADIWAMBA KAMBA MUTU

SELON (QUE) LA JURISPRUDENCE

BIBLIOTHÈQUE DE DROIT AFRICAIN 13

academia
L'Harmattan

D/2019/4910/27 ISBN : 978-2-8061-0461-8

Grand'Place, 29
B-1348 Louvain-la-Neuve

www.editions-academia.be

PRÉFACE

L'auteur de l'ouvrage est connu. Maître Matadiwamba Kamba Mutu Tharcisse, avocat près la Cour de cassation et le Conseil d'État, quatre fois élu Bâtonnier national, est un orateur remarquable. Le verbe perçant et toujours bien placé se distingue de l'écrit par sa prononciation particulière. Il m'est arrivé de lui poser la question de savoir comment il transforme un écrit simple dans un prononcé extraordinaire et succulent ?

Qu'il écrive aujourd'hui sur la jurisprudence congolaise, quoi de plus spontané pour un avocat arrivé au sommet de sa carrière et qui, sans discontinue, malgré certaines charges politiques, continue à plaider devant les cours et tribunaux de la République ! Les arrêts et jugements, il en a connu, au point où il nous en rend compte avec une diversité de ressentiments, tantôt révoltants, tantôt satisfaisants.

L'auteur le reconnaît. La jurisprudence congolaise a ses lettres de noblesse. Il cite cette période coloniale (1886-1960) au cours de laquelle elle a occupé une place indiscutable dans la construction des normes juridiques, particulièrement judiciaires. Ici, il est bon de se rappeler, et l'auteur l'a souligné, l'ordonnance du 14 mai 1886 relative aux sources supplétives du droit. Son rôle dans la construction de la jurisprudence a été efficace. Sa longueur de vie a suggéré à l'auteur le qualificatif d'increvable. Il est aussi important, l'occasion faisant le larron, de citer une deuxième ordonnance, du même Administrateur général au Congo, de la même date, le 14 mai 1886, relative à la procédure civile, qui encourageait le juge à l'édification de la jurisprudence. Ces deux ordonnances furent ratifiées par un même décret royal du 12 novembre 1886 et l'ordonnance relative à la procédure civile est bien celle qui fut abrogée le 7 mars 1960 par le Code de procédure civile.

Alors, l'auteur nous parle, on l'a dit, de la jurisprudence. Cette jurisprudence coloniale structurée, constructive et inventive à l'absence de normes juridiques écrites et suffisantes « a créé le droit congolais ». Ce droit était transmis aux usagers par une revue. C'est ici qu'il faut souligner le rôle de la Société d'Études Juridiques du Katanga fondée en 1924 avec la publication périodique de la *Revue Juridique du Katanga* qui deviendra plus tard la *Revue Juridique du Congo Belge,* puis du Congo et du Zaïre.

Il parle aussi de la jurisprudence après l'indépendance du pays intervenue le 30 juin 1960. Les années 1958, 1959 et 1960, peu avant l'indépendance, connurent une nouvelle législation florissante (décret du 8 mai 1958 relatif à l'organisation judiciaire et compétences ; décret du 6 août 1959 portant Code de procédure pénale ; décret du 7 mars 1960 relatif au Code de procédure civile).

En mars 1960 fut promulgué le Code de procédure civile. Ainsi les nouveaux juges pouvaient fonctionner sur des bases stables, aidés aussi par la colossale jurisprudence coloniale. Mais hélas, avec quels juges ? Tous les juges, les magistrats des parquets et les quelques avocats du pays étaient belges et ont quitté le pays le lendemain de l'indépendance à la suite des troubles. Le premier juriste congolais sort de l'université en 1962 et entre immédiatement en politique ! Les huissiers de justice deviennent des juges, des procureurs ! Les commis des avocats, les voilà ministres ou presque avocats, défenseurs judiciaires. Mais ces braves gens imitent les gestes de leurs anciens patrons. La mimique réussit un peu. Dans cette scène, sont venus en assistance judiciaire internationale (ONU) quelques juristes haïtiens, égyptiens et autres.

À partir de 1965, quelques juristes sortent des universités en plus de ceux formés par l'École nationale de droit et d'administration (ENDA). En 1968 commence l'injection d'une législation abondante due aux initiatives du Procureur général, puis Procureur général de la République d'alors, Monsieur Kengo Wa Dondo. La jurisprudence se consolide à Lubumbashi et à Kinshasa. La liste des cours d'appel est désormais complète.

Mais hélas, dans les années 1990, une crise politique et économique s'abat comme un séisme sur le pays. Comme la peste, elle atteint toutes les fonctions de l'État et la Justice n'en est pas épargnée. Les magistrats et les fonctionnaires de Justice sont mal payés. Les uns vendent leurs jugements et les autres les actes qu'ils veulent. Çà et là les décisions de justice sont iniques. Tout le monde s'en plaint. Le juge garde silence, tantôt suit l'avocat, tantôt somnole.

Puis, la décadence presque totale aujourd'hui. Le juge entend mais il n'écoute plus. Et l'auteur le décrit si agréablement qu'on devine tout le reste : « *Le plaidant tend à disparaître au Congo, son rôle lui étant confisqué par un juge qui ne s'en cache plus. De plus en plus et publiquement ! La plaidoirie, les conclusions de l'avocat, c'est quoi ?, lance-t-on à la face du pauvre justiciable* ». L'auteur, et le même, poursuit : « *Par cette parenthèse, le lecteur est d'ores et déjà invité à comprendre que, partout, la jurisprudence chancelle, balance, bégaie. Elle varie dans le temps et l'espace. Normal. Mais parenthèse, si elle varie à la tête du client, comme aujourd'hui, c'est le ras-le-bol, c'est l'injustice décriée par la société elle-même* ». C'est sans nul doute pour cela qu'il a emprunté de Jean de la Fontaine, la représentation allégorique des Animaux malades de la peste : « *Selon que vous serez puissant ou misérable, les jugements de cour vous rendront blanc ou noir* ».

La décadence est si forte que beaucoup de juristes tâtonnent sur la grammaire et la syntaxe de la langue française, langue de leurs écritures. Les lecteurs pourraient se délecter de leurs triturations dans certaines décisions de justice reproduites *in extenso* dans le livre par l'auteur.

Un bon nombre d'expatriés qui dirigent les entreprises au Congo ont compris qu'il vaut mieux avoir un contact onéreux permanent avec un juge, mieux avec un président d'une juridiction que de se laisser abattre par des condamnations injustes. En plus, il est des entreprises jamais condamnées et d'autres, celles de l'État, toujours condamnées. Les avocats ne sont pas consultés en fonction de leur technicité. Certains sont des enfants de course, d'autres des intermédiaires de financement d'opérations judiciaires.

Les facteurs perturbateurs sont légion. Le tout dernier et non le moindre, c'est l'adhésion à la législation de l'Organisation pour l'Harmonisation pour le Droit des Affaires en Afrique (OHADA). Cette bonne législation, abondante par rapport aux anciennes normes juridiques, sont, au Congo, à deux vitesses différentes. À l'intérieur du pays, beaucoup de juges ne possèdent pas la documentation, en conséquence, ils n'appliquent pas cette législation pourtant en vigueur ! Ceux des villes, c'est le tangage.

Comment dans cet environnement la jurisprudence peut-elle jouer son rôle de source de droit ?

Revenons à la jurisprudence et aux opérations que les juges doivent normalement effectuer. On appelle jurisprudence l'ensemble des décisions de justice rendues pendant une période donnée et qui apportent des solutions, dans l'application du droit, à des cas et des faits sur lesquels les décisions n'étaient pas fixées. Il s'agit donc de règles résultant de l'activité des cours et tribunaux. Mais toutes ces règles ne revêtent pas la même valeur. Bien que chaque juge soit habilité à interpréter la loi à l'occasion de l'application d'une norme juridique qu'il désigne, et pour cette raison il est l'interprète authentique, le pouvoir d'interprétation varie d'après la position hiérarchique dont le cours suprêmes, (entendu ici dans le sens de la Cour constitutionnelle, Cour de cassation, Conseil d'État) occupent le sommet. Leurs décisions de principe s'imposent aux autres.

La question que pose l'auteur de Selon (que) la JURISPRUDENCE, est de savoir si le juge interprète comme il veut, débordant et donnant parfois naissance à des serpents à têtes multiples ! Il est vrai que la décision du juge est volontariste : d'un énoncé à plusieurs significations, il décide d'en choisir une qu'il croit être la norme valide dans son espèce. Son pouvoir est énorme mais il n'est cependant pas un pouvoir politique : il est limité, heureusement, par un autre pouvoir, celui qui lui impose l'obligation de la motivation. Tout jugement est écrit et motivé, dit l'article 21 de la Constitution. Cette motivation, et la Cour suprême de justice l'a fréquemment rappelé, c'est d'abord le défaut pur et simple des motifs, la contradiction des motifs, la contradiction entre les motifs et le dispositif, l'insuffisance de motivation, le caractère équivoque, ambigu, imprécis, hypothétique et dubitatif des motifs, le défaut de non réponse à conclusions, et enfin le vice de logique dans la construction du raisonnement juridique.

L'auteur nous fait voir avec amertume que même la Cour suprême, parfois, s'écarte du chemin et l'horizon juridique s'en trouve dès lors estompé ! Qui guidera le guide ? Qui gardera le gardien ? Au niveau inférieur, les juges qui ne subissent plus de véritable contrôle hiérarchique, déraillant dans la motivation au gré des intérêts multiples, financiers, ethniques, religieux et mêmes politiques, prennent des décisions hideuses qui ne peuvent être considérées comme de la jurisprudence. Ainsi, l'intelligence juridique est polluée. Des conclusions sont tirées à partir des raisonnements extravagants, ni analytiques ni dialectiques, mais qui sont des enthymêmes nébuleux. C'est le règne du déraisonnement dans le droit et de la difficile possibilisation de construire de véritables précédents jurisprudentiels.

Il faut reconnaître à l'auteur une audace responsable d'avoir évoqué un sujet aussi exaltant qu'embarrassant, la jurisprudence. La question n'est pas la jurisprudence elle-même, la question n'est-elle pas qu'elle rencontre des écueils pour naviguer vers des précédents. Elle varie à la même époque, elle tâtonne alors que le chemin était déjà tracé, puis elle bégaie dit l'auteur ! Beaucoup reste à faire. L'auteur est cependant pondéré et positif : jamais il n'a cessé de louer les efforts des juges éclairés.

Puis-je vous demander, à vous ses lecteurs, de lire et relire ce livre, pour qu'enfin, nous tous, nous soyons conscients du bien et du mal de notre Justice.

Au demeurant, ce livre est en même temps un divertissement, car, comme je l'ai dit en introduction, orateur remarquable, au verbe percutant, l'auteur commente les arrêts avec humour, et ironie. Cela vous fait lire davantage. La critique des arrêts RCE 744/1032, RC 2671/2672 et RP 2149 m'a personnellement égayé.

Fait à Kinshasa, le 6 décembre 2017

MATADI NENGA GAMANDA
Professeur ordinaire à l'Université Protestante au Congo
Avocat près la Cour de cassation et le Conseil d'État
Ancien bâtonnier

Selon que vous serez puissant ou misérable, les jugements de cour vous rendront blanc ou noir

J. de Lafontaine

INTRODUCTION

J'ai eu à prendre la parole en public maintes fois dans ma vie. Particulièrement depuis 1977, quand je devins député sous l'appellation de commissaire du peuple. À la tribune de l'Assemblée nationale, lors des premières interpellations de la IIe République sous le Président Mobutu Sese Seko Kuku Ngbendu wa Zabanga. La ville en parlait et c'était tout.

Depuis 1998 quelque chose changea, quand je devins bâtonnier national, bâtonnier du barreau près la Cour suprême de justice.

En cette qualité, pendant six ans, chaque année, à chaque rentrée judiciaire de la Cour, je fus amené à prendre la parole, pendant quelque quinze minutes – protocole d'État oblige – en présence de deux présidents de la République successifs, Mzee Laurent Désiré Kabila et Joseph Kabila Kabange.

À ce dernier, réputé de marbre, sans expression en public, il lui arriva, au palais du Peuple, d'esquisser un large sourire, sous les applaudissements nourris de l'assistance, quand je prononçai ces phrases dans mon discours sur la paix, à la rentrée judiciaire du 6 décembre 2003 : « *La paix, c'est quoi ? La paix, c'est par qui, comment et quand ? La paix, pourquoi ?* (...) *La part du gâteau, la bonne et juste. Et le peuple congolais a compris cela. Et son ambassadeur, le musicien, le claironne déjà* : "Tosengi justice. Tosengi démocratie. Mabele ya bana. Kanisa bana", dit la chanson. *La paix de cœur n'arrivera pas si certains crèvent d'en avoir mangé trop, tandis que d'autres en meurent de privation.* »[1]

Le discours est radiotélévisé, en direct. Quelque chose change.

Les confrères avocats, les magistrats, les intellectuels que je croise ici et là n'ont rien d'autre à me dire que de publier. Sans cesse.

Il faut publier, il faut laisser des traces, m'entendais-je répéter désormais. Mais personne ne me dit sur quoi, dans quel domaine.

Je demeure donc dans mon embarras, indécis, mais obligé de faire quelque chose, de réagir à tant d'insistance de toute part.

---

[1] MUPILA NDJIKE KAWENDE, H. F., *La Pensée de Th. MATADIWAMBA, K.M., confrontée à la justice, l'État de droit, l'indépendance de la magistrature, l'avocat et sa profession*, RDC, Pax Congo, 2005, p.3.

Or j'ai déjà publié : une monographie sur *Espace lunda et les Pelende Khobo*[2], réédité ainsi que les *Proverbes pelende*[3]. On insiste pour que j'écrive.

Les gens lisent-ils tous mes discours de rentrée judiciaire ainsi que les oraisons funèbres qui ont été publiés par le professeur Mupila. Est-ce le manque de promotion de ces écrits ?

La demande venant essentiellement du monde judiciaire, j'ai suivi le message. Mais sur quoi aller écrire, moi qui ne suis pas spécialiste dans un savoir juridique ? Il ne suffit pas d'être spécialiste, il faut simplement posséder quelque chose et savoir l'exprimer. J'ai choisi donc de traiter de la jurisprudence de mon pays. Sous ce chapeau, je peux dire ce que je connais de la justice de ce pays depuis quarante-deux ans au barreau.

« Selon la jurisprudence », cette expression est courante dans la plaidoirie et les conclusions que prennent les avocats. N'est-ce pas que cela donne de l'assurance quand on invoque un précédent ? C'est notre fameux argument d'autorité, *ad verecundiam*, contesté par certains auteurs en logique, comme ne valant que ce que vaut l'autorité appelée à rescousse. De quoi s'agit-il au juste ? Ces derniers temps, on a tant et tant tiré sur la justice que l'expression devrait être nuancée, car rien n'est fait pour assurer le plaideur. Le plaidant tend à disparaître au Congo, son rôle lui étant confisqué par un juge qui ne s'en cache plus. De plus en plus et publiquement ! La plaidoirie, les conclusions de l'avocat, c'est quoi ?, lance-t-on à la face du pauvre justiciable.

Aussi m'a-t-il paru judicieux de nuancer le titre de cet ouvrage par une petite parenthèse : « Selon (que) la jurisprudence », à la manière de Jean de Lafontaine dont j'ai choisi la conclusion de la fable pour exergue.

Par cette parenthèse, le lecteur est d'ores et déjà invité à comprendre que, partout, la jurisprudence chancelle, balance, bégaie. Elle varie dans le temps et l'espace. Normal. Mais, parenthèse, si elle varie à la tête du client, comme aujourd'hui, c'est le ras-le-bol, c'est l'injustice décriée par la société elle-même.

Puisqu'elle existe, voyons ce qu'elle est. Comment elle se forme. Quelle est l'utilité de la jurisprudence dans la justice d'une communauté.

C'est l'ossature de mon discours d'aujourd'hui. J'ai choisi pêle-mêle quelques décisions, au détour de mes lectures, pour illustrer la notion de jurisprudence. La lecture du Canard enchaîné, du Nouvel Observateur, du Point, du Monde davantage que les bons livres de doctrine m'ont fait découvrir ce qu'est le travail du juge. Car c'est au tribunal qu'il revient de dire la jurisprudence, *juris prudentia*.

J'analyserai quelques-unes de nombreuses sentences de juge tombées entre mes mains, surtout à l'occasion de la cassation, en demande comme en défense. Dans ces décisions, j'ai pu comprendre le procès en indignité fait à notre justice.

---

2 MATADIWAMBA, K.M. T., *Espace Lunda et les Pelende-Khobo*, CEEBA Publications, série II, vol. 99, Bandundu, 1998.
MATADIWAMBA, K.M. T., *Espace lunda et Identité en Afrique centrale, lieux de Mémoire*, Liège, CEFAL, 4000, 2011.

3 MATADIWAMBA, K.M. T., *Proverbes Pelende (République du Zaïre)*, CEEBA publications, série II, vol. 120, Kinshasa, 1996, réimpression 1997.

Or il existe de bonnes décisions mal comprises. Il existe de mauvaises décisions incontestables. Il existe, entre les deux, des décisions critiquables à cerner par un expert. Le tout est de savoir s'y retrouver. Mon embarras est de savoir les classer pour une bonne pédagogie. Pardonnez-moi le manque de temps et surtout de force, à soixante-dix ans, pour vous fournir un travail agréable à lire, comme je savais le faire.

Enfin mon objectif aura été atteint si, à l'issue de ce livre, le lecteur découvre que le contentieux, le débat est d'abord dans la loi elle-même – dans certaines lois du moins – que le juge est appelé à appliquer et donc parfois à interpréter. Ce juge est tenu à appliquer la loi et non une quelconque jurisprudence, fût-elle de la Cour de cassation, encore moins l'équité que l'on souhaiterait voir régner. Un jugement à la Salomon n'est pas un jugement dans une société de droit écrit, vu l'impossibilité de scruter la conscience des gens comme le fit ce roi sage. Il faut, pour revenir à la Bible, du « Suzanne et Daniel », c'est-à-dire toujours une preuve, un élément extérieur pour asseoir une condamnation.

En effet, alors que la sentence de mort venait d'être arrêtée, le prophète Daniel s'y opposa. Pour la repousser et confondre les deux vieillards blessés de la passion de connaître Suzanne qu'ils accusaient faussement d'adultère au jardin, il obtint de l'assemblée du peuple juif, à Babylone, de les interroger séparément, afin que chacun dise sous quel arbre le forfait avait eu lieu. Et la contradiction des accusateurs (sous un acacia pour l'un et sous un tremble pour l'autre) sauva l'infortunée Suzanne du supplice suprême[4]. Pour sauver le bébé Salomon a jugé en intime conviction, parole contre parole. Pour obtenir la relaxe de Suzanne, Daniel a renvoyé au dossier : les témoignages, les pièces.

---

4 *Bible* : Dn, 13, 52 à 59

CHAPITRE 1

LA JURISPRUDENCE ET SES NOTIONS GÉNÉRALES

SECTION 1 : LA JURISPRUDENCE, QU'EST-CE ?

Juris prudentia, littéralement, la prudence, la sagesse du droit que le juge est appelé à dire, à exprimer à l'occasion d'un conflit. Au juge donc à donner la bonne solution parce que, parfois, la loi s'avère équivoque, plausible dans un sens comme dans l'autre. Le droit anglo-saxon garde de ce mot son sens étymologique de sagesse, de philosophie, tandis que dans notre système juridique latin, belge et français, le mot ne désigne plus que l'« *ensemble des décisions de justice rendues pendant une certaine période soit dans une matière* (jurisprudence immobilière), *soit dans une branche du Droit* (jurisprudence civile, fiscale), *soit dans l'ensemble du Droit.* »[5]

Il faut aller voir au-delà de cette définition globalisante pour saisir le sens précis du vocable jurisprudence. Car c'est au départ telle décision isolée, donnée dans un cas particulier, qui devient et fera ou non jurisprudence.

C'est à pareille décision, à mon avis, que revient le mérite de compter comme précédent, celle en revanche qui n'aura fait qu'appliquer la loi, sans travail d'interprétation du juge, étant exclue du champ jurisprudentiel.

En d'autres termes, là où le juge ne fait qu'appliquer et bien un texte ou un règlement univoque – en existe-t-il ? – il n'y a point à recourir à la sagesse du juge. Et le travail du magistrat réside dans la motivation de son œuvre.

Les motifs qui sous-tendent le dispositif, l'interprétation à laquelle se livre le magistrat pour donner du sens à un texte ambigu ou à l'absence de texte, c'est cela qui devient jurisprudence. À partir d'un texte clair, le juge peut aussi créer une jurisprudence, si néanmoins la solution proposée par le juge ne contrarie point formellement ce texte légal. Le juge fait alors dire à la loi quelque chose qu'elle n'interdit pas. Tout dépendra de la motivation. Aussi est-ce en amont que la constitution d'abord et le Code de procédure ensuite prescrivent l'obligation de motiver les jugements.

---

5 TERRÉ, F., *Introduction générale au droit*, 3e édition, Dalloz, 1996, n° 216, p. 204, qui cite *Vocabulaire juridique*, Assoc. H. Capitant, 1926.

SECTION 2 : COMMENT SE FORME-T-ELLE ?

Nous venons de le voir à propos de la définition. Œuvre du juge, la jurisprudence naît nécessairement à l'occasion du règlement d'un conflit par une juridiction et encore quand la règle applicable à ce conflit s'avère floue ou muette, c'est-à-dire inexistante. C'est alors que le juge assume la mission du législateur en créant le droit. Car, en l'absence de texte ou de texte ambigu, c'est tout comme, la solution de sagesse ou de bon sens consacrée par tel juge et suivie unanimement par les autres tiendra désormais lieu de loi, de jurisprudence. Le bon sens, n'est-ce la situation du roi Salomon ? L'avocat retors répliquera : pas nécessairement.

C'est donc au prétoire, dans un contexte précis de débat juridique, que se forme la jurisprudence. L'on perçoit désormais le rôle éminemment important de l'avocat dans cette construction judiciaire.

À la barre y a-t-il véritablement débat sans plaidants ?

Généralement les plaideurs, toujours présents dans un procès en tant que parties, sont ignares de la chose juridique. C'est donc à l'avocat et à l'avocat exercé de porter le débat, de soulever les problèmes qui vaillent, de questionner la loi, soit de la faire parler. Le tribunal choisira alors, dans bien de cas, l'une des options développées devant lui. Comme dans une importante pièce de théâtre, l'avocat, dont le nom apparaît néanmoins dans les qualités du jugement, joue le rôle de souffleur. Rôle dans l'ombre mais oh! Combien utile. Souvent donc le plaidant souffle, inspire la solution que consacre le juge qui signe la sentence. Souvent mais pas toujours, car le juge écarte parfois ce que l'on lui propose pour une alternative personnelle qui a du mérite.

SECTION 3 : QUELLE EST SON UTILITÉ ?

À la création de l'État indépendant du Congo, qui deviendra la colonie du Congo belge, il fallait des lois pour gouverner l'immense territoire. Tout de suite. Comment faire ? C'est à la sagesse du Gouverneur général de l'époque que notre pays doit l'increvable ordonnance du 14 mai 1886 qui classe la jurisprudence parmi les sources du droit, après la loi.

L'on peut imaginer désormais le rôle des tout premiers juges arrivés au Congo dans l'élaboration de la jurisprudence. Et dire que, jusqu'à la fin de la colonie au 30 juin 1960, il n'a pas été possible de légiférer dans tous les domaines, comme par exemple en matière de succession, domaine pourtant non négligeable dans une société.

À l'instar de la loi, la jurisprudence est utile et d'utilité publique.

Elle a un rôle et une mission essentiels dans un pays. François Terré enseigne ce rôle à propos de la Cour de cassation française :

« *Les Révolutionnaires, qui ont voulu unifier le droit en France, avaient compris qu'il convenait d'instituer une juridiction appelée à veiller à l'application des lois par toutes les juridictions : d'où la création, par la loi des 27 novembre – 1er décembre*

1790, du tribunal de cassation qui annulera toutes procédures dans lesquelles les formes auront été violées, et tout jugement qui contiendra une contravention expresse au texte de la loi. »

Et d'indiquer pourquoi :

« *L'appel ne suffit pas à assurer une bonne administration de la justice ; il faut encore éviter que les diverses juridictions ne statuent différemment sur un même point : il serait choquant que le gain d'un procès dépende de la juridiction compétente. Aussi une juridiction est-elle placée au-dessus de toutes les autres, la Cour de cassation, qui assure l'unité dans l'application de la règle de droit* ».[6]

On vient sans doute de le saisir, la jurisprudence de la Cour suprême de justice a une place de choix, unique. Aussi la loi organique de la procédure devant cette juridiction prescrit-elle de publier dans un bulletin tous ses arrêts, car ils sont censés avoir résolu une controverse juridique.

En effet, le procès en cassation est fait à un autre procès, celui du juge du fond pour contravention à la loi. Le tribunal de cassation ne statue point au fond de l'affaire. Il n'est pas un nouveau degré de juridiction. Il est là pour sanctionner les contraventions à la loi commises par un juge qui a tranché.

En conclusion, si les décisions de la Haute Cour sont bien rendues, je veux dire, tranchent correctement les **querelles juridiques** ayant opposé les parties, du coup, elles assurent l'unité dans la manière de distribuer la justice dans une société. Quelle délicatesse ! Et quel avantage pour un pays qui possèdera ainsi des balises, des garde-fous contre l'arbitraire, toujours possible, de quelques hommes en robe noire. Avec un tel instrument judiciaire, la méchanceté humaine mise à part, juger, dire le droit devrait aller de soi, comme sur des roulettes. Hélas, la loi est ce qu'elle est, toujours sinon souvent susceptible de maintes interprétations, comme tout discours humain. Et son interprétation par le juge ou la jurisprudence, elle, bégaie, balance, selon que… Philosophe, Voltaire a émis ce vœu : « *Que toute loi soit claire, uniforme et précise : l'interpréter, c'est presque toujours la corrompre.* »[7]

Est alors corrompu le juge qui croyait y résister, et dont cependant la sentence déroute si le texte, lui, est clair, uniforme et précis pour le commun des mortels. Nous allons le vérifier.

ILLUSTRATIONS

Quittons l'abstrait, venons-en au concret, après avoir vu ce qu'est la jurisprudence, comment et où elle se bâtit, quelle est son utilité, son rôle aux côtés de la loi.

Pour clore et illustrer la première partie de cette somme, j'ai piqué deux sentences, dans la presse étrangère, plus deux arrêts locaux, le RC 1.605 du 14 juillet 1993 de cassation que j'ai introduits, pour le compte de la SOFIDE, Société Financière de Développement, dont les appels étaient systématiquement dé-

6 TERRÉ, F., *ibid.*, n° 106, p. 88.

7 ALLIOT, D., *Voltaire en verve*, Paris, Horay, 2012, p. 86.

clarés irrecevables, faute de qualité de son président-directeur général et le RCA 24.298/24.333/24.335/24.341 du 17 août 2007 de la Cour d'appel de Kinshasa/Gombe : validité d'une procuration pour appel, d'une signature électronique, d'une télécopie.

Quand je lis, je note souvent ce qui aiguise ma curiosité.

Il s'agit ainsi d'un arrêt et d'un jugement, épinglés dans la presse hebdomadaire, que je lis depuis trente-et-un ans, en 1982, et récemment en 2012. Ces décisions de justice ont dû avoir un certain retentissement pour qu'une certaine presse pût les commenter à l'intention de ses lecteurs. Je vous les exposerai de façon journalistique, sans le détail que donne en l'occurrence une revue juridique. Vous n'aurez donc pas tous les détails d'une décision obtenue au greffe d'un tribunal.

Ce petit échantillon éclaire, caractérise le concept jurisprudence, tant le travail du juge est patent, nouveau, parfois osé. Dommage que nous n'en possédions pas les motifs tels que rédigés par les magistrats eux-mêmes. Soit, mais la révolution opérée par ces décisions vous traduit toute la beauté et parfois l'audace d'un jugement.

Suivons ces éminents hommes en toge dans l'ordre chronologique où je les ai découverts.

CHAPITRE 2

ŒUVRE SIGNIFICATIVE, LE JUGE PARTICIPE À LA CRÉATION DU DROIT SANS CHANGER LA LOI

SECTION 1 : COUR DE CASSATION DE FRANCE

ARRÊT DU 21 JUILLET 1982
EN CAUSE : LES ÉPOUX CHARLES C/M. DESMARES

La Cour interprète la loi, la respecte mais va plus loin : l'auteur d'un accident ne peut s'exonérer de sa responsabilité que si le comportement de la victime était imprévisible et irrésistible.

Le quotidien Le Monde du vendredi 23 juillet 1982 titre à la page 10, sous la rubrique Justice : « *La Cour de cassation renverse la Jurisprudence sur l'Indemnisation des Victimes d'Accidents de la Circulation* ».[8]

Il existe donc une jurisprudence en la matière que vient de renverser cet arrêt du mercredi 21 juillet 1982, rendu par la deuxième chambre civile de la Cour de cassation de France. Ce nouvel arrêt fera jurisprudence si on cesse de juger comme avant les conflits d'accident du roulage.

Voyons donc 1° la loi, 2° les faits de la cause, et 3° les solutions en présence.

1. Texte de loi

La matière est régie en France par l'article 1384 du Code civil, le même que notre article 260 du CCL III : « *On est responsable non seulement du dommage que l'on cause par son propre fait, mais encore de celui qui est causé par le fait des personnes dont on doit répondre et des choses que l'on a sous sa garde.* »

---

[8] *Le Monde*, vendredi 23 juillet 1982, p. 10.

2. Les faits de la cause

C'est un accident de circulation, nous dit le journal, « *survenu le 20 octobre 1977 à Charleville* (Ardennes) *à un couple âgé, les époux Charles, qui avaient été heurtés et blessés l'un et l'autre par la voiture que conduisait M. Desmares, au moment où ils s'apprêtaient à traverser la rue.* »

3. Les solutions

En première instance le tribunal de Charleville déboute les victimes. Selon lui, c'est la compagnie d'assurance de l'automobiliste qui a raison, parce que l'infortuné couple se serait engagé sur la chaussée sans s'être assuré qu'il pouvait le faire sans risque d'accident. C'est le sens même de la jurisprudence constante et abondante en la matière. Rien à redire par conséquent ?

En revanche, la Cour d'appel de Reims infirmera l'œuvre du juge d'instance, à raison que, pour elle, écrit *Le Monde*, « *même si la faute imputée aux deux victimes était établie, celle-ci ne présentait pas le caractère d'une attitude imprévisible, d'une circonstance de force majeure pouvant exonérer le propriétaire du véhicule de la responsabilité prévue par l'alinéa premier de l'article 1384* ».

La compagnie d'assurance verra son pourvoi rejeté, la Cour de cassation ayant suivi avec encore plus de force la position de la Cour d'appel. Et le journaliste Jean-Marc Théolleyre de reproduire l'attendu choc de la première chambre : « *Seul un événement constituant un cas de force majeure excuse le gardien de la chose instrument du dommage de la responsabilité par lui encourue* (...). *Dès lors, le comportement de la victime, s'il n'a pas été pour le gardien imprévisible et irrésistible ne peut l'en exonérer, même partiellement.* »

Le renversement de la jurisprudence se trouve dans l'expression « **même partiellement** ». Il revient, selon cet arrêt, au conducteur au volant d'un engin dangereux de faire attention, de prendre toutes les précautions, enfin de devoir prouver l'imprévisibilité du dommage et la force majeure pour s'en sortir. Le quotidien se souvient qu'une première sentence en ce sens avait eu lieu en 1930.

Mais c'était sans compter avec la puissance des compagnies d'assurance qui « *avaient réussi à faire mettre à la charge des victimes une part des responsabilités* ».

En l'occurrence, les victimes, actuelles et futures sont isolées, donc faibles, face aux puissantes compagnies d'assurance, civilement responsables des automobilistes. Et surtout que le procès dure. Accident du 20 octobre 1977, arrêt irrévocable du 21 juillet 1982. Cinq ans ! Qu'est devenu ce couple âgé en cinq ans de procès ?

Le renversement de la jurisprudence tiendra-t-il et combien de temps ? La loi, elle, est devenue séculaire, car elle est du Code napoléonien. Les juges ne cessent de l'interpréter en dents de scie. La force de la jurisprudence est là. Toujours tributaire du facteur humain. Le juge se cache derrière les attendus, les motifs de son jugement. Caché mais reconnaissable à l'aide du dossier.

SECTION 2 : TRIBUNAL DE GRANDE INSTANCE DE COLOGNE

JUGEMENT *151 NS 169/11* DU 7 MAI 2012[9]
LANDGERICHT KÖLN IM NAMEN DES VOLKES URTEIL

Ici, autant le juge respecte la loi sur les coups et blessures sans la changer, autant il la révolutionne. Le médecin musulman qui a pratiqué la circoncision sur un mineur à la demande de ses parents musulmans, et ce pour des raisons religieuses, est présumé avoir commis un acte légal.

1. La prévention

Le Ministère public reproche à l'accusé d'avoir, le 4 novembre 2010, à Cologne, abusé corporellement d'une personne, en endommageant sa santé, au moyen d'un outil dangereux soit un scalpel, fait prévu et puni par le §§ 223 par. 1, 224 par. 1 n° 2, alternative 2 du Code pénal, *Strafgesetzbuch*.

2. Les faits de la cause et la procédure

Le 4 novembre 2010 dans son cabinet à Cologne le Dr K. avait pratiqué sous anesthésie locale au moyen d'un scalpel sur demande des parents de l'enfant la circoncision de J., qui à l'époque des faits fut âgé de quatorze ans, sans qu'il y eût une indication médicale sur l'opération.

Il recousit les plaies de l'enfant avec quatre points de suture et le soigna encore le soir du même jour lors d'une visite à domicile. Le 6 novembre 2010, l'enfant fut transporté par sa mère aux urgences pédiatriques de la Clinique universitaire à Cologne, pour traiter les hémorragies. Les hémorragies furent arrêtées là-bas.

Sous le n° 528 Ds 30/11, en date du 21 septembre 2011, le tribunal d'instance de Cologne a déclaré l'accusé non coupable, frais à charge du Trésor public.

Contre ce jugement, le Ministère public a interjeté appel dans les formes et délais impartis de la loi.

La juridiction d'appel a déclaré non fondé le recours du Ministère public, sur pied de la bonne foi du chirurgien et de l'ignorance du caractère illicite de son acte médical.

Néanmoins, la motivation des juges d'appel recadre le débat sur la question de la circoncision (et de l'excision) des mineurs.

Pour ce jugement de Cologne donc, porter atteinte à la virginité corporelle d'autrui est punissable par le Code pénal, si l'individu n'a point donné **personnellement** son consentement.

Le consentement des parents à l'acte médical, pour des motifs religieux, est irrelevant, au nom de la Constitution de Weimar du droit, *Weimarer Rechtsverfassung*.

---

9 https://adam1cor.fils.worderess.com/2012/151-ns-169-11-bschneidung.pdf.

Aussi cette décision du tribunal de Cologne a-t-elle provoqué des vagues dans certains milieux en Europe en général et en Allemagne en particulier, où l'on a vu pointer une stigmatisation du juif et du musulman.

Voici des extraits de cette motivation, selon la traduction du Dr en Philosophie, Sciences politiques et Théologie Makambu Apollinaire de l'université de Wurzburg, Allemagne :

La circoncision d'un garçon incapable de consentement pratiquée en bonne et due forme par un médecin sur demande des parents pour des raisons religieuses n'est pas exclue du point de vue de la prétendue « adéquation sociale » des éléments constitutifs.

(...)

Les parents ou celui qui a pratiqué la circoncision ne doivent par conséquent pas être excusés par § 17 StGB. Aucune justifiante conséquence ne doit aussi être accordée à la motivation des parents pour de la circoncision. Car, aucune priorité n'est accordée au droit des parents à l'éducation religieuse des enfants en contrepartie du droit de l'enfant à la virginité corporelle et à l'autodétermination, à tel point qu'avec le consentement pour la circoncision il y a à constater une contradiction avec le bien de l'enfant. Néanmoins l'inexcusable événement ou acte contre le bien-être de l'enfant ne doit pas être socialement inaperçu, il ne doit pas être en général approuvé et historiquement consacré et par conséquent il ne doit pas être soustrait du champ formel de l'incrimination.

(...)

La circoncision d'un garçon incapable de donner son consentement ne correspond, ni sous l'angle de prévention d'une exclusion au sein d'un environnement socioreligieux respectif, ni du point de vue du droit éducatif des parents, au bien-être de l'enfant.

Les droits fondamentaux des parents selon l'Art. 4 Par. 1,6 Par. 2 GG sont à leur tour limités par le droit fondamental de l'enfant à la virginité corporelle et à l'autodétermination selon l'Art. 2 Par. 1 et 2 Alinéa 1 GG. La réponse ressort peut-être déjà de l'Art. 140 GG en rapport avec l'Art. 136 Par. 1 WRV (Weimarer Rechtsverfassung = Constitution de Weimar du droit)*, selon lequel les droits civiques ne sont pas limités par l'exercice de la liberté de religion.*

En tout cas l'Art. 2 Par. 1 GG lui-même met une limite constitutionnellement immanente aux droits fondamentaux des parents.

La blessure corporelle présente dans la circoncision dans le cadre de l'éducation religieuse, si alors elle devrait être nécessaire, est en tout cas injustifiée ou inacceptable. C'est ce qui ressort de l'appréciation du § 1631 Par. 2 Alinéa 1 BGB (Code civil).

En plus, le corps de l'enfant est transformé par la circoncision de façon durable et irréparable. Cette transformation est contraire à l'intérêt de l'enfant de pouvoir soi-même décider plus tard son appartenance religieuse.

Inversement, le droit éducatif des parents n'est pas injustement violé, s'ils sont tenus à attendre, que le garçon lui-même se décide plus tard, quand il est majeur, pour la circoncision comme signe visible de son appartenance à l'Islam.

(...)

L'accusé avait cependant agi dans une inévitable ignorance du caractère illicite de son acte et donc innocemment (§ 17 Alinéa 1 StGB).

L'accusé a agi de bonne foi (en bonne conscience). *Il l'a décrit de manière crédible lors de l'audience principale. Il partit sans doute de l'idée que, comme fervent musulman et comme médecin accrédité la circoncision d'un garçon sur demande des parents pour des raisons religieuses lui était autorisée. Il présuma aussi, que son acte était légal. L'ignorance par l'accusé du caractère illicite de son acte était inévitable.*

3. Observations

La sagesse, le travail inventif du juge transpirent à travers toute cette motivation. À partir d'un même vieux et invariable texte relatif aux coups et blessures volontaires, le juge bouge, veut révolutionner. Ça ne doit plus être comme avant. Le juge de Cologne se met au diapason de son époque, empreinte de libertés individuelles, de respect des droits humains, d'émancipation tous azimuts.

Les arguments développés sont ceux de son temps, de son milieu, de sa civilisation. Cependant le médecin échappe à la condamnation en raison du principe général du droit, soit la bonne foi.

Sauf le poids de l'histoire vis-à-vis des musulmans et surtout des juifs, la motivation des juges de Cologne peut amener à révolutionner les choses, sans pourtant changer la loi. Un juge possède donc le pouvoir de créer du droit.

SECTION 3 : COUR SUPRÊME DE JUSTICE/RDC

ARRÊT RC 1605 DU 14 JUILLET 1993
EN CAUSE : SOFIDE C/SPRL BINZA SALAWA & FILS

La représentation en justice d'une société commerciale – désignation du nom de la personne physique dans les statuts. L'article 7 du décret du 27 février 1887 ainsi que l'article 1er de l'arrêté royal du 22 juin 1926 relatif aux sociétés par actions à responsabilité limitée, n'obligent aucune société par actions à responsabilité limitée de désigner, dans ses statuts, les noms des personnes ayant la gestion sociale et la signature sociale...

C'est l'incertitude généralisée dans les milieux d'affaires à Kinshasa. Les juridictions décident dans tous les sens sur la question de la représentation en justice des sociétés commerciales. C'est devenu le pont-aux-ânes pour elles et une aubaine pour ces avocats « affairistes ». Comme si leurs statuts étaient muets là-dessus ou alors étaient mal rédigés, à telle enseigne qu'on ne puisse pas savoir qui détient le pouvoir d'agir en justice dans telle SPRL ou telle autre SARL.

Dans le litige ayant opposé la SARL SOFIDE, Société de Financement et de Développement à la SPRL BINZA SALAWA & Fils, quels sont : 1° la loi applicable, 2° les faits de la cause, 3° les décisions avenues ?

1. Les textes de loi

S'agissant d'une SARL, la représentation en justice est organisée par l'article 7 du décret du Roi-Souverain du 27 février 1887 tel que modifié par le décret du 23 juin 1960, à 7 jours de la date de l'indépendance, relatif aux sociétés commerciales et l'article 1er, 6° *littera* de l'arrêté royal du 22 juin 1926, relatif aux sociétés par action à responsabilité limitée que voici :

Article 7 :
Les sociétés agissent par leurs représentants dont les pouvoirs s'établissent par l'acte constitutif ou par les actes postérieurs faits en exécution de l'acte constitutif.

Article 1er :
Notre autorisation, requise pour fonder au Congo une société par actions à responsabilité limitée, est subordonnée notamment aux conditions ci-après :
(...)
6° que l'acte de la société indique :
(...)
d) la désignation des personnes ayant la gestion et la signature sociale ;

Article 468 CCL III :
L'obligation qui résulte d'un prêt en argent n'est toujours que de la somme numérique énoncée au contrat. S'il y a eu augmentation ou diminution d'espèces avant l'époque du paiement, le débiteur doit rendre la somme numérique prêtée, et ne doit rendre que cette somme, dans les espèces ayant cours au moment du paiement.

2. Les faits de la cause

La SOFIDE a consenti le 30 octobre 1985 un prêt de 1.035.010 ECUS, à la SPRL BINZA SALAWA & FILS, négociant en café, pour achat de 23 camions Toyota, trois camions FIAT 682 N3, quatre pick-up Land-cruiser, un bâtiment industriel de 750 m², etc.

Le prêt n'étant pas remboursé à l'échéance, le prêteur adressera un courrier à l'emprunteur lui réclamant la somme de 113.734.802,65 Z.

La SPRL BINZA SALAWA réagira par une assignation en dissolution du contrat de prêt pour clause illégale, soit comme contraire au principe du nominalisme monétaire édicté à l'article 488 du CCL III. Soit dit en passant, le recours à l'écu fut convenu par les deux parties en raison du fréquent glissement du zaïre-monnaie.

Le premier juge ayant annulé le contrat de prêt, pour violation de l'article 468 du CCL III, les deux sociétés formèrent appel principal pour la SOFIDE et incident pour la BINZA SALAWA. La Cour d'appel de Kinshasa déclarera irrecevable l'appel principal au motif que le président-directeur général de la SOFIDE KIYANGA-ki-N'LOMBI n'avait pas qualité de représenter la société, son nom ne figurant pas aux statuts sociaux. Ce PDG est pourtant le même qui a signé le contrat de prêt d'entre parties.

3. L'arrêt RC 1605

(...)

Par son pourvoi du 15 août 1990, la société financière de développement en abrégé SOFIDE, sollicite la cassation de l'arrêt du 10 mai 1990 rendu par la Cour d'appel de Kinshasa qui avait déclaré irrecevables ses appels et dit non fondé l'appel incident de la Société Binza Salawa et Fils, défenderesse en cassation.

Dans son mémoire en réponse, la défenderesse en cassation soulève trois exceptions d'irrecevabilité du pourvoi.

La première exception est basée sur l'absence de qualité et pouvoir de représenter la SOFIDE en justice dans le chef de Monsieur KIYANGA-ki-NLOMBI pour défaut de preuve, d'une part de sa désignation préalable en qualité d'administrateur et ensuite, de président du conseil d'administration et, d'autre part de la tenue régulière d'une assemblée ayant procédé à ces désignations ainsi que du dépôt au greffe compétent du procès-verbal de cette assemblée conformément aux articles 2 et 3 du décret du 27 février 1887.

La Cour suprême de justice relève que d'une part, le procès-verbal de l'assemblée générale du 20 avril 1989 au cours de laquelle Monsieur KIYANGA-ki-NLOMBI a été élu administrateur a été déposé le 25 mai 1989 au greffe du tribunal de grande instance de Kinshasa/Gombe sous l'acte de dépôt AS 1184 et d'autre part, bien que ledit procès-verbal ne soit pas versé au dossier sous examen, la qualité d'administrateur peut être vérifiée à travers les termes du procès-verbal du 25 avril 1989 du conseil d'administration qui est versé au dossier sous examen, lequel procès-verbal fait, en outre de l'élection par les administrateurs, de Monsieur KIYANGA-ki-NLOMBI en qualité de président du Conseil d'Administration de la SOFIDE. Il en résulte que la première exception n'est pas fondée.

(...)

La troisième exception est basée sur l'absence de procuration spéciale donnée par la demanderesse en cassation à son avocat MATADIWAMBA qui ne peut se prévaloir ni de dispositions de l'article 107 de l'ordonnance-loi n° 78/08 du 28 septembre 1979 portant organisation du barreau ni de l'ordonnance-loi n° 82/017 du 31 mars 1982 portant Code de procédure devant la Cour suprême de justice. Cette exception n'est pas non plus fondée. En effet, Monsieur MATADIWAMBA est un avocat à la Cour suprême de justice et, aux termes de l'article 107 susinvoqué, les avocats à cette Cour représentent les parties valablement en cassation sans avoir à justifier d'une procuration.

Sans qu'il soit nécessaire d'examiner les autres moyens de la demanderesse en cassation, la Cour suprême de justice statue sur la première branche du deuxième moyen tiré de la violation de l'article 7 du décret du 27 février 1887 tel que modifié par le décret du 23 juin 1960 et des articles 1er 6° littera d de l'arrêté royal du 22 juin 1926 relatif aux sociétés par actions à responsabilité limitée en ce que l'arrêt déféré a dit non conforme à la loi l'article 20 de l'acte constitutif parce qu'il ne porte pas le nom de l'individu devant suivre les actions en justice alors que, d'une part, en parlant de la désignation des personnes ayant la gestion et la signature sociale l'arrêté royal susvisé n'exige pas une nomination physique et que, d'autre part, dès l'instant où l'autorisation prévue par cet article a été donnée par ordonnance n° 008 du 11 janvier 1970, les organisations de gestion figurant à l'acte constitutif ont été agréées. Il ne résulte pas de l'analyse des termes de l'arrêté royal susinvoqué qu'obligation soit faite à une société par actions à responsabilité limitée de désigner, dans ses statuts, les noms des personnes ayant la gestion et la signature sociale. La Cour d'appel, en exigeant cette désignation pour la SOFIDE, a violé la disposition légale visée au moyen. En cette branche, le moyen est donc fondé et la décision attaquée sera cassée avec renvoi.

C'EST POURQUOI ;
La Cour suprême de justice, section judiciaire siégeant en cassation, en matières civile et commerciale ;
Le Ministère public entendu ;
Casse l'arrêt attaqué ;
Renvoie la cause devant la Cour d'appel de Kinshasa, autrement composée ;
Dit pour droit que l'article 7 du décret du 27 février 1887 ainsi que l'article 1er, 6° litera d de l'arrêté royal du 22 juin 1926 relatif aux sociétés par actions à responsabilité limitée n'obligent aucune société par actions à responsabilité limitée de désigner, dans ses statuts, les noms des personnes ayant la gestion sociale et la signature sociale et que la juridiction de renvoi devra reconnaître la qualité d'agir en justice pour la SOFIDE, du président du conseil d'administration de celle-ci.
Condamne la défenderesse aux frais d'instance taxés en totalité à la somme de zaïres 33.500.000.
Ordonne que mention du présent arrêt soit faite en marge de la décision cassée.
La Cour a ainsi jugé et prononcé à l'audience publique du mercredi quatorze juillet mille neuf cent quatre-vingt-treize à laquelle siégeaient les magistrats : BALANDA MIKUIN LELIEL, Premier Président ; TSHIKANGU MUKABA et NGOMA KINKELA, Présidents ; avec le concours du Ministère public représenté par l'Avocat général de la République NKATA et l'assistance de NZUZI ANKETE, greffier du siège.

4. Observations

Tout est parti de la modification des dispositions statutaires de la SARL SOFIDE quant à l'étendue des pouvoirs du conseil d'administration, à la faculté de les déléguer à des tiers et à la personne qualifiée pour ester en justice.

Pour la défenderesse et emprunteur SPRL BINZA SALAWA, formaliste sinon astucieuse sur la question, l'acte constitutif de son adversaire devait porter le nom de la personne physique devant agir en justice au nom et pour compter de la SOFIDE.

Pour faire échec au pourvoi, la défenderesse a même opposé cela comme préalable, lors même que c'est la question de fond que la pourvoyante avait soumise à la cassation dans le procès fait à l'arrêt RCA 15.059/15.079 du 17 mai 1990 de la Cour d'appel. La Cour suprême de justice y aura donc répondu à deux reprises, comme réponse à l'exception et comme réponse au moyen de cassation.

Le travail d'interprétation des juges de cassation a consisté à relever que l'arrêté royal en son article 1er, 6° *littera* d posant la condition de la « *désignation des personnes ayant la gestion et la signature sociale* » n'impose pas une nomination physique. En d'autres termes, si un acte constitutif stipule que la gérance ou le conseil d'administration a tel pouvoir, il est conforme à la loi sur les sociétés.

Ce disant, les juges de cassation ont dû se référer à une pratique courante et admise par tous en la matière, sans oublier la référence à un principe général du droit édicté par l'article 28 de notre Code de procédure civile : Nullité sans grief n'opère !

Hélas, l'interprétation de l'article 468 du CCL III, question ayant opposé les parties à l'assignation introductive d'instance, n'a pu être soumise au juge de cassation et pour cause.

Il ne se sera agi à ce niveau que de la recevabilité de l'appel, méconnue par les juges du fond pour prétendue défaut de pouvoir.

SECTION 4 : COUR D'APPEL DE KINSHASA/GOMBE

ARRÊT RCA 24.298/24.333/24.335/24.341 DU 17 AOÛT 2007 EN CAUSE : YUNUS MUNSHI C/TANSWANSEA CONSTRUCTION SPRL & CONSORTS

La validité d'une procuration – télécopie – signature électronique. L'article 68 du Code de procédure civile n'a pas prévu de mentions que doit contenir une procuration sous peine de nullité ni la forme que doivent respecter ses signataires. En l'espèce,... cette procuration est régulière, la preuve de son authenticité pouvant se faire par tout moyen de droit, le Code de procédure exige qu'elle soit spéciale, comme in casu elle l'est. La procuration porte bien le lieu de son établissement, elle est dûment légalisée et autorise au mandataire de former appel contre le jugement querellé. Quant à la décision de délibération, les statuts n'en prévoient pas les modalités, les trois personnes prévues par les statuts ayant signé les procurations querellées et le quorum exigé par les statuts étant atteint, la Cour dira les procurations régulières d'où les appels recevables.

L'arrêt RCA 24.298/24.333/24.335/24.341 du 17 août 2007 vient de régler une question à rebondissement à savoir celle de la validité d'une procuration spéciale, précisément la question de la preuve d'existence.

En l'espèce une procuration pour appel, supposée donnée en Europe, a été contestée faute d'indication de son lieu d'établissement.

La Cour d'appel de Kinshasa/Gombe a statué dans le même sens que celle de Toulouse en France, qui avait eu à se prononcer le 20 janvier 1995 sur la validité ou non de la signature électronique ou télécopie.

1. Les textes de loi

Outre les articles 526 et suivants du CCL III sur la nature et la forme du mandat, la matière est spécialement régie par l'article 68 du CPC, à comprendre en ayant toujours à l'esprit l'article 28 du même Code de procédure civile.

Article 526 :

Le mandat ou procuration est un acte par lequel une personne donne à une autre le pouvoir de faire quelque chose pour le mandant et en son nom. Le contrat ne se forme que par l'acceptation du mandataire.

Article 68 al. 1 et 2 :

L'appel est formé par la partie ou par un fondé de pouvoir spécial, soit par une déclaration reçue et actée par le greffier de la juridiction d'appel, soit par lettre recommandée à la poste adressée au greffier de cette juridiction. La date de l'appel est celle de la déclaration au greffe ou celle de la réception de la lettre recommandée par le greffier.

Article 28 :

Aucune irrégularité d'exploit ou d'acte de procédure n'entraîne leur nullité que si elle nuit aux intérêts de la partie adverse.

2. Les faits de la cause

L'arrêt résume ainsi les faits de la cause en ses 28e et 29e feuillets :

« *La société TANSWANSEA CONSTRUCTION SPRL obtint un financement de la banque mondiale pour la réhabilitation des routes reliant le Katanga aux deux Kasaï et Maniema. Elle obtint des garanties nécessaires auprès de l'UBC. Mais se buta à la difficulté de trouver les mêmes garanties à offrir à la BCECO, agence d'exécution des projets financés par la Banque Mondiale, de sorte que si les routes n'étaient pas réhabilitées elle* (la Banque Mondiale) *soit en mesure de récupérer son financement ; TANSWANSEA entreprit alors des démarches auprès de RAWBANK afin d'offrir ces garanties à la Banque Mondiale. C'est alors qu'intervint Monsieur YUNUS MUNSHI, qui promit de décanter la situation par le biais d'une technique appelée montage financier ;* (...) ».

Dans cet important prêt d'environ 20.000.000 $, le conflit naîtra entre intermédiaires pour non-respect des engagements réciproques, ce qui explique des actions croisées sous RC 91.726/91.763/91.764/92.163/92.217. La TANSWANSEA SPRL sera condamnée au premier degré à payer un solde de 537.900 $ au sieur YUNUS MUNSHI, sans oublier 1.000.000 $ à titre des dommages-intérêts, tandis que la RAWBANK SARL le sera pour la somme de 60.000 $.

C'est au second degré que sera opposée la fin de non-recevoir relative à la validité de la procuration pour appel.

3. L'arrêt RCA 24.298/24.333/24.335/24.341

RCA 24.298/RCA 24.335 : TANSWANSEA CONSTRUCTION SPRL, appelante c/ YUNUS MUSHI, intimé ;

RCA 24.333 : RAWBANK, appelante c/ TANSWANSEA CONSTRUCTION SPRL et YUNUS MUSHI, intimés ;

RCA 24.341 : UNITÉ DE COORDINATION DES PROJETS (UCOP), *appelante c/ YUNUS MUSHI, intimé ;*

ARRÊT :

Par déclarations faites et actées au greffe de la Cour de Céans les 14 août 2006, 11 septembre 2006 et 13 septembre 2006 ; les Avocats BUKA NTAMBU, LUNDA BANZA, MUBANGA WETUNGANI et Alain BUHENDWA NTAMWENGE, tous Avocats au Barreau de Kinshasa et porteurs des procurations spéciales, respectivement des 19 juin 2006, 8 septembre 2006, 23 août 2006 et 11 septembre 2006, leurs remises par leurs clients TANSWANSEA CONSTRUCTION SPRL, RAWBANK SARL et la République Démocratique du Congo par l'entremise du ministère de la Justice, ont interjeté appels contre le jugement rendu par le tribunal de grande instance de la Gombe sous les RC 91.764/ 91.763/91.762/92.217/92.163, le 10 juin 2006, en cause YUNUS MUNSHI contre société TANSWANSEA CONSTRUCTION et consort dont le dispositif :

- déclare recevables et fondées les actions sous le RC 91.762, RC 92.763, RC 91.764 et RC 92.217 par Monsieur YUNUS MUNSHI en conséquence :

- déclare bonnes et valables les saisies arrêts et saisies conservatoires pratiquées par le demandeur YUNUS MUNSHI sur les biens mobiliers de TANSWANSEA CONSTRUCTION SPRL quant à la saisie conservatoire et celles pratiqués sur les fonds et comptes bancaires de TANSWANSEA CONSTRUCTION SPRL auprès de la RAWBANK Kinshasa, celles pratiqués sur les fonds de TANSWANSEA CONSTRUCTION SPRL auprès de l'UCOP (Banque Mondiale représentation régionale de Kinshasa BCECO) *en ce qui concerne les saisis arrêts et convertit les unes et les autres en saisies exécutions ;*

- Condamne la société TANSWANSEA CONSTRUCTION SPRL à payer à Monsieur YUNUS MUNSHI la somme de l'équivalent en francs congolais de 537.900 $

assortie de 6 % d'intérêts depuis le jour de la présentation des chèques au paiement, et à 1.000.000 $ à titre des dommages et intérêts ;

- Dit exécutoire nonobstant tout recours la condamnation au paiement principal de l'équivalent en francs congolais de 537.900 $;

- Dit établie la responsabilité civile de RAWBANK KINSHASA et la condamne à payer à Monsieur YUNUS, la somme de l'équivalent en francs congolais de 60.000 $ (soixante mille dollars) *;*

- Met les frais d'instance à charge des défendeurs à raison de 1/3 pour chacune ;

- Examinant les mérites de l'action mue sous RC 92.163, la déclare recevable mais non fondée, tout en délaissant les frais à charge de la demanderesse TANSWANSEA CONSTRUCTION SPRL ;

Par la même voie de greffe en date du 10 octobre 2006, Maître BIA BUETUSIWA Avocat au Barreau de Kinshasa, porteur d'une procuration spéciale du 9 octobre 2006, lui remise par son client YUNUS MUNSHI, a interjeté appel incident sous les RCA 24.298, 24.333, 24.335 et 24.341 contre le même jugement que ci-dessus ;

À l'appel de la cause à l'audience du 20 juin 2007, les parties ont comparu, l'appelant TANSWANSEA CONSTRUCTION SPRL par ses conseils Maître NGONDJI, BUKA, MUBANGA, KYUNGU, LUNDA MASUDI, MAYINGA, NGANGOMBA conjointement, tandis que les intimés YUNUS MUNSHI par Maîtres KOLONGELE, et BIA BUETUSIWA, la RAWBANK par Maître LUNDA BANZA et l'UCOP par Maître KIABUTA, tous Avocats au Barreau de Kinshasa/Gombe ;

Des appels interjetés sous les RCA 24.298/24.331/24.341

In limine litis l'intimé YUNUS MUNSHI soulève l'exception tirée de l'irrecevabilité des appels interjetés par la société TANSWANSEA CONSTRUCTION SPRL, RAWBANK et UCOP aux motifs qui suivent :

De l'appel de l'UCOP formé sous le RCA 24.341 ;

L'intimé YUNUS MUNSHI soutient que la personne qui a donné procuration à l'avocat aux fins d'interjeter appel n'avait pas qualité ;

Il fonde son moyen sur l'article 68 du Code de procédure civile qui dispose que : « L'appel peut être formé par un fondé de pouvoir spécial, sur la doctrine qui enseigne que l'avocat n'a pas qualité pour exercer recours sans avoir reçu des pouvoirs spéciaux à cette fin (A. Rubbens) *et sur la jurisprudence qui précise que le fondé de pouvoir pour former appel au nom de l'appelant doit recevoir ces pouvoirs spéciaux de l'appelant lui-même qui doit signer la procuration spéciale, à peine d'irrecevabilité du recours ; ainsi qu'il a été jugé que l'appel est irrecevable lorsqu'il est formé sur base d'une procuration spéciale dont la signature est d'une personne autre que la personne appelante elle-même »* (CSJ, RP 380 du 3 juin 1980, inédit). *Il poursuit, en alléguant que lorsque l'appelante est une personne ou un groupement non personnalité public ou privé qui est attrait en première instance et qui de ce fait acquiert le droit de former appel, l'appel dans ce cas étant considéré comme une défense à l'action originelle, doit être formé par la personne physique ayant qualité pour agir en vertu des pouvoirs légaux statutaires, autrement l'avocat qui forme appel avec la procuration donnée par cette personne physique se verrait opposer une fin de non-recevoir* (A. Rubbens) *;*

Qu'en l'espèce enchaîne-t-il, l'UCOP s'étant présentée d'une part comme une entité distincte de la Banque mondiale et BCECO, tantôt comme n'ayant pas de personnalité juridique, par cette contradiction, l'UCOP a abusé de sa bonne foi au point qu'il l'a considérée comme ayant la personnalité juridique, en vertu de la théorie de l'apparence et l'a assignée commune sujet de droit ;

L'UCOP dans les deux hypothèses n'échappe pas â l'exigence juridique qui veut qu'elle soit représentée par des personnes physiques ayant le pouvoir d'agir en vertu de ses actes constitutifs, et en vertu de l'article 3 de l'arrêté ministériel n° 004/CAB/MIN.PL/2003 du 11 septembre 2003, il doit s'agir de son coordonnateur. Il conclut par l'irrecevabilité de l'appel formé par Maître BUHENDWA NTAMWENGA, porteur d'une procuration spéciale lui remise par Monsieur le ministre de la Justice Honorius KISIMBA NGOY, qui n'avait aucune qualité d'organe de représenter l'UCOP.

Des irrecevabilités des appels de TANSWANSEA CONSTRUCTIONS SPRL sous RCA 24.298/24.335

L'intimé YUNUS MUNSHI, allègue que Maître BUKA NTAMBU qui a formé appel était porteur d'une procuration du 19 juin 2006, tandis que Maître MUBANGA WETUNGANI a déclaré avoir reçu mandat des trois gérants pour relever appel ;

Ces procurations spéciales, opine-t-il, sont irrégulières pour les motifs ci-après ; et ne peuvent conférer mandat pour relever appel :

La procuration donnée à Maître BUKA n'indique pas le lieu de son établissement ; de ce fait la Cour ne peut établir avec exactitude son authenticité, l'absence de son lieu d'établissement constitue un manquement d'une mention substantielle à sa validité ;

Les appels sont aussi irrecevables, car les sieurs ALVARO CASINI, FRANCESCO PAUSELLI et PIERPAULO GARIBALDI qui ont donné procuration à Maître BUKA NTAMBU et Maître MUBANGA WETUNGANI agissant comme gérant n'avait pas qualité, car en vertu de l'article 14 des statuts coordonnés de la société TANSWANSEA il n'existe pas un organe du nom des gérants, la troisième résolution de l'assemblée générale extraordinaire du 1er août 2005 a remplacé gérant, par la structure conseil de gérance. Ce faisant, les 3 messieurs signataires des dites procurations spéciales ne sont pas des gérants au sens des articles 22 des anciens statuts de la société TANSWANSEA, ni 64 du décret du 23 juin 1960, ils ne disposent pas des pouvoirs les plus étendus d'agir au nom de la société comme prévu à l'article 23 al 2 des anciens statuts et l'article 68 du décret précité ;

Ces messieurs, membres d'un conseil n'ont aucune qualité d'agir individuellement, en vertu des statuts actuels de TANSWANSEA, lesquels donnent le pouvoir le plus large au conseil de gérance ; les statuts ayant réglé cette question déclare l'intimé YUNUS, la société ne peut plus invoquer les dispositions de la législation en vigueur au risque de violer l'article 39 al 1 de ses statuts ;

L'intimé YUNUS ajoute aussi que ces trois messieurs devaient agir conformément à l'article 19 des statuts précités qui prévoit une délibération suivant une certaine majorité, ce qui n'était pas fait en l'espèce, leur qualité de gérant manque de fondement juridique au vu des articles 14, 19 et 20 des mêmes statuts ;

Ainsi, la Cour devra déclarer leurs appels irrecevables faute de qualité dans le chef des trois messieurs qui ont signé les procurations spéciales qui ont permis aux avocats de former appel, et ce en vertu de la jurisprudence abondante de la Cour suprême ;

De l'irrecevabilité de l'appel de RAWBANK sous RCA 24.333

L'intimé opine que toute société constituée sous forme d'une SARL doit prouver qu'elle est légalement constituée et la qualité des personnes habilitées à la représenter en justice, elle doit s'être immatriculée au registre de commerce, à peine d'irrecevabilité de son action, appel en l'espèce ;

La RAWBANK ajoute-t-il, n'a pas prouvé cette constitution, n'a versé aucune pièce, même pas l'ordonnance présidentielle l'autorisant en vertu de l'article 6 au décret royal du 27 février 1887 sur les sociétés commerciales et l'arrêté royal du 22 juin 1926 relatif aux SARL. Aucune pièce non plus communiquée, prouvant la qualité des sieurs MAZHAR RAWJI et Thierry TAEYMANS comme président du conseil d'administration et administrateur délégué, rien au dossier ne prouve non plus que ces organes sont habilités à représenter RAWBANK en justice ;

Celle-ci ne prouve pas qu'elle est immatriculée au registre du commerce, comme exigé par le décret du 6 mars 1951, la conséquence est que l'appel formé par Maître LUNDA BANZA porteur d'une procuration donnée par des personnes dont la société n'est pas immatriculée au registre de commerce est irrecevable ;

En réplique à ces moyens, l'intimée UCOP répond qu'elle est créée par arrêté ministériel n° 004/CAB/MIN.PL/2003 du 11 septembre 2003, qu'à la lecture de cet arrêté il ressort clairement que l'UCOP est un service public non doté de la personnalité juridique ; la personnalité juridique ne se présume pas, elle doit découler expressément des textes ou de l'acte constitutif. Ainsi les sociétés et groupements créés par l'État n'ont la personnalité juridique que si les actes, lois, ordonnances, décrets ou arrêtés les leur octroient ;

L'attribut de la personnalité juridique étant la capacité d'agir en justice, le corollaire étant que ces services publics non dotés de la personnalité juridique ne peuvent être attraits en justice, sinon comme l'édicte l'article 8 du Code de procédure civile, les services publics dépourvus de la personnalité juridique sont attrait en justice par l'État congolais, cela devait se faire ainsi en l'espèce ;

C'est pourquoi, la procuration spéciale donnée à l'avocat pour former appel au nom de l'UCOP émane du ministère de la Justice, qui est compétent pour initier les actions au nom de l'État congolais ;

C'est à tort poursuit-elle, que l'intimé YUNUS prétend qu'en vertu de la théorie de l'apparence il a été trompé et a assigné UCOP, l'arrêté de création de ce service a été publié au Journal officiel, donc opposable à tous ;

En plus, cette exception étant d'ordre public, elle doit être soulevée même au degré d'appel ;

Quant à TANSWANSEA CONSTRUCTION SPRL, répondant à cette même exception, elle rétorque que c'est à tort que l'intimé YUNUS dénie la procuration spéciale n'indiquant pas le lieu de son établissement, il est de jurisprudence que l'acte qui n'est point authentique par l'incompétence ou l'incapacité de l'officier ou par défaut de forme vaut écriture privée s'il a été signé des parties (CSJ, RC 310 du 30 novembre 1983 ; RP 926 du 30 juillet 1983)*, la Cour suprême a donc jugé que le juge qui méconnaît la valeur probante attachée à une procuration établie à l'étranger parce que non légalisée agit en marge de la loi ;*

Quant au défaut de qualité soulevé dans le chef des sieurs ALVARO CASINI, FRANCESCO PAUSELLI pour s'être appelés gérants sur les procurations spéciales remises à leurs conseils. Ces messieurs, répond l'appelante principale TANSWANSEA ont agi conformément aux statuts, ensuite la forme de la décision issue de délibération n'est pas prescrite sous peine de nullité. Aussi, l'article 14 des statuts in fine *prévoit que les membres du conseil de gérance agiront en collège sous trois signatures, conformément à l'article 19 des mêmes statuts ; l'appellation de gérant n'est pas incompatible à ces membres du conseil de gérance en vertu des articles 16, 18 et autres qui les désignent comme co-gérants ;*

Par conséquent, le fait de s'appeler gérant dans les procurations querellées ne viole en rien les statuts, ni la loi, quand on sait que l'organe de gestion d'une SPRL est le gérant quelle qu'en soit l'appellation, la forme ou la composition qu'entendent lui donner les associés. (LUKOMBE Nghenda, *Droit congolais des sociétés*, T.II, PUC, 1999, p. 593) *;*

Elle enchaîne qu'en signant de manière collégiale les procurations, les signataires n'ont pas violé l'article 19 des statuts qui ne prévoit pas la forme de la décision du conseil de gérance quand on sait que « Pas de nullité sans texte ». Le seul fait de donner mandat constitue une décision, la seule exigence étant le respect de la majorité pour délibérer ;

Les signataires des procurations n'ont jamais prétendu agir individuellement en s'appelant co-gérant et lorsqu'ils signent collégialement les actes querellés ;

Elle conclut en soutenant la qualité des sieurs qui ont signé les procurations spéciales ;

Quant à l'intimé RAWBANK, elle rétorque que son appel doit être reçu, car il a été formé régulièrement, par un avocat porteur d'une procuration spéciale contresignée par le Président du conseil d'administration et l'administrateur délégué, qui ont agi conformément aux statuts en ses articles 15 et 16. Ces signataires ont le pouvoir d'ester en justice, pouvoir conféré par le conseil d'administration en date du 20 mars 2006. La cour dira cette exception d'irrecevabilité recevable mais non fondée ;

Quant à l'UCOP

Il ressort de la lecture de l'arrêté de sa création n° OO4/CAB/MIN.PL/2003 du 11 septembre 2003 portant création et organisation de l'unité de coordination du projet d'urgence de soutien au processus de réunification économique et sociale ; que ce service n'est pas doté d'une personnalité juridique, étant un service créé par l'État, il est donc public d'où il doit être représenté par la République, or la République est représentée en justice par le ministre de la Justice ;

C'est à tort que l'intimé YUNUS prétend avoir agi de bonne foi en vertu du principe de la théorie, d'apparence, l'arrêté ministériel invoqué a été publié au Journal officiel, pour son opposabilité au tiers ;

L'appel de l'UCOP sera donc reçu ;

Quant aux appels de TANSWANSEA CONSTRUCTIONS SPRL

De l'absence de l'indication du lieu de l'établissement de la procuration ;

Le législateur traite de cette matière dans le livre III du Code civil en ses articles 526 à 551, l'article 526 dispose « Le mandat ou procuration est un acte par lequel une personne donne à une autre le pouvoir de faire quelque chose pour le mandant et à son nom... » ;

L'article 529 précise : « Il est ou spécial et pour une affaire, ou certaines affaires seulement, ou général et pour toutes les affaires du mandant... » ;

Selon l'article 68 du Code de procédure civile : « L'appel est formé par la partie ou par un fondé de pouvoir spécial... » ;

L'étude de ces articles révèle que le législateur n'a pas prévu des mentions que doit contenir une procuration sous peine de nullité, il ne donne pas la forme que doivent respecter ses signataires ;

Il est de jurisprudence, que la preuve d'un mandat ne peut être reçue que conformément aux règles générales de la preuve des conventions ; ces règles ne sont applicables non seulement dans les rapports du mandant et du mandataire, mais encore à l'encontre des tiers... (Katuala Kaba Kashala, *Code civil zaïrois annoté*, édition Batena Ntambua, Kinshasa, 1995, jur. au bas de l'article 527, P. 260) *;*

En l'espèce, c'est à tort que l'intimé YUNUS conteste l'authenticité de la procuration qui omet le lieu de son établissement en vertu des articles invoqués ci-dessus et de la jurisprudence. Cette procuration est régulière, la preuve de son authenticité pouvant se faire par tout moyen de droit, le Code de procédure exige qu'elle soit spéciale, comme in casu elle l'est ;

Surabondamment, la procuration du 23 août 2006 remise à Maître MUBANGA porte bien le lieu de son établissement, elle est dûment légalisée et autorise au mandataire de former appel contre le jugement querellé ;

<u>De la qualité de gérant au lieu du conseil gérance</u>

La Cour est d'avis que le mot conseil signifie : « Réunion des personnes qui prennent des décisions ou donnent des avis sur des affaires publiques ou privées (cf. Internet) »

Ainsi, le conseil de gérance est l'ensemble des gérants ;

En effet, il ressort clairement des articles 16 et 18 de nouveaux statuts de la société TANSWANSEA, que le conseil de gérance est composé des gérants ;

L'article 16 édicte : « En cas de vacance du mandat d'un co-gérant... » et celui 18 prévoit « ... le conseil de gérance peut désigner un secrétaire, co-gérant ou non... » ;

La lecture attentive de ces articles révèle donc que le conseil de gérance est composé des gérants ;

D'ailleurs co-préfixe signifiant simplement cum provenant du latin donc avec.

Les signataires des procurations décriées ayant signé comme gérant, n'ont pas violé les statuts, car chacun d'eux étant gérant, l'ensemble d'eux trois formant un conseil ;

Quant à la décision de délibération, les statuts n'en prévoient pas les modalités, les trois personnes prévues par les statuts ayant signé les procurations querellées et le quorum exigé par les statuts étant atteint, la Cour dira les procurations régulières d'où les appels recevables ;

Quant à l'appel de RAWBANK, la Cour le dira également recevable ;

En effet, l'article 6, du décret du 27 février 1887 sur les sociétés commerciales, tel que modifié, prévoit : « Nulle société par action à responsabilité limitée ne pourra se fonder au Zaïre qu'après avoir été autorisée par décret » ;

L'article 2 du décret du 6 mars 1951 instituant le registre du commerce, modifié par le décret du 16 juin 1960, édicte : « Nul ne peut exercer une profession commerciale au Zaïre s'il n'est immatriculé à un registre du commerce ; nul ne peut exercer une autre activité commerciale que celles mentionnées au registre du commerce » ;

En l'espèce, la RAWBANK a été autorisée par le décret présidentiel n° 040/2001 du 8 août 2001 et elle est inscrite au registre, ou bien mieux au nouveau registre du commerce Kinshasa n° 52.579. Elle est donc en ordre sur le plan de législation en ce qui concerne les sociétés commerciales ;

Et les personnes physiques qui ont signé la procuration spéciale donnant mandat à Maître LUNDA BANZA pour former appel ont bel et bien qualité en vertu des statuts et de la réunion du conseil d'administration tenue le 20 mars 2006, ayant désigné Monsieur Thierry TAEYMANS administrateur délégué, agissant soit individuellement, soit conjointement avec le Président ou le Vice-Président du conseil d'administration ;

De ce qui précède, la Cour dira l'appel de la RAWBANK, recevable ;

La lecture de la décision entreprise révèle que le 1er juge a omis de statuer sur les actions mues sous les RC 92.162, 92.163 et 92.164 cette omission équivaut au manque de motivation, d'où motif d'annulation ;

La Cour annulera l'œuvre du 1er juge pour absence de motivation et évoquera les causes en vertu de l'article 79 du Code de procédure civile ;

Des faits de la cause

La société TANSWANSEA CONSTRUCTIONS SPRL obtint un financement de la banque mondiale pour la réhabilitation des routes reliant le Katanga aux deux Kasaï et Maniema. Elle obtint des garanties nécessaires auprès de l'UBC, mais buta à la difficulté de trouver les mêmes garanties à offrir à la BCECO, agence d'exécution des projets financés par la Banque Mondiale, de sorte que si les routes n'étaient pas réhabilitées elle (la Banque Mondiale) *soit en mesure de récupérer son financement ;*

TANSWANSWEA entreprit alors des démarches auprès de RAWBANK afin d'offrir ces garanties à la Banque Mondiale. C'est alors qu'intervint Monsieur YUNUS MUNSHI, qui promit de décanter la situation par le biais d'une technique appelée montage financier ; que la RAWBANK accepta de concéder à TANSWANSEA alors grâce à Monsieur YUNUS MUNSHI ;

Un protocole d'accord fut alors signé entre parties en date du 8 novembre 2004, dont l'article 6 stipule : « À défaut d'un règlement amiable, les parties conviennent que les litiges pouvant survenir à l'occasion de l'interprétation ou de l'exécution du présent protocole seront soumis à l'arbitrage conformément aux règles d'arbitrage définis par le Code congolais de procédure civile » ;

L'article 2 quant à lui de ce même protocole édicte : « La soussignée de première part s'engage à payer, au soussigné de seconde part, mensuellement, la somme de 89.651,32 $ (dollars américains quatre-vingt-neuf mille six cent cinquante et un trente-deux cents) *à titre de rémunération de tous les services rendus en vue de l'obtention de la garantie bancaire auprès de la RAWBANK Kinshasa et ce, à dater du mois de décembre 2004 à juillet 2005. » ; et l'article 3 prévoit : « En vue de garantir le bon déroulement de toutes les opérations de paiement, la soussignée de première part s'engage dès la signature des présentes, à tirer au profit du soussigné de seconde part, les différents chèques couvrant la période de tous les paiements, soit de décembre 2004 à juillet 2005 » ;*

En exécution à ce protocole d'accord, TANSWANSEA signa au profit de l'intimé YUNUS six chèques, qu'il devait présenter au paiement à échéance prévue. Monsieur YUNUS perçut le paiement de décembre 2004 et celui de janvier 2005, il éprouva des difficultés à recouvrer les restes, c'est ainsi qu'il se présenta au guichet de la Banque RAWBANK avec les chèques émis en sa faveur pour se faire payer, tous les chèques lui furent retournés avec la mention provision insuffisante ;

Craignant de ne pas recouvrer sa créance, Monsieur YUNUS MUNSHI procéda à la saisie des avoirs de la société TANSWANSEA, son cocontractant, par ordonnance du Président du Tripaix-Gombe ;

Par exploit initié sous le RC 91.762, il assigna en validité de saisie en paiement : la société TANSWANSEA CONSTRUCTION SPRL, la RAWBANK, la BCECO et la Banque Mondiale ;

Par un autre exploit sous le RC 91.763, il assigna encore en validité et en paiement TANSWANSWEA et UCOP sous le RC 91.764, il attrait seul la société TANSWANSEA toujours en validité et en paiement. Sous le RC 92.217 Monsieur YUNUS assigna la société TANSWANSEA, RAWBANK et UCOP, pour entendre le tribunal constater que la RAWBANK est étrangère au protocole d'accord du 18 novembre 2004 et de dire établie la responsabilité de celle-ci tirée de sa lettre du 12 avril 2005 ;

Sous les RC 92.162 et 92.163 et 92.164, la société TANSWANSEA assigna à son tour Monsieur YUNUS MUNSHI, la RAWBANK et l'UCOP d'abord en main levée de la saisie, et ensuite à la constatation de l'incompétence des juridictions judiciaires et subsidiairement en annulation du protocole d'accord du 18 novembre 2004 et à la condamnation à la restitution de la somme perçue soit 179.302,64 $; toutes ces causes furent jointes et le juge saisi, rendit le jugement entrepris ;

Dans ses moyens, la société TANSWANSEA CONSTRUCTONS SPRL soutient d'abord l'irrecevabilité des actions mues par YUNUS pour existence de la clause d'arbitrage ;

Elle soutient que la mention de cette clause portée à leur accord oblige le juge à s'y conformer ;

Cette clause ayant une double conséquence, investir le juge arbitral d'un côté et rendre celui judiciaire incompétent, à qui échappe tout litige comportant une clause compromissoire ;

Monsieur YUNUS devait donc se conformer au prescrit de l'article 161, il ne pouvait recourir au tribunal ordinaire. TANSWANSEA ajoute que les actions de Monsieur YUNUS devaient aussi être déclarées irrecevables au motif que les saisies pratiquées ne revêtent pas un caractère d'urgence et de mesure provisoire ;

En l'espèce, la disposition du Code de procédure invoquée ne peut être d'application, l'article 163 prévoyant que jusqu'à la constitution du tribunal arbitral, le juge étatique est compétent pour ordonner des mesures provisoires en cas d'urgence. Le caractère d'urgence ni celui de provisoire des mesures sollicitées n'est pas prouvé. La saisie arrêt et celle conservatoire au sens de la loi ne sont pas des mesures provisoires mais bien des voies d'exécution, qui sont d'ailleurs placées dans les chapitres I et II du titre III des voies d'exécution et de sûreté. Les mesures provisoires étant celles prises par le juge pour la durée d'un procès. Aussi YUNUS devait s'il avait sollicité des mesures provisoires, saisir ensuite le juge arbitral à qui revenait la compétence de vider le litige au fond ;

TANSWANSEA enchaîne, que les actions de YUNUS sont irrecevables pour violation du prescrit de la loi relative aux établissements des crédits et au défaut de preuve de la qualité de commerçant ;

En effet, poursuit TANSWANSEA, YUNUS s'est engagé à obtenir une garantie bancaire et à conclure avec la Banque un montage financier en contrepartie obtenir une rémunération ;

Ces actes constituent ceux réputés par la loi, des actes commerciaux ; il devait accomplir des actes qui en vertu de l'article 7 al 1 de la loi n° 003/2002 du 2 février

2002 constituent des opérations de crédit, dont la loi réserve le monopole aux établissements de crédit agrées et contrôlées par la Banque Centrale ;

Or, YUNUS prétend il ne prouve ni sa qualité de commerçant ni son agrément comme établissement de crédit ; ce faisant ses actions devaient être déclarées irrecevables ;

Quant au fond, poursuit-elle, les actions mues par YUNUS sont non fondées ; car il ne prouve pas l'existence de la créance ni non plus celui des prestations réalisées qui méritent rémunération ;

En effet, il devait exécuter une certaine prestation et ainsi percevoir la somme de 717.210 $ dont une partie a été payée ; son obligation consistait en celui de faire, pour mériter la rémunération il doit prouver, produire l'accord intervenu entre lui et la RAWBANK ;

Surtout que toute ouverture de crédit par une banque commerciale au profit d'un client doit être approuvée par la direction de Trésorerie de la Banque Centrale ;

Faute de produire cette preuve sa créance n'est pas certaine. TANSWANSEA allègue aussi l'impossibilité de l'application des articles 40 et 45 du décret du 10 décembre 1951 ;

C'est à tort rétorque-t-elle que Monsieur YUNUS soutient que sa créance serait cambiaire par le fait d'émission des chèques à son profit ; que les chèques ont créé une nouvelle dette ;

Il ne peut en être question, sans que les parties ne se soient prononcées, la novation ne se présume pas ;

Aussi, si la créance était devenue cambiaire, Monsieur YUNUS devait se pourvoir devant le tribunal de commerce, les effets de commerce étant des actes de commerce d'où de la compétence de ce dernier tribunal ;

TANSWANSEA soulève aussi le non fondement de l'action mue sous RC 92.217 ;

Monsieur YUNUS demandeur originaire l'a assigné ainsi que RAWBANK et UCOP pour les avoir condamnés solidairement au paiement de la somme de 1.800.000 $ à titre des dommages-intérêts ; à la RAWBANK il était reproché d'avoir adressé une lettre à Monsieur Willy MULUMBA ;

Dans cette assignation poursuit-elle, l'intimé, demandeur alors affirme que la rémunération est due à la suite du montage financier obtenu et encore la rémunération est due en vue de l'obtention de la garantie bancaire ;

Or, YUNUS n'a jamais conclu ce montage financier, il n'en apporte pas la preuve ; la RAWBANK dans sa lettre querellée affirme simplement qu'elle a accordé des garanties à TANSWANSEA sur base des sûretés qu'elle a offerte elle-même, que RAWBANK ne connaissait pas YUNUS ;

Elle tire de cela que l'Intimé YUNUS n'a jamais traité avec RAWBANK, il n'est pas connu de lui ; ainsi son action sous RC 92.217 manque d'objet, il n'apporte pas la preuve de ses prestations, celle du montage financier ;

C'est donc, parce qu'elle savait que YUNUS n'avait exécuté aucune prestation qu'elle avait cessé de payer, aussi la condamnation solidaire ne peut pas se justifier, elle, TANSWANSEA est liée à YUNUS sur base du protocole d'accord du 18 novembre 2004, la RAWBANK pour un engagement délictuel. Ces deux causes sont distinctes ;

L'appelante et demanderesse originaire TANSWANSEA sous les RCA 92.162/92.163 et 92.164 soutient que ses actions doivent être déclarées recevables aux motifs que :

l'intimé YUNUS n'a aucune créance cambiaire ni civile, n'ayant exécuté aucune obligation de faire contenue dans le protocole d'accord signé entre parties ;

qu'il doit être condamné à répéter la somme de 179.302,64 perçue indûment ;

Elle ajoute que le fondement de ses actions doit être tiré des articles 81 et 82 du Code civil livre III ;

La clause résolutoire étant contenue dans tout contrat synallagmatique, dès lors que l'intimé YUNUS ne démontre pas la preuve du montage financier, son obligation de faire il n'a pas exécuté son obligation, il ne peut prétendre à l'exécution de l'autre partie ;

L'article 33 ne peut être invoqué en l'espèce, poursuit TANSWANSEA l'intimé YUNUS a violé ses obligations contractuelles ;

C'est pourquoi, la Cour devra annuler le jugement a quo et ordonnera la main levée des saisies ;

Quant à la répétition de l'indu, et le non fondement des dommages-intérêts, l'appelante principale et demanderesse originaire, affirme qu'ils se trouvent au vu de l'article 31 du Code civil livre III dans leurs positions avant le protocole d'accord, personne ne doit à l'autre, l'article 133 du Code invoqué ci-dessus dispose que tout paiement suppose une dette ; ce qui a été payé sans être dû doit être restitué ;

L'intimé qui s'est fait payer en prétendant qu'il avait obtenu un montage financier, alors que rien n'a été fait, doit répéter ;

Et, les saisies opérées sur ses avoirs sont abusives, téméraires et vexatoires, en effet le protocole d'accord avait retenu l'arbitrage comme mode de règlement de conflit ; or YUNUS refuse cette voie contractuelle ;

C'est pourquoi elle sollicite sa condamnation au paiement de la somme de 3.000.000 $ à titre des DI ;

Elle conclut, en sollicitant de la Cour de dire irrecevables les actions originaires de YUNUS et recevables les siennes principalement ; renvoyer les parties devant l'arbitre ; subsidiairement ordonner la main levée, constater la résolution du protocole d'accord, condamner l'intimé YUNUS à la restitution de la somme perçue indûment et aux dommages-intérêts de 3.000.000 $ ou son équivalent en francs congolais ;

L'intimé YUNUS et demandeur originaire sous les actions énumérées ci-dessus, réplique à ses moyens de TANSWANSEA ; il rejette celui de l'incompétence du 1er juge invoqué par les autres parties ; il soutient que c'est à bon droit que le 1er juge s'est déclaré compétent, pour statuer sur les actions en validation des saisies conservatoires et arrêts en transformation de ces saisies en saisie exécution, car en vertu de l'article 163 alinéa 2, il y a indivisibilité de contestation, entre les personnes qui ont conclu l'accord d'une part et celles qui n'y étaient pas liées d'autre part ;

aussi les mesures provisoires requièrent célérité d'où en applicabilité de la clause compromissoire ;

Il ajoute que le 1er juge était compétent pour connaître de ces actions ; d'abord parce que le législateur impose un délai de 15 jours, pour l'action en validation des saisies conservatoires et arrêts ; toutes les ordonnances de saisie comportaient la mention « Monsieur YUNUS est autorisé de saisir... à condition d'assigner dans les 15 jours de la notification de la saisie » ;

Les actions devant le 1er juge doivent être considérées comme des mesures provisoires d'urgence qui requiert célérité et qui rendent en l'absence de toute constatation du tribunal arbitral ou d'une procédure à suivre devant un arbitre institutionnel, le 1er juge compétent. Car aucun tribunal arbitral ne pouvait statuer sur la validation de ces saisies, aussi longtemps, qu'aucun compromis n'était conclu et aucun tribunal arbitral constitué ;

Ensuite l'action en transformation de la saisie conservatoire et arrêts en saisie exécution et en paiement relève aussi de la compétence du 1er juge, la clause compromissoire étant inapplicable à cause de l'indivisibilité du litige en vertu de l'article 163 al 2 du Code de procédure civile ;

L'intimé YUNUS affirme que le litige est indivisible lorsque l'exécution des décisions distinctes auxquels il donnerait lieu serait matériellement impossible, la jurisprudence, poursuit-il précise que : « L'existence d'une clause compromissoire ne fait pas obstacle à ce qu'une des parties signataires de cette clause qui voit un tiers intervenir dans l'exécution du contrat contenant cette clause, notamment en donnant à l'autre partie contractante, des moyens pour justifier l'inexécution de cette dernière, et qui assigne ce tiers devant une juridiction ordinaire. Car les parties ont envisagé dans la cause compromissoire seulement les litiges de toute nature qui pourraient naître directement entre elles seulement, et non les actions quelconques » ;

En l'espèce soutient-il, la RAWBANK est intervenue dans l'exécution du protocole d'accord en affirmant faussement, que l'émission par elle des garanties de marché à TANSWANSEA a été faite uniquement sur base des sûretés que cette société lui a directement offertes, cette position justifie que RAWBANK soit assignée devant le 1er juge, cette action étant indivisible avec celle de validation de saisies et en paiement initiée contre la société TANSWANSEA ;

Cette indivisibilité justifie la saisine du juge ordinaire ;

L'intimé YUNUS soutient aussi l'impertinence du moyen tiré de l'irrecevabilité de ses actions au motif qu'il serait commerçant, il allègue que ce moyen n'était pas soumis au premier juge. De même de la demande en résolution viole le principe dispositif, aussi l'article 2 du décret du 2 août 1913 ne cite pas le montage financier comme étant un acte de commerce, en plus un acte isolé ne peut conférer la qualité de commerçant à quelqu'un ;

Quant à l'irrecevabilité des actions dirigées contre l'UCOP, car non sujet de droit, l'intimé répond que celle-ci a donné l'apparence d'être un sujet de droit, en ce cas la doctrine et la jurisprudence donnent le choix soit d'assigner le sujet de droit qui en donne l'apparence ou les personnes qui l'ont créé, il a choisi la première hypothèse ;

En plus poursuit-il UCOP a été assigné en qualité de tiers saisi en vertu des articles 113 à 119 du Code de procédure civile, il n'avait pas à connaître sa personnalité juridique ou non, elle ne nie pas recevoir et gérer de fonds lui confiés par la Banque Mondiale pour la réalisation des marchés confiés à TANSWANSEA, ce qui justifie son assignation, elle devra déclarer ce qu'elle doit au cas où la saisie arrêt serait déclarée recevable ;

Quant au non fondement des actions de TANSWANSEA SPRL, l'intimé YUNUS affirme, qu'il fait sienne la motivation du 1er juge qui a déclaré bonnes et valables les saisies arrêts et saisies conservatoires pratiquées et les a converties en saisies exécution ;

Il ajoute, que c'est à bon droit que le 1er juge a validé ces saisies, la créance était sérieuse, liquide et exigible ; le législateur n'en prescrit aucune condition, la doctrine enseigne que le juge valide lesdites saisies lorsqu'elles sont justifiées ;

L'intimé YUNUS a aussi précisé les points suivants :

- c'est à tort que TANSWANSEA invoque l'illicéité du protocole d'accord, qu'elle a elle-même signé sous peine de se voir invoquer le nemo auditur ; les conditions de validité des conventions prévues à l'article 8 du CCL III sont réunies ;

- les parties tierces RAWBANK et UCOP ne peuvent en solliciter l'annulation, alors que l'ADG de TANSWANSEA reconnaît le bien fondé de ses prestations ;

- le recours aux articles 40 et 45 du décret du 10 décembre 1951 a été fait à bon droit ;

- enfin, il justifie sa demande des dommages intérêts se fondant sur la motivation du 1er juge et ses propres conclusions ; l'intimé YUNUS a aussi soulevé le non fondement des actions de TANSWANSEA ;

- le 1er juge soutient-il n'a pas statué infra petita, il a examiné les actions précitées et les a déclarées non fondées ;

- il a reconduit ses moyens soulevés en l'encontre de la RAWBANK qui n'a produit aucune pièce au degré d'appel ; il rapporte ses conclusions du 1er degré contre les moyens impertinents des appelants ;

- il sollicite de la Cour le rejet de la demande des dommages intérêts sollicitées par l'UCOP, elle qui prétend ne pas être sujet de droit, elle doit se limiter à se défendre et non à postuler quelque chose reconventionnelle même pour procès téméraire et vexatoire, il formule les mêmes réserves quant à la RAWBANK qui n'a pas prouvé qu'elle est sujet de droit ;

Elle termine en soutenant la recevabilité de ses appels incidents quand bien même ceux principaux seraient déclarés irrecevables, et sollicite de la Cour, qu'elle constate que la demande de résolution de TANSWANSEA est nouvelle, d'où irrecevable au degré d'appel, la résolution sanctionne l'inexécution d'un contrat, ce qui revient à dire qu'il est valable au départ, in causa c'est TANSWANSEA qui n'a pas exécuté ses obligations, elle est malvenue à en solliciter la résolution ;

La demande de répétition est sans objet, le paiement effectué se fonde sur la dette, il n'y a jamais eu erreur pour justifier la résolution, le paiement trouve sa cause dans le protocole.

Il conclut en sollicitant de la Cour de recevoir ses appels incidents et les dires fondés, de confirmer le 1er jugement sauf en ce qui concerne la majoration à 1.000.000 $;

De déclarer irrecevables les appels de l'UCOP et RAWBANK, et de dire non fondé les demandes en résolution formulées par TANSWANSEA ; de dire qu'il n'y a pas eu paiement de l'indu, rejeter la répétition, frais comme de droit ;

Quant à l'intimé RAWBANK appelante principale sous le RCA 24.333 ; elle critique l'œuvre du premier juge pour absence de motivation, l'ayant condamnée au paiement de la somme de 60.000 $ sur base de la responsabilité civile, condamnation qui ne s'est retrouvée que dans le dispositif ;

La RAWBANK soutient aussi la violation de l'article 258 du CCL III, la mise en œuvre de la responsabilité civile exige non seulement le préjudice mais aussi la faute et la relation de cause à effet entre la faute et le préjudice ; le jugement n'a pas relevé ces éléments ;

Elle enchaîne que l'intimé YUNUS n'apporte pas la preuve du préjudice subi par sa faute ;

Enfin, soutient-elle, la force obligatoire des contrats trouve sa source dans l'article 33 CCL III, cette disposition oblige le juge à respecter la loi des parties, or le 1er juge a statué au fond sans tenir compte de la volonté des parties contenue dans l'article 6 de leur protocole d'accord, celle de porter le litige devant un arbitre selon les règles définies par le Code congolais de procédure civile ;

En faisant fi de cette clause le 1er juge a violé l'article 33 du Code précité ;

Elle conclut à l'annulation de l'œuvre du 1er juge pour les motifs invoqués ci-dessus ;

Quant à l'intimé UCOP et appelante principale sous le RCA 24.431 ; elle invoque l'incompétence du 1er juge, du fait que les parties TANSWANSEA et YUNUS étaient liées par un protocole d'accord, en vertu duquel, en cas de conflit celui-ci serait porté devant un arbitre ;

C'est surprenant que l'une des parties ait saisi le tribunal en violation de leur accord, violant ainsi le prescrit de l'article 33 CCL III ;

C'est à tort poursuit-elle que l'intimé YUNUS invoque l'article 163 du Code de procédure civile qui parle des tiers, cet article est d'application sous deux conditions :

- la contestation doit surgir entre d'une part, ceux qui ont conclu la clause compromissoire, et d'autre part, ceux qui ne sont pas liés par elle, donc des tiers ;

- la contestation qui a aussi surgi doit être indivisible ;

Aussi enchaîne-t-elle, YUNUS et le 1er juge ont fait une interprétation erronée dudit article, ils n'apportent pas la preuve que les conditions prévues sont réunies ;

La première n'est pas établie, la contestation qui a surgi n'oppose principalement que les parties au protocole d'accord dont l'une veut recourir à la ruse en assignant des parties tierces ;

Cet article invoqué, ne peut déroger à la règle générale qui veut que les conventions ne sortent d'effet qu'entre parties au contrat ;

Le 1er juge a justifié sa compétence par la présence à l'instance des parties non signataires du protocole d'accord ; qui ne se sont jamais prévalues du bénéfice des effets du protocole, pour justifier une inopposabilité qu'on semble leur brandir.

L'UCOP, affirme que les parties à la convention, le protocole d'accord ne peuvent invoquer l'application de l'article 163, seules les parties tierces peuvent s'en prévaloir c'est l'économie même de l'article précité. Sinon toute partie qui voudrait s'en départir traînerait au procès des tiers ; aussi souligne-t-elle, il n'est pas exclu que les tiers plaident devant les arbitres, et le fait d'assigner des tiers à une instance n'est pas attributif de compétence aux Cours et tribunaux ; lorsque les parties à une convention l'ont déjà expressément attribué à un arbitre. Mais le tiers ne peut être contraint, c'est donc la seule restriction, en l'espèce les tiers n'ont jamais refusé de plaider devant un arbitre ;

C'est à tort que l'intimé YUNUS, après avoir procédé aux différentes saisies aussi bien conservatoire qu'arrêts a saisi le tribunal ordinaire, il devait par la suite saisir l'arbitre, et non comme il l'a fait assigner en validité ;

L'intimé UCOP souligne également que c'est à tort qu'elle a été confondue tantôt avec la Banque Mondiale, tantôt avec le BCECO, elles constituent des entités distinctes ; le juge ne pouvait condamner l'un en lieu et place de l'autre, il l'a pourtant laissé entendre dans son œuvre (61 feuillets expédition pour appel) *;*

L'intimé UCOP poursuit que le 1er juge ayant entretenu une telle confusion, la condamnation prononcée ne peut la concerner, elle ne pourra rien payer à la place des autres, le 1er juge pouvait faire allusion à l'une ou à l'autre, jusqu'à preuve du contraire elle n'est pas débitrice de TANSWANSEA, aussi la somme de 3.000.000 $ logée par la Banque Mondiale dans les comptes de la RAWBANK ne sont pas un don ni un leg, comme semble le croire l'intimé YUNUS, elle constitue un fonds de démarrage des travaux du marché emporté par TANSWANSEA pour la construction de route nationale n° 2 Tronçon Mbuji-Mayi Kasongo-lunda ;

TANSWANSEA est donc soumise à une obligation de résultat, les fonds versés à son compte à la RAWBANK ne constituent pas des donations, mais de fonds destinés aux premières dépenses relatives au marché ;

Souvent deux hypothèses se présentent à la fin de réalisation d'un marché soit qu'il y a un solde créditeur ou débiteur ; mais ces hypothèses ne sont vérifiables qu'après la réalisation du marché ; ce qui justifie la garantie bancaire, qui est une caution que les travaux seront exécutés en bonne et due forme. Par conséquent les sommes logées à la RAWBANK ne sont pas susceptibles de saisie, car n'appartenant pas à TANSWANSEA ;

L'UCOP, poursuit qu'il n'est pas partie au procès, car soutient-il, le simple fait de voir son nom figurer sur l'exploit d'assignation ne fait pas de cette personne partie *au procès, il faut encore qu'il y ait un objet, c'est-à-dire que l'exploit doit contenir les faits pour permettre à la personne de se défendre. Abordant le chapitre de la saisie arrêt pratiquée, l'intimée UCOP, soutient que la somme de 3.000.000 $ n'est pas une donation consentie à TANSWANSEA, elle ne peut faire l'objet d'une saisie ;*

Quant à sa condamnation au paiement des frais d'instance, l'UCOP soutient que l'article 20 du CPC prévoit que la partie succombante paie les frais, or il n'était pas partie au procès il ne pouvait donc pas être condamné aux frais, quand bien même elle serait considérée comme tiers saisie, elle ne peut être condamnée aux frais ;

Examinant son action reconventionnelle, l'intimé l'UNOP opine qu'elle a été traînée en justice avec légèreté, de ce fait, elle sollicite de la Cour la condamnation de Monsieur YUNUS à lui payer l'équivalent en FC de la somme de 500.000 $, pour procès vexatoire et téméraire ;

Elle conclut, en sollicitant de la Cour qu'elle dise son appel recevable et fondé en conséquence déclarer les actions de l'intimé YUNUS irrecevables, le condamner de ce chef au paiement de la somme de 500.000 $;

Subsidiairement :

- déclarer l'incompétence du 1er juge ;

- Constater que l'UCOP constitue une entité distincte du BCECO et de la Banque Mondiale donc ne peut être condamné en leur lieu et place ;

- constater que les exploits lui lancés manque d'objet, le 1er juge devait la mettre hors cause ;

- constater que la société TANSWANSEA n'a pas bénéficié d'un don de la Banque Mondiale ;

- infirmer l'œuvre du 1er juge quant à la condamnation de l'UCOP aux frais ;

La Cour dira les appels de TANSWANSEA, RAWBANK et UCOP fondés ;

En effet, l'article 33 du Code civil livre III édicte : « Les conventions légalement formées tiennent lieu de loi à ceux qui les ont faites ; Elles ne peuvent être révoquées que de leur consentement mutuel ou pour les causes que la loi autorise ; Elles doivent être exécutées de bonne foi » ;

La doctrine enseigne : « Des corollaires importants découlent de cette conséquence l'exécution du présent protocole seront soumis à l'arbitrage conformément aux règles d'arbitrage définies par le Code congolais de procédure » ; cette dernière obligation donc s'impose aux deux parties, aucune d'elles ne devait l'enfreindre sous aucun prétexte ;

Non seulement que cette obligation s'impose aux parties, mais aussi au juge qui ne doit pas s'en départit, au risque de violer la loi des parties ;

Cette loi des parties qui est le protocole d'accord et des clauses, en l'espèce l'article 6 ne doit être violé ni par les parties ni par le juge, ce dernier a le devoir d'en assurer la stricte application et respect ;

La doctrine invoquée enseigne que : « Le juge est le ministre de la volonté des parties » ;

In causa, la volonté des parties étant la saisine préalable de l'arbitrage en cas de conflit, les parties doivent respecter leur volonté contenue dans le protocole d'accord ;

Le juge peut être amené à interpréter un contrat, or le protocole d'accord est clair, il ne peut être sujet à interprétation, les parties doivent respecter leur volonté clairement exprimée dans ce protocole ;

L'intimé YUNUS ne doit pas de son propre chef en modifie les clauses, le contrat n'est pas un acte unilatéral, il est le fruit de l'accord de volonté des parties, aucune des parties ne peut en modifier les clauses par sa seule volonté, la modification est toujours de la volonté exprimée de toutes les parties ;

Ainsi, la Cour de tout ce qui précède conclut que les parties doivent se présenter devant un arbitre, les arrangements à l'amiable ayant échoué ;

C'est donc à tort que le 1er juge s'est déclaré compétent quant à la clause compromissoire ;

L'article 160 du Code de procédure civile édicte : « Est valable la clause compromissoire par laquelle les parties conviennent de soumettre à l'arbitrage les contestations pouvant naître d'un rapport déterminé... » ;

L'article 163 enchaîne : « La clause compromissoire n'a d'effet qu'entre parties.

Elle est inapplicable, lorsque la contestation qui surgit entre ceux qui l'ont conclue et d'autres qui ne sont point liés par elle, est indivisible... » ;

Nonobstant toute convention contraire des parties peuvent jusqu'à la constitution du tribunal arbitral demander au tribunal compétent des mesures provisoires dans le cas d'urgence ;

In specie, l'intimé YUNUS prétend se libérer de la clause au motif que des tiers sont intervenus au conflit, le rendant indivisible. Cependant, la lecture attentive de cet article 163 précité révèle que l'indivisibilité doit porter sur l'accord principal, cela ressort de l'expression : « Lorsque la contestation qui surgit entre ceux qui l'ont conclue et d'autres qui ne sont pas liés par elle, est indivisible » ;

L'étude attentive des pièces et conclusions des parties révèle que la partie YUNUS a fait une mauvaise interprétation de cet article ;

En effet, il affirme que la RAWBANK par sa lettre du 12 avril 2005 adressée à TANSWANSEA a empêché celle-ci d'exécuter son obligation. Elle a ainsi commis une faute qui requiert réparation, de ce fait le conflit est d'avis que cette interprétation, est erronée. La faute de la RAWBANK est délictuelle, tirée de l'article 258 du CCL III, tandis que celle de TANSWANSEA est contractuelle, donc les deux n'ont rien de commun, aucun lien ne pouvant les rendre indivisibles ;

La cour fait également observer que l'application du prescrit de l'article 258 du CCL III, suppose qu'il y ait faute, la survenance d'un préjudice et le lien de causalité entre la faute et le préjudice ;

In specie, la faute reprochée à l'intimée RAWBANK remonte au 12 avril 2005 et elle serait capitale de l'autonomie de volonté, qu'est la force obligatoire du contrat.

a) D'abord les parties sont liées par le contrat, elles ne peuvent s'en émanciper en aucune manière par une volonté unilatérale, il faut le consentement des deux parties pour modifier le contrat ou pour y mettre fin ;

Seul un cas fortuit ou de force majeure peut libérer le débiteur qui n'exécute pas ;

b) la force obligatoire du contrat ne s'impose pas seulement aux parties, elle s'impose encore au juge. Le juge, lorsqu'il est saisi d'un procès né au sujet d'un contrat, est tenu d'interpréter le contrat suivant l'intention expresse ou tacite des deux contractants. Il n'a pas le droit de substituer sa conception de la justice à la volonté des particuliers ; il n'a qu'une mission, c'est de dégager clairement le sens du contrat, pour mieux en assurer l'exécution.

Par conséquent, le juge doit remonter en arrière et prenant le contrat au jour de la manifestation de volonté, il recherche ce qui était exactement à ce montant-là dans l'acte de volition. Le juge est le ministre de la volonté des particuliers, qui a été exprimée dans le contrat, il est un serviteur du contrat ;

En particulier, le juge ne doit pas se fonder sur un changement de circonstances pour modifier le contrat (cf. WELL A., *Droit civil les obligations*, pp. 56-57) *;*

En l'espèce, un accord a été conclu entre d'une part la société TANSWANSEA CONSTRUCTIONS SPRL et Monsieur YUNUS MUNSHI, en vertu duquel la 1re partie devait payer à la deuxième mensuellement la somme de 89.651,32 $ à titre de rémunération à dater du mois de décembre 2004 à juillet 2005. Outre cette obligation de payer faite à TANSWANSEA, le même protocole en a imposé une autre, celle de saisir d'abord l'arbitre en cas de conflit ;

Cette obligation ressort clairement de l'article 6 du protocole d'accord qui stipule :

« À défaut d'un règlement amiable, les parties conviennent que les litiges pouvant survenir à l'occasion de l'interprétation ou de contenue dans sa lettre de cette date, laquelle lettre aurait incité TANSWANSEA à ne pas s'exécuter » ;

Il ressort des éléments du dossier que TANSWANSEA a cessé de payer depuis le mois de février 2005, la faute pouvait-elle être postérieure au préjudice ?

Après cette lettre TANSWANSEA par son Administrateur Alain MBAYA KAKASU écrivait à Monsieur YUNUS le 18 avril 2005, donc après la lettre incriminée, exactement faisant suite à la lettre n° Réf : CJ/AD/MN-N° du avril en rapport avec la lettre de garantie obtenue auprès de RAWBANK en guise de garantie de restitution pour les lots 8, 11 et 3.000, je tiens à vous confirmer par la présente que la lettre de garantie obtenue l'a été grâce à vos services ;

C'est dire donc, que la prétendue faute de RAWBANK n'avait aucun impact sur la non-exécution par TANSWANSEA de son obligation de payer ;

De ce fait YUNUS ne pouvait conclure à l'indivisibilité du conflit, d'où à l'application de l'article 163 du CPC, la Cour dira que la clause compromissoire prévue à l'article 6 du protocole d'accord du 18 novembre 2004 est valable et doit s'appliquer, les parties doivent se présenter devant l'arbitre en vertu de leur accord de volonté exprimé dans leur convention du 18 novembre 2004 ;

Quant aux saisies conservatoires et arrêts pratiqués ; la Cour ordonnera leur main levée, car elles ne revêtent par le caractère provisoire et d'urgence ;

En effet, l'article 163 du CPC in fine *édicte : « Nonobstant toute convention contraire, les parties peuvent jusqu'à la constitution du tribunal arbitral demander au tribunal compétent des mesures provisoires dans le cas d'urgence » ;*

Le lexique de termes juridiques 8e édition définit ainsi les mesures provisoires : « Décisions prises par le juge souvent le juge des référés, pour la durée d'un procès (telle pension *ad litem*, mise sous séquestre d'un objet, garde des enfants) *» ;*

En l'espèce les saisies opérées par l'intimé YUNUS, n'avaient pas un caractère provisoire, elles ont été opérées en vue de l'exécution de l'obligation de payer ;

Elles n'ont pas respecté le prescrit de l'article 163, elles seront donc levées ;

Le caractère d'urgence non plus n'est pas prouvé, la société débitrice n'organisait pas son insolvabilité ;

Quant à la condamnation de la RAWBANK aux dommages intérêts sur base de l'article 258 du CCL III, elle n'est pas justifiée ;

La Cour revient sur sa position clairement donnée sur l'indivisibilité, et dit que la faute de la RAWBANK n'est pas prouvée ;

Car les impayements ont commencé bien avant la lettre du 12 avril 2005 incriminée, et même après cette fameuse lettre, les parties ont continué à entretenir de bons rapports. Si l'intimé YUNUS a subi un préjudice il n'est pas dû par la faute de RAWBANK, c'est donc à tort qu'elle a été condamnée aux dommages intérêts ;

Des dommages intérêts sollicités par la RAWBANK :

Il est de jurisprudence que : « Le fait qu'une action soit déclarée irrecevable ou non fondée, ne donne pas à la partie adverse l'opportunité de réclamer des dommages intérêts pour procès téméraire et vexatoire, elle doit prouver la mauvaise foi ou encore le dol » ;

En l'espèce, la RAWBANK ne prouve pas la mauvaise foi, ou mieux la témérité de l'intimé YUNUS, le simple fait de porter plainte ne le prouve pas ;

De ce fait la Cour dira non fondée la demande des dommages intérêts sollicitée par la RAWBANK, il en sera de même pour celle introduite, par UCOP, la témérité n'est pas suffisamment établie quand bien même l'intimé YUNUS confond des institutions distinctes, telles que l'UCOP, BCECO, Banque Mondiale ;

La Cour dira donc, la demande des dommages intérêts non fondée ;

Elle dira également superfétatoire, l'examen des autres moyens non rencontrés ;

C'est pourquoi ;

La Cour d'appel de Kinshasa/Gombe section judiciaire, statuant contradictoirement et publiquement ;

Le Ministère public entendu en son avis conforme ;

- dit recevables et partiellement fondés les appels interjetés sous les RCA 24.298 /24.333/24.335/24.431 ;

- dit par contre non fondés ceux incidents ;

- en conséquence annule le jugement entrepris en toutes ses dispositions, statuant à nouveau en vertu de l'article 79 du Code de procédure civile ;

- dit les actions originaires introduites par Monsieur YUNUS contre TANSWANSEA irrecevables pour incompétence du 1er juge ;

- dit par contre celles initiées contre RAWBANK et UCOP recevables mais non fondées ;

- renvoi en conséquence TANSWANSEA et YUNUS devant le tribunal arbitral ;

- ordonne la main levée des saisies pratiquées sur tous les avoirs de TANSWANSEA ;

- dit qu'il n'y a pas lieu à condamner la RAWBANK et l'UCOP aux dommages intérêts ;

- rejette également la condamnation de Monsieur YUNUS aux dommages intérêts sollicités par RAWBANK et UCOP ;

- met les frais à charge de TANSWANSEA à concurrence de la moitié chacune, calculés à la somme de FC ;

(...)

4. Observations

On le voit, la loi n'ayant pas et ne pouvant pas du reste dire dans le détail comment une procuration spéciale pour appel doit être rédigée, à chaque partie de chercher à faire dire à la loi ce qu'elle cache. L'un voit dans l'absence d'indication du lieu où le mandat a été donné une cause de nullité, l'autre réplique que ce n'est point là une mention substantielle.

Le juge tranche : en l'occurrence, il a dit que le caractère spécial d'une procuration n'est pas à aller chercher au lieu où elle a été établie, lieu qui peut être prouvé « *Par tout moyen de droit* », tant qu'à faire.

De même, dans un arrêt semblable et loin du Congo, s'agissant de la date exacte de la formation d'un appel, la Cour d'appel de Toulouse (France) devant une **télécopie** ou une **signature électronique**, a admis que « *Les formalités prescrites par la loi ne le sont pas à peine de nullité ; que la télécopie constitue un moyen moderne permettant à l'appelant de relever appel dans les délais de la loi, même en dehors des heures d'ouverture du greffe ; que la parfaite coïncidence entre les heures d'émission relevées sur la télécopie expédiée par l'avocat et l'heure de réception mentionnée par le greffe permet d'écarter toute possibilité de manipulation de l'appareil émetteur et qu'ainsi, il ne subsiste aucun doute sur la date à laquelle l'appel a été formé* »[10]

En revanche, au sujet de l'article 6 de notre Code de procédure civile, le même qu'en France, qui prévoit la lettre recommandée comme l'un des modes d'envoi de l'assignation, la Cour de cassation de France, par un arrêt du 15 mars 1989, a cassé une décision qui avait déconsidéré une simple lettre là où la loi prévoit une **lettre recommandée**. Car, selon le juge de cassation, « *La lettre recommandée n'est destinée qu'à régler toute contestation sur la date de la déclaration d'appel* »[11]

---

[10] BLOCK, G., *Les Fins de Non-recevoir en Procédure civile*, Bruxelles, Bruylant, 2002, p. 189.

[11] BLOCK, G., *ibid.*, p. 180, n° 97.

CHAPITRE 3

LE BÉGAIEMENT DES ARRÊTS

APERÇU GÉNÉRAL

Il faut rendre un hommage particulier aux juristes belges de la colonie. Ils ont laissé une riche et abondante moisson au plan de la jurisprudence.

À J.-P. COLIN, conseiller à la Cour d'appel d'Elisabethville, pour son supplément quinquennal (1935-1939) au Répertoire général de la jurisprudence congolaise, 1940 et à L. BOURS, Procureur général honoraire près la même Cour d'appel, pour son supplément décennal (1940-1949), 1951, pour ne citer que ces deux-là. Ils ont noté et rassemblé les bonnes décisions rendues en toutes matières, année par année, juridiction par juridiction.

Ce sont les juristes d'Elisabethville, Lubumbashi, qui récoltent les premiers les matériaux pour écrire. Pourquoi ? C'est là que s'est développée une véritable activité commerciale avec le consortium Union minière du Katanga, quand ailleurs dans la colonie, les magistrats en étaient toujours à juger des cas de coups et blessures, essentiellement.

On imagine la somme d'énergie, de moyens financiers, d'intelligence que ce travail fouillé leur a coûtée. Oui, la Revue juridique du Congo belge a continué à paraître, qui publiait par à-coup quelques décisions. Mais avec l'avènement de l'indépendance, l'oubli a commencé à s'installer. Un réveil cependant en 1990 soit trente ans après, car un juriste, en 1966, deux promotions avant la mienne à l'université *Lovanium* de Kinshasa, le conseiller à la Cour suprême de justice DIBUNDA KABUINJI MPUMBUAMBUJI a publié un Répertoire de la jurisprudence de… la Cour suprême de justice de 1969 à 1985. Rien pour les juridictions du fond.

Et alors, de quoi est faite la jurisprudence des années postérieures à l'indépendance ?

Un bégaiement qui confine à l'absence. Une justice en dents de scie. Un retard de publication, au niveau même des arrêts de cassation où c'est obligatoire de publier, qui confirme l'absence de jurisprudence. Une rédaction peu heureuse des arrêts, qui achève le reste.

Voilà la caractéristique de notre justice. Les quelques décisions que je publie aujourd'hui parmi les centaines en ma possession n'ont donc point l'ambition de constituer un échantillon valable de la jurisprudence congolaise. Les unes et les autres ont retenu mon attention à moi en ce qu'elles me posaient des questions. Pourquoi telle solution plutôt que telle autre ? Qu'aurai-je fait moi-même si j'étais à la place ? Enfin, que va retenir désormais le justiciable comme jurisprudence de son pays ?

SECTION 1 : ARRÊTS DE LA COUR SUPRÊME DE JUSTICE DANS LE CONTENTIEUX ÉLECTORAL

Inutilité de décision judiciaire – rabat d'arrêt non sollicité – préoccupation politicienne

Les arrêts RCE 744 du 25 avril 2012 et RCE 1032 du 18 septembre 2012 : Mouvement Social pour le Renouveau, MSR c/Commission Électorale Nationale Indépendante, CENI. Ces deux arrêts, en matière de contentieux électoral pour le RCE 744 et en matière d'interprétation du même arrêt pour le RCE 1032, vous sont proposés non au titre de jurisprudence, loin s'en faut, mais pour savoir ce qui se passe parfois, pourquoi on peut recourir au tribunal un moment donné.

Vous verrez, par exemple, comment, en quatre mois, du 25 avril au 18 septembre 2012, la juridiction suprême du pays a perdu et sa mémoire et surtout tout son latin. Vous chercherez une explication à cela, vu que je n'en donne point.

Sous RCE 744, le MSR, parti politique, conteste, devant la Cour suprême de justice siégeant comme Cour constitutionnelle, les résultats provisoires des élections législatives du 28 novembre 2011 de la circonscription électorale de Masisi (Nord-Kivu), proclamés le 27 janvier 2012 par la Commission Électorale Nationale Indépendante, CENI. Ce parti demande soit de rectifier soit d'annuler le scrutin, en raison de nombreuses irrégularités et autre falsification des documents électoraux.

Au demeurant, note l'arrêt RCE 744 du 25 avril 2012, « *Dans son mémoire en réponse, la CENI, tout en reconnaissant que par sa Décision n° 012 Bis/CENI/BUR/12 du 26 janvier 2012, elle avait déjà procédé à l'annulation du scrutin dans cette circonscription pour existence "d'un climat d'insécurité généralisé le jour du vote et pendant la période de compilation, des actes de violence et d'intimidation des agents électoraux et des électeurs par certains candidats et leurs partisans quelquefois armés"*, (...), *estime néanmoins non fondée cette requête pour absence des preuves des faits y alléguées* ».

Ça commence bien. Comment, en effet, la CENI, qui a déjà annulé d'elle-même une élection pour tricherie et « climat d'insécurité généralisée le jour du vote », s'autorise-t-elle, devant la Cour, de demander par la suite au juge du contentieux électoral de dire non fondée la réclamation d'un parti ayant pris part à cette élection-là ? Peu importe !

Cela étant, tout naturellement, la Cour a :

1° confirmé la décision d'annulation de la CENI du 26 janvier 2012 et
2° enjoint la CENI de réorganiser le scrutin « dans le délai légal ».

S'ouvre alors une période de bégaiement, de perte de mémoire, c'est un euphémisme. La suite déroute, en effet.

Premier acte. C'est le Procureur général de la République *es qualitate* qui, le 3 septembre 2012, demande à la Cour suprême de lui interpréter l'arrêt RCE 744. Précisément, le haut magistrat veut savoir à quoi s'en tenir, puisqu'en raison de l'insécurité généralisée sur le terrain, le délai des soixante jours prévu par la loi électorale et imparti par la Cour est épuisé et que la circonscription de Masisi n'a toujours pas de représentant à l'Assemblée nationale. « Il demande à la Cour de résoudre cette injustice », a noté l'arrêt RCE 1032, 3e feuillet.

On le mesure, un Procureur général de la République ne saurait plus ce qui doit se passer en cas de dépassement du délai pour cause d'« insécurité généralisée et permanente ». Il conclut, par une vraie sortie, à une injustice pour la malheureuse circonscription électorale, absente à l'Assemblée.

La Cour doit donc résoudre cette équation-là dans une procédure en simple interprétation d'arrêt.

Deuxième acte. La Cour suprême est ainsi saisie en interprétation de son arrêt ayant annulé le scrutin à Masisi et enjoignant l'organisateur CENI d'avoir à procéder dans le délai légal fixé par le Code électoral. Remarquez que la Cour n'avait même pas besoin d'indiquer ce délai dans sa décision. Qu'y a-t-il dès lors ici à interpréter, si l'interprétation suppose l'existence de l'ambiguïté, du flou, de l'abscons dans un jugement ? La persistance de l'insécurité empêchant d'organiser un nouveau scrutin est un fait et donc pas quelque chose à interpréter.

La Cour suprême va sauter le pas. Il y a bien quelque chose, selon elle, et c'est l'injustice faite à la circonscription électorale de Masisi qu'elle se doit de réparer par recours à… l'équité. Injustice ? Émanant de qui ?

La chambre saisie se souvient alors de l'increvable ordonnance du 14 mai 1886, dont il a déjà été question ci-devant, pour appeler à rescousse l'équité : « *La Cour estime qu'elle doit se référer à l'équité en tenant compte des circonstances de la cause et en suppléant aux lacunes de la loi* », comme le prévoit l'article 1 de l'ordonnance susdite. Quelles lacunes en l'occurrence ?

La Cour est sortie de sa saisine consistant en l'espèce à simplement indiquer à notre Procureur général de la République ce qui doit advenir après l'écoulement du délai des soixante jours. Lui dire ce qui reste encore à faire et non revenir sur son propre arrêt, car la loi de procédure interdit de modifier la décision sur une simple action en interprétation. Hélas, la chambre le fera, après un autre saut, un très grand cette fois.

À quatre mois de distance, sans en avoir été saisie *expressis verbis* – car il eût fallu bien une action en rabat en l'occurrence – notre Cour suprême, saisie en interprétation, a prononcé un rabat d'arrêt et ordonné à la CENI, tenez-vous bien, « de rendre publics les résultats provisoires », ceux-là mêmes que cette institution d'appui à la démocratie avait eus à annuler, d'elle-même, pour fraude manifeste et autre intimidation des agents électoraux et des électeurs sous la menace des armes ! La chambre l'aura fait au nom de l'équité.

Or, ailleurs, la Cour « *casse toute décision par laquelle, en dehors des cas où le législateur s'y réfère, le juge du fond fait de l'équité le fondement de sa motivation* » (Cass., 3e civ. 24 avr. 1974, Bull. civ. III, n° 166 ; Cass. soc., 11 mai 1994, D. 1995, p. 626, n. C. Puigelier).[12]

La Cour suprême a-t-elle pu, permettez-moi cette audace de poser pareille question, confondre demande d'interprétation et demande de rabat, quand un simple dictionnaire définit cette dernière expression :

« *Rabat d'arrêt [procédure civile] : Procédure introduite par une requête et permettant de rapporter un arrêt rendu par la Cour de cassation, à la suite d'une erreur matérielle de procédure imputable à une défaillance de ses services, ayant pu affecter la solution donnée au pourvoi. Après rabat, il est statué à nouveau comme s'il s'agissait d'un recours en révision. Née des usages de la Cour de cassation, elle n'est réglementée par aucun texte.* »[13]

Qu'y a-t-il eu au juste, dans ce dossier où, successivement, les hautes autorités judiciaires font des demandes (en interprétation) et prononcent des sentences (rabat d'arrêt), qui vous déroutent nécessairement ?

L'un demande qu'on lui explique ce qui doit se passer si un cas de force majeure persiste ; l'autre, sur cette demande-là, revient sur sa décision pour faire cesser une injustice et parce qu'il y a « nécessité et urgence ».

Si cinq ou même dix députés d'une circonscription sur les cinq cents de l'Assemblée nationale manquent, y a-t-il « urgence et nécessité » autorisant de faire l'impasse sur la loi ?

Quelque chose a donc pu se cacher derrière ces décisions. Tournez-les dans tous les sens. Le juge ne se cache-t-il pas vainement derrière ses attendus, semblable, selon le proverbe, au chacal, *mbulu* qui mange le fruit, *maata* sur la route et brouille ses traces, *malambu* pour ne pas être pris mais que l'homme finit toujours par retrouver ? : *Mbulu udia maata, malambu upitikisa.*[14]

Enfin et en vérité, ces deux arrêts n'auraient pas dû exister. Le RCE 744, parce que la CENI avait déjà annulé le scrutin. Et le RCE 1032, parce qu'il n'y a pas eu demande de rabat. Et pourtant ils coexistent bien et je les ai trouvés dans ma boîte aux lettres à l'Assemblée nationale. Pourquoi ?

Il fallait vite valider les pouvoirs des élus de Masisi, un territoire de récente date et de création *ad hoc*. Avez-vous compris ? Le débat parlementaire, libre et public a apporté un éclairage face au secret du délibéré des juges. Les députés anti-validation des mandats mal acquis opposèrent la Constitution interdisant d'exécuter un ordre manifestement illégal. Les pro- plaidèrent la séparation des pouvoirs devant l'intangibilité des arrêts même mauvais.

---

12 CHARTIER, Y., agrégé des facultés de droit et conseiller honoraire à la Cour de cassation, *La Cour de Cassation*, 2e éd., Connaissance du Droit, Paris, Dalloz, 2001, p. 114.

13 *Lexique des termes juridiques*, 20e édition 2013, Paris, Dalloz, 2012.

14 MATADIWAMBA, K.M., *Proverbes Pelende*, éd. CEEBA Publications, séries II, vol. 120, 1966, p. 178.

Et moi ? – Abstention ! Les couloirs du palais du Peuple bruissaient dans tous les sens. En tout état de cause, le vote était de la majorité, qui vote comme un seul homme. Et Masisi, c'est quoi ?

1. L'arrêt RCE 744

Par sa requête signée en date du 28 janvier 2012 par l'avocat Lubamba Nguba, porteur d'une procuration spéciale de la même date lui remise par Monsieur Yves Mobando Yoga, président national du mouvement social pour le renouveau « MSR » en sigle, parti politique, et déposée au greffe de la Cour suprême de justice le 3 février 2012, poursuites et diligences de son président susnommé, ce parti conteste les résultats provisoires des élections législatives du 28 novembre 2011 et proclamés le 27 janvier 2012, dans la circonscription électorale de Masisi, province du Nord-Kivu et ce, pour s'entendre, soit rectifier lesdits résultats, soit annuler toutes les opérations électorales pour irrégularités ; en plus, pour s'entendre dire établie à charge de tous les candidats proclamés provisoirement élus, l'infraction de falsification des documents électoraux. Cette requête a été notifiée à la commission électorale nationale indépendante la « CENI » en sigle le 10 février 2012 ; celle-ci a pris et déposé régulièrement son mémoire en réponse le 13 février 2012.

En liminaire de tout débat au fond, la Cour décrétera son incompétence à connaître des faits infractionnels imputés auxdits candidats, car, en vertu des articles 223 de la Constitution et 74 de la loi électorale, la Cour suprême de justice, faisant office de la Cour constitutionnelle, n'est pas le juge naturel, en raison de la matière, des infractions commises à l'occasion de l'organisation des élections.

Aux termes de sa requête, ce parti soutient qu'il avait présenté dans cette circonscription la liste de ses trois candidats et déployé une équipe des témoins pour assister à toutes les opérations de vote ; curieusement ces opérations se sont révélées entachées de plusieurs irrégularités et d'un climat d'insécurité provoqué par les anciens chefs des groupes armés dont CNP, UCP et PARECO dans le but de faciliter des fraudes massives et des bourrages des urnes en faveur de leurs candidats.

Au nombre de ces irrégularités, il fait état de la violation par la CENI de l'article 40 alinéa 1 de la loi électorale en ce qu'elle a non seulement refusé de permettre à ses témoins et à ceux des autres partis politiques et candidats indépendants l'accès il la salle de saisie des données compilées mais aussi de leur remettre des traces de saisie qui pouvaient leur faciliter la vérification de la conformité des données saisies à celles réellement enregistrées lors du dépouillement de vote à travers toute la circonscription.

Il relève ensuite, qu'il y a eu violation par la CENI de l'article 70 alinéas 2 et 3 en ce qu'elle n'a jamais présenté ni affiché le procès-verbal des opérations ni la fiche de compilation, car, il se révèle qu'à part quelques signatures apposées sur ces documents par certains témoins sélectionnés à l'insu des autres, la CENI n'a jamais présenté ces documents à la signature de tous les témoins et que ces mêmes documents sont des faux en écriture, car, établis au manuscrit sur les formulaires autres que ses modèles et sur lesquels, il n'y avait pas ventilation des voix par candidat à l'instar de ce qui s'est passé dans d'autres circonscriptions.

Au soutènement de ces irrégularités, le requérant produit au dossier la lettre du candidat Mushesha Ndoole Raymond (cotes 44 et 45) *adressée au chef d'antenne CENI au travers laquelle il est fait mention des innombrables irrégularités notamment le climat d'insécurité provoqué par les anciens seigneurs de guerre, le refus par la CENI d'accepter la présence des témoins des autres partis politiques aux opérations de compilation, relus consécutif à la crainte des représailles par ces derniers et le non affichage ou procès-verbal et de la fiche de compilation ; aussi la lettre adressée au Secrétaire exécutif provincial de la CENI dénonçant les mêmes irrégularités* (cotes 46 à 50) *cosignées par les témoins des divers partis politiques parmi lesquels se trouvent aussi ceux des partis incriminés.*

Dans son mémoire en réponse, la CENI, tout en reconnaissant que par sa décision n.012BIS/CENI/BUR/12 du 26 janvier 2012, elle avait procédé à l'annulation du scrutin dans cette circonscription pour existence « d'un climat d'insécurité généralisé le jour du vote et pendant la période de compilation, des actes de violence et d'intimidation des agents électoraux et des électeurs par certains candidats et leurs partisans quelquefois armés… » ; qu'en conséquence, elle s'était réservée d'en publier provisoirement les résultats, estime néanmoins non fondée cette requête pour absence des preuves des faits y allégués.

La Cour dira par contre que doivent être pris pour fondés, le grief relatif à l'existence d'un climat d'insécurité au jour de vote et pendant les opérations de compilation, le grief relatif à l'absence des témoins à ces opérations consécutives à la peur engendrée par ce climat et celui relatif au non affichage des procès-verbaux et fiches de compilation lorsqu'ils sont attestés par les dénonciations de certains candidats ct de bon nombre des témoins lesquelles dénonciations, sont corroborées par les aveux parfaits de la CENI.

Ainsi, Elle confirmera la décision sus-indiquée de cette dernière en ce qu'elle a annulé les résultats provisoires de la circonscription électorale de Masisi dans la Province du Nord-Kivu, car, conformément à l'article 75 alinéa 2, ces griefs, ont eu pour effet la mise en doute de l'exactitude de ces résultats.

C'EST POURQUOI ;

La Cour suprême de justice siégeant en matière de contentieux de résultats des élections législatives ;

Le Ministère public entendu ;

Reçoit la requête du parti politique mouvement social pour le renouveau MSR et la dit partiellement fondée ;

Se déclare incompétente quant à l'infraction de falsification des documents électoraux ;

Confirme la décision de, la CENI n° 012bis/CENI/BUR/12 du 26 janvier 2012 en ce qu'elle a annulé les résultats provisoires des élections législatives du 28 novembre 2011 dans la circonscription électorale de Masisi dans la province du Nord-Kivu ;

Lui enjoint de les réorganiser dans le délai légal ;
Dit qu'il n'y a pas lieu à paiement des frais.
La Cour a ainsi jugé et prononcé à l'audience publique du 25 avril 2012 à laquelle ont siégé les Magistrats Thomas PUNGWE MAUA, président, Bruno NUMBI BAVINGA et Dominique NTAMBWE WA KANIKI, conseillers avec le concours de l'OMP représenté Paul CHIHINDAMUKO, Avocat général de la République et l'assistance de Monsieur Yvon LENGOLO NGOY, greffier du siège.

2. L'arrêt RCE 1032

Par sa requête reçue au greffe de la Cour suprême de justice le 3 septembre 2012, le Procureur général de la République, a saisi la Cour en interprétation de l'arrêt RCE 744/DN rendu par elle, le 25 avril 2012 ;

Aux termes de cette requête, les élections législatives nationales du 28 novembre 2011 ont été également organisées dans la circonscription électorale de Masisi, province du Nord-Kivu ;

À l'issue des opérations de vote, de dépouillement et de compilation, le président du centre local de compilation des résultats, CLCR en agrégé, de Masisi, a rendu publique en date du 27 janvier 2012, la liste des candidats proclamés provisoirement élus de la circonscription concernée ;

La commission électorale nationale indépendante, CENI en sigle, a pris la décision n° 002bis/CENI/BUR/12 du 26 janvier 2012 portant annulation des élections législatives dans cette circonscription pour cause d'existence d'un climat d'insécurité généralisé le jour du vote et pendant la période de compilation, des actes de violences et d'intimidation des agents électoraux et des électeurs par certains candidats et leurs partisans quelques fois armés ;

Mécontent des résultats affichés, le parti politique mouvement social pour le renouveau, MSR en sigle, déposa, en date du 3 février 2012, devant cette Cour sa requête en contestation de ces résultats tendant à les rectifier ou simplement à annuler les élections législatives dans cette circonscription électorale ;

Se fondant notamment sur les raisons invoquées par la CENI dans sa décision pré-rappelée, la Cour confirma celle-ci par son arrêt RCE 744/DN du 25 avril 2012 dans lequel elle lui enjoignit d'organiser un nouveau scrutin législatif dans la circonscription de Masisi endéans soixante jours de la notification dudit arrêt à cette dernière, laquelle notification eut lieu le 11 juin 2012 et le Procureur général introduisit sa requête le 3 septembre 2012 ;

Par sa décision n° 023/CENI/BUR/12 du 4 août 2012, le bureau de la CENI, après examen du rapport dressé par le secrétaire exécutif provincial du Nord-Kivu et le chef d'antenne de Masisi, chargés de recueillir dans cette circonscription électorale les conditions d'organisation d'un nouveau scrutin législatif, fit le constat de l'impossibilité dans laquelle la CENI se trouvait d'organiser les élections législatives dans ladite circonscription électorale de Masisi, en exécution de l'arrêt sus-évoqué. Cette décision fut annexée aux différents documents transmis à la Cour suprême de jus-

tice par la CENI suivant sa lettre n° 782/CENI-RDC/CAB-PRES/SEC-1/12 du 13 septembre 2012 ;

Les motifs invoqués dans la décision ci-dessus sont notamment que des mouvements armés divers occupent présentement treize sur les dix-sept groupements qui composent le territoire de Masisi et qu'il est observé dans l'ensemble de ce territoire des déplacements importants des populations électrices vers des contrées et même vers des pays voisins. Ce qui confirme la persistance de l'insécurité et l'absence de garantie de la protection des matériels électoraux, des agents et des opérations de vote dans cette circonscription électorale ;

Les parties intéressées dans cette cause ont comparu devant la Cour à l'audience publique du 14 septembre 2012, le parti politique COFEDEC par son mandataire Thérèse MUNGANGA, celui du MSR représenté par l'Avocat John NTAMBWE MBAYO du Barreau de Kinshasa/Matete, tandis que les autres candidats dont la liste était affichée comme provisoirement élus en personne et assistés par leur conseil, l'avocat Willy WENGA du Barreau de Kinshasa/Gombe, alors que la CENI était représentée par son expert juriste Athanase KAYAMBA, sur remise contradictoire pour toutes les parties, à l'exception du MSR qui a comparu sur notification régulière ;

Le Ministère public étayant sa requête en interprétation s'est étendu sur la situation de l'Est de la République Démocratique du Congo en général et du territoire de Masisi en particulier qui vivent dans l'insécurité quasi généralisée et permanente, il a relevé que le délai de soixante jours imparti à la CENI pour organiser un nouveau scrutin est forclos, que la loi électorale n'a prévu aucune autre possibilité ; que la circonscription électorale de Masisi n'a, à ce jour, aucune représentation au niveau de l'Assemblée nationale. Il demande à la Cour de résoudre cette injustice ;

La CENI a confirmé les faits révélés dans la requête du Ministère public et a ajouté que pièces transmises à la Cour, relatives aux résultats compilés pour la circonscription électorale de Masisi, sont authentiques et probantes. Les autres parties dans leur plaidoirie se sont confiées à la sagesse de la Cour ;

Examinant tout d'abord la recevabilité de la requête du Ministère public, la Cour précise que son arrêt RCE 744/DN prescrit à la CENI le devoir d'organiser un nouveau scrutin dans le délai légal de soixante jours de la notification, conformément au prescrit de l'article 75 alinéa 2 de la loi électorale, n'a pas vidé le contentieux électoral et doit être considéré comme préparatoire, le contentieux électoral ne pouvant naître qu'à l'issue de la proclamation des résultats provisoires par la CENI ;

Ainsi, conformément aux dispositions des articles 223 et 161 alinéa 2 de la Constitution ainsi que 74 point 1 et 74 quinquies alinéa 3 de la loi électorale, cette requête est recevable devant la Cour ;

La Cour note que se trouvant dans l'impossibilité absolue d'organiser un nouveau scrutin législatif dans le délai légal à cause de l'insécurité quasi généralisée et permanente dans le territoire de Masisi, la CENI est devant un cas de force majeure :

En effet, l'insécurité créée par ces mouvements armés divers, ne relève point d'elle ; elle est étrangère à elle qui est débitrice de l'obligation découlant de l'arrêt précité (organiser un nouveau scrutin)*, c'est ce qui l'exonère de ladite obligation ;*

La Cour note également, comme l'a fait le Procureur général de la République que, la circonscription de Masisi n'a pas, à ce jour, des représentants au niveau de l'Assemblée nationale et que cette situation n'est pas juste au regard de la représentativité de l'Assemblée nationale. Elle prive celle-ci de sept députés nationaux, situation qui ne peut être résolue que par la mise en œuvre du contentieux électoral ;

Considérant que la loi électorale n'a prévu aucune disposition pouvant lui permettre de résoudre le problème posé par ce manque de représentants de la circonscription électorale de Masisi à l'Assemblée nationale, la Cour estime qu'elle doit se référer à l'équité en tenant compte des circonstances de la cause et en suppléant aux lacunes de la loi et ce, conformément à l'article premier de l'ordonnance du 14 mai 1886 qui dispose que « quand la matière n'est pas prévue par un décret, un arrêté ou une ordonnance déjà promulguée, les contestations qui sont de la compétence des tribunaux du Congo seront jugées d'après les coutumes locales, les principes généraux du droit et l'équité » ;

Aussi va-t-elle, compte tenu de la nécessité, de l'urgence et de l'équité, rabattre le devoir donné à la CENI d'organiser un nouveau scrutin pour les raisons évoquées ci-dessus ;

Considérant que celle-ci a affirmé avoir versé au dossier entre autres pièces ou documents la fiche de compilation des résultats n° 9 pour la circonscription électorale de Masisi, le procès-verbal des opérations de compilation des résultats du CLCR de Masisi, les résultats provisoires CLCR Masisi (par parti politique), *les résultats du CLCR de Masisi* (par candidat), *le rapport du secrétaire exécutif provincial de la CENI sur la problématique de la reprise du scrutin,... lesquels sont authentiques et font foi de toutes les opérations électorales qui les concernent, la Cour estime que le Président de la CENI doit, conformément au prescrit de l'article 71 alinéa 3 de la loi électorale, rendre publics les résultats provisoires de cette circonscription électorale y contenus afin que le contentieux soit ouvert pour la proclamation des résultats définitifs par elle ;*

C'EST POURQUOI ;

La Cour suprême de justice, faisant fonction de la Cour constitutionnelle, siégeant en matière d'interprétation ;

Le Ministère public entendu ;

Reçoit la requête du Procureur général de la République et la dit fondée ;

Rabat le devoir prescrit à la CENI pour les causes vantées dans le corps du présent arrêt et enjoint à cette dernière de rendre publics les résultats provisoires contenus dans les pièces produites par elle devant la Cour ;

Dit qu'il n'y a pas lieu à paiement des frais de justice ;

La Cour a ainsi jugé et prononcé en son audience publique de ce mardi 18 septembre 2012 à laquelle ont siégé les Magistrats PUNGWE MASSUA, président, UBULU PUNGU et NUMBI BAVINGA, conseillers, avec le concours du Ministère public représenté par Monsieur MIKOBI MINGA, Avocat général de la République et l'assistance de Monsieur LUBUNDU MOTIKASI Jean, greffier du siège.

SECTION 2 : COUR SUPRÊME DE JUSTICE

ARRÊT RC 2671/2672 DU 6 MAI 2003
EN CAUSE : M. MICHAUX C/LUKOMBE NGHENDA

Fixation du prix de vente – respect des délais de paiement du prix – compensation – conflit d'honoraires – acquiescement

Les bons rapports faits de courtoisie et de confidentialité finissent par une querelle tenace. Entre deux personnalités ayant pignon sur rue à Kinshasa, un avocat et professeur de renom et un homme d'affaires bien introduit.

L'objet du conflit est bien prisé : vente d'immeuble au centre de la commune de la Gombe à Kinshasa. Dans un building en construction.

Le conflit est à rebondissement devant les tribunaux pour atterrir au Conseil national de l'ordre des avocats, CNO, que je présidais à l'époque. La raison de ce détour ? Le prix du bien devant être payé par compensation avec les honoraires, était-il allégué, le CNO a été saisi en tant que juridiction compétente pour fixer l'honoraire de l'avocat.

1. Les textes de loi

Les textes de base, ce sont les articles 263 et 264 du CCL III et 81 de l'ordonnance-loi n° 79-028 du 28 septembre 1979 sur le barreau, le corps des défenseurs judiciaires et les mandataires de l'État.

Article 263 :

La vente est une convention par laquelle l'un s'oblige à livrer une chose, et l'autre à la payer.

Elle peut être faite par acte authentique ou sous seing privé.

Article 264 :

Elle est parfaite entre les parties, et la propriété est acquise de droit à l'acheteur à l'égard du vendeur, dès qu'on est convenu de la chose et du prix, quoique la chose n'ait pas encore été livrée ni le prix payé.

Article 81 :

Les honoraires des Avocats comprennent les frais dus pour la postulation et les actes de procédure et les frais de consultation et de plaidoirie.

Les frais de postulation et des actes de procédure ou autres ne peuvent être réclamés que suivant la tarification qui est fixée par Arrêté du Président du Conseil Judiciaire, Procureur général de la République, pris après avis du Conseil national de l'ordre.

Les honoraires de consultation et de plaidoiries sont fixés d'accord entre l'Avocat et son client dans le cadre d'un tarif minimum et maximum fixé par le Conseil national de l'ordre après avis de la Cour suprême de justice. L'Avocat ne peut réclamer des honoraires supérieurs à ce tarif qu'avec l'accord du Conseil national de l'ordre, après avis du bâtonnier et du Procureur général.

Les frais et honoraires dus aux Avocats peuvent être recouvrés par la contrainte sur un état qui en est dressé par l'Avocat, visé et revêtu de la formule exécutoire par le Président de la Cour d'appel.

En cas de contestation sur le montant des honoraires, le client peut saisir le Conseil de l'ordre aux fins d'une conciliation et en cas d'échec de celle-ci, saisir le Conseil national de l'ordre aux fins de faire fixer les honoraires.

2. Les faits de la cause et la procédure

Me Lukombe Nghenda était depuis des années avocat et de la famille Michaux et des sociétés du groupe, à savoir AMP, STEM et VINCARA-MINE D'OR. Par sa lettre du 3 février 1981 (n° 8734/7), il annonce aux clients, personnes physiques et morales, qu'il porte ses honoraires mensuels à 3.300 z d'une part mais que les personnes physiques, individuellement, ne paieront pas les honoraires d'autre part.

Dix mois plus tard, à la suite d'un entretien téléphonique de la veille, relatif à l'acquisition d'une « portion » dans l'immeuble en construction, sa lettre n° 91.834 du 17 octobre 1983 dira au client Michaux, qui s'interrogeait sur le prix de cette acquisition, que « *Les services que nous nous rendons* (...) *compensent le paiement de la somme qui serait la contrepartie de cette acquisition* ».

Par sa lettre n° 313/83 du 24 octobre 1983, en réaction au courrier du 17 octobre, le client Michaux, qui nie y avoir jamais été question de céder à titre gratuit, signale le coût actuel des 250 m² de locaux demandés par l'avocat, soit 10.000.000 z, montant, selon lui, sans commune mesure avec les honoraires pour tous services rendus. Et l'avocat-acheteur de reconnaître dans sa lettre du 24 octobre 1983, l'inexistence d'un prix convenu : « *Ma surprise n'est pas moins grande quant au montant de Z 10.000.000 : – il est exclu que ce montant soit celui du départ quoique n'ayant pas été déterminé entre nous ;* »

Sous RC 58.653, Me Lukombe assignera le 2 mai 1990 pour réclamer la portion « partie dite dentiste », lui vendue pour 4.500.000 z et sous RC 58.654, celle dite « partie cabinet », dont le prix, selon lui, est « *Par compensation conventionnelle* », car « *le requérant ne devait payer et ne doit payer que zaïres 2.750.000 dans la période de six mois à compter du prononcé du jugement à intervenir ; et dans ce cas, donner acte de ce que dans ce cas, les honoraires du requérant et les bénéfices dans AMP et SETEM leur revenant seront réclamés par des voies de droit appropriées* » (assignation, dispositif, point 4).

Joignant les deux assignations, le tribunal de grande instance/Gombe déclarera, le 16 novembre 1990, valables « *les ventes avenues entre parties en 1982 et en 1985 portant respectivement sur la surface de 250 m² dite "cabinet d'Avocat" et celle dite "partie dentiste"* (...) ».

Sur appels de toutes les parties sous RCA 16.611/16.643/RAC 68, le 9 novembre 1995, la Cour d'appel de la Gombe dira 1° « *irrecevable l'action originaire de l'intimé relative à l'achat de la partie de l'immeuble dite "cabinet d'avocat" pour illicéité* » et 2° « *bonne et valable la vente de la partie de l'immeuble dite "dentiste"* ».

La Cour d'appel motive ainsi l'illicéité : « (...) *cette vente est nulle, car l'intimé a prétendu avoir acquis cette partie d'immeuble en compensation des honoraires que l'appelant lui devait. Ce comportement est contraire à l'article 81 al. 5 de la loi sur le barreau. Sa demande originaire sur cette partie d'immeuble est illicite et donc nulle, car étant son avocat-conseil, l'intimé ne pouvait imposer tel paiement.* »

Contre cet arrêt de la Cour d'appel, deux pourvois ont été introduits sous RC 2671 par Me Kankonde Batubenga May a Luebo pour M. M. Michaux et sous RC 2672 par Me Manzila Ludum Sal A Sal pour compte de Me Lukombe Nghenda.

Après jonction desdits pourvois, la Cour suprême de justice a rendu l'arrêt dont voici quelques extraits.

3. Sur le pourvoi sous RC 2671 de M. Maurice Michaux

Le premier moyen de cassation est pris de la violation des articles 231.

(...)

La première branche est basée sur l'existence de la vente, en ce que l'arrêt attaqué a déclaré valide une vente immobilière au mépris de l'article 231 de la loi dite foncière, lequel, à l'instar des articles 207 et 217 du Code civil, livre III en matière immobilière exige impérativement qu'une telle vente soit constatée par écrit et qu'un tel contrat d'aliénation soit ensuite reçu aux fins de mutation, en la forme authentique, alors que les parties litigantes n'avaient pu produire que des actes unilatéraux sous forme d'un échange de lettres et parfaitement étrangers à un contrat synallagmatique tel que défini par les articles 1er, 9, 207 et 217 du Code civil, livre III.

En tant qu'il vise la violation de l'article 231 de la loi dite foncière, le moyen en cette branche est irrecevable, car la disposition légale invoquée est mal visée ; elle a trait aux mutations à opérer en vertu du contrat d'aliénation et non à la formation dudit contrat.

Concernant la violation des articles 1er, 8, 207, 217 et 327 du Code civil, le moyen en la même branche est irrecevable, car il ne précise pas en quoi les dispositions légales invoquées sont violées. En effet, l'art. 1er donne la définition d'un contrat, l'article 8 énumère les conditions essentielles pour la validité d'une convention, l'article 207 est relatif à la preuve littérale, l'article 217 se rapporte à la preuve testimoniale de payer le prix au jour et au lieu réglés par la vente.

La deuxième branche vise l'article 23 du CPC en ce que l'arrêt déféré n'a pu valider une telle vente au regard de l'article 333 in fine *du Code civil, livre III, que moyennant abus, excès ou détournement du pouvoir, car cette disposition légale fait formellement défense au juge d'accorder sous quelque forme que ce soit, un délai à l'acheteur lorsque celui-ci, dûment et régulièrement sommé n'a point respecté les délais de paiement fixés dans la sommation et qu'en l'espèce, le 1er défendeur était sommé régulièrement de payer le solde du prix au plus tard le 15 avril 1987 et a prétendu satisfaire à la sommation en effectuant le paiement le 18 avril 1987, soit trois jours plus tard. En validant un tel paiement, l'arrêt querellé a prétendu couvrir la défaillance manifeste du 1er défendeur en lui accordant, même implicitement et contre le refus du demandeur, un délai supplémentaire de trois jours.*

(...)

Le deuxième moyen est tiré de la violation des articles.

(...)

La première branche est basée sur les articles 81, 82,155 et 333 in fine *du Code civil, livre III, en ce que le juge de renvoi devant qui étaient étalées, par la production des parties, les preuves de la double défaillance du 1er défendeur, d'une part pour non-paiement du prix convenu, soit dans les délais fixés par la convention, soit dans les délais raisonnables stipulés comme indiqué dans sa lettre n° 8227 du 5 octobre 1985, et d'autre part pour refus de se conformer au délai fixé dans la sommation pour le paiement dudit prix, a prétendu néanmoins accueillir une action en justice initiée par la partie défaillante tendant à obtenir le bénéfice tardif d'une exécution alors que l'initiative d'une telle action, soit en exécution de la convention, soit en résolution ou résiliation de celle-ci, est exclusivement réservée à la victime de l'inexécution de la convention.*

Le moyen en cette branche est irrecevable, car les dispositions légales invoquées sont étrangères au grief (qui lui est relatif à la foi due aux actes tel que prévu par les articles 201 et 202 du Code civil livre III).

La deuxième branche concerne la violation de l'adage « Nemo auditur suam turpitudinem allegans », en ce que l'arrêt querellé n'aurait dû accueillir l'action entreprise en application de l'adage selon lequel « Nul ne peut se prévaloir de sa propre turpitude », car le 1er défendeur avait initié le paiement d'un acompte sans qu'une convention de vente ait été préalablement conclue entre les parties litigantes et n'a pas respecté le délai qu'il a fixé pour parfaire le paiement.

En tant qu'il est basé sur l'article 1er de l'ordonnance du 14 mai 1886 sur l'application des principes généraux du droit tel que repris par l'article 116 du Code de l'organisation et de la compétence judiciaires, en l'espèce l'adage « Nemo auditur suam turpitudinem allegans », le moyen en cette branche est irrecevable, car la disposition légale de l'article 116 invoqué est mal visée (...)

4. Sur le pourvoi sous RC 2672 de Me LUKOMBE NGHENDA

Dans son mémoire en réponse, le défendeur, Monsieur Maurice MICHAUX, oppose au pourvoi une fin de non-recevoir tirée de ce que le demandeur ayant acquiescé à l'arrêt déféré a renoncé à se pourvoir en cassation conformément à l'article 157 alinéa 2 du Code de l'organisation et de la compétence judiciaires.

Il allègue à cet effet ce qui suit : Le demandeur avait, au début du mois de juin 2000, saisi le Directeur national des Services spéciaux à Kinshasa/Mazière pour le faire déguerpir par violence, après avoir fait signifier l'arrêt dont pourvoi au deuxième défendeur le 17 juillet 2000 et l'itératif commandement le 24 du même mois, ce dernier s'opposa à l'exécuter par lettre du 28 juillet 2000 ; à l'initiative du de-

mandeur, le Premier Président de la Cour d'appel de Kinshasa/Gombe reçut les deux parties le 28 août 2000 dans son cabinet pour l'inviter à accepter d'exécuter volontairement l'arrêt concerné et par lettre n° 251/cab.PP/CAKG/AC/2000 adressée à la société Hermes Airways qui occupait les lieux, le greffier principal de ladite cour lui signifia la mise en demeure de déguerpissement, ce, à la suite de la demande pressante du pourvoyant.

La fin de non-recevoir n'est pas fondée. En effet, il est de principe que l'acquiescement donné par une partie est présumé soumis à la condition de l'acceptation du jugement par l'autre partie et que l'acquiescement d'une partie reste sans effet si, postérieurement, une autre partie forme régulièrement un recours.

En l'espèce, étant donné que le premier défendeur avait formé pourvoi contre l'arrêt RCA 16.611/16.643 le 13 septembre 2000, l'acquiescement du demandeur audit arrêt était devenu sans effet, son pourvoi ayant été formé le 11 octobre 2000, soit après celui du premier défendeur.

Sans qu'il soit nécessaire d'examiner les deux premières branches du premier moyen de cassation et les autres moyens, la Cour suprême de justice statue sur la troisième branche de ce premier moyen tiré de la violation de l'article 23 du Code de procédure civile en ce que, quant à la vente de la partie de l'immeuble dite « cabinet d'avocat », le juge de renvoi a commis l'erreur de droit sur fond d'une fausse motivation en disant nulle cette vente et en la qualifiant d'illicite pour cause, dit-il, que le demandeur étant l'avocat-conseil du défendeur, ne pouvait pas imposer comme mode de paiement du prix de vente la compensation jugée contraire à l'article 81, al.5 de la loi organique sur le Barreau.

Ce moyen est fondé. En effet, d'une part la vente n'est dite nulle que si une des conditions tant spécifiques que générales, assorties d'une nullité à titre de sanction aura été violée ; pourtant en l'espèce l'arrêt déféré ne démontre nullement qu'une de ces conditions aura fait défaut alors qu'il ressort des faits de la cause que la partie de la future construction constituée de 250 m² au premier étage aura constitué la chose et le montant de 11.000 z le m², soit 2.750.000 z aura constitué le prix dans cette vente, et d'autre part, l'article 81 al. 5 précité est un texte qui ne crée aucune condition de validité de tout contrat et n'interdit nullement la compensation du paiement du prix d'achat d'une chose à réaliser par un avocat lorsqu'il est acheteur et du paiement d'une créance d'honoraires ou autres dettes par un client de l'avocat.

Dès lors, en déclarant la vente de la partie « cabinet d'avocat » illicite du fait que le paiement du prix s'est fait par compensation avec les honoraires non contestés que le premier défendeur devait au demandeur et en jugeant pareil comportement contraire à l'article 81 al. 5 de la loi organique du Barreau pour conclure à l'irrecevabilité pour illicéité de l'action du demandeur portant sur la vente se rapportant à cette partie « cabinet d'avocat », le juge d'appel a, en plus de l'erreur de droit, faussement motivé sa décision, car la disposition invoquée de la loi organique, n'interdit pas la compensation du paiement, par un avocat, du prix d'achat d'une chose de son client et les honoraires que ce dernier lui doit.

Il s'ensuit qu'en l'espèce, les faits montrent que le prix de cette vente de la partie cabinet d'avocat, a été de 2.750.000 z, et a été entièrement payé par compensation avec des honoraires dus au demandeur par le défendeur et que pareil paiement est licite.

Étant fondé, ce moyen entraîne la cassation totale avec renvoi de l'arrêt attaqué relativement à la partie de l'immeuble dite « cabinet d'avocat ».

5. Observations

Expression du prix – Paiement par compensation

On l'aura remarqué, deux personnes ont passé deux contrats de vente d'immeuble. Un contrat ne pose aucun problème, ni sur la chose ni sur son prix.

Un second contrat est conflictuel, le prix de la chose n'étant pas fixé par les parties, au vu du dossier, soit à la lecture du courrier échangé quant à ce.

Les juges du fond ont estimé en appel que la vente du « *cabinet d'avocat* » était illicite de par l'expression du prix par « *compensation avec les honoraires* ». En d'autres termes, pour les juges d'appel, le prix de vente n'est pas connu et donc fixé si on stipule qu'il sera payé par compensation avec les honoraires pour prestations présentes et à venir, car en ce cas, il y a bien incertitude.

Et si les prestations de l'avocat ne venaient pas ou ne suffisaient point ou dépassaient la hauteur du prix de la chose en vente ?

Les juges de cassation affirment, à juste titre, qu'un prix peut être payé par compensation. Or la compensation est organisée par le Code des Obligations aux articles 181 et suivants. Elle concerne essentiellement les dettes d'argent ou les choses fongibles de la même espèce, ce qui est loin d'être le cas en l'occurrence. L'on a en effet d'un côté les prestations de l'avocat à facturer et de l'autre, un immeuble proposé à la vente.

Ces deux choses-là doivent être évaluées séparément pour qu'en fin de compte une compensation s'opère, en cas de besoin. C'est ce que le propriétaire immobilier a demandé au CNO, seul compétent pour fixer les honoraires en cas de désaccord entre l'avocat et son client. L'avocat soutenait n'y avoir pas de conflit, vu qu'il ne réclamait plus rien au client et que, de toute façon, selon lui, le montant de ses honoraires dépassait de loin le prix de l'immeuble revendiqué.

En clair que s'est-il passé ? Les juges de cassation ont-ils pu avoir de la compensation le même sens que l'homme de la rue ? Ou ont-ils décidé selon que ? Enfin, comme l'arrêt a eu à constater que 250 m², c'est la chose vendue et que 11.000 z étant le prix du m², 250 X 11.000 z soit donc 2.750.000 z c'est le prix de vente, on doit se poser cette question :

Suffit-il que le prix soit connaissable ou au contraire il doit être connu pour conclure qu'il y a accord des parties sur ce prix-là ? C'est un des mystères de cette œuvre judiciaire. La cassation a botté en touche, laissant l'incertitude quant à ce.

Par son avant-dire-droit n° CNO/LH/178 du 8 février 2007, le CNO, saisi par le client qui voulait connaître la hauteur des honoraires, a décidé qu'il y avait conflit d'honoraires, « *Car le conflit existe soit que le client conteste le montant lui indiqué par l'avocat, soit que celui-ci refuse, comme en l'espèce, de le lui indiquer.* » Il a invité les deux parties à plaider le dossier quant au fond pour lui permettre de fixer les honoraires dus au conseil. Celui-ci a déféré l'avant-dire-droit à la section administrative de la Cour suprême pour annulation, sans attendre la décision au fond. Une manière de vous suspecter peut-être ?

Acquiescement

Alors que le vendeur espérait faire échec au pourvoi de l'acheteur en lui opposant l'exception d'un acquiescement dûment établi, le juge de cassation a bien vu en repoussant cette exception.

En effet, comme l'a décidé l'arrêt RC 2671/2672, il est enseigné que « *L'acquiescement reposant sur une manifestation de volonté, ne doit être entaché ni d'erreur, ni de dol, ni de violence* (...). *Il est même admis, qu'à moins d'une intention contraire expressément manifestée, l'acquiescement donné par une partie est présumé soumis à la condition de l'acceptation du jugement par l'autre partie ; et l'article 409 du nouveau Code de procédure civile applique cette règle en décidant que l'acquiescement d'une partie reste sans effet si, postérieurement, une autre partie forme régulièrement un recours. La jurisprudence avait depuis longtemps consacré cette solution : si la partie qui a obtenu la décision se pourvoit en cassation, celle qui avait acquiescé se trouve dégagée de sa renonciation et devient recevable à former à son tour son pourvoi* (...) »[15]

Le même auteur mentionne qu'en matière pénale l'acquiescement « *joue au contraire un rôle très effacé* ». Ainsi « *L'acquiescement du condamné à la décision qui le sanctionne pénalement ne peut pas, non plus, l'empêcher d'exercer les recours qui lui sont ouverts par la loi et notamment le recours en cassation* ». Il n'a d'« *effet qu'en ce qui concerne les condamnations civiles* (...) »[16]

Le recours à la formule « Sans qu'il soit nécessaire ».

« Sans qu'il soit nécessaire d'examiner les autres moyens », la Cour statue sur... Et, dans cette cause où deux pourvois dirigés contre un même arrêt ont été joints, la fameuse formule est revenue. Or il s'agissait de deux recours soutenant l'un que la vente est nulle et l'autre qu'elle est valable. En définitive, il fallait bien que le recours à rejeter le soit sur l'essentiel, je veux dire sur le fond même du litige.

Mais voilà que le pourvoi RC 2671 du vendeur Maurice Michaux est rejeté, lors même qu'il est acquis au dossier que le paiement du prix effectué par l'acheteur Lukombe est contesté comme opéré au-delà du délai lui imparti par voie de sommation d'huissier.

---

[15] BORÉ, J., *La Cassation en Matière civile*, Dalloz, 1997, n° 337, p. 88.

[16] BORÉ, J., *La Cassation en Matière pénale*, LGDJ, Soufflot, 1985, n° 490, p. 155.

Ainsi donc le recours à cette formule évite au juge de répondre parfois à un moyen pourtant fondé. Question de se tirer d'embarras par ce raccourci.

SECTION 3 : COUR SUPRÊME DE JUSTICE

ARRÊT RC 2561 DU 9 FÉVRIER 2001
EN CAUSE : OPANGO DEKE C/MANGWANGU LUMINGU

Computation malheureuse des délais – trois mois pour le dépôt d'une requête en cassation – inopérance du nombre de jours par mois – de la signification à veille du quantième

Bien souvent on croit jongler avec les délais de recours en justice, donc avec la simple arithmétique. Mais, bien lue, la loi vous remet à votre place en vous renvoyant à vos études.

1. Les textes de loi

Article 39 al. 1er de l'O-L 082-017 du 31 mars 1982 :

Hormis les cas où la loi a établi un délai plus court, le délai pour déposer la requête est de trois mois à dater de la signification de la décision attaquée.

Article 195,4° CPC :

Le délai qui est fixé par jour se compte de jour à jour ; celui qui est fixé par mois ou par année se compte de quantième à veille de quantième, selon le calendrier grégorien.

2. Les faits de la cause et la procédure

L'arrêt RCA 19.671 du 14 avril 2000 d'entre parties a été signifié par M. Mangwangu à son adversaire Opango le 11 mai 2000, par l'huissier de justice Mayituka Tadi.

Ayant déposé son pourvoi le 14 août 2000, il estime être dans le délai des trois mois, vu que le dernier jour utile soit le 12 août étant un samedi, jour non ouvré à la Cour suprême de justice, c'est naturellement le lundi 14 août qui devenait la date limite.

3. L'arrêt RC 2561

Par requête déposée au greffe de la Cour suprême de justice le 14 août 2000, Monsieur OPANGO DEKE poursuit la cassation de l'arrêt RCA 19.671 rendu contradictoirement par la Cour d'appel de Kinshasa/Gombe le 14 avril 2000 et qui lui a été signifié le 11 mai 2000.

Aux termes de l'article 39, alinéa premier de la procédure devant la Cour suprême de justice, le délai pour déposer une requête introductive de pourvoi en matière de droit privé est de trois mois à dater de la signification de la décision attaquée.

En combinant l'article 13 de la procédure devant la Cour suprême de justice avec l'article 196 du Code de procédure civil auquel renvoie la première disposition légale citée, la Cour constate que le dernier jour utile pour déposer la requête introductive du pourvoi était le 10 août 2000. En ayant déposé sa requête le 14 août 2000, le demandeur l'a fait hors délai. Son pourvoi sera déclaré irrecevable pour cause de tardiveté.

C'EST POURQUOI,

La Cour suprême de justice, siégeant en cassation en matière de droit privé, en application de l'article 7 de sa procédure ;

Le Ministère public entendu ;

Déclare le pourvoi irrecevable ;

Condamne le demandeur aux frais de l'instance arrêtés à la somme de (...)

La Cour a ainsi jugé et prononcé à l'audience publique du neuf février l'an deux mille un (...)

Cet arrêt a été rédigé dans le pur style traditionnel de la cassation : sec. Il n'a même pas fait allusion à l'argumentation du défendeur Opango sous ma signature, en réponse à la requête introductive du pourvoi, élaborée par mon distingué adversaire Kisimba Ngoy Ndalewe, d'heureuse mémoire.

Voici cette argumentation :

Le défendeur oppose une fin de non-recevoir tirée de la tardiveté de la requête.

En effet, dans sa requête, le demandeur reconnaît avoir reçu signification de l'arrêt RCA 19.671 le 11 mai 2000. Il prétend qu'au regard et de l'ordonnance-loi organique de la procédure devant la Cour suprême de justice et du Code de procédure civile, le 14 août fut pour lui le dernier jour utile pour le dépôt de la requête.

Or l'article 39 de l'ordonnance-loi n° 82-017 du 31 mars 1982 dispose que le délai pour déposer la requête en matière civile est de trois mois à dater de la signification.

Et l'article 195, 4° du CPC de préciser : le délai qui est fixé par mois ou par année se compte de quantième à veille de quantième, selon le calendrier grégorien.

Un simple comptage donc, ni plus ni moins.

Dès lors, pour savoir à quelle date devait agir le notifié OPANGO, on ne peut se soucier ni des jours francs, ni du nombre de jours par mois, mais uniquement de la date de notification de l'arrêt et ainsi aller jusqu'à celle de veille de quantième, soit donc au 10 août 2000 par rapport au 11 mai 2000, jour de la signification.

Mais à supposer qu'il faille suivre le demandeur et donc tenir compte du jour franc tel que l'indique le 1° de l'article 195, alors la veille de quantième est le vendredi 11 août par rapport à la date de la signification du 11 mai, puisque l'on partirait du lendemain soit du 12 mai.

En toute hypothèse, rien n'autorise à soutenir que le 14 août est une date légale pour introduire un pourvoi en matière de droit privé contre un arrêt dont on aura reçu notification au 11 mai 2000.

Enfin et par ailleurs, l'on peut savoir que les juges de cassation eux-mêmes demeurent peu regardants en matière de délai de recours. Tant que l'on est proche de la date légale, les yeux de la Cour cessent parfois de voir, comme si la loi l'autorisait. Qui se soucie encore de savoir si l'on doit compter de date à date ou de quantième à veille de quantième, selon le calendrier grégorien ? Et que dire de cette pratique de fermer le greffe le samedi ?

Ne vient-elle pas bousculer la loi ?

SECTION 4 : COUR SUPRÊME DE JUSTICE

ARRÊT AVANT-DIRE-DROIT RP 2277 DU 20 JUILLET 2002 EN CAUSE : MUKENDI NTAMBWE C/MP ET M. ANWARALI RAJ

Intervention volontaire au pénal

L'intervention volontaire, faut-il le constater ?, est rare sinon inusitée en procédure pénale. J'ai eu à la faire le 16 avril 2001, pour le compte du jeune Mukendi Ntambwe, l'un des trois enfants mineurs de dame Mbombo Kadima, condamnée par défaut, par le tribunal de paix de Lubumbashi, à 8 mois de SPP avec arrestation immédiate, pour faux et usage relatif à un titre de propriété de ses rejetons, car les délais de recours étaient épuisés pour elle-même.

Par son avant-dire-droit en date du 20 juillet 2002, la Cour suprême a rejeté l'exception de défaut de qualité soulevée par le défendeur Anwarali dans son mémoire en réponse et donc a reçu le pourvoi du demandeur Mukendi Ntambwe. De la sorte, le pourvoi a pu suivre son cours normal. Suivons.

1. Les faits de la cause

Le 30 octobre 1990 intervint, à Lubumbashi, par-devant le conservateur des Titres immobiliers Ilunga Bulayi Sanza, une vente de la parcelle PL 8846 entre le sieur Makumpa Ngoy Munanga, détenteur d'un certificat d'enregistrement, et dame Mbombo Kadima, qui cédera aussitôt ce bien à ses trois enfants mineurs.

En 1998, le vendeur étant décédé depuis, son beau-fils, un certain Mukenge, par ailleurs apôtre, – il y en a beaucoup aujourd'hui – fera morceler la concession en trois et aliénera la partie déjà vendue à dame Mbombo à un sujet tanzanien du nom de Anwarali.

Cet Anwarali, donc, obtiendra le 25 octobre 1999 le jugement sous RP 52.380 condamnant dame Mbombo Kadima et confirmé dans toutes ses dispositions par le tribunal de grande instance *sub* RPA 2503 en date du 7 août 2000.

2. Le jugement RP 52.380 du 25 octobre 1999 du tribunal de paix Lubumbashi, confirmé en appel

Attendu que pour sa part le tribunal constate que les faits tels que ci-dessus exposés sont constitutifs de préventions de faux et usage de faux et destruction méchante mise à charge de la prévenue ;

Qu'en effet (...), le tribunal constate que les faits de la cause reposent sur l'expertise du 3 juin 1999 de l'Inspecteur de police judiciaire (...) qui relève que les signatures apposées sur la lettre de demande de morcellement (...), du 15 octobre 1990, sur l'acte de vente du 30 octobre 1990 et sur l'acte notarié du 30 octobre 1990 sont différentes de celles apposées sur le troisième et dernier feuillet du contrat de location n° (...) du 11 juin 1973 ;

Qu'in specie il demeure établi que la prévenue a, dans le dessein de procurer à ses enfants un profit matériel illicite, (...), utilisé les quatre (documents) *susvisés comportant des signatures contradictoires qu'elle prétend être du de cujus ;*

3. Recevabilité du pourvoi

L'exception du défaut de qualité que j'avais bien raison d'anticiper au dépôt du pourvoi sera soulevée et argumentée comme suit pour le défendeur, par Maître Wasenda N'songo Corneille, aujourd'hui passé à la Cour constitutionnelle :

De l'irrecevabilité de la requête pour défaut de qualité du pourvoyant MUKENDI NTAMBWE

Il ressort des éléments auxquels la Cour aura égard, que la cause RP 917/RPA 2503 a opposé le Ministère public et la partie civile ANWARALI à Dame MBOMBO KADIMA poursuivie du chef des infractions de faux en écriture et usage de faux ainsi que de l'infraction de destruction méchante. Il n'est donc pas exact de suivre le pourvoyant dans sa thèse selon laquelle le litige soumise devant les juges concernait un droit de copropriété.

En effet, bien que dans la motivation du jugement du premier degré, entièrement confirmé en appel, on parle de la « vente du 5 octobre 1990 passée entre MAKUMPA NGOY et MUKENDI (le pourvoyant), *TSHIANI, etc. par Madame MBOMBO KADIMA » le dispositif de cette décision révèle la nature du litige qui lui était soumis et les parties appelées à l'instance en condamnant notamment la prévenue MBOMBO KADIMA pour les infractions commises et ensuite au paiement des dommages-intérêts à la partie civile, ANWARALI. Le pourvoyant MUKENDI NTAMBWE est ainsi étranger dans ce dispositif.*

Or il est généralement enseigné par la doctrine que « c'est au dispositif et non aux motifs qu'il faut s'attacher pour savoir si une personne est ou non partie dans l'instance » (PEPY A., *Pourvoi en cassation, Jurisclasseur de procédure pénale*, Fascicule III, 2, 1961, page 4).

Ainsi le pourvoyant MUKENDI NTAMBWE n'est pas une « partie forcée » comme il tente de le soutenir, car n'ayant jamais été visé dans le dispositif du jugement RP 917/RPA 2503, il n'a pas été dans cette instance qui a abouti à la condamnation répressive de sa mère MBOMBO KADIMA et n'a donc aucun intérêt à se pourvoir contre cette décision de condamnation, l'infraction commise par sa mère et la poursuite de cette dernière étant individuelle.

La Cour suprême de justice a déjà eu à définir la notion de « partie forcée » en retenant le pourvoi introduit par une personne condamnée en instance d'appel en tant que civilement responsable alors qu'elle n'a jamais été citée comme telle devant les juridictions de fond, vu qu'étant partie forcée, elle n'a que cette voie de recours pour pouvoir discuter de sa responsabilité (CSJ, RPA 142, 3 avril 1974, BA 1975, p. 69, RJZ, 1976, p. 64 avec note).

Il a aussi était jugé que « N'est pas partie à l'instance pénale et dont le pourvoi doit être déclaré irrecevable, une personne qui, bien que visée par une plainte avec constitution de partie civile, n'a pas été inculpée par le juge d'instance, faute d'un réquisitoire nominatif du Procureur de la République et n'est donc pas partie à la procédure » (Crim., 20 avril 1976, B. 173, citée par MERLE R. et VITU A., *Traité de Droit criminel, Procédure pénale*, Éd. CUJAS, 1979, Tome II, Paris, p. 840 note 3).

Qu'il plaise à la Cour de déclarer irrecevable la présente requête en cassation introduite par Monsieur MUKENDI NTAMBWE (...).

En rejetant cette défense du sieur ANWARALI, la cassation a donc adhéré à la thèse du demandeur Mukendi, sous ma signature :

Recevabilité du pourvoi

S'il est vrai que la cause RP 917/RPA 2503 a opposé le Ministère public et la partie civile ANWARALI à dame Mbombo Kadima, il est aussi exact que la question en litige concerne le pourvoyant et ses copropriétaires.

En effet, le jugement du premier degré, entièrement confirmé en appel, parle de la « vente du 5 octobre 1990 passée entre ce dernier (Makumpa Ngoy) *et MUKENDI* (le pourvoyant), *TSHIANI ».*

Or c'est cette vente qui est arguée de fausse et que les juges du fond ont reconnue telle. Le préjudice souffert par le pourvoyant du fait d'une décision de justice à laquelle il n'a pas été appelé est donc patent.

En pareille hypothèse, la doctrine et la jurisprudence explicitant les termes de l'article 35 de l'ordonnance-loi organique de la procédure devant la Cour suprême de justice admettent au pourvoi toute « partie forcée », expression employée par la Cour suprême de justice dans son arrêt RP 142 du 3 avril 1974, Bull. 1975, p. 69.

C'est ce qu'en enseigne J. BORÉ à l'appui d'une abondante jurisprudence française :

« Exceptionnellement, la Chambre criminelle reconnaît le droit de se pourvoir à des personnes qui n'ont pas été parties au procès pénal, mais qui sont du moins parties à l'arrêt attaqué.

(...)

Une Administration fiscale était recevable à se pourvoir contre un arrêt rendu en dehors d'elle sur une infraction qu'il lui appartenait exclusivement de poursuivre. » (Crim., 27 février 1979, B. n° 86), situation en demande.

« Serait en revanche recevable, le pourvoi formé par le propriétaire d'un navire confisqué avec sa cargaison, à la suite d'une infraction douanière commise par le capitaine, les condamnations prononcées contre le capitaine qui n'est que représentant, l'étant en réalité contre lui. » (Crim., 22 juillet 1825, B. n° 134)[17]

C'est l'exacte situation du pourvoyant, car les condamnations pour faux à l'endroit de sa mère le sont en réalité contre lui, copropriétaire avec ses frères et sœurs de la parcelle dont les actes ont été reconnus faux sur la tête de leur mère.

Lors de l'instruction à l'audience publique du 12 décembre 2001, j'ai fait des observations orales pour appuyer la requête introductive du pourvoi :

Attendu que l'art. 35 de l'ordonnance-loi organique de la procédure devant la Cour suprême, le même qu'en France, fait l'objet du commentaire suivant par la doctrine et la jurisprudence : les personnes admises à se pourvoir en cassation relèvent des deux catégories : celles qui ont « la qualité à l'instance » et celles dont « la qualité de partie à l'arrêt suffit » (Voy. BORÉ J., *La Cassation en Matière pénale,* LGJD, Paris-Soufflot, 1985, pp 105 et 110) *;*

Attendu que le second groupe forme la classe des « cas exceptionnels », à savoir des personnes n'ayant jamais été parties à l'instance mais qui sont du moins parties à ou concernées par la décision attaquée ;

Attendu que ce critère s'analyse essentiellement en l'intérêt à entreprendre une décision donnée, à laquelle on n'a pas été appelée ;

(...)

Attendu pour preuve que la quatrième prévention mise à charge de dame Mbombo K., sa mère, porte sur l'usage du faux du certificat d'enregistrement volume D. 239 folio 25 du 29 novembre 1991, titre qui n'est autre que celui du pourvoyant et de ses frères et sœurs mineurs Tshiani W et Nseya N. (Voy. cotes 32 et 33 + requête aux fins de fixations) *;*

Attendu que le jugement a quo confirmé en appel mentionne bien cet état des choses, de sorte que le titre ayant été déclaré faux, l'intérêt d'agir du pourvoyant saute aux yeux ;

Attendu que la situation du pourvoyant Mukendi n'est pas différente de celle d'une personne condamnée sans avoir néanmoins été appelée ainsi qu'il a été arrêté sous RP 142 le 3 avril 1974 par la Cour suprême ;

Qu'en effet, c'est ici le lieu de rappeler que dans un procès pénal peut coexister un procès civil, car constitue aussi une condamnation le fait, comme en l'espèce, de déclarer fausse une pièce d'une part et d'en condamner l'auteur d'autre part ;

Attendu ainsi qu'il est évident que le titulaire du titre, dûment identifié dans la décision, a un réel un intérêt et qualité pour faire valoir ses droits, ce que l'accusation a omis de faire lors de l'instruction tant préjuridictionnelle qu'à l'audience publique ;

Par moment, j'ai le plaisir d'avoir au bout du fil un confrère me demandant les références de cet arrêt de cassation avant-dire-droit.

17 BORÉ, J., *ibid.* n° 308, 314 et 316, pp. 108, 110 et 111.

On construit le droit petit à petit.

SECTION 5 : COUR D'APPEL DE MATADI

ARRÊT RCA 1979/3250 DU 3 NOVEMBRE 2000
EN CAUSE : M. KABUMBU MBINGA BANTU C/SOCIÉTÉ TABA-CONGO

Validité d'une expédition pour appel – mentions obligatoires

Pour mesurer le bégaiement de notre jurisprudence, il est bon de prendre connaissance des deux arrêts en matière d'expédition pour appel. Car les plaideurs sont sur le qui-vive, tant que la décision n'est pas encore tombée en appel. La validité d'une expédition pour appel dépend-elle du seul pouvoir discrétionnaire du juge, de même que la computation du délai de recours ?

1. Les textes de loi

Article 23 CPC :

Les jugements contiennent le nom des juges qui les ont rendus, celui de l'officier du Ministère public s'il a été entendu et du greffier qui a assisté au prononcé ; les noms, professions et demeures des parties et de leurs fondés de pouvoir si elles ont été représentées ; les motifs, le dispositif et la date à laquelle ils sont rendus.

Article 66 CPC :

Aucun appel ne sera déclaré recevable si l'appelant ne produit l'expédition régulière de la décision attaquée, le dispositif des conclusions des parties et, le cas échéant, les autres actes de la procédure nécessaires pour déterminer l'objet et les motifs de la demande.

2. Les faits de la cause

Par son ordonnance du 12 septembre 1997, 62/97, la Cour suprême de justice n'a pas autorisé, pour non-fondement ou tout au moins pour légèreté, la requête en prise à partie sous RPP 62/97 de la TABA-CONGO contre les magistrats KABUMBU M.B., Premier président, YANGONGO NGOBA et LOFOLI, conseillers à la Cour d'appel de Matete, auxquels la TABA-CONGO reprochait le dol commis à l'occasion des décisions RTA 2613/2628 et RTA 3979 rendues par eux.

Ainsi que le prévoit la loi, le magistrat lésé assigna en dommages-intérêts la société téméraire.

Incroyablement, le tribunal de grande instance/Matete se déclara incompétent *ratione materiae* pour connaître d'une demande de dommages-intérêts de 500.000 $.

Mais faut-il se souvenir que cette juridiction est du ressort que dirige le demandeur à la cause et Premier président Kabumbu Mbinga Bantu ?

Au degré d'appel, la TABA-CONGO suspectera la Cour d'appel de Matete et obtiendra, sous RR 272, le 19 avril 1999, le renvoi de la cause à la Cour d'appel de Matadi par la Cour suprême de justice.

La Cour d'appel résumant longuement tant les faits de la cause et de la procédure que surtout les arguments des parties ne trouvera pas mieux que de s'arrêter brusquement, d'office, à l'irrecevabilité de l'appel, pour expédition qui « *ne comporte pas le dispositif des conclusions prises par l'appelant KABUMBU MBINGA BANTU* ».

3. L'arrêt RCA 1979/3250

(...)

Dans le cas sous examen, l'expédition pour appel ne contient pas toutes les mentions prescrites à l'article 66 susmentionné ;

Elle ne comporte pas le dispositif des conclusions prises par l'appelant KABUMBU MBINGA BANTU mettant ainsi la Cour dans l'impossibilité d'apprécier les mérites de la demande originaire en rapport avec l'objet du litige.

4. Observations

La formule revient ici aussi. En effet, c'est « *d'office* », « *Sans qu'il soit nécessaire d'examiner les mérites des moyens soutenus par les parties* », que la Cour d'appel de Matadi a déclaré le recours irrecevable, car, dit-elle, « *Dans le cas sous examen, l'expédition pour appel ne contient pas toutes les mentions prescrites à l'article 66* », en l'occurrence, poursuit la cour, « *le dispositif des conclusions prises par l'appelant KABUMBU...* ».

Or premièrement, les textes devant être interprétés *ut potius*, c'est-à-dire de façon à leur donner un sens logique, il y a lieu d'admettre qu'à l'article 66 prérappelé le législateur ne dit point que l'expédition régulière doit comporter le dispositif des conclusions des parties ; du reste, les précisions de l'article 23 portant sur les éléments essentiels de tout jugement, balayent tout doute quant à ce.

En effet, cet article 66 énumère simplement ce que l'appelant doit produire pour que son appel soit recevable, à savoir : 1° l'expédition de la décision attaquée, 2° le dispositif des conclusions des parties, 3° et, le cas échéant, les autres actes de la procédure nécessaires pour déterminer l'objet et les motifs de la demande.

Deuxièmement, cela étant, une expédition de jugement régulière peut ne pas comporter du tout le dispositif des conclusions des parties, si elles n'en ont pas pris, comme c'est justement le cas de l'appelant KABUMBU au premier degré, où il s'était référé à son assignation.

Troisièmement, la finalité de l'expédition étant, pour le législateur, de déterminer l'objet et les motifs de la demande, les juges du fond eussent dû se reporter à l'assignation introductive d'instance, autre acte de procédure, reproduit dans l'expédition querellée, pour savoir si oui ou non l'objet et les motifs de la demande de M. KABUMBU leur demeuraient toujours inconnus.

En effet, à cet égard, il y a lieu de renvoyer, une fois n'est pas coutume, ces juges d'appel de Matadi à ce bel arrêt de cassation de notre Cour :

(...)

Il résulte de l'examen de la copie signifiée du jugement entrepris qu'elle permettait au juge d'appel de contrôler la régularité de la procédure suivie au premier degré, car elle contient le dispositif de l'assignation, le résumé des plumitifs d'audience constatant les remises et renvois de la cause et les motifs et dispositifs de la décision dont appel, éléments tirés des articles 23 et 66 du Code de procédure civile pour qu'une expédition pour appel soit qualifiée de régulière. (CSJ, RC 1974, du 7 août 1998, PLC c/ Dikwemi et crts, in Revue de Droit congolais, CRDJ, n° 3, 2000, p. 68).

In situ, l'assignation de l'appelant, reproduite à l'expédition rejetée est des plus éloquentes, parce que, sur six pleines pages en caractère fin, elle constitue en réalité un écrit des conclusions avec les faits de la cause, de la procédure et les moyens de la demande, ce pourquoi le demandeur se sera abstenu de prendre des conclusions au premier degré, la cause ayant été du reste plaidée sur sommation de conclure.

Quatrièmement et par ailleurs, au niveau des principes, l'on ne peut admettre que les administrés puissent pâtir des erreurs éventuelles du service public, si par exemple en l'occurrence le greffe avait oublié de porter à l'expédition le dispositif des conclusions d'une partie, *quod non in specie*.

Le pourvoi acté le 7 mars 2001 attend depuis treize ans son issue. Quelle que soit la sentence à venir, la querelle de l'expédition pour appel ne cessera point, à ce qu'il me paraît, ou, du moins, finira moyennant un profond assainissement de la justice. D'ici là, il sera statué selon que.

SECTION 6 : COUR SUPRÊME DE JUSTICE

ARRÊT RR 260 DU 10 AVRIL 1998
EN CAUSE : SOCIÉTÉ DE CONSTRUCTIONS MÉTALLIQUES C/ SOCIÉTÉ TRANSAL

Rétractation – la désignation de la juridiction de renvoi après cassation, un acte d'administration modifiable et non une question de fond tranchée par la Cour

Je me dois de publier l'arrêt RR 260 du 10 avril 1998 que j'ai obtenu à la suite de l'arrêt de fond RC 2040 du 9 janvier 1998, par lequel la Cour suprême de justice avait cassé l'arrêt RCA 624 du 3 octobre 1992 et renvoyé la cause devant la même Cour d'appel de Matete autrement composée pour connaître du fond.

Ma cliente SOCOM, société de constructions métalliques, redoutant les conséquences des incidents créés par le Premier président de la Cour d'appel de

Matete, à l'occasion de l'exécution, a jugé bon d'aller plaider sa cause devant une autre Cour que celle mentionnée dans l'arrêt de cassation avec renvoi RC 2042. Que faire ?

Cet arrêt indique une distinction essentielle à faire dans une décision de justice : **le fond de la cause et l'accessoire.** Dès lors, par rapport à l'article disposant que les arrêts de la Cour ne sont pas susceptibles de recours, on notera qu'il s'agit là uniquement du fond auquel on ne peut pas toucher.

Aussi la Cour suprême de justice, saisie en rétractation partielle d'arrêt, a-t-elle arrêté que modifier, dans le dispositif d'un arrêt, la désignation de la juridiction de renvoi, tant qu'il est encore possible, est un simple « *acte d'administration de la justice* », et non une décision au fond ayant départagé les parties litigantes.

Voici *in extenso* l'arrêt rendu sous l'autorité du vénérable Premier président Mutombo Kabelu, du président Nsampolu Iyela et du conseiller Mambo Kabanga.

1. L'arrêt RR 260

Par sa requête reçue au greffe de la Cour suprême de justice le 18 mars 1998, la société de construction métallique, en abrégé « SOCOM » sollicite la modification par la Cour suprême de justice du dispositif de son arrêt RC 2042 du 9 janvier 1998 qui avait ordonné, après cassation, le renvoi de la cause devant la Cour d'appel de Matete autrement composée.

À l'appui de sa demande, le conseil de la société SOCOM invoque les incidents créés par le Premier président de la Cour d'appel de Matete qui s'est opposé verbalement à la restitution des choses et de la cause en état où elles se trouvaient avant l'arrêt cassé.

La Cour suprême de justice constate que par son arrêt sus invoqué, statuant en matière civile et commerciale, elle avait cassé l'arrêt RCA 624 rendu le 3 octobre 1992 par la Cour d'appel de Kinshasa/Matete et renvoyé la cause à la même Cour d'appel autrement composée pour juger à nouveau conformément à la doctrine affirmée par elle.

Elle considère que cette désignation de la juridiction de renvoi est une conséquence nécessaire de la cassation intervenue dans la procédure dont il s'agit ; elle constitue dès lors un acte d'administration de la justice que la Cour suprême de justice peut modifier à toute époque si les choses sont encore entières comme dans l'espèce sous examen.

Il s'ensuit qu'il y a lieu de faire droit à la requête présentée pour garantir une justice saine et de rapporter la disposition de l'arrêt de la Cour de céans du 30 octobre 1992 en renvoyant la cause à la Cour d'appel de Gombe plus appropriée pour le jugement de l'affaire.

Ainsi, la Cour suprême de justice, la désignation faite par l'arrêt précité de la Cour de renvoi étant considéré comme non avenue, renverra la cause devant la Cour d'appel de Kinshasa/Gombe.

PAR CES MOTIFS ;

La Cour suprême de justice, section judiciaire statuant sur requête en modification de la désignation de la juridiction de renvoi après cassation ;

Le Ministère public entendu ;

Renvoie la cause RC 2042 à la Cour d'appel de Kinshasa/Gombe ; (...)

SECTION 7 : COUR SUPRÊME DE JUSTICE

ARRÊT RC 3324 DU 25 JANVIER 2013
EN CAUSE : SUCCESSION LUSSAMBO C/ M. SVELTO FR. ET MME JAKUBOWICS N.

Assignation à domicile élu ou non – couverture de l'irrégularité par la comparution sans protestation – caractère capital du visa en procédure de cassation

Il peut s'avérer contreproductif de jouer au malin, de recourir au dilatoire, d'être fantaisiste devant le juge. L'arrêt RC 3324, rendu début 2013, après une longue bataille judiciaire de 12 ans et 11 mois, relative à la vente d'un immeuble, vaut la peine de passer à la postérité. Tout plaideur aura quelque intérêt à le méditer.

1. Les textes légaux

Article 3 CPC :

L'assignation est signifiée par un huissier ; elle peut l'être aussi par le greffier.

Elle est signifiée à la personne ou au domicile du défendeur ; une copie lui en est laissée.

Si le défendeur n'a pas de domicile connu au Congo belge, mais y a une résidence connue, la signification est faite à cette résidence.

Article 28 CPC :

Aucune irrégularité d'exploit ou d'acte de procédure n'entraîne leur nullité que si elle nuit aux intérêts de la partie adverse.

Article 168 CF :

Les terrains concédés resteront affectés aux œuvres des organismes donataires ; ils ne pourront être concédés, donnés en location ou grevés d'autres droits réels que moyennant l'autorisation préalable et écrite de l'autorité compétente.

Article 85 CPC :

Les jugements contradictoires rendus en dernier ressort par les tribunaux de première instance et les cours d'appel et les jugements par défaut rendus aussi en dernier ressort et qui ne sont plus susceptibles d'opposition, peuvent être mis à néant à la requête de ceux qui y ont été parties ou dûment appelés, pour les causes ci-après : (...)

2° si l'on a jugé sur pièces reconnues ou déclarées fausses depuis le jugement ;

3° s'il y a contrariété de jugement en dernier ressort entre les mêmes parties et sur les mêmes moyens, dans les mêmes cours et tribunaux ;

2. Les faits de la cause et la procédure

Après le décès de leur mère divorcée, les deux enfants Lussambo Nsenda et Mbuyi Nsenda Lussambo furent enregistrés, non sans querelle avec leur oncle maternel, le 19 octobre 1987, sous vol. A 272 folio 66, concessionnaires de la parcelle de l'État n° cadastral 6243 à Kinshasa/Gombe, qu'occupait leur mère Lussambo Kapinga en vertu de ses fonctions officielles, et ce sur ordre du Président-Fondateur, Chef de l'État Mobutu Sese Seko Kuku Ngbendu wa Zabanga.

Munis de leur titre de propriété, ils vendirent le bien aux défendeurs à 31.000.000 Z soit à 218.309,85 $ au taux de 1 $ pour 142 z. À leur tour, les acheteurs Svelto Francesco et Jakubowicz Noëlla obtinrent le certificat d'enregistrement vol. A 273 folio 22, valable pour 25 ans.

Le 27 mars 2000, la mère, les frères et sœurs de feue Lussambo K.K., à l'exception de ses deux susdits enfants, initièrent une assignation sous RC 57.731/57.127 en contestation de la vente opérée par les deux héritiers et donc en annulation du certificat d'enregistrement du 2 novembre 1987, vieux de plus de deux ans.

Cette action tardera ou mieux sera oubliée volontairement et pour cause jusqu'à la réaction, sept ans après, des deux acheteurs qui viendront me consulter, la peur au ventre, vu qu'ils ont depuis 1987 un titre de propriété pour un terme de 25 ans en tant qu'étrangers dont l'échéance approche.

Les deux copropriétaires assignent donc, à leur tour, en déguerpissement sous RC 96.473, en date du 20 juillet 2007. À l'échange des pièces et conclusions, ils demandent à la succession Lussambo que sa cause RC 57.731/57.127 en contestation de la vente soit jointe à la leur RC 96.973 en déguerpissement. Refus catégorique.

Le tribunal de grande instance/Gombe tout comme la Cour d'appel reconnaîtront la validité de la vente et condamneront les occupants à déguerpir.

3. L'arrêt de cassation RC 3324

La Cour suprême de justice, section judiciaire, siégeant en cassation en matière de droit privé, a rendu l'arrêt suivant :

Audience publique du vingt-cinq janvier, l'an deux mille treize

En cause : Monsieur LUSSAMBO MPANDA wa LUSSAMBO Emmanuel, liquidateur judiciaire de la succession LUSSAMBO KAPINGA KAYEMBE, résidant cité Maman Mobutu, villa 318 dans la commune, de Mont-Ngafula à Kinshasa, élisant domicile aux fins des présentes en l'étude de son conseil Maître Claude MANZILA LUDUM SAL-a-SAL, avocat à la Cour suprême de justice, résidant dans l'immeuble

Botour, local 81, rez-de-chaussée, dans la commune de la Gombe à Kinshasa, demandeur en cassation ;

Contre :

1. Monsieur SVELTO Francesco, de nationalité italienne, demeurant building Crédit foncier d'Afrique centrale, 5e étage appartement 15, sis avenue Colonel Lukusa dans la commune de la Gombe à Kinshasa ;

2. Madame JAKUBOWICZ Noëlla, de nationalité belge, demeurant rue Moutsatsos, 180.10 Egina, Grèce, tous deux ayant élu domicile au cabinet du Bâtonnier national honoraire MATADIWAMBA KAMBA MUTU, sis boulevard du Trente-Juin, galerie Mpumbu, dans la commune de la Gombe à Kinshasa, défendeurs en cassation ;

Par sa requête introductive de pourvoi signée le 22 janvier 2009 et déposée le même jour au greffe de la Cour de céans, Monsieur LUSSAMBO MPANDA wa LUSSAMBO, liquidateur de la succession LUSSAMBO KAPINGA KAYEMBE, agissant par son conseil Maître MANZILA LUDUM-sal-a-sal, avocat à la Cour suprême de justice, forma le pourvoi en cassation contre l'arrêt rendu par la Cour d'appel de Kinshasa/Gombe en date du 23 octobre 2008 en la cause l'opposant aux défendeurs sous RCA 25.118 et dont le dispositif est ainsi conçu :

« C'EST POURQUOI ;

La Cour d'appel, section judiciaire ; statuant publiquement et contradictoirement à l'égard de toutes les parties ;

Le Ministère public entendu ;

– dit recevables les appels tant principal qu'incident ;

– reçoit l'exception d'irrecevabilité de l'action originaire tirée du défaut d'élection de domicile, de la primauté et de l'action sous RC 57.127/58.731 et de l'inexistence juridique de l'une des personnes assignées mais la déclare non fondée et la rejette ;

– dit pour droit non fondé l'appel principal et fondé celui incident ;

– en conséquence, confirme le jugement entrepris dans toutes ses dispositions ;

– met les frais d'instance à charge des appelants à raison de 1/8e à chacun d'eux ; »

Par exploit daté du 7 avril 2009 de l'huissier Albert MOGBAYA de cette Cour, signification de cette requête fut donnée à Madame JAKUBOWICZ ;

Maître MATADIWAMBA KAMBA, avocat à la Cour suprême de justice, agissant pour le compte de Monsieur SVELTO Francesco et de Madame JAKUBOWICS Noëlla, prit le mémoire en réponse signé le 14 avril 2009 et déposé au greffe de cette Cour le 15 du même mois ;

Par exploit daté du 15 avril 2009 de l'huissier Albert MOGBAYA de cette Cour, signification de ce mémoire en réponse fut donnée au sieur LUSSAMBO, liquidateur de la succession LUSSAMBO KAPINGA KAYEMBE ;

Transmis au Procureur général de la République par le greffier en chef de cette Cour en date du 27 septembre 2010, le dossier revint au greffe avec les conclusions du Premier avocat général de la République TASILE TALIZO datées du 18 juillet 2012 ;

Par ordonnance prise par le Premier Président de cette Cour en date du 15 août 2012, le conseiller MUKENGULE fut désigné en qualité de rapporteur et par celle du 26 décembre 2012, la cause fut fixée à J'audience publique du 21 janvier 2013 ;

Par exploits datés du 7 janvier 2013 de l'huissier MBOYO BOLILI de cette Cour, notification à comparaître à l'audience publique du 21 janvier 2013 fut donnée à Messieurs LUSSAMBO et SVELTO ainsi qu'à Madame JAKUBOWICZ ;

À l'appel de la cause à l'audience publique du 21 janvier 2013, le demandeur ne comparut pas ni personne pour lui, tandis que Maître MATADIWAMBA, Avocat à la Cour suprême de justice comparut pour les défendeurs ;

La Cour déclara la cause en état d'être examinée et accorda la parole : d'abord au Conseilleur MUKENGULE, qui donna lecture de son rapport sur l'état de la cause, la procédure suivie en cassation et les moyens invoqués par les parties ; ensuite, à Maître MATADIWAMBA qui déclara n'avoir pas des observations orales à faire ; et enfin, au Ministère public représenté par l'Avocat général de la République ILUTA qui donna lecture des conclusions écrites du Premier Avocat général de la République TASILE dont le dispositif est ainsi conçu :

« La requête sous examen justifie sa recevabilité, quant à la forme et son rejet, quant au fond, aucun moyen n'étant retenu, enfin, il sera procédé à la condamnation aux frais, comme de droit. »

Sur ce, la Cour clôtura les débats, prit la cause en délibéré pour son arrêt à être rendu dans le délai de la loi ;

À l'appel de la cause à l'audience publique du 25 janvier 2013, aucune des parties ne comparut ni personne pour elles ;

Sur ce, la Cour prononce l'arrêt suivant :

ARRÊT

Par requête reçue le 29 janvier 2009 au greffe de la Cour suprême de justice, Monsieur LUSSAMBO MPANDA wa LUSSAMBO sollicite la cassation de l'arrêt RCA 25.118 rendu le 23 octobre 2008 par la Cour d'appel de Kinshasa/Gombe, laquelle a confirmé en toutes ses dispositions le jugement RC 96.973 du 15 novembre 2008 par lequel le tribunal de grande instance de Kinshasa/Gombe l'avait condamné au déguerpissement de l'immeuble situé au n° 92, avenue des Nations Unies, commune de la Gombe à Kinshasa et au paiement de dommages-intérêts.

À l'appui de son pourvoi, le demandeur invoque cinq moyens de cassation.

Dans le premier moyen, il reproche à l'arrêt attaqué la violation des articles 3 et 28 du Code de procédure civile et 168 du Code de la famille en ce que, le juge d'appel, cautionnant l'œuvre du premier juge, a déclaré que le défendeur et la défenderesse étaient fondés à assigner les appelants sous RC 96.273 au cabinet de leur conseil où ils ont élu domicile dans la cause RC 57.127/58.731, et que les assignations ne leur ont pas causé préjudice pour avoir comparu aux audiences, alors que dans la cause RC 96.273, le demandeur en cassation n'a pas été assigné à son domicile, qu'il n'a pas expressément élu domicile au cabinet de son conseil dans cette procédure et que l'élection de domicile au cabinet d'un avocat étant obligatoire et, partant, une formalité substantielle, il n'y a pas lieu de parler de préjudice ; ce faisant, il a mal interprété les dispositions légales susinvoquées.

Ce moyen n'est pas fondé. En effet, en s'exprimant comme repris ci-dessus, au onzième feuillet de l'arrêt attaqué, le juge d'appel n'a pas mal interprété les dispositions légales visées au moyen :

« ... il est avéré que ces assignations n'ont causé aucun préjudice quelconque aux appelants qui ont régulièrement comparu sans protestation à toutes les audiences au cours desquelles le tribunal s'est déclaré saisi sur base de ces assignations, couvrant ainsi toutes les irrégularités qui auraient pu être invoquées contre ces exploits.

Partant de tout ce qui précède, la cour estime que les intimés n'ont point violé l'article 168 du Code de la famille sur l'élection de domicile et le premier juge a bien dit le droit en déclarant recevable mais non fondée cette exception. »

De cette motivation, il apparaît que le juge a fait bonne application de l'article 28 du Code de procédure civile.

Le deuxième moyen est pris de la violation de l'article 85 alinéas 2 et 3 du Code de procédure civile en ce que, saisi de l'action en déguerpissement du défendeur et de la défenderesse, le juge n'a pas eu égard à celle en contestation de leur titre immobilier sous RC 57.127/58.731 bien antérieure, encore pendante et introduite avant que ledit titre ne soit devenu inattaquable, alors qu'il aurait dû constater le caractère préjudiciel incontestable de cette action par rapport à l'action en déguerpissement.

En agissant comme il l'a fait, le juge d'appel a statué sur des faits inexacts, en l'occurrence de fausses pièces, ou déformés et partant, a violé les dispositions légales visées au moyen.

Ce moyen est irrecevable, l'article 85 alinéas 2 et 3 du Code de procédure civile invoqué étant mal visé, car il concerne plutôt la requête civile.

Le troisième moyen est déduit de la violation des articles 202 et 204 du Code civil livre III en ce qu'en se basant sur la lettre n° DPF/CABI0041/88 du 18 janvier 1988 du commissaire d'État au Portefeuille THAMBWE MWAMBA suivant laquelle ce dernier a adressé une note au Chef de l'État qui, en réponse l'a instruit de donner la maison aux enfants de la défunte, lesquelles note et instruction n'ont guère été produites, et que le Premier commissaire d'État l'a confirmé, le juge d'appel a refusé de prendre en considération la lettre n° 0101/88 du 21 janvier 1988 du directeur du bureau du Président de la République ainsi que le procès-verbal de la réunion des héritiers de la succession dressé le 28 août 1999, alors que les dispositions légales susvisées l'obligeaient à en tenir compte pour constater non seulement que dans cette lettre, plus récente et postérieure à la vente dénoncée de l'immeuble querellé, ce dernier disait clairement que le Chef de l'État autorisait le Procureur général LUSSAMBO à saisir la justice en vue de protéger les droits de tous les héritiers de sa défunte sœur, mais aussi que le procès-verbal susvisé était également signé par Monsieur Jean-Paul LUSSAMBO NSENDA, fils de la défunte.

En ignorant ces pièces produites devant lui, conclut le demandeur, le juge d'appel a violé les dispositions légales visées au moyen.

Ce moyen n'est pas non plus fondé. En effet, dans son œuvre entrepris, le juge d'appel n'a refusé de prendre en considération ni la lettre n° 0101 signée par le Directeur du cabinet du Chef de l'État, ni le procès-verbal de la réunion des héritiers de la succession LUSSAMBO KAPINGA KAYEMBE dressé le 28 août 1999.

Au treizième feuillet de la susdite œuvre, il fait état de ces pièces et il en donne son appréciation en s'exprimant comme suit :

« À l'appui de leur recours, ils invoquent les moyens ci-après :

– la preuve de la volonté du Président fondateur de donner cet immeuble à l'ensemble des héritiers de la succession de feue LUSSAMBO KAPINGA KAYEMBE, volonté clairement exprimée dans les correspondances de ses directeurs de cabinet (NIMY MAYIDIKA et KALONGO MBIKAYI) de même que dans la correspondance du Premier ministre, le professeur MABI MULUMBA ;

– la preuve que les prétendus vendeurs n'avaient pas qualité ni même mandat pour engager toute la succession, ni aucune raison d'exclure de la succession les autres ayants droit ou ayants cause ;

– le procès-verbal de la réunion des héritiers contresigné par les prétendus vendeurs et établissant la liste de tous les héritiers de cette succession.

En appréciation de différentes pièces parmi lesquelles celles invoquées au moyen, le juge d'appel s'exprime comme suit au quatorzième feuillet, dernier paragraphe de son œuvre :

« La Cour, quant à elle, estime que l'immeuble fut cédé aux deux enfants de la défunte LUSSAMBO et non à tous les héritiers de la succession. En effet, elle estime qu'à la différence de la lettre 00041/88 du 18 janvier 1988 de NTAMBWE MWAMBA commissaire d'État au département du Portefeuille, les autres correspondances produites au dossier ne rapportent nullement les ordres donnés par le Président de la République quant aux bénéficiaires du don de l'immeuble querellé. »

Le quatrième moyen reproche à l'arrêt attaqué d'avoir violé les articles 12 et 19 alinéa 1er de la Constitution du 18 février 2006 en ce que :

– première branche étant en présence d'un litige à caractère successoral ou familial, le juge d'appel a cautionné l'œuvre du premier juge qui s'est arrogé la compétence de trancher pareille affaire en privilégiant une seule catégorie de successibles, alors que suivant l'article 19 alinéa 1er susvisé, nul ne peut être soustrait, ni distrait du juge que la loi lui assigne, les juridictions compétentes en matière de personnes et de famille étant les tribunaux de paix et de grande instance ;

– deuxième branche : en ce qu'étant en présence d'un litige à caractère successoral ou familial, les décisions querellées ont consacré l'exhérédation illicite des autres catégories des successibles du de cujus dont la liste a été établie et signée in tempore

non suspecto *par tous les successibles y compris l'un des enfants privilégiés, alors que tous sont égaux devant la loi et ont droit à une égale protection des lois ;*

– troisième branche : la décision attaquée a statué sur cette affaire avec des exclusions illicites, alors que l'article 12 de la Constitution dispose que tous les Congolais sont égaux devant la loi et ont droit à une égale protection des lois.

En ses trois branches réunies, le moyen n'est pas recevable, car manquant en fait.

En effet, de la lecture de l'arrêt entrepris, il appert qu'à l'instar du juge du premier degré, le juge d'appel n'a pas statué sur une matière successorale ou familiale, mais plutôt sur le déguerpissement.

Le cinquième moyen est déduit de la violation de l'article 1er de l'ordonnance du 14 mai 1886 relative à l'application des principes généraux du droit, en l'occurrence celui suivant lequel les décisions de justice doivent être rendues avec équité, en respectant les droits de chacun, en ce que l'arrêt attaqué a décidé l'attribution exclusive de l'immeuble querellé aux seuls deux enfants du de cujus, alors que la succession en cause ne comportant qu'un seul immeuble, il devait être tenu compte des droits des autres successibles qui ont toujours vécu dans les lieux avec la de cujus et lesdits enfants, en vertu de la disposition légale susvisée.

Ce moyen manque en fait et partant, il est irrecevable, car il reproche au juge d'appel ce qu'il n'a pas dit ni fait dans son œuvre. En effet, contrairement à ce qu'affirme le pourvoyant, le juge d'appel n'a rien accordé aux deux enfants du de cujus LUSSAMBO KAPINGA KAYEMBE, du reste absents du procès.

Il a seulement statué sur le déguerpissement sollicité par le défendeur et la défenderesse en vertu de leur certificat d'enregistrement, et a ordonné l'expulsion des occupants sans titre ni droit de l'immeuble querellé au vu de cet acte authentique.

Dès lors, aucun moyen n'étant retenu, le pourvoi sera rejeté.

C'EST POURQUOI ;

La Cour suprême de justice, section judiciaire, siégeant en cassation en matière de droit privé ;

Le Ministère public entendu ;

– rejette le pourvoi ;

– condamne le demandeur au paiement des frais d'instance.

La Cour a ainsi jugé et prononcé à l'audience publique du 25 janvier 2013, à laquelle ont siégé les magistrats TUKA IKA, président, NTAMBWE wa KANIKI et MUKENGULE MUDERHWA, conseillers, avec le concours du Ministère public représenté par le magistrat SHAKIRA MWENE MUJINYA, Avocat général de la République, et l'assistance de Monsieur Jean LUBUNDU MOTIM'KASY, greffier du siège.

4. Observations

Dans leur assignation RC 57.731/57.127, les ayants cause de feue Lussambo avaient bel et bien élu domicile au cabinet de leur conseil, l'avocat Kalengaka-Ngoy, pour attaquer la vente et le certificat d'enregistrement des acheteurs SVELTO Francesco et JACUBOWICZ Noëlla.

Ne connaissant point le domicile de ces divers ayants cause, les acheteurs n'ont pu que les assigner à l'adresse élue dans leur assignation en annulation de la vente. Voilà que les assignés en déguerpissement vont quand même comparaître à toutes les audiences et il y en eut six. Sans protestation.

Les juges du fond, suivis en cela par la Cour régulatrice du droit, ont solutionné cette question sur pied de l'article 28 CPC : « *Nullité sans grief n'opère.* »

Quant au moyen magique des pourvoyants, à savoir que leur assignation en contestation de la vente constituait une question préjudicielle devant être obligatoirement réglée avant toute demande en déguerpissement, les juges du fond y auront bien répondu, à mon sens, quand ils ont admis :

« *Elle* (la Cour) *estime qu'en vertu de leur certificat d'enregistrement les intimés sont fondés de solliciter le déguerpissement des appelants nonobstant l'existence de l'action en annulation dudit certificat ;*

Contrairement aux allégations des appelants selon lesquelles l'action sous RC 57.127/58.731 en annulation du certificat d'enregistrement détenu par les intimés constitue une question préjudicielle qui doit être vidée avant l'action sous RC 96.973 en déguerpissement des appelants initiée par les intimés la Cour estime que bien que connexes les deux actions sont autonomes pouvant ainsi être jugées séparément et en cas de contrariété des décisions recourir à l'application de l'article 85 al. 3 (…) ».

Seulement voilà, la Cour suprême de justice n'a pas eu besoin de répondre à cette objection-là, s'étant limitée à constater que le visa, soit l'article 85 al. 2 et 3 visé par les demandeurs n'était point le bon texte légal pour soutenir pareil moyen de cassation.

Et, effectivement, le mémoire en réponse des défendeurs avait relevé la chose, en disant que ce n'est point à l'appui de l'article 85 du CPC organisant la requête civile que l'on doit soutenir une question préjudicielle. Car les dispositions de cet article supposent que le juge saisi ait affaire à des jugements déjà rendus et coulés en force de chose jugée, ce qui était bien loin le cas en l'espèce, où l'on ne se trouvait qu'au stade de simples assignations.

L'assignation RC 57.127 de tels ayants cause, déposée le 27 mars 2000 et secouée, sept ans plus tard, par celle *sub* RC 96.973 des acheteurs attend encore au tribunal de grande instance/Gombe. Servira-t-elle un jour à quelque chose ?

Elle était au demeurant dirigée contre un certificat d'enregistrement vieux de plus de deux ans, ce pour quoi, sans doute, les demandeurs n'avaient aucune diligence à procéder, d'autant qu'ils occupaient toujours les lieux vendus.

Et pourtant les pauvres expatriés, las d'attendre, et pour ne pas tout perdre face à quelque grande autorité judiciaire, voulaient en finir par un petit arrangement hors prétoire ! En vain…

CHAPITRE 4

LA COUR SUPRÊME DE JUSTICE FERME LES OREILLES CONTRE LES SIRÈNES DES PRESSIONS POLITIQUES

SECTION 1 : COUR SUPRÊME DE JUSTICE

ARRÊT RCE 001/96 DU 4 FÉVRIER 1997
MUTIRI MUYONGO C/LE HAUT CONSEIL DE LA RÉPUBLIQUE PARLEMENT DE TRANSITION, HCR-PT

ARRÊT RCE 002/96 DU 27 FÉVRIER 1998
EN CAUSE : KALEGAMIRE NYIRIMIGABO C/LE HAUT CONSEIL DE LA RÉPUBLIQUE PARLEMENT DE TRANSITION, HCR-PT

Absence de motivation – violation des règles de procédure parlementaire – causes de perte de mandat non prévues par la constitution ni la loi

Je dois faire figure de pionnier avec ces numéros de rôle RCE 001 et 002/96 en matière de contentieux électoral, où, durant toute la IIe république, sous le Président-Fondateur Mobutu Sese Seko Kuku Ngbendu wa Zabanga, il était de bon ton de ne pas attaquer une élection. Question de faire savoir *urbi et orbi* que tout baignait, que l'ordre régnait au centre de l'Afrique et spécialement dans sa chère République démocratique.

Mais le cas qui m'a été soumis valait bien la peine de prendre un risque, encore que le Maréchal lui-même perdait déjà les pédales depuis la CNS, Conférence Nationale Souveraine qui l'aura quelque peu égratigné.

Trois députés du Sud-Kivu viennent d'être invalidés pour cause de... **nationalité douteuse**. Le plus âgé d'entre eux Kalegamire Nyirimigabo a pris son courage de deux mains. Est venu me consulter, me demandant de le défendre. Je lui soumettrai aussitôt une requête en annulation qu'il signe, vu qu'en la matière la partie elle-même est habilitée à le faire. Je le rassure toutefois de ma présence à ses côtés à l'audience publique à la Cour suprême de justice siégeant en matière de contentieux électoral.

Kalegamire n'est-il pas de ces députés déjà anciens que j'ai rencontrés à l'Assemblée nationale, lors de mon tout premier mandat en 1977 ? Il est, lui, de toutes les législatures y compris de celle de la CNS d'où il vient d'être éjecté en 1996. Ah la CNS !

Ce fut le cas, pour moi aussi, mais par une espèce de paradoxe ou d'absurdité s'agissant d'y siéger jusqu'au bout. Voici.

Ministre de la Réforme institutionnelle, je démissionne du gouvernement Nguz a Karl-I-Bond, qui vient de fermer la CNS et me prive du coup de cadre pour travailler à la réforme. Quand il va la rouvrir six mois plus tard, sur pression de la communauté internationale, je n'y ai plus de place : ni ministre ni député, sur aucune liste ! Donc, je n'entrerai plus à la CNS. N'ai-je pas alors un rien de raison personnelle, pour assister un collègue, sorti pour une cause, inventée en cours de mandat : la nationalité douteuse ?

1. Les textes légaux en annulation

Article 137 (O-L n° 82-017 du 31 mars 1982) :

La Cour statue, en cas de contestation, sur la régularité des élections des membres du Conseil Législatif.

Article 56 (Constitution de la RDC) :

Tout acte, tout accord, toute convention, tout arrangement ou tout autre fait, qui a pour conséquence de priver la nation, les personnes physiques ou morales de tout ou partie de leurs propres moyens d'existence tirés de leurs ressources ou de leurs richesses naturelles, sans préjudice des dispositions internationales sur les crimes économiques, est érigé en infraction de pillage punie par la loi.

Article 63 (Constitution de la RDC) :

Tout Congolais a le droit et le devoir sacré de défendre le pays et son intégrité territoriale face à une menace ou à une agression extérieure. Un service militaire obligatoire peut être instauré dans les conditions fixées par la loi. Toute autorité nationale, provinciale, locale et coutumière a le devoir de sauvegarder l'unité de la République et l'intégrité de son territoire, sous peine de haute trahison.

2. Observations

Cet arrêt de huit feuillets mérite d'être publié *in extenso*. Il a été rendu toutes sections réunies, sous la présidence de Monsieur le Premier Président Mutombo Kabelu lui-même.

Le parlementaire, tout autre politique, le citoyen qui le lira peut-être un jour saisira la bêtise de certains votes. Au mépris des règles de procédure des droits individuels, moyennant seulement une adhésion de groupe.

Or la CNS regorgeait des sommités intellectuelles, était dirigée par un docteur en théologie, futur cardinal qu'entouraient d'éminents juristes, avocats et professeurs de droit à l'université. Un bon et solide bureau.

Personne de tout ce beau monde ne s'est souvenu que les causes de perte de mandat de député figuraient et dans l'Acte constitutionnel et dans la loi électorale. La pression politique a primé.

On a voté et on a même oublié de compter les voix, a pu révéler l'enquête ordonnée par la Cour suprême. Ça arrive encore ici et là.

Au fait, il s'agissait en 1996 de soigner notre pays, truffé de traitres, comme c'est encore le cas en 2012, dans l'arrêt RCE 744/1032 sur les élections dans la même circonscription de Masisi.

Mais trois pauvres députés, c'est combien de collabos ?

La CNS devait et allait mourir de son hystérie collective.

3. L'arrêt RCE 001/96

En cause :

MUTIRI MUYONGO, né le 20 septembre 1951, à Rumangabo, collectivité de Bwisha, zone de Rutshuru (Nord-Kivu), *Avocat de son état, domicilié 7610, building CClZ, à Kinshasa/Gombe, conseiller de la République, issu de la Conférence Nationale Souveraine, assisté et représenté par Maître MATADIWAMBA KAMBA MUTU, Avocat à la Cour suprême de justice et y résidant boulevard du Trente-Juin, galerie Mpumbu, 2e niveau, dans la zone de la Gombe, chez qui il a été élu domicile aux fins des présentes, demandeur en annulation ;*

Contre :

Le Haut conseil de la République-parlement de transition, en sigle le HCR-PT, ayant son siège au Palais du Peuple, zone de Lingwala à Kinshasa, défendeur en annulation ;

Vu l'arrêt avant-dire droit rendu en date du 19 décembre 1996 par la Cour de céans et dont le dispositif est le suivant :

« C'est Pourquoi ;

La Cour suprême de justice, toutes sections réunies, siégeant en matière de contestation électorale en premier et dernier ressort et avant-dire-droit,

Le Ministère public entendu ;

– Désigne le conseiller KALONDA KELE OMA aux fins d'entrer en contact avec les services du HCR-PT pour obtenir les pièces ci-après :

– Des bulletins de vote, des procès-verbaux ainsi que des actes et documents relatifs à la procédure d'invalidation de pouvoirs de Monsieur MUTIRI MUYONGO.

– Toute pièce nécessaire à la manifestation de la vérité ;

Réserve les frais ».

Vu la notification de l'arrêt avant-dire-droit faite à Monsieur le conseiller KALONDA KELE OMA, de la Cour suprême de justice, par exploit de l'huissier Pius KANKU NTEBA de Kinshasa en date du 24 décembre 1995 ;

Vu le rapport du conseiller KALONDA KELE OMA daté du 9 janvier 1997 ;

Vu la notification de la date d'audience faite respectivement à Monsieur MUTIRI MUYONGO, à la République du Zaïre prise en la personne de Monsieur le ministre de la Justice et garde des Sceaux et au Haut conseil de la République-parlement de transition par exploit de l'huissier Pius KANKU NTEBA de la Cour suprême de justice en date des 2 et 3 janvier 1997 pour comparaître à l'audience publique du 21 janvier 1997 ;

Vu l'appel de la cause à cette audience à laquelle le requérant MUTIRI MUYONGO comparaît en personne assisté de son conseil Maître MATADIWAMBA KAMBA MUTU, Avocat près la Cour suprême de justice tandis que le Haut conseil de la République-parlement de transition et la République du Zaïre ne comparaissent pas ni personne en leurs noms ;

Vu l'instruction faite à cette dernière audience ;

Ouï le requérant par ses dires et moyens de défense présentés tant par lui-même que par son conseil tendant à ce qu'il plaise à la Cour :

Recevoir la requête et la dire fondée ;

Anéantir l'acte d'assemblée du 20 juin 1996 ;

Replacer d'office le demandeur dans ses fonctions de conseiller de la République ;

Condamner le HCR-PT à lui payer une somme de 50.000 $ pour l'énorme préjudice à lui infligé.

Ouï, le ministère public représenté par l'Avocat général de la République PHAKA KIENDA-u-BELUKA, en son avis ;

Sur ce la Cour clôt les débats et prend la cause en délibéré pour rendre son arrêt à l'audience de ce jour ;

ARRÊT :

Revu l'arrêt avant-dire-droit rendu par la Cour suprême de justice le 15 décembre 1996 ;

Par sa requête reçu au greffe de la Cour suprême de justice le 2 août 1996, Monsieur MUTIRI MUYONGO, conseiller de la République, membre du parlement de transition issu de la conférence nationale souveraine, sollicite l'annulation de l'acte d'assemblée pris le 20 juin 1996, portant invalidation de son mandat de conseiller de la République ;

SUR LA RECEVABILITÉ DU RECOURS

Dirigée contre cette décision dont notification lui a été donnée par lettre réceptionnée le 3 juillet 1996, la requête a été reçue dans le délai de 30 jours prescrit par l'article 138 du Code de la procédure devant la Cour suprême de justice.

Ainsi, introduit dans les formes et délai de la loi, ce recours est recevable.

SUR LA COMPÉTENCE DE LA COUR SUPRÊME DE JUSTICE

De l'examen des dispositions de l'ordonnance-loi n° 82-017 du 31 mars 1982 portant procédure devant la Cour suprême de justice, il se dégage que l'article 137 du chapitre III relatif à la procédure en matière de contestation électorale confère à la

Cour suprême de justice la compétence pour statuer en cas de contestation, sur la régularité des élections des membres du conseil législatif. Mais Il est établi que le recours soumis à l'examen de la Cour ne porte pas sur les élections des membres du parlement, mais sur l'invalidation du mandat de conseiller de la République dont était investi MUTIRI MUYONGO par la conférence nationale souveraine à laquelle il était entré sur la liste de partis politiques.

Il est aussi constant que les membres du haut conseil de la République-parlement de transition ne sont pas issus des élections, mais d'un consensus national ainsi que l'affirme l'article 56 de l'Acte constitutionnel de transition qui dispose : Le haut conseil de la République-parlement de transition est composé :

a) des conseillers de la République désignés par la CNS ;

b) des députés de l'ancienne Assemblée nationale ayant participé à la CNS ;

c) des négociateurs aux concertations politiques du Palais du Peuple qui ne sont ni conseillers de la République, ni députés.

En ce qui concerne Monsieur MUTIRI MUYONGO, le rapport de la commission juridique du HCR-PT révèle qu'il lui est reproché par « ses adversaires politique » d'être de nationalité douteuse pour justifier l'invalidation de son mandat de conseiller de la République à l'occasion du débat en plénière sur le rapport VANGU le 31 décembre 1995 ; il est signalé que la même accusation portée contre le requérant l'avait déjà été lors de la validation des mandats des conseillers de la République ressortissants du Nord-Kivu au HCR-PT, MUTIRI MUYONGO avait fait l'objet de cette même accusation.

La Cour suprême de justice constate donc que la validation du mandat du requérant était constamment contestée à chaque occasion qui s'offrait à ses adversaires.

Ainsi, elle se déclare compétente pour connaître de cette cause en vertu de l'article 144 de sa procédure qui stipule notamment en son 1er alinéa que « La Cour connaît aussi, à la requête de l'intéressé, des recours dirigés contre les actes du conseil législatif (actuellement substitué par le HCR-PT) *refusant la validation des pouvoirs ». En effet, il est de pratique courante dans la constitution de tout parlement démocratique que seule la validation confère définitivement le mandat de parlementaire et que celle-ci est donc une opération administrative complémentaire de l'élection à laquelle elle est intimement liée.*

En l'espèce, la Cour se doit de tenir compte de la nature spécifique du HCR-PT dans la vie des institutions nationales de la transition politique au Zaïre bien qu'il ne soit pas formellement issu des élections.

Il échet de préciser que la vérification des pouvoirs et l'invalidation éventuelle du mandat parlementaire peuvent intervenir même au cours de celui-ci à la survenance de l'un des cas prévus aux articles 63 de l'Acte constitutionnel de la transition et 117 du règlement intérieur du HCR-PT, spécialement la perte de la nationalité, l'incapacité permanente, l'absence non-motivée à plus d'un quart des séances d'une session et le cas d'incompatibilité.

On sait par ailleurs que l'acte parlementaire est un acte unilatéral qui suppose, dans son élaboration un certain pouvoir d'appréciation discrétionnaire qui, en ma-

tière de vérification des pouvoirs, se traduit d'une manière abusive, par les solutions qui lui sont inspirées uniquement par des luttes partisanes ; ainsi, c'est à bon droit que le législateur a tenu à protéger les élus contre l'animosité de leurs adversaires politiques en confiant tout le contentieux électoral non seulement du scrutin lui-même, mais aussi de la vérification des pouvoirs qui est en réalité le prolongement et le complément des opérations électorales à la compétence de la Cour suprême de justice, institution judiciaire indépendante et neutre.

SUR LE FOND

Il résulte du dossier que le requérant MUTIRI MUYONGO dont le mandat de conseiller de la République a été invalidé par le HCR-PT dans sa séance du 20 juin 1996 pour cause de nationalité douteuse est originaire de la zone de Rutshuru située dans la région du Nord-Kivu.

Cette zone habitée par les populations d'ethnie hutu a été rattachée à la colonie du Congo belge par la convention diplomatique du 11 août 1910 qui avait approuvé l'arrangement signé à Bruxelles le 14 mai 1910 entre le gouvernement de Sa Majesté le roi des Belges et le gouvernement de Sa Majesté l'empereur d'Allemagne, le Roi de Prusse et fixant le tracé de la frontière définitive entre la colonie du Congo belge et le protectorat allemand de l'Afrique orientale au nord du Tanganyika.

Le grand-père et le père du demandeur sont nés à Rutshuru respectivement vers 1900 et le 24 janvier 1927. Son père MUTIRI NGIRUMPATSE Timothée fut fonctionnaire et retraité pour fin de carrière honorable par ordonnance n° 81-033 du 24 février 1981. Le demandeur lui-même est titulaire d'un certificat de nationalité vol. 11 folio 614/88 délivré le 6 juillet 1988 par le ministre de la Justice au vu d'une carte d'identité pour citoyen nouvelle formule n° AA.705975/9 du 2 juin 1974 délivrée à Kinshasa et d'une attestation de naissance n° 280/88 du 16 juin 1988 délivrée à Kinshasa. Ce certificat avait été délivré avant l'entrée du demandeur au barreau après son passage dans la magistrature.

Il est entré à la CNS sur la liste des membres de partis politiques et Il fut désigné conseiller de la République. La validation de son mandat politique à la CNS donna lieu à une contestation au motif qu'Il avait une nationalité douteuse. La contestation fut vidée en sa faveur et son mandat validé.

Mais à la Constitution du HCR tout comme à celle du HCR-PT, alors qu'il fut retenu conseiller de la République, la même contestation fut à nouveau soulevée à la commission de Kinshasa chargée d'examiner les dossiers des ressortissants du Nord-Kivu en vue de valider leur mandat de conseiller de la République issus de la CNS dans le but d'écarter le demandeur du HCR-PT, les mêmes adversaires ont cité et ajouté son nom parmi les personnes de nationalité dite douteuse lors du débat de la plénière du 31 décembre 1995 consacré à l'examen des conclusions de la commission VANGU créée pour enquêter sur la nationalité de certains conseillers de la République du Nord-Kivu accusés d'avoir participé à la perpétration des infractions contre la sécurité intérieure et extérieure du pays ainsi que d'attentat contre la personne du Chef de l'État.

À l'issue de ses débats, le HCR-PT décida de confier à sa commission juridique, la mission d'examiner sur base du rapport VANGU, la question liée à la nationalité de trois conseillers de la République mis en cause dans ledit rapport y compris MUTIRI MUYONGO, et de proposer des solutions appropriées conformes aux textes légaux en vigueur en la matière.

Après une enquête minutieuse et fouillée appuyée par une documentation nombreuse et audition de plusieurs personnes, la commission juridique a, dans son rapport, conclu que MUTIRI MUYONGO a bel et bien la nationalité zaïroise d'origine. Mais, après avoir rejeté ce rapport à la séance du 19 juin 1996, la plénière du HCR-PT a, le 20 juin 1996, par un vote à main levée, décidé « l'invalidation du conseiller de la République MUTIRI MUYONGO sous réserve pour celui-ci de faire prévaloir ses droits devant les Cours et tribunaux. »

Dans sa requête, le demandeur invoque deux moyens comme motifs justifiant l'annulation de l'acte d'assemblée attaqué à savoir, la violation des articles 11 et 63 de l'Acte constitutionnel de la transition relatifs à la prohibition de toute discrimination et aux causes de la cessation du mandat parlementaire.

Dans sa note de plaidoirie, le demandeur invoque en outre, l'inobservation de la procédure et le non-fondement de la décision d'invalidation.

a) – Sur la violation de la procédure parlementaire

Le demandeur soutient que, le HCR-PT n'a pas respecté sa propre procédure de prise de décision qui exige :

– la distribution du rapport de la commission ad hoc à chacun des membres avant tout débat ;

– la vérification du quorum de décision qui n'est pas à confondre avec celui des présences pour siéger ;

– le respect de la motion préjudicielle consistant à s'en remettre à l'organe extérieur habilité à trancher la question en litige, en l'espèce la détention ou non de la nationalité par le député suspecté.

– le comptage, après le vote, des voix pour s'assurer du nombre de votes favorables et défavorables.

Il conclut que ces graves erreurs de procédure constituent des violations substantielles suffisantes pour fonder l'anéantissement de l'acte d'assemblée attaqué.

L'examen des procès-verbaux n°s 122, 123 et 124/HCR-PT/S.O/AVR des séances plénières tenues les 18, 19 et 20 juin 1996 par le HCR-PT révèle que la violation de la procédure par cette haute assemblée est fondée.

En effet, il ressort du PV de la séance du 19 juin 1996 que le président de la commission juridique, s'agissant des questions soulevées au cours du débat, a commencé par regretter que le rapport n'ait pas été distribué à tous les membres conformément au règlement intérieur. La Cour relève sur ce point que l'article 29 du règlement intérieur violé prescrit que « les documents à soumettre aux délibérations des commissions et de l'assemblée plénière doivent être distribués 48 heures au moins, avant les séances, sauf cas d'urgence », quod non in specie.

Quant à la vérification du quorum de décision, au respect de la notion de la motion préjudicielle et au comptage des voix, la Cour suprême de justice dit que le Haut conseil de la République-parlement de transition a violé toutes les dispositions de son règlement intérieur sur cette procédure. En effet :

1.– les procès-verbaux des séances plénières des 19 et 20 juin 1996 versés au dossier n'indiquent nullement le nombre des membres présents, pour vérifier le quorum prévu par l'article 33 du règlement intérieur ;

2.– à la plénière du 20 mai 1996 le procès-verbal de la plénière relève que « le président, explicitant les contours du problème, pense, devant le doute persistant consécutif à la décision politique prise, il sied de s'en référer à l'institution judiciaire qui, en principe, statuera pour concilier les aspects politiques et juridiques de la question ». La Cour suprême de justice considère que cette intervention constitue une motion préjudicielle et incidentielle définie à l'article 39 du règlement intérieur du HCR-PT et qui devait en application de l'article 40 du même texte avoir priorité sur la question de principe sur la nationalité et en suspendre la discussion alors que les membres du HCR-PT ont passé outre et décidé de l'invalidation ;

3.– En ce qui concerne les votes et le comptage de voix pour vérifier les voix favorables et défavorables à la décision à prendre, le magistrat commis à cette fin auprès du bureau du HCR-PT affirme, dans son rapport versé au dossier, qu'il lui a été certifié par le secrétariat de cette assemblée que, quant aux bulletins de vote, dans l'examen des dossiers des trois conseillers de la République, qui seraient de nationalité douteuse, ce mode de scrutin n'a pas été appliqué par la plénière.

Le PV de séance plénière du 20 juin 1996 renseigne laconiquement à ce sujet que « L'assemblée se prononce, par un vote à main levée sur l'invalidation de ces trois conseillers de la République », sans préciser ni le nombre des votants, ni le nombre de votes pour et contre la décision comme l'exigent les articles 33, 34, 45 et 46 du règlement intérieur.

Il résulte de tout ce qui précède que le Parlement de transition, n'a pas respecté le règlement intérieur sur la procédure parlementaire qu'il s'est lui-même donnée, il a donc refusé d'appliquer l'adage qui s'imposait à lui : « Legem patere quem fecesti ».

Sa décision sera donc anéantie.

b) – Sur la violation des lois de fond.

Dans ses moyens sur le fond, le demandeur invoque la violation des art. 11 et 63 de l'Acte constitutionnel de la transition, 39 et 117 du règlement intérieur de l'assemblée et 26 et 46 de la loi sur la nationalité.

En ce qui concerne la violation des art. 11 et 63 de l'Acte constitutionnel de la transition, le demandeur expose que l'insertion de son nom sur la liste de conseillers de la République à « nationalité douteuse » est le fait de ses adversaires politiques prétendant avoir découvert un complot contre la sécurité intérieure et extérieure de l'État et contre la personne même du chef de l'État zaïrois par de faux Zaïrois ; il précise que sans enquête et sans la moindre preuve sur cette grave accusation, le HCR-PT s'est laissé influencer et a pris sa décision d'invalidation pudiquement qualifiée de « politique » dans le procès-verbal de séance du 20 juin 1996. Il conclut que pareille décision est contraire à l'art. 11 susdits prohibant la discrimination de toute sorte dans l'accès aux fonctions publiques et à l'art. 63 qui n'assimile pas l'expression « nationalité douteuse » à l'absence de nationalité, il fait observer que ni le rapport VANGU où son nom ne figure pas, ni le rapport-de la commission juridique n'établissent qu'il est de nationalité douteuse ; qu'en revanche son dossier au HCR-PT contient un certificat de nationalité qui aurait dû balayer tout doute, en l'absence de tout acte contraire émanant de l'autorité compétente ainsi qu'il ressort des art. 26 et 46 de la loi n° 81-002 du 29 juin 1981 sur la nationalité.

La Cour suprême de justice dit toutes ces violations établies.

En effet, des pièces du dossier il résulte que le HCR-PT a décidé d'invalider le mandat du demandeur au simple motif qu'il est de nationalité douteuse alors que les causes de perte de mandat pour perte de nationalité sont bien définies par l'Acte constitutionnel de la transition en son art. 63, le règlement intérieur du HCR-PT en son art. 117 et la loi sur la nationalité dans ses articles 26 à 32 et que ces causes ne sont pas prouvées dans le chef du demandeur MUTIRI qui a démontré qu'il a la nationalité zaïroise d'origine notamment par la production de son certificat de nationalité prémentionné délivré le 6 juillet 1988, in tempore non suspecto et qui est un acte authentique faisant foi jusqu'à preuve contraire conformément à l'art. 46 sus invoqué.

Par ailleurs, s'agissant d'une décision d'invalidation basée sur la nationalité dite douteuse, l'article 63 de l'Acte constitutionnel de transition ne prévoit nulle part la fin du mandat d'un conseiller de la République pour cause de nationalité douteuse ; de même l'art. 117 du règlement intérieur qui prévoit la perte de nationalité comme mode de fin du mandat du conseiller de la République n'était pas applicable à l'espèce sous examen, la perte de nationalité n'étant prévue qu'en cas d'acquisition d'une autre nationalité étrangère par un Zaïrois d'origine comme MUTIRI.

Pour les considérations développées ci-avant, la déclaration d'invalidation du mandat du demandeur viole l'art. 11 de l'Acte constitutionnel de la transition qui consacre l'égalité de tous les Zaïrois devant la loi et proscrit toute mesure discriminatoire basée sur l'appartenance raciale ou ethnique. Elle sera donc annulée aussi sur la base de cette violation.

C'EST POURQUOI ;

La Cour suprême de justice, toutes sections réunies ;

Statuant en matière de contestation électorale ;

Le Ministère public entendu en ses conclusions conformes ;

Reçois la requête, se déclare compétente pour en connaître ;

La déclare fondée.

Annule la décision du HCR-PT portant invalidation du mandat du demandeur en qualité de conseiller de la République.

Met les frais à charge du Trésor.

La Cour a ainsi arrêté et prononcé à l'audience publique du mardi 4 février mille neuf cent quatre-vingt-dix-sept à laquelle siégeaient les magistrats : MUTOMBO

KABELU, président de chambre, MBUINGA-VUBU, TSHIKANGU MUKABA, KABAMBA PENGE, NSAMPOLU IYELA, présidents, KALONDA KELE OMA et BOJABWA BONDIO DJEKO, conseillers ; avec le concours du Ministère public représenté par GONGBA TITA KALAMA, Avocat général de la République et de l'assistance de Ernest BOWAMPONA BOHEKA, greffier du siège.

4. L'arrêt RCE 002/96

Revu l'arrêt avant dire droit rendu par la Cour suprême de justice le 10 juillet 1997 ;

Par sa requête reçue au Greffe de la Cour suprême de justice le 19 février 1997, Monsieur KALEGAMIRE NYIRIMIGABO, conseiller de la République, membre du parlement de transition issu de la conférence nationale souveraine, sollicite l'annulation de l'acte d'assemblée pris le 20 juin 1996 portant invalidation de son mandat de conseiller de la République ;

SUR LA RECEVABILITÉ DU RECOURS

Contre cette décision dont notification lui a été donnée par lettre du 28 juin 1996, le demandeur a déposé sa requête au-delà du délai de 30 jours prescrit par l'article 138 du Code de la procédure devant la Cour suprême de justice. Cependant, il invoque un cas de force majeure pour être relevé de la déchéance encourue. Il soutient qu'après l'introduction de sa réclamation préalable dans le délai, le bureau du Haut conseil de la République-parlement de transition déjà aboli, l'a mis dans l'impossibilité d'obtenir, à l'époque, les bulletins de vote, les procès-verbaux ainsi que les actes et documents relatifs à la procédure de son invalidation, circonstance indépendante de sa volonté.

La force majeure invoquée est fondée. Dès lors, le recours du requérant sera reçu.

SUR LA COMPÉTENCE DE LA COUR SUPRÊME DE JUSTICE

De l'examen des dispositions de l'ordonnance-loi n° 82-017 du 31 mars 1982 portant procédure devant la Cour suprême de justice, il se dégage que l'article 137 du chapitre III relatif à la procédure en matière de contestation électorale attribue à la Cour suprême de justice la compétence pour « statuer en cas de contestation, sur la régularité des élections des membres du conseil législatif ». Mais, il est établi que le recours soumis à l'examen de la Cour ne porte pas sur les élections des membres du parlement, mais sur l'invalidation du mandat de conseiller de la République dont était investi KALEGAMIRE NYIRIMIGABO par la conférence nationale souveraine à laquelle il était entré sur la liste des députés de l'ancienne Assemblée nationale.

Il est aussi constant que les membres du haut conseil de la République-parlement de transition ne sont pas issus des élections, mais d'un consensus national ainsi que l'affirme l'article 56 de l'Acte constitutionnel de transition en vigueur à l'époque qui dispose : Le haut conseil de la République-parlement de transition est composé :

Des conseillers de la République désignés par la conférence nationale souveraine ;

Des députés de l'ancienne Assemblée nationale ayant participé à la conférence nationale souveraine ;

Des négociateurs aux concertations politiques du palais du Peuple qui ne sont ni conseillers de la République, ni députés.

S'agissant de Monsieur KALEGAMIRE NYIRIMIGABO, le rapport de la commission du Haut conseil de la République-parlement de transition révèle qu'il lui est reproché par « ses adversaires politiques » d'être de nationalité douteuse pour justifier l'invalidation de son mandat de conseiller de la République à l'occasion du débat en plénière sur le rapport VANGU le 31 décembre 1995 ; il est renseigné que la même accusation portée contre le requérant l'avait déjà été lors de la validation de son mandat à la Conférence nationale souveraine ; le rapport ajoute que lors de la validation des mandats des conseillers de la République ressortissants du Sud-Kivu au Haut conseil de la République-parlement de transition, KALEGAMIRE NYIRIMIGABO avait fait l'objet de la même accusation.

La Cour suprême de justice constate que la validation du mandat du requérant était constamment contestée à chaque occasion qui s'offrait à ses adversaires. Ainsi, elle se déclare compétente pour connaître de cette cause en vertu des dispositions de l'article 144 de sa procédure qui dispose notamment en son 1er alinéa que « La Cour connaît aussi, à la requête de l'intéressé, des recours dirigés contre les actes du Conseil de la Législatif (substitué à l'époque par le Haut conseil de la République-Parlement de transition) *refusant la validation des pouvoirs. En effet, il est de pratique courante dans la constitution de tout parlement démocratique que seule la validation confère définitivement le mandat de parlementaire et que celui-ci est donc une opération administrative complémentaire de l'élection à laquelle elle est intimement liée. Dans le cas d'espèce, la Cour se doit de tenir compte de la nature spécifique du défunt Haut conseil de la République-parlement de transition dans la vie des institutions nationales de la transition politique en vigueur à l'époque à l'ex-Zaïre actuellement République Démocratique du Congo bien qu'il ne soit pas formellement issu des élections.*

Il convient de préciser que la vérification des pouvoirs et l'invalidation éventuelle du mandat parlementaire peuvent intervenir même au cours de celui-ci à la survenance de l'un des cas prévus aux articles 63 de l'Acte constitutionnel de la transition et 117 du règlement intérieur du Haut conseil de la République-parlement de transition, spécialement la perte de la nationalité, l'incapacité permanente, l'absence non-motivée à plus d'un quart des séances d'une session et le cas d'incompatibilité.

Par ailleurs, on sait que l'acte parlementaire constitue un acte unilatéral qui suppose, dans son élaboration, un certain pouvoir d'appréciation discrétionnaire qui, en matière de vérification des pouvoirs, se traduit d'une manière abusive, par des solutions qui lui sont inspirées uniquement par des considérations partisanes ; ainsi, c'est à bon droit que le Législateur a tenu à protéger les élus contre l'animosité de leurs adversaires politiques en déférant tout le contentieux électoral non seulement du scrutin lui-même, mais aussi de la vérification des pouvoirs qui est en réalité le prolongement et le complément des opérations électorales, à la compétence de la Cour suprême de justice, institution judiciaire indépendante et neutre.

SUR LE FOND

Il ressort des éléments du dossier que le requérant KALEGAMIRE NYIRIMIGABO dont le mandat de conseiller de la République a été invalidé par le Haut conseil de la République-parlement de transition dans sa séance du 20 juin 1996 pour cause de « nationalité douteuse » est originaire du territoire d'IDJWI situé dans la province du Sud-Kivu. Ce territoire habité par les populations d'ethnie hutu a été rattaché à la colonie du Congo belge par la convention diplomatique du 11 août 1910 qui avait approuvé l'arrangement signé à Bruxelles le 14 mai 1910 entre le gouvernement de Sa Majesté le roi de Prusse et fixant le tracé de la frontière définitive entre la colonie du Congo belge et le protectorat allemand de l'Afrique orientale au nord du Tanganyika.

Le grand-père et le père du demandeur sont nés à BUCHUZI en territoire d'IDJWI respectivement vers 1837 et 1876. Le requérant lui-même est titulaire d'un duplicata d'une carte d'identité pour citoyen congolais n° IA.211.004/000 délivré à Kinshasa le 28 septembre 1995 ainsi qu'une fiche d'identification n° série 068697 établie le 11 juillet 1991 attestant que le précité est de nationalité zaïroise actuellement congolaise. Cette fiche d'identification avait été élaborée par le ministère de l'Intérieur dans le but d'identifier les nationaux des étrangers venus du Rwanda pour s'installer dans la province du Sud-Kivu.

En outre, il convient de signaler que l'intéressé est entré à la conférence nationale souveraine sur la liste des députés de l'ancienne Assemblée nationale et il est désigné conseiller de la République. La validation de son mandat politique à la conférence nationale souveraine donna lieu à une contestation au motif qu'il avait la nationalité douteuse, mais cette contestation fut vidée en sa faveur et son mandat validé.

À la constitution du Haut conseil de la République tout comme à celle du Haut conseil de la République-parlement de transition, alors qu'il fut retenu conseiller de la République, la même contestation fut à nouveau soulevée à la commission de Kinshasa chargée d'examiner les dossiers des ressortissants du Sud-Kivu en vue de valider leur mandat de conseiller de la République issus de la conférence nationale souveraine. Dans le but d'écarter le requérant du Haut conseil de la République-parlement de transition, les mêmes adversaires ont cité et ajouté son nom parmi les personnes de nationalité dite douteuse lors du débat de la séance plénière du 31 décembre 1995 consacré à l'examen des conclusions de la commission VANGU créée pour enquêter sur la nationalité de certains conseillers de la République du Nord et Sud-Kivu accusés d'avoir participé à la perpétration des infractions contre la sécurité intérieure et extérieure du pays ainsi que d'attentat contre la personne du défunt Chef de l'État.

À l'issue de ses débats, le Haut conseil de la République-parlement de transition a décidé de confier à sa commission juridique, la mission d'examiner sur base du rapport VANGU, la question liée à la nationalité de trois conseillers de la République mis en cause dans ledit rapport y compris le requérant KALEGAMIRE NYIRIMIGABO, et de proposer des solutions appropriées conformes aux textes légaux en vigueur en la matière.

Après une enquête minutieuse et fouillée appuyée par une documentation nombreuse et audition de plusieurs personnes, la commission juridique a, dans son rapport, conclu que KALEGAMIRE NYIRIMIGABO a bel et bien la nationalité zaïroise actuellement congolaise d'origine. Mais, après avoir rejeté ce rapport à la séance du 19 juin 1996, la plénière du Haut conseil de la République-parlement de transition a, le 20 juin 1996, par un vote à main levée, décidé « l'invalidation du conseiller de la République KALEGAMIRE NYIRIMIGABO sous réserve pour celui-ci de faire prévaloir ses droits devant les Cours et tribunaux. »

Dans sa requête, le demandeur invoque deux moyens comme motifs justifiant l'annulation de l'Acte d'assemblée attaqué à savoir, l'absence de motivation de la décision ayant invalidé son mandat et la violation des articles 11 et 63 de l'Acte constitutionnel de la transition relatifs à la prohibition de toute discrimination et aux causes de la cassation du mandat parlementaire.

Dans ses conclusions verbales formulées à l'audience publique du 29 août 1997, le demandeur invoque en outre, l'inobservation de la procédure et le non-fondement de la décision d'invalidation.

SUR LA VIOLATION DE LA PROCÉDURE PARLEMENTAIRE

Le demandeur soutient que, le Haut conseil de la République-parlement de transition n'a pas respecté sa propre procédure de prise de décision qui exige :

La distribution du rapport de la commission ad hoc à chacun des membres avant tout débat ;

La vérification du quorum de décision qui n'est pas à confondre avec celui des présences pour siéger ;

Le respect de la motion préjudicielle consistant à s'en remettre à l'organe extérieur habilité à trancher la question en litige, en l'espèce la détention ou non de la nationalité par le député suspecté ;

Le comptage, après le vote, des voix pour s'assurer du nombre de votes favorables et défavorables.

Il conclut que ces graves erreurs de procédure constituent des violations substantielles suffisantes pour fonder l'anéantissement de l'Acte d'assemblée attaqué.

L'examen des procès-verbaux n°s 122, 123 et 124/HCR-PT/SO/AVR/96 des séances plénières tenues les 18, 19 et 20 juin 1996 par le Haut Conseil de la République-Parlement de Transition révèle que la violation de la procédure par cette Haute assemblée est fondée.

En effet, il ressort du procès-verbal de la séance du 19 juin 1996 que le président de la commission juridique, s'agissant des questions soulevées au cours du débat, a commencé par regretter que le rapport n'ait pas été distribué à tous les membres conformément au Règlement intérieur.

La Cour relève sur ce point que l'article 29 du règlement intérieur violé prescrit que « Les documents à soumettre aux délibérations des commissions et de l'assem-

blée plénière doivent être distribués 48 heures au moins, avant les séances, sauf cas d'urgence », quod non in specie.

Quant à la vérification du quorum de décision, au respect de la notion de la motion préjudicielle et au comptage de voix, la Cour suprême de justice dit que le Haut conseil de la République-parlement de transition a violé toutes les dispositions de son règlement intérieur sur cette procédure. En effet :

1°) Les procès-verbaux des séances plénières des 19 et 20 juin 1996 versés au dossier n'indiquent nullement le nombre des membres présents, pour vérifier le quorum prévu par l'article 33 du règlement intérieur ;

2°) À la plénière du 20 juin 1996, le procès-verbal de la plénière relève que « le président explicitant les contours du problème, pense, devant le doute persistant consécutif à la décision politique prise, il sied de s'en référer à l'institution judiciaire qui, en principe, statuera pour concilier les aspects politiques et juridiques de la question ». La Cour suprême de justice considère que cette intervention constitue une motion préjudicielle et incidentielle définie à l'article 39 du règlement intérieur du Haut Conseil de la République-parlement de transition et qui devait en application de l'article 40 du même texte, avoir priorité sur la question de principe sur la nationalité et en suspendre la discussion alors que les membres du Haut conseil de la République-parlement de transition ont passé outre et décidé l'invalidation ;

3°) en ce qui concerne les votes et le comptage de voix pour vérifier les voix favorables et défavorables à la décision à prendre, le magistrat commis à cette fin auprès du bureau du HCR-PT affirme, dans son rapport versé au dossier, qu'il lui a été certifié par le secrétaire de cette assemblée que, quant aux bulletins de vote, dans l'examen des dossiers des trois conseillers de la République, qui seraient de nationalité douteuse, ce mode de scrutin n'a pas été appliqué par la plénière.

Le procès-verbal de la séance plénière du 20 juin 1996 renseigne laconiquement à ce sujet que « l'assemblée se prononce, par un vote à main levée sur l'invalidation de ces trois conseillers de la République » sans préciser ni le nombre des votants, ni le nombre de votes pour ou contre la décision comme l'exige les articles 33, 34, 45 et 46 du règlement intérieur.

Il résulte de tout ce qui précède que le parlement de transition, n'a pas respecté le règlement intérieur sur la procédure parlementaire qu'il s'est lui-même dotée ; il a donc refusé d'appliquer l'adage qui s'imposait à lui « Legem patere quem focesti ».

Sa décision sera donc anéantie.

SUR LA VIOLATION DES LOIS DE FOND

Dans ses moyens sur le fond, le demandeur invoque d'abord la violation du principe général du droit administratif qui exige que toute décision administrative soit motivée en ce que la lettre n° 003111/HCR/PT/1VP/96 du 28 juin 1996 est muette et ne renseigne pas le motif pour lequel a été prise la décision d'invalidation de son mandat parlementaire, ensuite celle des articles 11 et 63 de l'Acte constitutionnel de la transition, 39 et 117 du règlement intérieur de l'assemblée, 26 et 46 de la loi sur la nationalité en ce que, la décision déférée institue un mode d'extinction d'un mandat parlementaire inconnu dans l'ordre juridique zaïroise actuellement congolais.

La Cour suprême de justice dit toutes ces violations établies. En effet, des pièces du dossier, il résulte que le HCR-PT, sans aucun motif valable et légal, a décidé d'invalider le mandat du requérant pour la simple raison qu'il est de nationalité douteuse alors que les causes de perte de mandat pour perte de nationalité sont bien définies par l'Acte constitutionnel de la transition en son article 63, le règlement intérieur du HCR-PT, en son article 117 et la loi sur la nationalité dans ses articles 26 à 32 et que ces causes ne sont pas prouvées dans le chef du demandeur KALEGAMIRE qui a démontré qu'il a la nationalité zaïroise d'origine ou congolaise notamment par la production de sa carte pour citoyen congolais n° IA. 211.004/000 ainsi que sa fiche d'identification n° série 068679 délivrées à Kinshasa respectivement le 28 septembre 1995 et 11 juillet 1991, in tempore non suspecto qui sont des actes authentiques faisant foi jusqu'à preuve contraire.

Par ailleurs, s'agissant d'une décision d'invalidation basée sur la nationalité dite douteuse, l'article 63 de l'Acte constitutionnel de transition ne prévoit nulle part la fin du mandat d'un conseiller de la République pour cause de nationalité douteuse ; de même l'article 117 du règlement intérieur qui prévoit la perte de nationalité comme mode de fin du mandat du conseiller de la République n'était pas applicable à l'espèce sous examen, la perte de nationalité n'étant prévue qu'en cas d'acquisition d'une autre nationalité étrangère par un Zaïrois actuellement congolais d'origine comme KALEGAMIRE.

Pour les considérations développées ci-avant, la décision d'invalidation du mandat du demandeur n'est pas non seulement motivée, mais viole également l'article 11 de l'Acte constitutionnel de la transaction en vigueur à cette époque et qui consacre l'égalité de tous les Zaïrois (congolais) *devant la loi et proscrit toute discriminatoire basée sur l'appartenance raciale, ethnique ou tribale.*

Elle sera donc annulée sur la base de cette violation.

C'EST POURQUOI

La Cour suprême de justice, toutes sections réunies ;

Statuant en matière de contestation électorale ;

Le Ministère public entendu en ses conclusions conformes ;

– Reçoit la requête ; se déclare compétente pour en connaître ;

– La déclare fondée ;

– Annule la décision du HCR-PT portant invalidation du mandat du demandeur en qualité de conseiller de la République. (...)

CHAPITRE 5

DES ARRÊTS ET JUGEMENTS DIVERS

DÉCISIONS CIVILES

SECTION 1 : COUR D'APPEL DE KINSHASA/GOMBE

ARRÊT RCA 28.553 DU 21 DÉCEMBRE 2012 EN CAUSE : SOCIÉTÉ NATIONALE D'ÉLECTRICITÉ C/ENTREPRISE DES TRAVAUX D'ÉLECTRICITÉ DE KINSHASA

Autorité de la chose jugée de la transaction – un établissement individuel n'est pas une société

L'arrêt RCA 28.555 du 21 décembre 2012 peut passer à la postérité comme un modèle du droit bien dit, même si, déféré devant la cassation sous RC 3760 sous la date du 4 juin 2013, son sort demeure encore incertain, selon que. Pourquoi ? Parce que la Cour d'appel de la Gombe se sera bouché les oreilles contre les sirènes d'un plaideur fantaisiste, lui demandant la rescision d'une transaction au nom de la pitié ! Parce que, par ailleurs, cette cour a su indiquer ce qu'il faut entendre par établissement commercial.

L'on peut, à l'occasion, s'interroger, dans cette procédure, sur le rôle des avocats qui échangent les moyens au prétoire mais cessent de le faire à la transaction consécutive au jugement, du moins pour l'une des parties, quitte à réapparaître pour demander au tribunal de rescinder la transaction. À quoi jouerait cet avocat-conseil ?

1. Les textes de loi

Article 591 du CCL III :

Les transactions ont, entre les parties, l'autorité de la chose jugée en dernier ressort.

Elles ne peuvent être attaquées pour cause d'erreur de droit, ni pour cause de lésion.

Article 592 du CCL III :

Néanmoins une transaction peut être rescindée, lorsqu'il y a erreur dans la personne, ou sur l'objet de la contestation. Elle peut l'être dans tous les cas où il y a dol ou violence.

Article 2 du Décret du 27 février 1887 sur les sociétés commerciales :

Les actes de sociétés seront, à peine de nullité, dans les six mois de leur date, déposés en copie et par extrait au greffe du tribunal de première instance. Ils sont publiés au Moniteur congolais par les soins du ministre de la Justice. Toute personne pourra en prendre connaissance gratuitement aux archives du greffe du tribunal de première instance.

Article 3 :

Toute modification aux actes de société doit, à peine de nullité, être déposée comme les actes eux-mêmes. Ils sont soumis aux mêmes prescriptions, les actes de procuration donnant la gestion et la signature sociale et les actes retirant ces pouvoirs.

2. Les faits de la cause et la procédure

Le 27 juillet 1991 est intervenu entre parties un contrat de fourniture des services, ENTELKIN s'étant engagé, contre paiement, à débroussailler les couloirs des lignes de haute tension réseau Ouest de la SNEL.

Sept ans après, n'obtenant toujours pas paiement, ENTELKIN assignera sous RC 67.084, devant le tribunal de grande instance/Gombe, pour réclamer la somme de 14.626,14 $ de débroussaillement et 2.918,70 $ pour l'abattage des arbres, plus dommages-intérêts. Elle obtiendra le 29 juin 1998, sous RC 67.084, un jugement par défaut condamnant la SNEL à la colossale somme de 1.654.820 $.

Le 20 octobre 2005, par sa lettre n° P/03/TK/099/2005, le Portefeuille forme une commission chargée de certifier les créances et dettes contestées chez la SNEL, entreprise publique. Le 4 février 2010, ladite commission ayant terminé sa tâche instruit la direction juridique de transiger avec ENTELKIN.

Le 2 mars 2010 les parties signeront une convention aux termes de laquelle le paiement d'une somme de 500.000 $ mettait fin à leur conflit. Le montant fut payé en deux tranches égales de 250.000, les 17 mars et 4 mai 2010.

Peine perdue, car, sept mois plus tard, invoquant tantôt l'erreur sur l'objet (1.654.820 $ contre 14.622.769), tantôt les manœuvres équipollentes au dol (absence de son conseil à la transaction), voire même son propre état de santé au moment de la signature, le contractant Ilunga Nkuba assignera sous RC 104.485, pour solliciter « *l'annulation pure et simple de ladite convention et ordonner l'assignée de payer à ma requérante la somme de 14.122.769 $, car les 500.000 $ déjà payés* *n'ont constitué qu'un acompte sur le montant de 14.622.769,32 $, ce, conformément à l'article 592 alinéa 2 du Code civil livre III* ».

Que va faire le juge ? Aussi inattendu que cela paraisse, le tribunal de grande instance agréera la demande du sieur Ilunga Nkuba :

« *Annule la transaction signée entre parties le 2 mars 2010 ;*

Condamne la défenderesse à payer au demandeur à titre principal la somme de quatorze millions cent vingt-deux mille sept cent soixante-neuf dollars américains (14.122.769,32 $) *;*

Ordonne l'exécution provisoire et sans caution quant à ce ;

Condamne la défenderesse à mille dollars américains (1.000 $) *des dommages intérêts ;* »

Sur appel *sub* RCA 28.553 de la partie succombante SNEL, le 21 décembre 2012, la Cour d'appel de Kinshasa/Gombe annulera le jugement entrepris dans toutes ses dispositions.

3. L'arrêt RCA 28.553

AUDIENCE PUBLIQUE DU VINGT ET UN DÉCEMBRE DEUX MILLE DOUZE

En cause : la société nationale d'électricité, société par action à responsabilité limitée, « SNEL SARL » en sigle, ayant son siège social à Kinshasa, au n° 2831 de l'avenue de la Justice, dans la commune de la Gombe, appelante ;

Contre : L'entreprise des travaux d'électricité de Kinshasa, ayant son siège social au n° 18 de l'avenue Ngiri-Ngiri, quartier Kimbangu dans la commune de Ngiri-Ngiri, intimée ;

Par leurs déclarations faites et actées au greffe de la Cour d'appel de Kinshasa/Gombe les 26 octobre 2011 et 10 avril 2012, Maître BAZILUKA BUSINA, avocat au barreau de Kinshasa/Gombe muni de la procuration spéciale lui remise en date du 25 octobre 2011 par la société nationale d'électricité, et Monsieur ILUNGA NKUBA, président-directeur général de l'entreprise des travaux d'électricité de Kinshasa, déclarèrent relever les appels principal et incident du jugement rendu le 14 octobre 2011 par le tribunal de grande instance de Kinshasa/Gombe sous le RC 104.485, en cause entre parties dont ci-dessous le dispositif :

Par ces motifs,

Le tribunal, statuant publiquement et contradictoirement à l'égard de l'établissement ENTELKIN pris en la personne de son propriétaire Monsieur ILUNGA NKUBA et de la défenderesse SNEL ;

Oui, le ministère public ;

Vu le Code d'organisation et compétence judiciaires ;

Vu le Code de procédure civile, spécialement en ses articles 21, 144 et 145 ;

Vu le Code civil Livre III, spécialement en ses articles 44, 45 et 592 ;

– Déclare recevables mais non fondées les exceptions de la défenderesse et les rejette ;

– Déclare recevable et fondée l'action du demandeur, en conséquence ;

– Annule la transaction signée entre parties le 2 mars 2010 ;

– Condamne la défenderesse à payer au demandeur à titre principal la somme de quatorze millions cent vingt-deux mille sept cent soixante-neuf dollars américains (14.122.769,32 $) *;*

– Ordonne l'exécution provisoire et sans caution quant à ce ;

– Condamne la défenderesse à mille dollars américains (1.000 $) *des dommages intérêts ;*

– Rejette l'action reconventionnelle de la défenderesse ;

– Met les frais d'instance à charge de cette dernière ;

La Cour de céans rendit en date du 24 novembre 2011 un arrêt en défenses d'exécuter dont ci-dessous le dispositif ;

C'est pourquoi ;

La Cour d'appel, section judiciaire ;

Statuant publiquement et contradictoirement à l'égard de toutes les parties ;

Le Ministère public entendu ;

Reçoit l'action en défenses à exécuter de la SNEL et la dit fondée ;

En conséquence, ordonne les défenses à exécuter le jugement rendu le 14 octobre 2011 par le tribunal de grande instance de la Gombe sous RC 104.485 opposant les deux parties en cause.

Met les frais d'instance à charge de l'ENTELKIN.

La cause fut fixée et appelée à l'audience publique à laquelle les parties comparurent par Maître BAZILUKA BUSINA pour l'appelante, et par Maître KAPIAMBA pour l'intimée ;

La Cour, de commun accord des parties, remit la cause successivement à ses audiences des 14 mars ; 4 et 25 avril ; 9 et 16 mai 2012 pour sa mise en état ;

À cette dernière audience à l'appel de la cause les parties comparurent par Maître NTEBA conjointement avec Maîtres BAZILUKA et AKWAMBA pour l'appelante, et par Maître OTOKO conjointement avec Maître ONAMEMBA pour l'intimée, tous avocats à Kinshasa ;

Vu l'état de la procédure, la Cour se déclara saisi sur remise contradictoire et passa la parole aux conseils des parties pour leurs plaidoiries ;

Dispositif de la note de plaidoirie de l'appelante déposée par Maître BAZILUKA BUSINA ;

Par ces motifs ;

Sous toutes réserves généralement quelconques ;

Plaise à la Cour de :

1. Recevoir l'appel et le dire fondé ;

2. Annuler le jugement entrepris en toutes ses dispositions ;

Faisant ce que le premier juge aurait dû faire ;

– Déclarer l'action originaire irrecevable faute de personnalité juridique ou d'existence juridique dans le chef de l'entreprise des travaux d'électricité de Kinshasa, en sigle « ENTELKIN » ;

– Sinon, dire l'action en annulation de la transaction non fondée faute de preuve de dol, et l'action en paiement de créance de 14.622.789,32 $ irrecevable en vertu de l'autorité de la chose jugée ;

Condamner l'intimée aux dommages-intérêts de 2.000.000 $ à titre reconventionnel ;

Frais et dépens comme de droit ;

Et sera justice.

Dispositif de la note de plaidoirie de l'intimée déposée par Maître OTOKO LONGAYO

Par ces motifs ;

Sous toutes réserves généralement quelconques ;

Plaise à la cour ;

– De déclarer l'appel de la société SNEL recevable mais le dire non fondé ;

– De confirmer l'œuvre du premier juge dans toutes ses dispositions ;

– Frais et dépens ;

– Et vous ferez justice.

La cause fut communiquée au Ministère public pour son avis écrit à être lu dans le délai légal ;

À l'appel de la cause à l'audience du 19 juillet 2012, les parties ne comparurent pas ni représentées ;

Le Ministère représenté par Monsieur BOKANGO NGOBILA, le substitut du procureur général ayant la parole, fit lecture de son avis écrit de son collègue JUR KALONDA OHANGA daté du 11 juillet 2012 dont ci-dessous le dispositif :

À ces causes ;

Qu'il plaise à la Cour de céans ;

– De dire irrecevables les appels principal et incident ;

– Frais comme de droit ;

– ce sera justice.

Sur ce, la Cour clôtura les débats, prit la cause en délibéré, et à l'audience de ce 21 décembre 2012, rendit un arrêt définitif suivant :

Par leurs déclarations faites et actées au greffe de la Cour d'appel de Kinshasa/Gombe les 26 octobre 2011 et 10 avril 2012 ;

(...)

Comme devant le premier juge, la partie appelante a soulevé l'exception d'irrecevabilité de l'action originaire d'Entelkin tirée de son existence sur le plan juridique. Elle a soutenu que conformément à l'exploit ayant généré cette action, l'Entreprise des travaux d'électricité de Kinshasa est une société, une personne morale. Mais, elle n'a pas produit la preuve de son existence juridique par le dépôt de ses statuts sociaux au greffe du tribunal de grande instance. Elle en a inféré qu'elle n'a pas qualité conformément à la loi d'agir en justice. Il s'ensuit que son action est irrecevable. La SNEL a conclu au fondement de cette exception ;

L'intimé a répliqué par son conseil que dans le moyen lui opposé, la partie appelante fait allusion aux sociétés commerciales et non au vocable entreprise. Il a soutenu que le vocable « entreprise » est une unité impliquant la mise en action de moyens humains et matériels de production ou de distribution de richesses. Et en tant qu'entité économique, une entreprise n'est pas une personne morale. Elle n'a pas de personnalité juridique forcément d'autant plus que le nouveau registre de commerce renseigne que l'Entreprise des travaux d'électricité de Kinshasa s'est fait immatriculer non pas comme une quelconque société, mais en qualité d'un établissement. Dans ces conditions, en a inféré l'intimé, il n'y a que le propriétaire d'un établissement qui a qualité d'agir en justice comme il l'a fait. Contrairement au moyen soulevé par la partie appelante, son action est recevable. Il a conclu au non fondement de ce moyen.

La Cour dira recevable et déclarera par contre non fondée l'exception d'irrecevabilité de l'action originaire tirée de l'inexistence de l'Entreprise des travaux d'Électricité de Kinshasa, soulevée par la partie appelante. En effet, il est de doctrine qu'une entreprise est une unité économique qui implique la mise en œuvre de moyens humains et matériels de production ou de distribution des richesses reposant sur une organisation, préétablie. Le chef d'entreprise est celui qui détient le plus haut degré d'autorité dans l'entreprise. C'est généralement le propriétaire de l'entreprise individuelle. Dans le cas, le chef d'entreprise a les pouvoirs de direction à prendre les mesures nécessaires à la bonne marche de l'entreprise, dans les limites définies par la législation en vigueur, les conventions collectives, le règlement intérieur et les stipulations du contrat de travail. Il est de principe tiré de l'adage « Nemo auditur propriam turpitudinem allegans » que personne n'est entendu par un juge lorsqu'il allègue sa propre turpitude. (Guillien R. et Vincent J., *Lexique des termes juridiques*, 14 éd., Dalloz, Paris, 2003, pp. 249 et 442) *;*

En l'espèce, la Cour constate que dans toutes les actions générées par le litige opposant les deux parties à l'occasion de leurs contrats dont les instruments sont produits au dossier que l'Entreprise des travaux d'Électricité de Kinshasa n'est qu'un établissement individuel, propriété de l'intimé ILUNGA NKUBA. Contrairement aux allégations de la partie appelante, il ne peut être fait droit à l'exception par elle soulevée lorsqu'elle allègue sa propre turpitude. Il ne peut être attribué à l'entreprise des travaux d'électricité de Kinshasa, qui n'est que la dénomination d'un établissement individuel, propriété de l'intimé ILUNGA NKUBA qui a agi en justice pour réclamer le paiement du prix des travaux effectués en faveur de la partie appelante le statut d'une société commerciale pour ainsi obtenir l'irrecevabilité de l'action originaire.

Ainsi donc, l'exception soulevée par la partie appelante sera rejetée.

La partie appelante fonde aussi l'exception d'irrecevabilité de l'action originaire intentée contre elle sur le principe général de droit tiré de l'autorité de la chose jugée. Elle soutient, en vertu du principe « Non bis in idem », *que le litige à la base de ce procès a fait l'objet du jugement sous RC 67.084 rendu en date du 29 juin 1998 qui a statué sur la créance d'un montant de 1.654.820* (un million six cent cinquante-quatre mille huit cent vingt) *dollars américains. Dans ces conditions, le premier juge a violé les principes ci-dessus invoqués.*

L'intimé, par ses conseils, a objecté que le moyen soulevé par la partie n'est pas fondé. Elle a soutenu que le principe « Non bis in idem » *ne peut trouver son application qu'en matière pénale. Il n'a pas été violé le principe de la chose jugée aux termes du jugement actuellement entrepris. Il a enchaîné que ce jugement sous RC 104.485 tendait à l'annulation de la transaction dont se porte fort la partie appelante alors que le jugement sous RC 67.084 avait porté sur le paiement de la créance. Dans ces conditions, l'un ou l'autre des deux principes ne peut trouver application dans la présente cause.*

C'EST POURQUOI ;

(...)

Reçoit les deux appels, dit fondé celui principal de la SNEL et non fondé celui incident de ENTELKIN ;

Annule le jugement entrepris dans toutes ses dispositions ;

Faisant ce que le premier juge aurait dû faire ;

Reçoit l'action originaire de la société ENTELKIN mais la dit non fondée ;

Constate qu'il y a autorité de la chose jugée du fait de la transaction signée par les parties le 2 mars 2010 et exécutée par la SNEL en faveur de ENTELKIN ; (...)

4. Observations

Honneur au plaidant qui trouvera l'exception tranchante pour faire échec à l'adversaire.

C'est une obsession chez nous... Et l'exception pour défaut de qualité est récurrente, familière même. Ce qui est bien cocasse, c'est, comme souvent, de savoir l'opposer à une partie d'avec laquelle on a traité assidument et que l'on commence à ne plus reconnaître depuis et à cause d'une mésentente.

C'est le cas de l'espèce : par convention une entreprise publique a confié des millions de dollars des travaux à une entreprise dont elle dira, devant le tribunal, ne pas avoir qualité de lui en demander paiement.

La Cour d'appel éconduit, presque en le rabrouant, le propriétaire desdits travaux qu'elle traite de stupide : *Nemo auditur propriam suam turpitudinem allegans*. Pour la Cour d'appel, et à juste titre, à côté des sociétés commerciales, il existe des établissements individuels dûment immatriculés, au sein desquels « le chef d'entreprise est celui qui détient le plus haut degré d'autorité ». Cela suffit pour agir en justice, sans qu'il soit besoin de s'arrêter à la simple dénomination de l'entité.

Quant à l'autorité de la chose jugée découlant d'une transaction, l'arrêt RCA 28.553 du 21 décembre 2012 de la Cour d'appel de la Gombe a fait bonne application des articles 591 et 592 du CCL III.

Les transactions ayant, entre les parties, l'autorité de la chose jugée en dernier ressort, ne peuvent être attaquées ni pour cause d'erreur de droit ni pour cause de lésion (art. 591) mais bien lorsqu'il y a erreur dans personne ou sur l'objet de la contestation (art. 592).

En l'occurrence la partie Ets ENTELKIN, entendez le propriétaire des établissements ILUNGA NKUBA invoquait pêle-mêle l'absence de son conseil à la signature de l'acte, son état de santé, bref la pitié.

Il doit être, dès lors, admis que toute partie qui sollicite l'annulation ou rescision d'une transaction se doit d'en indiquer exactement la cause visée.

SECTION 2 : COUR D'APPEL DE KINSHASA/GOMBE

ARRÊT RTA 3614 DU 9 JANVIER 1997
EN CAUSE : ZAÏRE SHELL C/MASSOKO-MA-BIODI

Procuration pour appel en termes généraux : invalide – acquiescement au jugement

1. Les textes de loi

Article 48 CT :

Les tribunaux peuvent ordonner la communication de l'exemplaire du contrat conservé par l'autorité qui l'a visé.

Article 49 CT :

En l'absence d'écrit, le travailleur peut, même si la forme écrite est requise, établir par toutes voies de droit, l'existence et la teneur du contrat, ainsi que toutes modifications ultérieures.

Encore une fois, c'est au niveau de la cassation que j'ai eu à découvrir cet arrêt, rendu sous la présidence d'un magistrat unanimement bien considéré à Kinshasa, Nzangi Batutu, alors Premier président de la Cour d'appel et futur président à la Cour suprême de justice. J'ai élaboré un mémoire pour répondre à la requête introductive déposée le 31 août 1991 par le confrère Mukendi wa Mulumba, mon jumeau au barreau de Kinshasa, où nous avons prêté serment un certain 16 février 1971, entre les mains du Premier président de la Cour d'appel Mutombo Kabelu Saturnin, dans ce qui est devenu aujourd'hui le siège du tribunal de paix de la Gombe.

Une fois de plus, nous attendons la sentence du juge de cassation.

2. L'arrêt RTA 3614

Par sa déclaration faite et actée au greffe de la cour de céans en date du 12 septembre 1995, Maître KUBA KUSUTI, avocat au barreau de Kinshasa et porteur d'une *procuration spéciale à lui donnée le 25 août 1995 par la société Zaïre-Shell, poursuites et diligence de son directeur général Monsieur PEJ du MEE, a relevé appel du jugement contradictoire, non encore signifié, d'après les données du dossier, rendu le 26 juin 1995 par le tribunal de grande instance de Kinshasa/Gombe sous RAT 6175, lequel a condamné la défenderesse au paiement de l'équivalent en nouveaux zaïres de la somme de 70.000 $ à titre des dommages-intérêts pour tous les préjudices confondus et a mis les frais du procès à sa charge.*

De son côté, sieur MASSOKO-ma-BIODI, par sa déclaration faite et actée à la même date et au même greffe, a relevé appel incident du même jugement.

SUR LA RECEVABILITÉ DE CES APPELS

Dans ses conclusions, l'intimé MASSOKO-ma-BIODI soulève l'exception d'irrecevabilité de l'appel principal de la société Zaïre-Shell tirée du défaut de qualité dans le chef de l'avocat KUBA-KUSUTI et de Monsieur PEJ du MEE, et ce au motif que la procuration donnée pour relever appel est générale.

Il justifie son assertion en démontrant que la procuration du 23 août 1995 est libellée ou rédigée en termes généraux, car le mandant a donné au mandataire les pouvoirs les plus étendus. Au lieu de se limiter au pouvoir de former appel, il a également donné les pouvoirs suivants :

– de la représenter devant la Cour d'appel de Kinshasa/Gombe ; de la représenter devant toutes autres autorités judiciaires où l'affaire serait éventuellement déférée, de comparaître, citer... tant en demandant qu'en défendant ;

– de prendre les arrêts et les mettre en exécution, de faire tout ce qui lui paraît utile ou nécessaire à la défense des intérêts lui confiés et à la bonne fin de la procédure, de se substituer et de ratifier ce qui sera fait par Maître KUBA KUSUTI ou d'autres avocats.

Il conclut que pareil appel ne peut être sanctionné que par l'irrecevabilité, conformément à la jurisprudence constante de la Cour de céans (Kin/Gombe, RCA 15.130 du 23 juillet 1993 ; RTA 2301/2462 du 9 juillet 1992, inédits). *Il invoque également la jurisprudence abondante de la CSJ et de la CA de Kin/Gombe, selon laquelle une procuration spéciale qui va au-delà des mentions exigées ou qui, outre le mandat de relever appel et d'accomplir les formalités exigées au greffe, donne aussi mandat de faire tout ce qu'il estime conforme à la défense des intérêts, est générale. La Cour la dira alors irrecevable.*

L'appelante société Zaïre-Shell, quant à elle, rétorque que les assertions de l'intimé MASSOKO sont irrelevantes, fantaisistes et non fondées, pour la bonne raison que ce mandat spécial est intitulé expressis verbis « PROCURATION SPÉCIALE POUR APPEL ».

Elle allègue que la jurisprudence invoquée par l'intimé contenue dans les anciens ou vieux arrêts inédits de cette cour est caduque. Elle oppose, pour ce faire, un arrêt récent de la même cour repris sous RTA 3327, datant du 26 octobre 1995 dans la cause opposant NGONGO à la société Zaïre-Shell et où l'appel de celle-ci relevé sur base d'une procuration rédigée dans la même forme, avec les mêmes mentions que celle attaquée par MASSOKO-ma-BIODI, avait été déclaré recevable.

La cour estime qu'il est sans conteste vrai que la procuration attaquée reprend les pouvoirs les plus étendus donnés à l'avocat KUBA KUSUTI en dehors de celui de relever appel qui a comme corollaire, l'autorisation de signer l'acte d'appel avec le greffier et de déposer la consignation.

En effet, cette procuration reprend également les pouvoirs ci-après :

– Représenter l'appelante principale devant la Cour d'appel de Kinshasa/ Gombe ;

– la représenter aussi devant toutes autres autorités judiciaires où elle serait éventuellement déférée ; de citer tant en demandant qu'en défendant ; prendre arrêts et le mettre en exécution ; faire tout ce qui lui paraîtra utile ou nécessaire à la défense des intérêts lui confiés et à la bonne fin de la procédure ; ratifier ce qui serait fait par lui, par les avocats de son cabinet ou par toutes les personnes qu'il se sera substitué (cf. 3e al. de la procuration spéciale du 23 août 1995).

Elle opine que ces pouvoirs les plus étendus donnés à l'avocat KUBA KUSUTI dont ce mandat spécial prévu par la loi (cf. Art. 14 et 57 CPC)*, une procuration générale, car rédigée en termes généraux. Pourtant, il est de pratique que la procuration spéciale donnée à un avocat pour relever appel ne doit pas être générale, elle doit plutôt être spéciale. Si elle est générale, elle constitue un motif d'irrecevabilité de l'appel interjeté, de cassation de la décision intervenue qui aurait reçu l'action en appel.*

Elle note qu'il a été jugé que les procurations ou mandat pour relever appel sont généraux, lorsqu'ils sont énoncés en une formule abstraite englobant dans une expression littérale unique les pouvoirs plus étendus, sans distinction ou indication séparée des pouvoirs d'administration et de disposition. (Léo, 18 mai 1926, jur. col. 1927, p. 157, *Les causes d'irrecevabilité de l'appel en matière civile, commerciale et sociale*, NZANGI BATUTU M., Kin 1991, p. 29)

Qu'il a été également jugé qu'est générale, une procuration qui outre le mandat de relever appel du jugement querellé et d'accomplir toutes les formalités requises au greffe de la Cour, donne aussi mandat de faire tout ce qu'il estime conforme à la défense des intérêts en promettant d'avoir le tout pour agréable et de ratifier (cf. CA Kin/Gombe, RTA 2669 du 2 octobre 1992, inédit) ;

Par ailleurs, la Cour de céans a décidé dans ses arrêts sous RCA 37.598 du 18 janvier 1990 (ETEKA c/BIAZZA)*, RCA 13.880/12.904/12.905 du 13 juillet 1989, société IMMO-EQUATEUR c/Sté PRESSE ZAIROISE & CRTS, RTA 1338 du 13 mai 1986, MWIKA c/CELZA et RCA 15.084/15.990 du 15 mai 1992, MBIKAVUNGU c/ELONGA, que le mandat pour appel, pour qu'il soit considéré comme spécial ne doit être donné uniquement qu'aux fins de former appel.*

La cour fait remarquer que la spécificité du mandat donné à un avocat pour relever appel trouve son fondement dans le prescrit de l'article 14 al. 4 du CPC qui édicte que « le mandat de représentation en justice comporte le droit de comparaître, de postuler et de conclure pour la partie, ainsi que de porter la parole en son nom ».

Elle estime, eu égard à la clarté que revêt cette disposition légale, que s'il est vrai que ce droit de comparaître, de conclure pour la partie et de porter la parole en son nom est inclus dans le mandat donné, dans le cas sous examen, à l'avocat KUBA KUSUTI, il n'en est pas moins vrai que les pouvoirs de représenter le mandant devant toutes autres autorités judiciaires où l'affaire serait déférée, de prendre les arrêts et les mettre en exécution, de ratifier ce qui sera fait par l'avocat substitué et de faire tout ce qui lui paraît utile ou nécessaire à la défense de ses intérêts, sont en dehors du mandat précis de relever appel.

De ce qui précède, la cour dira pour droit que l'exception soulevée sera reçue et dite fondée à suffisance de droit pour que le recours de la société Zaïre-Shell soit déclaré irrecevable.

Par contre, elle dira que l'appel incident de MASSOKO-ma-BIODI, tel qu'interjeté dans les forme et délai de la loi, sera déclaré régulier et partant recevable.

SUR LES IRRÉGULARITÉS DES PROCÉDURES DEVANT LE 1er JUGE

À la lecture de l'expédition pour appel versée au dossier la cour constate que le premier juge n'a pas suffisamment rencontré les moyens de la défenderesse société Zaïre-Shell (cf. avant-dernier al. du 4e feuillet) *et motivé sa décision, raison pour laquelle son œuvre sera annulée pour insuffisance de motivation et la cour statuera par évocation, conformément au prescrit de l'article 79 al. 1er du CPC.*

SUR LES FAITS DE LA CAUSE

Il appert des données du dossier de la cause demeurées constantes et auxquelles la cour aura égard qu'aux termes d'un contrat de travail à durée indéterminée avenu entre parties le 2 avril 1965, Monsieur MASSOKO-ma-BIODI fut engagé par la société Zaïre-Shell en qualité d'agent. Par son savoir-faire, il obtint comme normalement des promotions successives au cours de sa carrière de 26 ans.

Qu'en date du 19 avril 1991, il fut convenu verbalement entre parties, la mise en retraite anticipée du travailleur MASSOKO-ma-BIODI à dater du 31 août 1991. Cette entente sera répétée et maintenue lors de l'entretien du 24 avril 1991. C'est pour cette raison que le travailleur concerné introduira le 2 mai 1991 sa demande de mise en retraite avant termes et y précisera qu'il attendait également obtenir de l'employeur la faveur de gérer une station ou un bureau régional dans le cadre du nouveau système de mandataire.

Dans ses lettres n° DP/DM/BLL/543/EI du 13 mai 1991 et n° DP/DM/BLL/553/EI du 20 mai 1991, l'employeur accusa réception de cette demande, sans toutefois faire allusion à l'octroi de la faveur de gérer une station ou un bureau régional. Par sa lettre DP/DM/BLL/730/MOL/91 du 18 juillet 1991, l'appelante principale procéda à la mise en pré-retraite de l'intimé (appelant incident) *et les indemnités y relatives lui furent payées quelques jours après.*

Cependant, le travailleur MASSOKO ayant constaté que l'employeur n'a pas satisfait à sa demande subsidiaire incluse dans la demande principale de mise en retraite anticipée et relative à l'attribution d'une station ou d'un bureau régional ainsi qu'au paiement de l'indemnité de sortie calculée au taux de 150 %, il saisit aussitôt l'inspecteur du travail du ressort en vue de parvenir à un règlement à l'amiable du litige né. Les parties ne s'étant pas entendues, l'inspecteur du travail établit son P.V. de non-conciliation n° 614/DUT/DJ/MB du 26 août 1993. Ce qui permit au travailleur MASSOKO qui s'estima lésé de saisir enfin le juge du tribunal de grande instance de Kinshasa/Gombe.

SUR LES MOYENS DES PARTIES

L'appelante principale laisse entendre qu'elle relevait appel pour le mal jugé constaté dans l'œuvre du 1er juge. En effet, celui-ci n'a pratiquement pas motivé sa décision, pour n'avoir pas indiqué le texte violé par l'employeur et ne s'être pas référé à un critère objectif d'appréciation des dommages-intérêts alloués. Aussi, ce juge est resté muet quant à la nature des préjudices à dédommager.

Elle soutient que l'action originaire de Massoko-ma-Biodi n'était pas fondée, pour la bonne raison que la décision d'aller en pré-retraite avait été arrêtée de commun accord des parties. Celles-ci ont concrétisé respectivement cet accord, l'employé par sa lettre du 2 mai 1991, et l'employeur, par sa note intitulée liquidation de décompte-congé payé du 22 août 1991.

Elle fait remarquer qu'entre le jour de l'entente et celui de l'exécution par la partie Zaïre-Shell (voir paiement de tous les droits dus à l'employé), *il s'est écoulé ± 5 mois au cours desquels le demandeur originaire MASSOKO avait la latitude de dénoncer cet accord. Ce qu'il n'a pas fait, et ce en connaissance de cause. Renier aujourd'hui cet accord équivaut à invoquer sa propre turpitude. Or, il est de principe de droit que nul ne peut se prévaloir de sa propre turpitude.*

L'appelante principale soutient en outre que les allégations de l'intimé selon lesquelles l'acceptation d'aller en retraite prématurée était conditionnée par l'octroi d'une station ou d'un bureau régional en sa faveur, ne tiennent pas debout devant un examen sérieux des faits, car elles ne sont pas du tout prouvées par un quelconque accord de l'employeur. En fait, cela n'était qu'une demande formulée à l'employeur. Aussi toutes les formalités de paiement des indemnités conformément à la loi depuis ce 22 août 1991, sans moindre protestation du bénéficiaire.

Elle ajoute que l'accord de volonté passé le 17 et le 24 mai 1991 ne pouvait tenir compte que des dispositions de la convention collective et non celles du décret-loi sur la sécurité sociale. Elle réitère sa demande reconventionnelle pour action téméraire et vexatoire dont les moyens ne seront pas reproduits ni rencontrés ici eu égard au caractère irrecevable de son appel principal.

De son côté, l'intimé MASSOKO-ma-BIODI affirme que l'accord mis par lui d'adhérer à la décision de son employeur portant sur sa mise en retraite prématurée était subordonnée à l'octroi d'une station-service ou d'un bureau régional en sa faveur, comme le confirmant ses lettres de demande de mise en retraite prématurée du 2 mai 1991 et de protestation datant du 20 mai 1991. C'est pour cette raison que la réponse de l'employeur était favorable. Cependant, celui-ci a refusé de régler cette situation.

Il estime que ce refus de l'employeur démontre à suffisance que la promesse d'octroi d'une station-service ou d'un bureau régional n'était qu'une astuce, une escroquerie morale pour obtenir son assentiment à sa mise en retraite anticipée. Qu'en fait, l'employeur voulait, par ce moyen obtenir la diminution de son effectif. Un tel comportement affiché par l'employeur ne constitue qu'une rupture abusive et camouflée du contrat du travail de MASSOKO-ma-BIODI.

Or, pour diminuer son effectif, l'appelante principale devait se conformer au préalable à la procédure prescrite, pour ce faire, par l'article 64 du Code du travail, complétée par l'arrêté départemental A.D n° 11/74 du 19 septembre 1974. Tel n'ayant pas été le cas, la société Zaïre-Shell a ainsi enfreint également les dispositions légales reprises à l'article 38 du décret-loi organique de la sécurité sociale ; car l'âge de retraite est fixé à 65 ans pour les hommes et 60 ans pour les femmes, alors qu'au moment des faits le travailleur concerné n'avait que 59 ans d'âge (voir sa date de naissance, 1932). *Il ajoute que l'article 69 de la convention collective auquel s'appuie l'appelante principale est contraire à la loi.*

Il démontre le bien fondé des dommages-intérêts sollicités comme suit : sa mise en retraite forcée équivaut à une rupture abusive du contrat du travail ; celle-ci l'a beaucoup préjudicié moralement et matériellement (financièrement) *en sa qualité de père de famille nombreuse* (14 enfants) *; le juge d'appel tiendra largement compte de son dernier salaire, de son dernier grade, de la jurisprudence en la matière et du prescrit de l'article 49 du Code du travail, dans l'appréciation du montant à lui allouer à titre des dommages-intérêts. Il postule le montant équivalent en ZRN de la somme de 500.000 $.*

DE LA POSITION DE LA COUR

Rencontrant les moyens des parties, la cour relève de prime abord que le présent litige ne trouve son origine que dans la façon dont le contrat de travail à durée indéterminée qui liait les parties a été mis fin. Quand bien même les entretiens du 17 et 24 avril 1991 étaient verbaux, lesquels entretiens étaient à la base de la mise en retraite prématurée du travailleur MASSOKO, les parties sont unanimes que c'est l'employeur qui avait eu cette initiative d'organiser ces entrevues au cours desquelles un seul point était à l'ordre du jour, la mise en retraite anticipée de MASSOKO.

Que s'il est vrai que le travailleur concerné avait marqué son accord, il n'en est pas moins vrai que cet accord était conditionné par l'octroi de la faveur de gérer une station-service ou un bureau régional.

La Cour estime que bien que les accords verbaux n'indiquent pas d'une façon concrète que l'acceptation par le travailleur des conditions posées par l'employeur était corroborée par l'accord donné par celui-ci à la condition sine qua non posée, de son côté, par l'employé soit l'octroi de la faveur de gérer une station-service ou un bureau régional, ce dernier n'avait pas dû accepter la proposition lui faite si son patron n'avait pas accédé à sa demande à lui.

Cette affirmation de la Cour est puisée dans la lettre du 2 mai 1991 adressée par l'employé à son patron. Cette lettre réserve son second paragraphe à la faveur sollicitée (« je vous confirme en outre, Monsieur le Directeur, mon intention de gérer une station ou un bureau régional et sollicite l'attribution d'une station ou d'un bureau régional dans le cadre du nouveau système de mandataire, ainsi, je continuerai à servir la société »). *Le fait que la société Zaïre-Shell est restée dans un mutisme absolu quant à la réponse écrite qu'elle aurait dû réserver à la condition posée par le travailleur, explique à suffisance que l'assentiment de celui-ci était vicié par la tromperie usée par l'employeur.*

Elle relève que la question qui se pose ici est celle de savoir si la loi admet le mode de mise en retraite par anticipation utilisé par la société Zaïre-Shell. À cette question, la cour réserve la réponse négative ci-après : il est vrai que la dissolution du contrat de travail peut se faire par consentement mutuel. La doctrine admet que « les parties au contrat, à savoir l'employeur et le travailleur, peuvent librement mettre fin au contrat quand elles le désirent. Cette décision peut intervenir sans que soit prévue aucune indemnité (cf. Précis de Dr du Trav. zaïrois du Luwenyema, p. 396) ».

Elle retient que ce cas ne concerne que la situation du travailleur qui, de commun accord avec son employeur, consent à rompre le contrat avenu avant terme, tandis qu'une fin carrière soit une mise en retraite, sauf le cas où les circonstances particulières font que l'entreprise ne peut plus fonctionner sans réduction du nombre de travailleurs, ne peut se concevoir sans qu'au préalable les parties aient observé le délai de préavis et celui de l'information d'une année prévue pour les futurs retraités.

Elle note que ce délai de préavis est prévu à l'article 50 du Code du travail et à l'arrêté n° 70/0015 du 11 août 1970, tandis que le délai d'information d'une année qui concerne les futurs retraités est prévu à l'article 35 de la convention collective interprofessionnelle nationale du travail, mise à jour au 22 juillet 1980 aux termes duquel les employeurs doivent informer les travailleurs de leur prochaine mise à la retraite une année à l'avance (Précis de DTZ de Lunyema, p. 406).

Elle renchérit que dans le cas qui nous concerne à présent, s'il faut admettre que le préavis règlementaire a été donné ou respecté, il y a cependant lieu de dire que l'employeur n'a pas été explicite quant à ce, en effet, ni sa lettre n° DP/553/EI/91 du 20 mai 1991 accusant réception de la proposition faite par le travailleur, ni moins sa lettre n° DP/DM/BLL/789/MOL/91 du 18 juillet 1991 ne fixent pas la durée de ce préavis (cf. cotes 5 et 2, dos, intimé).

Elle relève toutefois que le 4e et le 5e paragraphe de cette dernière lettre reprennent ceci : « Nous vous informons qu'en vertu des dispositions de notre collective (art. 69), *le préavis à vous accorder est de 150 % auquel s'ajoutent tous les avantages prévus dans le cadre de fin carrière. Nous vous prions de prendre contact avec notre service salaires pour le règlement de votre décompte final arrêté au 31 août 1991 ». Que nulle part, l'employeur n'a fait allusion au délai d'information. Elle constate que l'article 69 de la convention collective de la sté Zaïre-Shell, dans ses points « a » à « f » reste conforme à la loi, tandis que le point « g » qui prévoit une prépension à partir de 55 ans d'âge, est contraire à la loi. L'interprétation rigoureuse de ce point conduit à admettre que ce qui est prévu ici c'est la « prépension » ainsi que le préavis fixé à 150 % et non la durée de celui-ci.*

Elle déduit de ce qui précède que l'employeur a omis dans le cas d'espèce, de tenir compte du droit à l'information écrite, une année avant la date de retraite du travailleur MASSOKO-ma-BIODI, à plus forte raison que l'initiative de rupture du contrat venait de lui-même. Il pouvait au moins attendre une année encore, avant de mettre de la sorte fin au contrat de travail avenu entre parties.

Que le comportement de l'employeur n'est équipollent qu'au dol et fait de la rupture du contrat de travail intervenue, une rupture abusive au tort de celui-ci (employeur), *car le motif retenu dont la demande personnelle du travailleur d'aller en retraite prématurée n'est pas valable. Ce qui fait qu'un tel comportement ne tombe que sous le coup des articles 48 et 49 du Code du travail.*

Partant, il ne fait l'ombre d'aucun doute que le travailleur remercié a subi un préjudice tant moral que matériel (financier), *en ce sens qu'il a perdu sans préparation adéquate, son emploi rémunérateur, sa pension à l'INSS* (Celui-ci l'a informé qu'il ignorait la « pré-retraite »), *lui qui est père de famille nombreuse avec 8 enfants encore à l'âge de scolarité, son ancienneté, l'importance des fonctions qu'il exerçait, les avantages sociaux déjà acquis, ainsi que le temps nécessaire pour se procurer une position équivalente. Ce préjudice global causé doit être réparé sur base de l'article 260 du CC LIII.*

La cour estime que le montant postulé par l'intimé et appelant incident MASSOKO-ma-BIODI à titre de dommages-intérêts, soit l'équivalent en ZRN de la somme de 500.000 $, paraît exorbitant et n'est pas assis sur les bases de calcul fiables.

Elle sera alors tenue de recourir à l'évaluation ex aequo et bono, *pour la bonne raison qu'il y a absence d'un mode de calcul exact et fiable. C'est pourquoi, une somme globale de 750.000.000,00 ZRN à allouer à MASSOKO-ma-BIODI suffira à la réparation équitable des préjudices subis.*

Elle note qu'il a été jugé que s'il arrive au juge d'écarter les bases d'évaluation des dommages-intérêts proposées par une partie et de recourir à l'évaluation ex aequo et bono, *il doit donner à la fois la raison pour laquelle ce mode de calcul proposé par ladite partie ne peut être admis et celle pour laquelle l'évaluation ne peut être* ex aequo et bono (CSJ, section judic., 5 juillet 1972, aff. KANYANGA c/MP et MAKOSO, BA 1972, p. 119, Pas. I. 445, Cass. belge 6 juin 1960 ; Pas. I. 1972, Cass. Belge, 6 mars 1967, P. 822).

Elle estime enfin qu'eu égard à la clarté des éléments de droit étayés ci-dessus, l'examen d'autres moyens développés par les parties est tout à fait superfétatoire.

Il en est de même de ceux relatifs à l'action reconventionnelle de l'appelante principale l'action de l'intimé étant fondée.

C'EST POURQUOI,

La cour, section judiciaire, statuant contradictoirement, le Ministère public entendu, déclare recevable et fondée l'exception d'irrecevabilité de l'appel principal de la société Zaïre-Shell ;

Dit ce dernier appel irrecevable, dit recevable et partiellement fondé l'appel incident de MASSOKO-ma-BIODI ;

Infirme le jugement entrepris, évoquant et statuant à nouveau en faisant ce que le 1er juge aurait dû faire ;

Reçoit l'action originaire et la dit fondée ;

Dit que la rupture du contrat du travail avenu était abusive ;

Condamne la société Zaïre-Shell à payer au défendeur originaire, MASSOKO-ma-BIODI, à titre de dommages-intérêts, la somme de sept cent cinquante millions nouveaux zaïres (750.000.000,00 ZRN) *;*

La condamne en outre aux frais d'instance, soit 58.000 ZRN ;

Ainsi arrêté et prononcé par la Cour d'appel de Kinshasa/Gombe à l'audience publique du neuf janvier mille neuf cent quatre-vingt-dix-sept à laquelle siégeaient les magistrats Michel NZANGI BATUTU, premier président, Georges NGULA N'ZALI et Jean Pierre KUTU-KUTU TUPA BOLAMBA, conseillers, avec le concours du magistrat MBANZA, officier du Ministère public et l'assistance de Monsieur BAKUBELA, greffier du siège.

3. Observations

Le plaideur Massoko-ma-Biodi, qui n'avait pas de conseil à en juger par les termes de l'arrêt y est allé par une défense concluante : l'irrecevabilité de l'appel principal de son ex-employeur SHELL, pour cause de procuration spéciale en termes généraux, avec « *les pouvoirs les plus étendus* », « *au lieu de se limiter au pouvoir de former appel* ».

La Cour d'appel a agréé cette défense. Car « *cette procuration reprend également les pouvoirs ci-après – Représenter l'appelante principale devant la Cour d'appel de Kinshasa/Gombe – la représenter aussi devant toutes autres autorités judiciaires où elle serait éventuellement déférée ; de citer tant en demandant qu'en défendant ; prendre arrêts et...* ».

On ne saurait être plus général que ça, de sorte que la décision de la Cour d'appel ne saurait pas non plus être critiquée quant à ce.

En réalité pareille procuration a été émise à toutes fins utiles, avant même que la décision ne tombe. La sanction de la cour a donc du sens, en tant qu'appel a pu être relevé, sans que le mandant lui-même ait pu apprécier le jugement à attaquer.

Que penser du fond de la cause ?

Le litige porte – souvenons-nous-en –, sur le départ en préretraite de l'agent avec une promesse non tenue de lui confier une station-service à gérer. Des éléments du dossier (lettre du travailleur indiquant son intention de gérer une station et mutisme de l'employeur à ce courrier entre autres), la cour a tiré la conviction que le consentement de l'agent était vicié et que, par ricochet, la rupture était abusive.

Ça n'arrive pas tous les jours, mais ce pourvoi-ci est à l'initiative de la partie gagnante sur son propre appel incident. Mais alors, curieusement le pourvoyant reproche, à l'arrêt obtenu à la cour, d'avoir déclaré irrecevable l'appel de... son ex-employeur SHELL. Comprenne qui pourra ! Pour ma part, afin de repousser un tel moyen de cassation, j'ai appelé à rescousse F. RIGAUX : « (...) *même illégal, le dispositif ne doit pas être annulé, parce que sa cassation serait sans intérêt pour celui qui la demande. C'est le seul cas où l'on peut correctement parler d'irrecevabilité à défaut d'intérêt : même s'il y a matière à cassation* (...), *l'annulation de la décision entreprise ne saurait améliorer la situation du demandeur en cassation.* »[18]

L'on ne voit pas ce qui aurait pu améliorer la situation de l'ex-employé si la cour avait reçu l'appel de son adversaire. Que du contraire ! Et la défense de l'ex-employeur SHELL ? Portera-t-elle, si la Cour suprême de justice devait l'examiner un jour ? Nous avons déjà évoqué cette question de l'acquiescement, à propos de l'affaire Michaux c/Lukombe, soit l'arrêt de cassation RC 2671/2672 du 6 mai 2003.

Dans notre cas ici, la défense tirée de l'acquiescement ne pourra que l'emporter. Parce que c'est lui qui a obtenu la décision et a transigé par la suite avec son ex-employeur, qui va encore en cassation, violant ainsi l'acte transactionnel. Il a été jugé et il est unanimement admis que l'acquiescement « *confère à la décision l'autorité de la chose jugée et ferme, en conséquence, à la partie dont il émane toutes voies de recours* » (Léo, 13 novembre 1957, RJCB, 1957, n° 1, p. 98)[19].

Il est temps, grand temps même qu'un arrêt récent et de la haute Cour réaffirme ces choses-là. Où aller encore trouver la RJCB, revue juridique du Congo belge ?

SECTION 3 : COUR D'APPEL DE KINSHASA/MATETE

ARRÊT RCA 9665/OPP/RCA 31.569/31.547 DU 24 AOÛT 2015 EN CAUSE : YOLANDE YOHALI HATARI C/C. OMARI SELEMANI ET LA SCTP

Irrecevabilité de l'opposition contre une décision sur défense à exécuter

1. Les textes de loi

Code de procédure civile :

[18] RIGAUX, F., *La Nature du Contrôle de la Cour de cassation*, Bruxelles, Bruylant, 1966, p. 101.

[19] *Revue juridique du Congo Belge*, RJCB, 1957.

Article 21 : L'exécution provisoire, sans cautionnement, est ordonnée même d'office, s'il y a titre authentique, promesse reconnue ou condamnation précédente par jugement dont il n'y ait pas fait appel.

Article 76 : Si l'exécution provisoire a été ordonnée par le jugement dont appel alors qu'elle ne devait pas l'être, l'appelant peut à l'audience, obtenir des défenses à exécution, sur assignation à bref délai.

2. Les faits de la cause et la procédure

Dame Yolande YOHALI HATARI assigne, en date du 9 janvier 2012, M. OMARI SELEMANI Constant en déguerpissement de la parcelle sise au n° 72, boulevard du Trente-Juin à Kinshasa/Gombe et en dommages-intérêts. Elle obtient gain de cause.

Saisie en appel par la partie succombante OMARI, la Cour d'appel accordera les défenses à exécuter, par défaut à l'égard de la demanderesse originaire, laquelle fera opposition contre ledit arrêt, sollicitera et obtiendra le renvoi de la cause à la Cour d'appel de Matete qui rendra la décision suivante.

3. L'arrêt RCA 9665/OPP/RCA 31.569/31.547

Par son arrêt RCA 31.547 rendu en date du 6 octobre 2014, la Cour d'appel de Kinshasa/Gombe, statuant en matière des défenses à exécuter, a reçu l'action introduite par Monsieur Constant OMARI SELEMANI et l'a dite fondée, a accordé les défenses à exécuter du jugement RC 107.386/105.990 rendu par le tribunal de grande instance de Kinshasa/Gombe en date du 18 septembre 2014 et a mis les frais d'instance à charge de Madame YOHALI Yolande.

Par sa déclaration reçue et actée au greffe de la même Cour en date du 6 octobre 2014 sous le RCA 31.569/31.547, cette dernière a formé opposition contre la décision de saisine rendue le 2 octobre 2014 par la juridiction précitée.

Elle a également, par une autre déclaration faite par son conseil Maître KANGIDI KIENDA et actée au greffe de la cour de céans en date du 5 février 2015, formé une autre opposition pour mal jugé contre l'arrêt prérappelé rendu par la Cour d'appel de Kinshasa/Gombe.

Il échet de relever que la Cour suprême de justice, siégeant comme Cour de cassation en matière de renvoi de juridiction, a reçu et dit fondé la requête en suspicion légitime de Madame YOHALI HATARI et par conséquent a renvoyé à la connaissance de la Cour de céans la cause RCA 31.547 pendante devant celle de Kinshasa/Gombe.

Par sa requête du 13 février 2015 adressée à Monsieur le Premier président de la cour de céans et subséquente à son opposition, Dame Yolande YOHALI agissant par son conseil, Maître KANGIDI KENDA Papy, avocat au barreau de Kinshasa/Matete, a sollicité de Monsieur le Premier président de cette cour, l'autorisation d'assigner à bref délai Monsieur OMARI SELEMANI ainsi que la société commerciale des transports et des ports pour s'entendre statuer sur les défenses à exécuter l'arrêt RCA 31.547 ci-avant renseigné.

Par son ordonnance n° 033/2015 du 16 février 2015, Monsieur le Premier président a permis à la requérante d'assigner les deux défenseurs à bref délai.

À l'audience publique du 19 février 2015 à laquelle cette cause a été appelée et plaidée, la demanderesse sur opposition a comparu par ses conseils Maîtres KAMUNGA NGANDU et KANGIBI KENDA, tous deux avocats au barreau de Kinshasa/Matete.

Les défendeurs sur opposition Constant OMARI SELEMANI ainsi que la société commerciale des transports et des ports ont comparu par leurs conseils Maîtres MAVINGA Declerc et Eric MVUMBI avocats aux barreaux de Kinshasa/Gombe et de Matete. La procédure suivie est régulière et la cour s'est valablement déclarée saisie.

Dans ses moyens pris à l'audience, Maître MAVINGA pour le compte de Constant OMARI relève que la demanderesse sur opposition Yolande YOHARI a comparu en personne à l'audience publique du 2 octobre 2014 devant la Cour d'appel de Kinshasa/Gombe (voir 5e feuillet de l'arrêt RCA 31.547 dont opposition), *par conséquent dit-il, la procédure suivie a été contradictoire à l'égard de toutes les parties et la décision rendue par cette cour n'est pas susceptible d'opposition.*

Il soutient au surplus qu'en matière des défenses, l'opposition n'est pas concevable.

En réplique, Madame Yolande YOHARI demanderesse sur opposition sollicite de la cour de dire recevable l'opposition en défenses à exécuter par elle formée car interjetée dans le délai et forme prévus par la loi.

Rencontrant les parties en leurs moyens, la cour relève qu'aux termes de l'article 76 du Code de procédure civile, si l'exécution provisoire a été ordonnée par le jugement dont l'appel alors qu'elle ne devait pas l'être, l'appelant peut, à l'audience, obtenir des défenses à exécution sur assignation à bref délai.

Elle déduit de cette disposition que l'opposition formée par Madame Yolande YOHARI a été faite contre une décision rendue dans le cadre des défenses à exécution qui constituent une procédure spéciale requérant célérité et contre laquelle l'opposition n'est pas prévue par la loi.

La cour dira par conséquent irrecevable l'opposition formée par Madame Yolande YOHARI HATARI et mettra les frais d'instance à sa charge, l'examen des autres moyens des parties étant devenu superfétatoire.

C'EST POURQUOI,

La Cour d'appel, section judiciaire, statuant publiquement et contradictoirement à l'égard de toutes les parties, le Ministère public entendu en son avis, décrète l'irrecevabilité de l'opposition, met les frais d'instance à charge de l'opposante. Ainsi arrêté et prononcé par la Cour d'appel de Kinshasa/Matete à son audience publique de ce 21 mars 2015, à laquelle ont siégé les magistrats Aimé ILUNGA TSHAMAKEJI Président, Christian KALUMBA ILUNGA et Norbert MUTEBA MULOMBA, conseillers avec le concours de MUTEBA ILUNGA, officier du Ministère public et l'assistance de NGALULA Esther greffier du siège.

4. Observations

Il convient de noter que l'article 76 du Code de procédure civile a été introduit par un texte particulier, à savoir l'ordonnance-loi du 4 juillet 1978, afin de traiter la question de l'exécution provisoire, dont les conditions figurent à l'article 21 du CPC. Le nouveau texte de 1978 a supprimé la caution, jadis nécessaire pour accorder l'exécution provisoire, sollicitée en dehors des trois conditions alternatives.

Pour fonder sa décision d'irrecevabilité de l'opposition, l'arrêt RCA 9665 de la Cour d'appel de Matete s'est référé au caractère urgent de la procédure c'est-à-dire à la célérité que requiert la matière. Pour les juges d'appel, ce caractère est tiré des termes mêmes de la loi, à savoir que, dès la première audience et après assignation à bref délai, dit l'article 76, les parties succombante et gagnante doivent pouvoir être fixées par le juge d'appel. Autrement, on ne voit pas pourquoi le législateur aurait libellé l'article 76 tel qu'il est.

En effet, toutes choses restant égales par ailleurs, le tribunal n'assortit pas sa décision de la clause d'exécution provisoire. S'il lui arrive cependant de le faire, sur demande ou « même d'office », c'est que, il y a lieu, et que cela se justifie bien.

En déclarant irrecevable l'opposition contre un arrêt rendu en matière de défenses à exécution, au motif qu'il y a lieu à célérité, l'arrêt RCA 9665 aura fait œuvre de jurisprudence, de sagesse, de créativité enfin. Car, à la partie opposante soutenant que la loi n'interdit pas l'opposition contre une décision par défaut, l'arrêt a opiné en sens contraire, en retenant plutôt le caractère urgent donné par le législateur lui-même à la procédure de défenses à exécuter.

Ainsi, comme il s'agit d'une matière urgente, le recours d'une partie régulièrement appelée à comparaître peut-elle, à juste titre, être assimilé à un abus de droit, à un dilatoire destiné à contourner la loi. Les juges de la Cour d'appel auront donc bien vu !

Thionville, 19 janvier 2016

SECTION 4 : COUR SUPRÊME DE JUSTICE

ARRÊT RA 1260 DU 31 JUILLET 2015
EN CAUSE : DANGBELE S.F. ET NG. Y. C/MBUY-MBIYE T.

Contradiction entre les motifs de fait ou de droit

1. Les textes de loi

O-L n° 79-028 du 28 septembre 1979, portant organisation du barreau et du corps des défenseurs judiciaires.

Article 81, dernier alinéa :

En cas de contestation sur le montant des honoraires, le client peut saisir le conseil de l'Ordre aux fins d'une conciliation et en cas d'échec de celle-ci, saisir le Conseil national de l'Ordre aux fins de faire fixer les honoraires.

Article 124 :

Sauf s'il s'agit de sanction disciplinaire, lorsqu'une décision ou règlement du Conseil National de l'Ordre ou de l'assemblée générale de l'Ordre National est entaché d'excès de pouvoir, est contraire aux lois ou a été irrégulièrement adopté, il peut faire l'objet d'un recours en annulation devant la Cour suprême de justice par le président du Conseil Judiciaire, Procureur général de la République, le Bâtonnier National ou par tout avocat intéressé dans les formes ordinaires des recours en annulation.

O-L n° 82-017 du 31 mars 1982, portant procédure devant la Cour suprême de justice.

Article 89 alinéa 2 :

Le défaut de décision de l'administration après trois mois à compter du jour du dépôt à la poste du pli recommandé portant réclamation vaut rejet de celle-ci.

2. Les faits de la cause et la procédure

L'avocat Mbuy Mbiye T., dont les prestations ne sont point contestées, réclame un supplément en sus de 10.000 $ lui payés pour son ministère à la Cour suprême de justice en annulation de l'arrêté ministériel de réquisition d'immeubles n° 18 du 25 août 1997.

Il se fait, a reconnu le bâtonnier national Mbuy Mbiye, dans ses conclusions, page 5, que « *c'est à la faveur de la divergence des vues intervenues entre Maître MUSANGU KUNYIMA et Monsieur DANGBELE-E-DJINDA autour de la note d'honoraires introduite le 3 décembre 2003 par Maître MUSANGU KUNYIMA pour un montant de 1.500.000 $ que le concluant fut informé de la clôture du dossier* ».

Il s'ensuit qu'autrement dit, sans cette malencontreuse « *divergence des vues* », l'avocat à la Cour suprême de justice ignorait la valeur du litige et ne réclamait plus rien au client DANGBELE, tant il avait déjà été satisfait du prix de ses prestations.

Seulement, il saisira le Conseil national de l'Ordre, CNO en sigle, en fixation des honoraires sous CNO/LH 169, procédure qui aboutira à un débouté.

Contre la décision CNO/LH 169 du 11 avril 2006, l'avocat introduira son recours préalable en date du **25 avril 2006**. Et c'est plus de quatre ans après que le CNO, auteur de la décision lui répondra, soit le **14 février 2011**.

C'est contre pareille décision, acquise au mépris de la loi, que les demandeurs ont d'abord introduit leur recours préalable et enfin leur requête en annulation.

Sans aller au fond de la cause et donc devoir répondre aux moyens d'annulation, apparemment imparables, la Cour suprême de justice a retenu, d'office, l'irrecevabilité du recours en annulation sur pied de l'article 124 prérappelé.

3. L'arrêt RA 1260

Par requête déposée le 25 août 2011 au greffe de la Cour suprême de justice, Madame DANGBELE SAKWA Francisca et Monsieur DANGBELE NGOTUKA Yvon, sollicitent l'annulation de la décision n° CNO/LH/219 du 14 janvier 2011, par laquelle le Conseil national de l'ordre des avocats, CNO en sigle, a fixé les honoraires de l'avocat MBUYI MBIYE TANAYI à 750.000 $.

Sans qu'il soit nécessaire d'examiner les fins de non-recevoir soulevées par le Conseil national de l'ordre des avocats, CNO en sigle, défendeur en annulation, la Cour suprême de justice soulève d'office la fin de non-recevoir tirée de la violation de l'article 124 de l'ordonnance-loi n° 79-08 du 28 septembre 1979 portant organisation du barreau, du corps des défenseurs judiciaires et du corps des mandataires de l'État, en ce que la requête en annulation est introduite par Madame DANGBELE SAKWA Francisca et Monsieur DANGBELE NGOTUKA Yvon, alors que seuls le Procureur général de la République, le bâtonnier national ou tout avocat intéressé peuvent saisir la Cour en vertu de la disposition légale susvisée.

Cette fin de non-recevoir est fondée. En effet, aux termes de l'article 124 de l'ordonnance-loi n° 79-08 du 28 septembre 1979 portant organisation du barreau, du corps des défenseurs judiciaires et du corps des mandataires de l'État, « Sauf s'il s'agit de sanction disciplinaire lorsqu'une décision ou règlement du Conseil national de l'ordre ou de l'assemblée générale de l'ordre national est entaché d'excès de pourvoi, est contraire aux lis ou a été irrégulièrement adopté, il peut faire l'objet d'un recours en annulation devant la Cour suprême de justice par le Procureur général de la République, le bâtonnier national ou par tout avocat intéressé dans les formes ordinaires des recours en annulation. » Or en l'espèce, la requête a été introduite par des personnes autres que celles citées dans la disposition légale sus rappelée.

Il s'ensuit que la présente requête sera déclarée irrecevable.

C'EST POURQUOI ;

La Cour suprême de justice, section administrative, siégeant en annulation en premier et dernier ressort ; Le Ministère public entendu ;

Déclare irrecevable la requête de Madame DANGBELE SAKWA Francisca et de Monsieur DANGBELE NGOTUGA Yvon ;

Met les frais à leur charge.

La Cour a ainsi jugé et prononcé à son audience publique du 31 juillet 2015 à laquelle ont siégé les magistrats UBULU, président de chambre, KALONDA et MIKOBI, conseillers, avec le concours du Ministère public représenté par MIKOBI MINGA, et l'assistance de Madame Anne Marie NDIKA, greffier du siège.

4. La requête en annulation RA 1260

À Monsieur le Premier président, Messieurs les présidents et conseillers composant la Cour suprême de justice ;

Par la présente requête, les demandeurs soussignés ont l'honneur de déférer à votre censure pour annulation la décision ci-dessus mentionnée, pour les violations à la loi qu'elle contient.

I. RECEVABILITE DE LA REQUÊTE

La décision entreprise a été notifiée le 18 février 2011, tandis que le recours préalable a été introduit le 25 février 2011, soit dans le délai légal.

Au 25 mai 2011 soit trois mois plus tard, l'auteur de la décision n'aura toujours pas répondu, ce qui vaut rejet du recours préalable.

Dès lors, est recevable la requête introduite ce 25 août 2011 soit dans les trois mois depuis le jour du rejet légal.

II. LES FAITS DE LA CAUSE

L'avocat Mbuyi Mbiye T., dont les prestations ne sont point contestées, réclame un supplément en sus de 10.000 $ lui payés pour son ministère à la Cour suprême de justice en annulation de l'arrêté ministériel de réquisition d'immeubles n° 18 du 25 août 1997.

Il se fait que, a reconnu le bâtonnier national Mbuyi Mbiye, dans ses conclusions, page 5, « c'est à la faveur de la divergence des vues intervenues entre Maître MUSANGU KUNYIMA et Monsieur DANGBELE-E-DJINDA autour de la note d'honoraires introduite le 3 décembre 2003 par Maître MUSANGU KUNYIMA pour un montant de 1.500.000 $ que le concluant fut informé de la clôture du dossier ».

Il s'ensuit qu'autrement dit, sans cette malencontreuse « divergence des vues », l'avocat à la Cour suprême de justice ignorait la valeur du litige et ne réclamait plus rien au client DANGBELE, tant il avait déjà été satisfait du prix de ses prestations.

Seulement, il saisira le conseil national de l'ordre, CNO en sigle, en fixation des honoraires sous CNO/LH 169, procédure qui aboutira à un débouté.

Contre la décision CNO/LH 169 du 11 avril 2006, l'avocat introduira son recours préalable en date du 25 avril 2006. Et c'est plus de quatre ans après que le CNO, auteur de la décision lui répondra, soit le 14 février 2011.

C'est contre pareille décision, acquise au mépris de la loi, que les demandeurs ont d'abord introduit leur recours préalable et enfin la présente requête en annulation.

III. LES MOYENS D'ANNULATION

Premier Moyen : Tiré de la violation de l'article 89 al. 2 de l'O-L n° 82-017 du 31 mars 1982 sur le recours préalable.

Article 89 al. 2 : « Le défaut de décision de l'administration après trois mois à compter du jour du dépôt à la poste du pli recommandé portant réclamation vaut rejet de celle-ci ».

C'est le 25 avril 2006 qu'a été déposé le recours préalable de l'avocat Mbuyi Mbiye T. contre la décision du 11 avril 2006. Et c'est au-delà des trois mois soit plus de quatre ans que ce recours a été examiné.

Rejetant les conclusions des DANGBELE quant à l'irrecevabilité de l'action pour tardiveté, le CNO a soutenu qu'il n'est pas lié par l'article 89 al. 2 qui concerne, selon lui, les seules autorités administratives et non le CNO qui siège comme juridiction (Voy. p. 2 et s. de la décision attaquée).

Cet entendement n'a aucun fondement juridique, car les textes du barreau auxquels s'est référé le CNO soit l'article 124 de l'O-L organique du barreau et les articles 76 et 77 de l'O-L organique de la procédure devant la Cour suprême de justice n'autorisent point pareil entendement, tant l'article 89 al.2 violé par le CNO est clair et ne demande pas une quelconque interprétation. Le CNO dit qu'il s'est toujours comporté ainsi. Cela serait-il vrai que ce serait toujours une violation de la loi.

Deuxième moyen : Tiré de la violation du principe dispositif.

Sous CNO/LH 219, le Conseil national était saisi uniquement d'un recours préalable, ceci aux fins soit de rétracter soit de maintenir sa décision sous CNO/LH 169 du 11 avril 2006 qui avait déclaré non fondée la demande des honoraires pour la somme de 300.000 $.

Voilà que violant cette règle sacrée de procédure en matière de saisine, le CNO s'est autorisé à recevoir une nouvelle demande d'honoraires pour la somme de 1.000.000 $ et à condamner la succession DANGBELE à une somme de 750.000 $, en lieu et place de celle de 300.000 $ qui était sollicitée et refusée sous LH 169.

Ce faisant, le Conseil national de l'ordre des avocats a violé la loi, car il n'a même pas daigné répondre aux conclusions des DANGBELE quant à ce.

Troisième moyen : Tiré de la violation de la règle Le criminel tient le civil en l'état

Pendant que la cause était en délibéré depuis plus de onze mois, les demandeurs ont saisi le juge de paix de la Gombe sous RP 21.667, après avoir constaté que les honoraires étaient réclamés au moyen de certains documents falsifiés. Une demande de réouverture des débats fut adressée au CNO à cet effet pour entendre surseoir à statuer.

Le CNO a passé outre cette exception de surséance, car, selon lui, il « peut statuer sur la demande d'honoraires sans préjuger des faits et de la responsabilité pénale sur les deux correspondances des 8 et 9 septembre 1997 » (Voy. décision attaquée, p. 5, II).

Or ces deux correspondances de demande d'honoraires supplémentaires sont contestées par les demandeurs, car, pour eux, elles datent d'avant l'intervention du bâtonnier Mbuyi Mbiye dans l'affaire. Il y a donc une très grande incidence entre le pénal et le civil.

Dès lors, en agissant de la sorte, le CNO a violé la loi.

PAR CES CONSIDÉRATIONS,

Les demandeurs soussignés concluent qu'il vous plaise, Messieurs de la Cour suprême de justice, de,

Recevant leur présente requête en annulation ;

Annuler la décision CNO/LH 219 du 14 février 2011 pour les multiples violations de la loi qu'elle comporte ; (...)

Kinshasa, le 24 août 2011.

Les demandeurs, DANGBELE SAKWA Francisca et DANGBELE NGOTUGA Yvon

5. Observations

On n'ignore pas, – en tout cas pas au niveau de la Cour suprême de justice –, comme pour les conventions, que les textes de loi s'interprètent les uns par rapport aux autres. Et, en règle générale et toujours, de manière à leur donner du sens, à sortir de l'impasse : *ut potius*, dit l'adage.

C'est le principe consacré par les articles 54, 55 et 59 du CCL III :

Article 54 :

On doit, dans les conventions, rechercher quelle a été la commune intention des parties contractantes, plutôt que de s'arrêter au sens littéral des termes.

Article 55 :

Lorsqu'une clause est susceptible de deux sens, on doit plutôt l'entendre dans celui avec lequel elle peut avoir quelque effet, que dans le sens avec lequel elle n'en pourrait produire aucun.

Article 59 :

Toutes les clauses des conventions s'interprètent les unes par les autres, en donnant à chacune le sens qui résulte de l'acte entier.

Mais alors, peut-on accepter qu'une partie qualifiée pour saisir le juge habilité à fixer les honoraires d'avocat, ne le soit plus, pour attaquer en annulation la décision qu'elle vient d'obtenir ? Doit-on croire que les juges de la Cour suprême de justice ne connaissaient pas l'article 87 de l'O-L 017/82 relative à la procédure devant la Cour suprême de justice ouvrant le recours en annulation aux parties lésées ?

C'est bien le sens de l'arrêt que vient de rendre la section administrative de la Cour suprême de justice, sous RA 1260, et ce en s'appuyant sur l'article 124 susdit mais en s'écartant – devinez pourquoi – de la propre jurisprudence de la Cour, notamment sub RA 444/445/452 du 17 avril 2000, car ce recours des Dangbele n'était pas le premier en l'occurrence.

La chambre, qui a siégé ce 31 juillet 2015 sous RA 1260 eût dû se rendre compte que l'article 124, qu'elle a invoqué, concerne les décisions du Conseil national de l'ordre des avocats, siégeant comme juge d'appel des sentences rendues par les barreaux près les cours d'appel, à l'exception des sentences disciplinaires.

En revanche, en matière de fixation des honoraires, le CNO siège, en effet, en premier et dernier ressort, avec possibilité pour les deux parties, l'avocat et le client, de saisir la section administrative de la Cour suprême de justice en annulation, s'il échet. Est alors sauvegardé le principe du droit au recours, du reste inscrit dans la Constitution à son article 21. L'arrêt RA 1260 eût dû aussi s'en souvenir pour recevoir la requête, car la Constitution passe avant toute loi ordinaire, si vraiment les juges de la Haute Cour étaient convaincus de l'applicabilité au cas d'espèce de l'article 124 de la loi organique du barreau.

Faut-il encore rappeler ici que, bien souvent, la formule « *Sans qu'il soit nécessaire d'examiner...* », sert, au juge, à passer vite, pis, en force ? Mais alors il vous faut un point d'appui, un motif imparable.

Devant la solidité des moyens d'annulation des Dangbele, on peut parier que la fameuse formule a servi à passer en force, toute honte bue.

Car la décision n° CNO/LH/219 du 14 février 2011, attaquée en annulation sous RA 1260 a été prise en violation de l'article 89 alinéa 2 de l'ordonnance-loi 82/017 du 31 mars 1982 relative à la procédure devant la Cour suprême de justice : « *Le défaut de décision de l'administration après trois mois à compter du jour du dépôt à la poste du pli recommandé portant réclamation vaut* ***rejet*** *de celle-ci* ».

Dans le cas d'espèce, l'avocat Mbuy-Mbiye, demandeur des honoraires, avait laissé passer plus de trois mois, soit alors plus de... 5 ans pour saisir le CNO en fixation des honoraires : du 25 avril 2006, date de son recours préalable, au 14 janvier 2011, date de la décision du CNO, attaquée en annulation sous RA 1260. L'avocat Musangu avait obtenu 1.000.000 $ d'honoraires et pourquoi pas soi-même ?

S'il existe deux causes d'irrecevabilité, dûment établies, sur la tête de chacune des deux parties, le demandeur et le défendeur, laquelle doit primer ? Que doit faire la juridiction saisie ? En l'espèce, la décision attaquée en annulation avait été acquise en violation de l'article 89 relatif au délai des trois mois d'une part et le recours en annulation a été introduit par une personne supposée sans qualité d'autre part.

En conclusion, la Cour suprême de justice aurait dû recevoir le recours en annulation des DANGBELE comme elle avait déjà eu à le faire sous RA 444/445/452 du 17 avril 2000 dans l'affaire Mamboleo M.I. en annulation de la sentence arbitrale n° 98/CNO/LH/006 du 1er avril 1998.

SECTION 5 : COUR SUPRÊME DE JUSTICE

ARRÊT RC 3632 DU 10 FÉVRIER 2016
COUR D'APPEL DE KINSHASA/GOMBE

ARRÊT RAC 016/RCA 26.844/26.513/27.117 DU 1ER SEPTEMBRE 2016
EN CAUSE : SUCCESSION BOKANA W' ONDANGELA C/COMPAGNIE IMMOBILIÈRE SPRL, « COMIMMO »

Contradiction de motifs de fait – qualité d'agir en justice des ayants cause – renonciation tacite à la résiliation du contrat – caution – inopérance de toute notification à une personne décédée – exécution de bonne foi des conventions

1. Les textes de loi

Article 21 al.1 de la Constitution :
Tout jugement est écrit et motivé. Il est prononcé à l'audience publique.

Article 23 du CPC :
Les jugements contiennent (...) ; les motifs, le dispositif et la date à laquelle ils sont rendus.

Article 1er de l'ordonnance du Gouverneur général du 14 mai 1886 :
Quand la matière n'est pas prévue par un décret, un arrêté ou une ordonnance déjà promulgué, les contestations qui sont de la compétence des tribunaux du Congo seront jugées d'après les coutumes locales, les principes généraux du droit et l'équité.

J'étais en train de boucler l'écriture de cette somme, quand, le 10 février 2016 est tombé cet arrêt à la Cour suprême de justice. Dans les délais quasi compatibles, car le pourvoi a été déposé le 21 mars 2012 et que des pourvois cinq fois plus anciens voire davantage attendent encore.

Je le publie plutôt pour un besoin pédagogique que pour les solutions juridiques correctes données par les juges du fond tant du tribunal de grande instance que de la Cour d'appel, s'agissant de la résolution de la vente et de ses effets.

Pour la pédagogie, le lecteur trouvera une présentation traditionnelle d'un moyen de cassation. Toute une discipline que se doit d'observer tout avocat de cassation dont la mission est non pas de resoumettre des arguments, comme en appel, mais bien de critiquer la décision d'appel, en y relevant les contraventions à la loi.

Aussi vais-je successivement publier un extrait de ce long arrêt de 56 feuillets, un extrait de la requête introductive du pourvoi, et, bien sûr, tout l'arrêt de cassation de 6 feuillets à peine.

2. L'arrêt RCA 26.844/26.513/27.117

(...)

Rencontrant les moyens des parties relativement à la résiliation du contrat de vente du 24 mai 1988, la Cour fait observer, au regard des pièces du dossier, qu'elle a bel et bien eu lieu en date du 28 janvier 1992 mais dont l'exécution fut différée et portée à la connaissance du sieur BOKANA W'ONDANGELA qui a reconnu que la COMIMMO avait décidé unilatéralement de résilier le contrat de vente par sa cor-

respondance du 29 janvier 1992 dans laquelle il avait fait des propositions de cession de créances pour le montant de 3.330.933,41 FB sans préjudice de son engagement à payer directement en remboursement de sa dette vis-à-vis la COMIMMO et la possibilité de cession des loyers des futurs locataires des appartements à partir d'octobre nonobstant le fait que l'échéance pour la cession de créances de 3.330.933,41 FB était arrêté au 1er juin 1992.

La Cour ne pourra suivre le raisonnement du premier juge selon lequel la COMIMMO a renoncé à la résiliation dans sa lettre du 6 février 1992 d'autant plus qu'elle n'y a même pas fait allusion et elle ne faisait que constater la volonté du sieur BOKANA d'apurer les arriérés relatifs à l'achat de l'appartement.

Il suffit pour s'en convaincre de se référer à la lettre du 14 avril 1992 adressée à la Société KIMIN et copie pour information au sieur BOKANA W'ONDANGELA dans laquelle la société COMIMMO mettait en garde KIMIN représentée par YVES LE MORVAN de faire application des conditions résolutoires de la convention de vente selon les modalités précisées dans la lettre du 28 janvier 1992.

Pour la Cour, la lettre du 29 juin 1992 ne constitue que l'annonce de l'irrévocabilité de la résiliation de vente qui était déférée depuis le 28 janvier 1992 suite aux échecs des négociations entreprises dans l'entre temps.

C'est à tort que le premier juge a considéré cette lettre comme non valable et violant les prescrits des articles 33 alinéa 2 et 82 du CCCL III.

De même la Cour ne pourra admettre le soutènement du premier juge selon lequel aucune notification n'a été faite au sieur BOKANA alors qu'il a bel et bien démontré le contraire ci-dessus et que ce dernier a même réagi dans sa lettre du 29 janvier 1992.

Quant à l'argumentation du premier juge tendant à subordonner la résiliation des contrats au consentement mutuel des parties, la Cour l'estime non fondée dans le cas sous examen.

En effet, aux termes de l'article 6 alinéa 2 de leur convention de vente, le vendeur a la faculté de résilier la convention, de plein droit et sans autre formalité si l'acquéreur ne satisfait pas à ses obligations dans les trente jours qui suivront l'expédition d'un rappel de paiement soit par lettre recommandée à la poste, le cachet postal faisant foi de la date d'expédition, soit par lettre recommandée par porteur, la date de récépissé faisant foi.

Ainsi donc, dans le cas sous examen, les parties elles-mêmes ont prévu l'éventualité de l'anéantissement du contrat pour inexécution dans une clause résolutoire déclarant qu'en cas d'inexécution de l'acquéreur, le vendeur a la faculté de résilier la convention, de plein droit et sans autre formalité qui ne doit pas être confondue avec la condition résolutoire expresse.

La Cour ne pourra pas suivre non plus l'argumentaire du premier juge selon lequel il fallait une décision de justice pour constater cette résiliation de plein droit.

En effet, la Cour rappelle la doctrine qui enseigne que la nécessité d'une décision judiciaire disparaît lorsqu'une clause expresse de résolution de plein droit a été in-

sérée dans le contrat comme c'est le cas sous examen. (WEILL A. et TERRE F., *Droit civil les Obligations*, 3e éd. DALLOZ Paris 1980 p.563)

Cette même doctrine retient que les effets de la cause de résolution varient avec le contenu que les parties lui ont donné et à cet égard, on peut distinguer quatre types de clauses, celle où les parties se bornent à stipuler la résolution à défaut d'exécution, celle comportant la possibilité de la résolution, celle où les parties stipulent parfois qu'en cas d'inexécution, la résolution aura lieu de plein droit et enfin celle plus rigoureuse qui peut préciser que la résolution aura lieu de plein droit et sans sommation ou sans formalité et qui s'applique au cas sous examen. (WEILL A. et TERRE F., *op. cit.* p 572).

Cette dernière clause n'exige ni mise en demeure ni recours au tribunal et elle est souvent imposée par la partie la plus puissante à la plus faible.

La jurisprudence de la Cour de cassation française est respectueuse de la lettre du contrat et a toujours imposé l'application de cette clause.

Il s'ensuit donc que dans le cas d'espèce, la résolution est automatique, la clause ayant accordé au vendeur le droit de s'en prévaloir.

Dans ce cas, il n'appartient pas au juge de la prononcer mais de la constater seulement.

C'est donc à tort que le premier juge ne l'a pas fait en estimant que la résiliation n'avait pas été prononcée par une décision de justice alors qu'il était le premier juge compétent saisi par les deux parties quant à ce.

Par ailleurs, la Cour ne pourra pas aussi suivre le premier juge dans son soutènement selon lequel la résiliation du contrat n'avait pas eu lieu, car la COMIMMO a poursuivi la société KIMIN en exécution forcée du contrat et donc a fait un choix pour cela en écartant la possibilité de la résiliation.

En effet la doctrine déclare qu'ultérieurement, le déclenchement de l'instance ne confère d'ailleurs pas au choix opéré (exécution forcée de la convention) *un caractère irréversible.*

Ainsi, après avoir réclamé l'exécution forcée, le créancier peut, en cours d'instance, demander la résolution. (ALEX WEILL et François Terré, *op. cit.* p 560).

Pour le reste, la Cour fait sienne et adopte l'argumentation pertinente développée par la société COMIMMO quant à ce.

Pour le surplus, la Cour note que la créance de 3.330.933,41 pour laquelle la société KIMIN s'était porté caution ne constitue pas le solde de la somme de 15.200.000 francs belges et donc ne pouvait pas concerner le règlement définitif du litige, car s'il en était ainsi il ne pouvait pas y avoir le problème de cession des loyers des appartements qui devait débuter au mois d'octobre.

En sus, il ne faut pas perdre de vue que les intérêts dus au retard de paiement sont compris dans le règlement du différend.

Aussi la Cour fait elle observer que sieur BOKANA W'ONDANGELA lui-même dans sa correspondance du 29 janvier 1992 après avoir proposé la cession de créances de 3.330.933,41 FB sur KIMIN qui est sans préjudice des sommes qu'il pourrait payer directement en remboursement de sa dette vis-à-vis de COMIMMO et qu'à partir d'octobre il propose la cession des loyers des futurs locataires à COMIMMO.

Il n'y a donc pas lieu de limiter le solde restant à la somme de 3.330.933,41 FB.

C'est donc à tort que le premier juge a considéré que la succession BOKANA avait largement désintéressé la COMIMMO et cela sans effectuer aucun calcul et sans se conformer au contrat du 24 mai 1988. Son œuvre sera réformée quant à ce.

La Cour rejettera également toute argumentation tendant à faire croire que COMIMMO avait fait un choix quelconque en poursuivant la caution.

La Cour constate que la résiliation a anéanti rétroactivement le contrat et que même ce dernier cesse de produire effet dans l'avenir et de ce fait remet en cause la cession de loyers opérée.

Ainsi donc, il s'avère qu'au total la succession BOKANA a déjà versé à COMIMMO la somme de 10.100.016 FB à défalquer sur la somme globale de 15.200.000 FB, soit un solde de 5.000.084 FB, la Cour ne pouvant suivre le soutènement contraire de la COMIMMO quant à ce, les indemnités d'occupation pour la période de juin 1988 à juin 1992 n'ayant pas été prévues dans le contrat de base.

Quant aux chefs de demande relatifs à la validité de la vente conclue, à l'établissement par le conservateur des Titres de propriété sur les appartements sus indiqués au nom de la succession BOKANA, au déguerpissement de la COMIMMO et au paiement d'indemnités compensatoires de loyers, la Cour les déclare à ce stade prématuré.

En effet, aux termes du contrat conclu le 24 mai 1988 les deux parties se sont engagées à passer acte authentique de vente à condition que l'acquéreur ait intégralement payé toutes sommes généralement quelconques dues au vendeur en exécution de cette convention y compris les intérêts éventuels.

Or, il a été démontré ci-dessus que la Succession doit encore à la COMIMMO.

L'œuvre entreprise sera donc réformée sur ces points.

Examinant la demande reconventionnelle de la COMIMMO en paiement de la somme de 100.000 dollars américains du chef de procès téméraire et vexatoire, la Cour l'estime non fondée.

En effet, il n'a pas été démontré comme le recommande la jurisprudence constante que la Succession BOKANA a agi par caprice et avec légèreté.

Cette demande ne sera donc pas accueillie.

Examinant les mérites de l'appel incident formé par la succession, la Cour le considère non fondé au regard de ce qui précède.

Dès lors devient superfétatoire l'examen d'autres moyens des parties.

C'EST POURQUOI ;

La Cour, section judiciaire ;

Statuant publiquement et contradictoirement à l'égard des parties ;

Par rejet d'autres moyens plus amples ou contraires des parties ;

Entendu le ministère public en son avis ;

Ordonne la jonction des causes RCA 26.513, RCA 26.844 et 27.117 pour la bonne administration de la justice.

Déclare recevables les appels principaux et incidents sous RCA 26.513.

Déclare partiellement fondé l'appel principal et en conséquence annule le jugement RC 101.287 rendu le 31 mars 2002 par le TGI/Kinshasa/Gombe dans toutes ses dispositions.

Sous RCA 26.844

Déclare partiellement fondé l'appel principal et non fondé celui incident ;

En conséquence ;

Annule le jugement RCE 876 rendu le 4 août 2009 par le tribunal de Commerce de Kinshasa/Gombe dans toutes ses dispositions ;

Statuant à nouveau et faisant ce que le premier juge aurait dû faire.

Dit précoces les chefs de demande se rapportant à la vente, à l'établissement des titres de propriété et au déguerpissement de la Société COMIMMO ;

Dit que la succession BOKANA doit encore à la COMIMMO la somme de 5.000.084 FB ;

Constate la résiliation de la convention de vente en date du 28 janvier 1992 ;

Met la masse des frais à charge de la succession BOKANA, taxés à (...) de FC...

Tel est l'arrêt rendu et prononcé par la Cour d'appel de Kinshasa/Gombe à son audience publique du dix-huit mai deux mille dix à laquelle ont siégé les magistrats Kazadi wa Lumbule, président de chambre ; Mavungu Mavungu N'kongo et Kebo Kitoka, conseillers ; avec le concours de SPG MUSAFIRI, officier du Ministère public et l'assistance de Muntu wa Nzambi, greffier du siège.

3. La requête introductive du pourvoi RC 3632

Pour : La succession BOKANA W'ONDANGELA, agissant par son liquidateur Serge BOKANA EKAKUMBA demeurant 1459 avenue Kokolo à Kinshasa/Ngaliema, demanderesse au pourvoi, assistée et représentée par le Bâtonnier national honoraire MATADIWAMBA KAMBA MUTU, avocat à la Cour suprême de justice et y résidant bld du Trente-Juin, galerie Mpumbu, 2e étage, appart. n° 10, à Kinshasa/Gombe, chez qui il est élu domicile aux fins des présentes ;

Contre : La Sprl compagnie immobilière, en sigle « COMIMMO SPRL », ayant son siège au 3157, boulevard du Trente-Juin à Kinshasa/Gombe, future défenderesse ;

En cause : arrêt RCA 26.844/26.513/27.117 du 18 mai 2010 de la Cour d'appel de et à Kinshasa/Gombe.

(...)

Messieurs de la Cour suprême de justice,

Par la présente requête, la demanderesse soussignée a l'honneur de déférer à Votre censure l'arrêt ci-dessus visé lui notifié le 22 décembre 2011 par l'huissier Mvitula Khasa, pour les violations de la loi qu'il renferme.

Qu'il Vous plaise de recevoir ce recours, introduit dans les forme et délai de la loi.

I. LES FAITS DE LA CAUSE ET DE LA PROCÉDURE

De prime abord, la demanderesse se doit d'avertir la Cour régulatrice du droit que l'arrêt déféré est inutilement long avec ses pas moins de 56 feuillets, dont 5 seulement soit du 50e au 56e contiennent la réponse des juges du fond et tout le reste du texte soit du 1er au 50e feuillet porte sur les arguments et autres versions des faits des parties. En plus il y a bien des redites là-dedans.

1° Le 24 mai 1988 M. Bokana w'Ondangela achète, à la Sprl COMIMMO, 2 appartements, situés au 13e niveau de l'immeuble en voie de construction sur le boulevard du Trente-Juin, soit les lots 19 et 20, d'une superficie de 179,95 m² chacun, plus 2 places de parking en sous-sol nos 24 et 25 et 2 de parking extérieur nos 32 et 33, le tout pour le prix de 15.200.000 francs belges, à tempérament.

L'échéancier fut ainsi établi : 5.000.000 FB, à la signature et 1.700.000 FB par an, au 1er juin des années 1989, 1990, 1991, 1992, 1993, 1994.

Suite à des difficultés de trésorerie chez l'acheteur, le 19 février 1992, la société Kilo-Moto Mining International, « KIMIN » en sigle, se porta caution solidaire de Bokana pour la somme de 3.330.933,41 FB se rapportant aux échéances impayées, le reste devant être payé par le loyer généré par les deux appartements.

Le 27 juin 1992, M. Bokana décéda dans un crash d'avion tandis que deux jours après soit le 29 juin, la COMIMMO procédera à la résiliation du contrat de vente, sans autre forme de procès.

La KIMIN exécuta son engagement moitié volontairement le 4 janvier 1992, moitié à la suite d'une condamnation obtenue par le vendeur COMIMMO devant le tribunal en date du 29 décembre 1994, soit deux ans après le décès de l'acheteur le 27 juin 1992 et la résiliation le 29 juin 1992 du contrat de vente invoquée par la COMIMMO.

Malgré le paiement fait par la caution et la perception des loyers générés par le bien vendu, le vendeur se refusera à livrer le bien sinon à en restituer le prix comme il l'avait pourtant annoncé dans son courrier du 28 juin 1992 à l'acheteur, en vertu de l'article 6 du contrat.

2° Devant cet entêtement inexplicable de la COMIMMO, les ayants cause du de cujus s'en sont remis à la justice, par une assignation en déguerpissement et en paiement d'une indemnité compensatoire de 918.000 $ correspondant à 204 mois de loyer plus des dommages-intérêts pour la somme de 100.000 $.

Sous RCE 876, le 4 août 2009, le tribunal de commerce/Gombe déclara l'action partiellement fondée, dit valable la vente entre parties, ordonna au conservateur des Titres Immobiliers d'établir les titres de propriété des appartements 19 et 20 au nom de la succession Bokana, ordonna le déguerpissement de la COMIMMO, condamnée à 70.000 $ de dommages-intérêts ex aequo et bono.

Sous RCA 26.844/26.513/27.117, le 18 mai 2010, la Cour d'appel/Gombe rendit son arrêt sui generis constatant la résiliation de la vente à la date du 28 janvier 1992 d'une part et d'autre part déclarant « précoces les demandes se rapportant à la vente, à l'établissement des titres de propriété et au déguerpissement de la so-

ciété COMMIMO », le tout moyennant que l'acheteur doit encore 5.000.000 FB au vendeur.

C'est contre cet arrêt signifié le 22 décembre 2011 qu'est initié le présent pourvoi pour violation de la loi.

II. LES MOYENS DE CASSATION

PREMIER MOYEN : Tiré de la violation des articles 21 al. 1 de la Constitution et 23 du CPC sur la motivation de tout jugement, en conjonction avec l'article 1 de l'ordonnance du 14 mai 1886 sur l'application des principes généraux du droit, ici celui dit de la non-contradiction.

Développement : Le moyen reproche à l'arrêt déféré la réponse inadéquate aux conclusions quant au sort des loyers générés, la contradiction de motifs de fait quant à la résiliation du contrat de vente ainsi qu'à l'indemnité compensatoire.

Première branche : Sur la motivation inadéquate quant au sort des loyers générés par le bien vendu, revendiqués par l'acheteur.

AUX MOTIFS QU'il n'est pas contesté que l'acheteur Bokana a offert et le vendeur COMIMMO a accepté la prise en compte des loyers générés par les deux appartements, en déduction du prix d'achat (Voy. lettre du 29 janvier 1992 de l'acheteur et celle du 16 septembre 1992 du locataire au vendeur) ;

AUX MOTIFS QUE, astucieusement, les juges d'appel ont repoussé la demande desdits loyers pourtant touchés par le vendeur, en ces termes : « La Cour constate que la résiliation a anéanti rétroactivement le contrat et que même ce dernier cesse de produire effet dans l'avenir et de ce fait remet en cause la cession de loyers opérée » (Voy. arrêt, p. 53, avant-dernier paragr.) *;*

ALORS QUE c'est là une réponse totalement inadéquate, inappropriée, contraire à la convention liant les parties ;

ALORS QU'en effet l'article 6, 3e paragraphe, 1er trait prévoit bien la restitution du prix de vente, en cas de rupture, moyennant une réduction de 20 % si le bien a déjà été remis à l'acheteur, ce que, du reste, le vendeur aura promis dans sa correspondance du 28 janvier 1992, p. 92 ;

Dès lors, en remettant en cause la rétrocession du prix de vente au profit de l'acheteur notamment les loyers générés par les biens vendus, à raison que la résiliation rétroagit, les juges d'appel ont donné une réponse inappropriée et inadéquate, si tant est que cette rétrocession de tout ou partie du prix est prévue au contrat de vente.

Deuxième branche : Sur la contradiction de motifs de fait quant à la résiliation de la vente et à l'indemnité compensatoire.

AUX MOTIFS QUE vendeur et acheteur ne s'accordent pas devant le tribunal, sur le point de savoir si oui ou non il y a eu résiliation du contrat, le premier soutenant qu'elle a eu lieu de plein droit en vertu de l'article 6, le second que c'était au tribunal de la prononcer ;

AUX MOTIFS QUE, contrairement au premier juge, ceux d'appel admettront d'une part que « Cette dernière clause (de résolution) *n'exige ni mise en demeure ni recours au tribunal » et qu'« Il s'ensuit donc que dans le cas d'espèce, la résolution est automatique, la clause ayant accordé au vendeur le droit de s'en prévaloir »* (Voy. arrêt, p. 51, *in fine* et p. 52, 2e paragr.) *;*

AUX MOTIFS QUE d'autre part, les juges d'appel ont reproché au tribunal de grande instance de n'avoir ni prononcé ni constaté la résiliation, « alors qu'il était le premier juge compétent saisi par les deux parties quant à ce » (Voy. arrêt, p. 2, 4e paragr.) *;*

AUX MOTIFS QUE la succession Bokana n'en pouvant plus au bout de 21 ans, après paiement du prix de vente et par versement des espèces et par cession des loyers générés par les biens durant 204 mois, s'en fut saisir le juge pour obtenir remise de l'immeuble et condamnation à une indemnité compensatoire de 918.000 $ correspondant à 204 mois de loyer à raison de 4.500 $ le mois ;

AUX MOTIFS QU'infirmant le jugement a quo quant à ce, l'arrêt attaqué a dit la vente résolue à la date du 28 janvier 1992 d'une part et d'autre part « précoces les chefs de demande se rapportant à la vente, à l'établissement des titres de propriété et au déguerpissement de la société COMIMMO » ;

AUX MOTIFS QUE cerise sur le gâteau fut la condamnation de l'acheteur succession Bokana à 5.000.000 FB comme dernier solde du prix de vente (Voy. dispositif de l'arrêt, p. 55) *;*

ALORS QUE c'est se contredire entre deux liges d'intervalle que de décider qu'une vente est résolue d'une part et que d'autre part l'acheteur doit néanmoins en verser le dernier solde du prix pour que le conservateur lui délivre le titre de propriété lui permettant d'expulser le vendeur, ce qui revient à dire que le contrat de vente ressuscitera après coup ;

ALORS QUE « La contradiction de motifs de fait existe lorsqu'un arrêt constate à la fois que l'auteur de coups et blessures volontaires a agi avec préméditation et que le prévenu a porté ces coups dans un mouvement subit de colère (Crim., 18 juin 1969, B. n° 201) *; lorsqu'un arrêt constate que les débats ont eu lieu à huis clos et porte cependant la mention : « ainsi fait et prononcé en audience publique », cette mention impliquant que les débats ont été publics* (Crim., 15 oct. 1970, B. n° 270) » (BORÉ J., *La Cassation en matière pénale,* LGDJ, paris, 1985, p.616, n°s 2035 et 2037) *;*

Désormais, en constatant que la vente a cessé d'exister au 28 janvier 1992 d'un côté et en décidant d'autre part que l'acheteur devait encore un solde sur le prix pour notamment réclamer l'indemnité compensatoire prévue à la convention, les juges du fond ont procédé par la contradiction de motifs de fait et ainsi exposé leur œuvre à cassation.

4. L'arrêt RC 3632 de cassation du 10 février 2016

(...)

Par requête déposée le 21 mars 2012 au greffe de la Cour suprême de justice, la succession BOKANA W'ONDANGELA représentée par son liquidateur, Monsieur Serge

BOKANA EKAKUMBA poursuit la cassation de l'arrêt RCA 26.844/26.513/27.117 rendu contradictoirement le 18 mai 2010 par la Cour d'appel de Kinshasa/Gombe.

Aux termes de cette décision, la juridiction précitée a annulé les jugements RC 101.287 rendu le 31 mars 2002 par le tribunal de grande instance de Kinshasa/Gombe et RCE 876 rendu le 4 août 2009 par le tribunal de commerce de Kinshasa/Gombe. Ce dernier jugement avait dit bonne et valable la vente advenue entre la défenderesse et Monsieur BOKANA W'ONDANGELA, ordonné au conservateur des titres immobiliers de la circonscription foncière de la Lukunga d'établir les titres de propriété sur les appartements 19 et 20 du 13ᵉ niveau de l'immeuble building COMIMMO au nom de la demanderesse, ordonné aussi le déguerpissement de la défenderesse desdits appartements, elle et tous ceux qui les occupaient de son chef ou à quelque titre que ce soit. Enfin, ce tribunal avait condamné la défenderesse au paiement de la somme de 70.000 dollars américains à titre de dommages-intérêts en faveur de la demanderesse.

Statuant à nouveau, la susdite Cour d'appel a dit précoces les chefs de demandes se rapportant à la vente, à l'établissement des titres de propriété et au déguerpissement de la défenderesse, que la demanderesse doit encore à la défenderesse la somme de 5.000.084 FB et elle a constaté la résiliation de la convention de vente en date du 28 janvier 1992.

Sans qu'il ne soit nécessaire d'examiner tous les moyens de cassation, la Cour suprême de justice statuera sur la deuxième branche du premier moyen tiré de la violation des articles 21 alinéa 1 de la Constitution et 23 du Code de procédure civile en conjonction avec l'article 1ᵉʳ de l'ordonnance du 14 mai 1886 sur les principes généraux de droit en ce que l'arrêt attaqué contient une contradiction de motifs de fait quant à la résiliation de la vente et à l'indemnité compensatoire.

Développant cette branche du moyen, la demanderesse explique que devant le tribunal, elle et la défenderesse ne s'accordent pas sur le point de savoir s'il y a eu résiliation du contrat ou pas, la défenderesse soutenant que celle-ci a eu lieu de plein droit en vertu de l'article 6 de la convention et la demanderesse soutenant quant à elle que c'était au tribunal de la prononcer. Elle poursuit que contrairement au premier juge, celui d'appel admettra d'une part que « cette dernière clause (de résolution) *n'exige ni mise en demeure ni recours au tribunal » et qu'il s'ensuit donc que dans le cas d'espèce, la résolution est automatique, la clause ayant accordé au vendeur le droit de s'en prévaloir »* (pages 51 *in fine* et 52 paragraphe 2 de l'arrêt attaqué). *Elle ajoute que n'en pouvant plus au bout de 21 ans, après paiement du prix de vente par versement des espèces et par cession des loyers générés par les biais achetés durant 204 mois, elle saisit le juge pour obtenir remise de l'immeuble et condamnation de la défenderesse à une indemnité compensatoire de 918.000 $ correspondant à 204 mois de loyer à raison de 4.500 $ le mois. Qu'infirmant le jugement du tribunal de grande instance quant à ce, l'arrêt attaqué a dit la vente résolue à la date du 28 janvier 1992 d'une part et d'autre part « précoces les chefs de demande se rapportant à la vente, à l'établissement des titres de propriété et au déguerpissement de la défenderesse » mais que néanmoins, le juge d'appel a condamné la demande-*

resse au paiement de la somme de 5.000.084 FB comme solde du prix de vente. La demanderesse considère que le juge d'appel a procédé par la contradiction de motifs de fait en constatant d'une part que la vente a cessé d'exister au 28 janvier 1992 et en décidant d'autre part que la demanderesse devait verser le solde du prix.

En cette branche, le moyen est fondé. En effet, en constatant la résiliation de la convention de vente intervenue entre parties à partir du 28 janvier 1992, en retenant que la demanderesse doit encore à la défenderesse la somme de 5.000.084 FB et en décidant que sont prématurés les chefs de demande relatifs à la validité de la vente, à l'établissement des titres de propriété sur les appartements sur lesquels a porté ladite vente et au déguerpissement de la défenderesse et au paiement d'indemnités compensatoires de loyers (pages 54 et 55 de l'arrêt attaqué), *le juge d'appel a procédé par contradiction tant dans la motivation que dans le dispositif de son œuvre en retenant en même temps des possibilités qui s'excluent.*

Il s'en suit que l'arrêt attaqué encourt cassation totale avec renvoi.

C'EST POURQUOI ;

La Cour suprême de justice, siégeant comme cours de cassation en matière de droit privé ;

Le Ministère public entendu ;

Casse l'arrêt attaqué avec renvoi devant la Cour d'appel de Kinshasa/Gombe autrement composée ;

Dit pour droit que la juridiction de renvoi devra éviter de se contredire tant dans les motifs que dans le dispositif de sa décision ;

Condamne la défenderesse aux frais d'instance calculés à la somme de 127.410 FC ;

La Cour a ainsi jugé et prononcé à l'audience publique du 10 février 2016 à laquelle ont siégé les magistrats NDALA MUSUAMBA, présidente de chambre, KALONDA SAIDI, TSHIMBA KHONDE, MATHE KYALIRE et KIKONGO MUKULI, conseillers avec le concours du Ministère public représenté par Monsieur NTELA ZIELE, Avocat général de la République et l'assistance de Monsieur André MUKUMBI, greffier du siège.

5. L'arrêt RAC 016/RCA 26.844/26.513/27.117 du 1er septembre 2016

(...)

Par son arrêt RC 3632 du 10 février 2016, la Cour suprême de justice a cassé l'arrêt RCA 26.844/26.513/27.117 rendu par la Cour de céans en date du 18 mai 2010 avec renvoi devant la même juridiction autrement composée, a dit pour droit que la juridiction de renvoi devra éviter de se contredire tant dans les motifs que dans le dispositif de sa décision et a condamné la défenderesse aux frais d'instance.

À l'audience publique du 4 mai 2016 à laquelle cette cause a été appelée, plaidée et communiquée au Ministère public pour son avis, lequel a été rendu le 2 juin 2016, les parties ont comparu sur remise contradictoire par leurs avocats, Maîtres Serge ZIMA et Alexis BANGA BANGA, avocats au barreau de Kinshasa/Gombe, pour la société compagnie immobilière SARL, en sigle « COMIMMO SARL », appelante ; maîtres MATADIWAMBA et MADILU MWANZA, avocats respectivement au barreau près la Cour suprême de justice et de Kinshasa/Gombe, pour la succession BOKANA W'ONDANGELA, intimée.

La procédure suivie en la cause est régulière.

D'emblée, la Cour relève qu'au regard de la décision de renvoi qui l'a saisie, il n'y a pas lieu de réexaminer les moyens d'irrecevabilité des appels soulevés par les parties, étant donné que le devoir lui prescrit par la Cour suprême de justice de rapporter au fond du litige.

Des faits, il ressort des éléments du dossier auxquels la Cour a égard qu'en date du 24 mai 1988, une convention de vente à tempérament de deux appartements avec parkings, lots 19 et 20, situés au 13e niveau de l'immeuble dénommé « COMMIMO II » sis boulevard du Trente-Juin dans la commune de la Gombe à Kinshasa, fut signée entre la société compagnie immobilière SARL, en sigle « COMMIMO Sarl », venderesse, et Monsieur BOKANA WO'NDANGELA, acheteur.

Le paiement du prix desdits appartements fut convenu comme suit : 15.200.000 francs belges à la signature de la convention et 1.700.000 francs belges au 1er juin de chaque année allant de 1989 à 1994.

À cet effet, il fut notamment prévu, outre que la mutation au nom de l'acquéreur allait s'opérer après paiement intégral du prix, une clause pénale en cas de paiement tardif d'un acompte à l'échéance ainsi qu'une clause résolutoire de plein droit si l'acquéreur ne satisfait pas à ses obligations dans les trente jours après rappel.

En exécution de ce contrat, sieur BOKANA W'ONDANGELA paya à la COMIMMO, entre le 25 mai 1988 et le 11 novembre 1991, la somme globale de 6.769.050 FB sur 15.200.000 FB. Mais étant donné que ces différents paiements furent effectués au-delà des échéances conventionnelles, la COMIMMO appliqua les intérêts de retard dont le montant fut arrêté à 876.218 FB.

Après plusieurs invitations en vue du respect des échéances convenues, la COMIMMO adressa à Sieur BOKANA W'ONDANGELA, en date du 28 janvier 1992, une mise en demeure lui demandant de régler dans trente jours la totalité de la somme de 9.307.167 FB, solde du capital y compris les intérêts de retard, faute de quoi serait résiliée de plein droit leur convention, avec comme conséquence que les montants déjà versés seraient remboursés après déduction des indemnités et droits contractuels suivis de la libération des lieux.

Réagissant à la mise en demeure lui faite, Sieur BOKAMA W'ONDANGELA, par sa lettre du 29 janvier 1992, proposa à la COMIMMO, d'une part, de s'en tenir aux termes de sa lettre du 14 novembre 1991 qui reprenait le solde impayé de 3.330.933,41 FB, sans faire allusion à la résiliation du contrat et, d'autre part, d'accepter la cession de sa créance sur la Société KILO MOTO MINING INTERNATIONAL, en sigle « KIMIN », sans préjudice des sommes que lui-même pourrait payer en remboursement de sa dette. Dans le même contexte, il proposa à la COMIMMO la cession des loyers de ses locataires à partir du mois d'octobre en vue de solder la créance.

Par sa lettre du 6 février 1992, la COMIMMO prit acte de la cession de créances de la KIMIN tout en reconnaissant avoir reçu d'elle un acompte de 900.498 FB sur le total de 3.330.933,41 FB qu'elle s'était engagée à payer en tant que caution solidaire. Par une autre lettre datée du 3 juin 1992, la COMIMMO demanda à Monsieur BOKANA la transmission du contrat de bail de la BAT pour l'élaboration de la cession de bail.

La société KIMIN n'ayant pas payé la somme de 2.430.452 FB restant due à l'échéance fixée, soit le 31 mai 1992, la COMIMMO poursuivit le recouvrement de cette créance en justice. En exécution du jugement rendu en la cause le 13 octobre 1993 par le tribunal de grande instance de Kinshasa/Gombe sous RC 61.146 et après le rejet, par la Cour de céans, des défenses à l'exécution sollicitées par la KIMIN, la COMIMMO se fit payer le solde de sa créance.

Monsieur BOKANA W'ONDANGELA décéda le 27 juin 1992. Deux jours après, soit le 29 juin 1992, la société COMIMMO lui adressa, par lettre au porteur, une notification de résiliation de plein droit de leur convention de vente du 24 mai 1998.

Par le même courrier, la société COMIMMO qui considérait que Monsieur BOKANA avait perdu tout droit sur les appartements et sur les loyers générés, demanda à la société BAT, locatrice de feu BOKANA, de régulariser sa situation avec elle dès le 1er août 1992.

Informée de cette démarche, la succession BOKANA, par le biais de ses avocats, Maîtres MUKENDI WA MULUMBA et KEMBUKUSUA, réclama à la société COMIMMO SPRL le remboursement des versements effectués par feu BOKANA, soit 7.500.000 FB, mais ses revendications demeurèrent vaines.

C'est sur ces entrefaites que par exploit du 24 novembre 2008, la succession BOKANA W'ONDANGELA initia contre la société COMIMMO, devant le tribunal de grande instance de Kinshasa/Gombe, l'action sous RC 101.287 pour s'entendre condamner l'assignée à remettre à la succession BOKANA les titres de propriété des appartements 19 et 20 de la COMIMMO ; la condamner au paiement de l'indu pour tous les loyers qu'elle a perçu en lieu et place de la succession, évalués provisoirement à 100.000 $ et de la somme de 500.000 $ à titre de dommages et intérêts pour tous les préjudices confondus ; dire que le jugement à intervenir est exécutoire nonobstant tout recours et sans caution ; dire que les sommes allouées portent un intérêt judiciaire de 6 % l'an depuis l'assignation jusqu'au parfait paiement.

Statuant en cette cause, le tribunal, par un jugement avant dire droit, reçut mais déclara non fondée l'exception d'incompétence matérielle soulevée par la défenderesse, invita les parties à présenter leurs moyens quant au fond et renvoya l'affaire en prosécution en réservant les frais.

Par déclaration reçue et actée au greffe de cette Cour le 30 avril 2009 sous le RCA 26.513, Maître Serge ZIMA, Avocat et porteur d'une procuration spéciale lui remise le 21 avril 2009 par Dame ZEZE KUAKU Béatrice, gérante de la société COMIMMO SPRL, interjeta appel contre le jugement sus rappelé pour mal jugé.

En date du 14 mai 2009, la succession BOKANA W'ONDANGELA initia une seconde action contre la société COMIMMO SPRL devant le tribunal de commerce de Kinshasa/Gombe sous RCE 876, pour s'entendre, dire bonne et valable la vente advenue entre l'assignée et feu BOKANA ; ordonner au conservateur des titres immobiliers de la LUKUNGA d'établir les titres de propriété sur les appartements querellés au nom de la succession BOKANA ; d'ordonner le déguerpissement de l'assignée ainsi que de tous les occupants installés de son chef ; de la condamner au paiement des indemnités compensatoires des loyers estimés à 918.000 $ et des dommages et intérêts de l'ordre de 100.000 $ pour tous préjudices confondus ; dire que ces sommes sont productives d'intérêts judiciaires depuis l'assignation jusqu'au parfait paiement.

Dans sa décision intervenue le 4 août 2009, ledit tribunal déclara recevable mais non fondée l'exception de défaut de qualité dans le chef du demandeur soulevée par la défenderesse, dit par contre recevable et fondée l'action mue par le demandeur Serge BOKANA, liquidateur de la succession BOKANA, par conséquent, dit bonne et valable la vente advenue entre la défenderesse Société COMIMMO SPRL et Monsieur BOKANA W'ONDANGELA, ordonna au conservateur des titres immobiliers de la circonscription foncière de la LUKUNGA d'établir les titres de propriété sur les appartements 19 et 20 du 13e niveau de l'immeuble « Building COMIMMO » au nom de la succession BOKANA, ordonna le déguerpissement de la défenderesse COMIMMO desdits appartements, elle et tous ceux qui les occupent de son chef à quelque titre que ce soit, a condamné la défenderesse COMIMMO à payer au demandeur Serge BOKANA, liquidateur de la succession BOKANA, la somme de l'équivalent en francs congolais de 70.000 $ fixée ex aequo et bono *à titre de dommages et intérêts pour la réparation de tous préjudices subis confondus ; dit que cette somme produira des intérêts judiciaires de 6 % l'an depuis l'assignation jusqu'au parfait paiement ; dit le jugement exécutoire nonobstant tous recours et sans caution ; décréta le non procédé quant aux demandes reconventionnelles de la COMIMMO et mit à sa charge les frais d'instance.*

Contre cette décision et au motif de mal jugé, Maître Serge ZIMA, porteur d'une procuration spéciale lui remise le 4 septembre 2009 par la même gérante de la société COMIMMO SPRL, interjeta appel sous RCA 26.844, en date du 5 septembre 2009.

De son côté, la succession BOKANGA releva appel incident du même jugement sous RCA 27.117, en date du 29 janvier 2010. Les trois causes furent jointes en raison de leur connexité.

Sous le RCA 26.513, l'appelante COMIMMO reproche au tribunal de grande instance de Kinshasa/Gombe d'avoir, dans son jugement RC 101.287, statué en violation de l'article 17 de la loi n° 002-2001 du 3 juillet 2001 portant création, organisation et fonctionnement des tribunaux de commerce, sur le litige relatif à la convention du 24 mai 1988 advenue entre elle et Monsieur BOKANA W'ONDANGELA, qui est un acte mixte, alors qu'il devrait se déclarer incompétent au profit du tribunal de commerce. Partant, elle demande à la Cour d'infirmer le jugement entrepris et d'évoquer la cause. Ce moyen est fondé.

En effet, l'article 17 alinéa 2 de la loi précitée dispose : « Le tribunal de commerce connaît, en matière de droit privé : 1. des contestations relatives aux engagements et transactions entre commerçants ; 2. des contestations entre associés, pour raisons de société de commerce ; 3. des contestations entre toutes personnes relatives aux actes de commerce, en ce compris les actes relatifs aux sociétés commerciales, aux fonds de commerce, à la concurrence commerciale et aux opérations de bourse ; 4. des actes mixtes si le défendeur est commerçant ; 5. des litiges complexes comprenant plusieurs défendeurs dont l'un est soit caution, soit signataire d'un chèque bancaire, d'une lettre de change ou d'un billet à ordre ; 6. des litiges relatifs et concordats judiciaires ».

La Cour note, au regard de l'article 3 des statuts sociaux de la COMIMMO SARL, que le contrat qu'elle a conclu avec Monsieur BOKANA rentre dans le cadre de son objet social qui est notamment l'achat, la vente & la location, la construction et toutes opérations immobilières. De ce fait, pense-t-elle, la signature de cette convention constitue un acte de commerce pour la COMIMMO, donnant ainsi un caractère mixte au litige y relatif. Il s'ensuit qu'en se déclarant compétent pour juger ce litige alors que la défenderesse est commerçante, le premier juge a violé la disposition légale invoquée au moyen. Par conséquent, son œuvre sera annulée sans évocation.

Sous RCA 26.844, l'appelante COMIMMO fait premièrement grief au premier juge d'avoir, dans la motivation de sa décision (19e à 21e feuillets), *fait référence au cours non publié de droit des obligations du professeur KALONGO MBIKAYI, avec des citations qui ne correspondent pas à la réalité des pages référencées. Elle soutient que pareille motivation ne répond pas à l'exigence constitutionnelle de la motivation des décisions judiciaires et sollicite, pour ce motif, l'annulation du jugement attaqué.*

Deuxièmement, elle lui fait grief d'avoir dénaturé les faits et par une motivation inadéquate et infondée, dit bonne et valable la vente du 24 mai 1988 advenue entre elle et Monsieur BOKANA W'ONDANGELA, sans aucune motivation sur l'état des comptes après résiliation de la vente. Développant ce deuxième grief, elle soutient que les parties ont inséré dans l'article 6 de ladite convention une clause en vertu de laquelle la vente se trouvera résolue de plein droit et sans formalité à défaut de paiement des sommes exigibles dans les quinze jours de l'échéance.

À la suite de l'inexécution par feu BOKANA de son obligation de payer le prix de vente aux termes convenus, poursuit-elle, il y eut résiliation de la vente en date 28 janvier 1992, laquelle résiliation fut, cependant, différée au vu de la proposition de BOKANA, faite le 29 janvier 1992, de cession de créances sur la société KIMIN qui s'était portée caution solidaire pour le montant de 3.330.933,41 FB, représentant le solde de trois premiers échéanciers, ainsi que par la possibilité de cession des loyers des futurs locataires des appartements à partir d'octobre 1992, sans préjudice de ce qu'il paierait directement en remboursement de sa dette. Selon elle, ladite résiliation devint irrévocable le 29 juin 1992, lorsqu'elle constata que les propositions de feu BOKANA ont failli à nouveau.

En ce qui concerne l'état des comptes entre parties, elle rappelle que suivant l'article 6 alinéa 3 de leur convention, il fut convenu que BOKANA évacue les lieux pour les lui remettre, quitte à elle de lui rembourser la partie du prix effectivement payée, sans les intérêts, sous déduction de : 20 % de tous montants versés effectivement au moment de la résolution de la convention à titre de dommages et intérêts forfaitaires et irréductibles ; une indemnité d'occupation des lieux, calculée à 2 % du prix global de vente par mois d'occupation depuis la date de la mise à la disposition de l'acquéreur du local vendu jusqu'à celle de la remise en état des lieux après le départ de tout occupant ; la somme nécessaire à l'exécution des travaux de réparation du local.

Sur le prix de 15.200.000 FB convenu, déclare-t-elle, feu BOKANA régla 6.769,050 FB, tandis que sa caution solidaire, la société KIMIN, paya au total 3.330.950,00 FB dont 900.498 FB le 4 janvier 1992 et 2.430.452 FB le 29 décembre 1994, en exécution du jugement RC 61.146 du tribunal de grande instance de Kinshasa/Gombe du 13 octobre 1993, soit au total 10.100.016,59 FB, somme qu'elle doit restituer, selon elle, à la succession BOKANA en application de l'article 6 sus invoqué.

Elle ajoute que tous les paiements effectués ne l'ont pas été aux échéances conventionnelles, de sorte qu'il y a eu production de plein droit des intérêts calculés au taux pratiqué par les banques de Kinshasa pour les avances en compte courant, depuis la date de l'échéance jusqu'à celle du parfait paiement volontaire ou forcé.

Elle indique à cet effet que lesdits intérêts, non remboursables au moment de la résiliation selon la convention, ont été calculés à 1.037.248,00 Fa et que sur les 10.100.016,59 FB versés par feu BOKANA et sa caution solidaire KIMIN, doivent être déduits 20 % à titre de dommages et intérêts à son profit, soit 2.020.003,32 FB.

Elle poursuit en disant que Monsieur BOKANA a occupé les appartements pendant 49 mois allant de juin 1988 à juin 1992 ; que du fait de cette occupation, il est né en sa faveur, en vertu de l'article 6 de la convention de vente, un droit de créance calculé en raison de 2 % du prix global de vente par mois d'occupation, c'est-à-dire 15.200.000 x 2 % x 49, soit 14.896.000,00 FB.

Partant, elle estime d'un côté qu'elle doit restituer à la succession BOKANA 10.100.016,59 FB représentant la partie du prix effectivement payé et de l'autre que la susdite succession lui doit 1.037.248,00 FB + 2.020.003,32 FB + 14.896.000,00 FB, soit au total 17.953.251,32 FB représentant les intérêts de retard de paiements non effectués à leurs échéances, les dommages et intérêts irréductibles et forfaitaires ainsi que l'indemnité d'occupation des lieux. Elle en infère que les deux parties se trouvant débitrices l'une envers l'autre, il échet, en application des articles 181 et 182 du Code civil Livre III, de faire la compensation entre leurs créances respectives et de constater que la succession BOKANA lui doit la somme de 7.853.234,73 FB.

Concluant, elle demande à la Cour de : constater que la résiliation de la convention de vente du 28 janvier 1992, devenue irrévocable le 29 juin 1992 ; déclarer non fondé le chef de demande relatif au remboursement des arrhes ; déclarer non fondé le chef de demande relatif à la délivrance des appartements en ordonnant au conservateur des titres immobiliers de lui décerner les titres de propriété ; constater que *succession BOKANA lui est débitrice de la somme de 7.853.234,73 FB après compensation automatique du remboursement du prix de vente effectivement payé d'avec les intérêts, dommages et intérêts forfaitaires et irréductibles et indemnité d'occupation lui dus au moment de la résiliation de la vente ; dire recevable mais non fondé le chef de demande relatif au paiement des dommages-intérêts de 700.000 $; statuer comme de droit quant aux frais.*

Au moyen d'annulation du jugement entrepris tiré de l'absence de motivation au motif que le juge a fait référence à un cours non publié, intimée réplique que ce jugement contient des motifs inébranlables et justifiés, de sorte que les cours polycopiés n'ont aucune incidence sur la motivation du juge.

S'agissant de l'absence de motivation sur l'état des comptes, elle déclare que le juge ne pouvait pas répondre à la question relative à l'état des comptes, car il avait rejeté la thèse de la résiliation de la vente pour des motifs fondés.

Par ailleurs, elle fait valoir que si effectivement l'article 6 al. 2 autorisait la résiliation automatique de leur convention, cela n'a pas été le cas en l'occurrence, les parties elles-mêmes ayant opté pour la reconduction de leur convention : BOKANA, en proposant d'apurer le solde du prix par la caution solidaire et par la cession des loyers ; la COMIMMO, en agréant cette proposition dont elle a, du reste, obtenu entière satisfaction. De ce fait, opine-t-elle, il s'est formé entre parties une autre convention, libre et légale. Pour s'en convaincre, enchaîne-t-elle, il suffit de constater que COMIMMO ne se sera, à aucun moment, conformée à l'article 6 imposant au vendeur l'obligation de restituer les arrhes moins 20 %. Elle estime, dès lors, que c'est à tort que l'appelante invoque les articles 181 et 182 du Code civil livre III relatifs à la compensation des dettes, dans la mesure où le solde du prix lui a été payé par l'encaissement des loyers en 3 ans, soit de 1992 à 1994, comme convenu juste avant la mort de BOKANA. De même, ajoute-t-elle, c'est en vain que l'appelante tente de s'accrocher à l'article 355 dudit Code pour parvenir à ses fins.

Aux allégations de l'appelante selon lesquelles il y a eu résiliation de la vente en date 28 janvier 1992, laquelle résiliation a été différée avant de devenir irrévocable le 29 juin 1992, elle répond que la première résiliation annoncée le 28 janvier 1992 a été repoussée par les offres faites par l'acheteur et agréées par le vendeur, ce qui a constitué un avenant à la convention de base qui, du reste, a été exécuté (exécution volontaire, puis forcée par KIMIN et cession des loyers) *et que la seconde résiliation figurant dans la lettre du 29 juin 1992 est intervenue après la mort de BOKANA.*

En tout état de cause, fait-elle savoir, même prévue dans une convention, la résiliation d'un contrat doit être prononcée par un tribunal ainsi que l'exige l'article 82 du Code civil livre III.

Quant au montant de 5.000.084 FB payé à la date du 29 janvier 1992 qui, selon l'appelante COMIMMO, n'était point le solde du prix de vente, mais le produit des clauses pénales (intérêts de retard et autres indemnités d'occupation) *prévues à l'article 6 de la convention, elle déclare qu'il s'agit des affirmations fantaisistes destinées à consolider la thèse qu'elle* (appelante) *a toujours développée depuis la mort de BOKANA.*

En effet, elle explique qu'en proposant de solder le prix par la caution solidaire et la cession des loyers, le vendeur et l'acheteur connaissaient le montant restant dû soit 5.000.084 FB. C'est à la suite du décès inopiné de l'acheteur, poursuit-elle, que le vendeur s'est mis à absorber toutes les arrhes par un jeu d'écriture, en faisant courir les intérêts même sur ce qui était à échéance, le tout au mépris de l'avenant du 29 janvier 1992.

Aussi, se fondant sur l'article 264 du Code civil livre III au sens duquel la vente est parfaite, même si le prix n'est pas encore payé et la chose livrée, elle fait valoir que la COMIMMO est malvenue à soutenir que le 2/3 du prix réglé au 29 janvier 1992 sont absorbés par les intérêts de retard et que l'acheteur lui reste encore redevable 28 ans après.

Par ailleurs, invoquant la règle de droit selon laquelle les conventions doivent être exécutées de bonne foi, elle fait remarquer que la COMIMMO a péché contre cette règle : en notifiant une résiliation à un contractant qu'elle savait décédé ; en acceptant la cession des loyers pour apurer le solde du prix, sans néanmoins tenir parole et dire qu'il n'y a pas eu cession ; en avouant, dans ses conclusions premières sous RCE 876, que la résiliation du 28 juin 1992, permet à BOKANA, au vu de la convention en son article 6 alinéa 4, de rester dans les lieux, sans néanmoins le laisser dans ces mêmes lieux après perception des loyers lui cédés.

Elle poursuit en disant que cette absence de bonne foi a amené la COMIMMO, 28 ans après le contrat de vente avec arrhes, à garder et le prix de vente et les deux appartements vendus.

Parlant de la compensation postulée par l'appelante, elle soutient qu'elle ne peut pas être envisagée, les conditions légales de l'article 183 du Code civil livre III n'étant pas réunies car, d'une part, il n'y a point créance exigible du vendeur sur l'acheteur, étant donné que les prétendus intérêts réclamés par le vendeur sont fort contestés par l'acheteur, ne découlent d'aucune somme principale précise ni d'une période déterminée et, d'autre part, l'appelante les fait courir pour l'ensemble de l'opération, soit 10.100.000 FB perçus sur le prix de vente de 15.200.000 FB contre 7.853.234,73 FB postulés à présent comme intérêts.

Revenant sur ce que la Cour suprême de justice a décidé dans son arrêt RC 3.632, elle déclare que pour cesser de se contredire, il appartient à la Cour de céans de constater qu'à la date du 28 janvier 1992 considérée par l'appelante comme celle de la résiliation de leur convention, le solde du prix était de 5.000.084 FB équivalent à 166.659,46 $; que ce solde, de l'accord des parties elles-mêmes, a été réglé, en 3 ans, par cession des loyers générés par les deux appartements de la manière qui suit :

– loyer mensuel de 4.500 $, de janvier 1992 à mai 2009, date d'assignation soit 17 ans et 4 mois : 208 mois x 4.500 $ = 936.000 $;

– Arriérés de loyer en faveur de l'acheteur 936.000 $ – 166.659,46 $ = 769.340,54 $.

Elle ajoute que depuis l'assignation jusqu'à ce jour, pour les deux appartements, l'appelante lui doit 7 ans (84 mois) *de loyers, soit 7.500 $/mois x 84 x 2 = 1.260.000 $.*

En définitive, elle réclame à l'appelante, sans préjudice de la date du parfait paiement, la somme de 769.340,54 $ + 1.260.000 $, soit au total 2.029.340,50 $.

À propos des dommages et intérêts, elle prétend que la somme de 70.000 $ lui allouée à ce titre par le premier juge s'avère à présent insuffisant et elle sollicite qu'elle soit portée à 700.000 $.

Au regard de tout ce qui précède, elle demande à la Cour de dire que :

– la rupture du contrat annoncée le 28 janvier 1992 par la COMIMMO a été repoussée par les parties pour devenir un avenant, suivi d'exécution ;

– la seconde résiliation du 29 juin 1992, prétendument notifiée à l'acheteur déjà décédé le 27 juin est invalide sur pied de l'article 82 du Code civil livre III et du fait du décès ;

– il ne peut y avoir lieu à compensation des dettes entre vendeur et acheteur, en raison de l'incertitude et de l'inexigibilité des intérêts réclamés par le vendeur quant à leur périodicité.

En outre, elle fait constater qu'à la date de la prétendue résiliation la vente, le bien revenait à l'acheteur, redevable d'un solde de 5.000.084 FB recouvré par les loyers générés par les deux appartements de 1992 à 1994 ; qu'à la date de l'assignation le 14 mai 2009, le solde était réglé et que, dès lors, le vendeur devait procéder à la livraison du bien et à la restitution des loyers indûment encaissés du fait de la disparition accidentelle de l'acheteur.

Rencontrant les moyens en réplique de l'intimée, l'appelante soutient que la créance qu'elle réclame à l'intimée découle de leur concours de volonté exprimé en l'article 6 de leur convention de vente et c'est en vain qu'elle tente de repousser la compensation invoquant le caractère litigieux de cette créance.

À l'argument de l'intimée selon lequel, par l'effet de la cession des loyers, elle (appelante) *a perçu des loyers au-delà du reliquat du prix de vente qui était de 5.099.983,41 FB, soit 166.659,46 $, la rendant ainsi débitrice, elle répond qu'il y a eu résiliation de la vente qui a, ipso facto, anéanti les effets de la cession des loyers.*

Elle poursuit en disant que c'est à tort que la succession BOKANA prétend que le prix de vente a été entièrement payé moitié par la caution solidaire KIMIN, moitié par les loyers générés par les appartements, car elle n'a commencé à percevoir les loyers sur les appartements qu'à partir du 1er juillet 1992, après résiliation de la vente.

Elle enchaîne que la Cour de céans ne peut avoir égard à la lettre du 1er octobre 1992 de Maître NKWEBE LIRISS adressée à la société BAT pour compte de la succession BOKANA, au sujet des loyers des appartements 19 et 20, qu'elle considère comme de nul effet, la résiliation étant devenue irrévocable depuis le 29 juin 1992 ; qu'elle ne suivra donc pas l'intimée qui se considère avoir été injustement dépouillée des appartements pour en réclamer livraison par l'établissement des titres de propriété en son nom ; qu'elle ne fera pas non plus droit à sa demande de dommages et intérêts d'autant plus qu'il n'y a aucune faute dans son chef (appelante).

Évitant toute contradiction, conclut-elle, la Cour de céans dira non fondés les chefs de demande se rapportant à la vente, à l'établissement des titres de propriété ou encore au remboursement des arrhes et constatera que l'intimée lui est débitrice de la somme de 7.853.234,73 FB après compensation automatique.

Examinant le moyen d'annulation du jugement entrepris pour défaut de motivation, la Cour la dira non fondée dans ses deux branches.

En effet, contrairement aux allégations de l'appelante COMIMMO, elle note que le premier juge a suffisamment motivé sa décision en retenant que le contrat conclu entre les parties n'était pas intuitu personae ; que de ce fait, la mort d'un des contractants ne mettait pas fin à l'existence du contrat dont les effets doivent profiter à ses ayants cause ; qu'en l'espèce, la succession BOKANA est en droit d'ester en justice pour revendiquer ses droits ; que la résiliation du 28 janvier 1992 n'a jamais eu lieu suite à l'arrangement amiable des parties, de même que celle du 29 juin 1992 à cause du décès, le 27 juin 1992, de BOKANA.

Par ailleurs, elle est d'avis que le fait pour le juge d'avoir fait référence au cours non publié du Professeur KALONGO MBIKAYI n'entache en rien cette motivation suffisante et adéquate du premier juge.

Quant au fond du litige, la Cour relève qu'aux termes de l'article 6 alinéa 2 de la convention du 24 mai 1988 : « à défaut du paiement des sommes exigibles dans les quinze jours de l'échéance, le vendeur aura la faculté de résilier la présente convention, de plein droit, et sans autre formalité, si l'acquéreur ne satisfait l'expédition d'un rappel de paiement soit par lettre recommandée à la poste, le cachet postal faisant foi de la date d'expédition, soit par lettre recommandée par porteur, la date de récépissé faisant foi ».

Elle note que conformément à l'article sus rappelé, par sa lettre du 28 janvier 1992, l'appelante avait notifié à Monsieur BOKANA un rappel de paiement de la somme de 9.307.167 FB, solde du capital y compris les intérêts de retard, faute de quoi, après un mois, serait résiliée de plein droit leur convention.

Elle note également que par lettre du 29 janvier 1992, Monsieur BOKANA avait fait à l'appelante une proposition de paiement du solde du prix par la caution solidaire et la cession des loyers, proposition qui fut acceptée et mise en œuvre.

Pour elle, il s'est agi simplement d'un rappel, mieux d'une mise en demeure qui a produit l'effet escompté en l'occurrence, le paiement de la créance avant le délai butoir d'un mois, lequel s'est réalisé par le règlement d'un acompte de 900.498 FB effectué par la caution solidaire KIMIN en date du 6 février 1992 et s'est poursuivi avec l'exécution forcée du jugement RC 61.146 du tribunal de grande instance de Kinshasa/Gombe ainsi que par la retenue des loyers dus à Monsieur BOKANA W'ONDANGELA par la BAT.

Ceci est d'autant vrai, opine-t-elle, que dans son document comptable intitulé « clôture compte M. BOKAN/cf. Convention article 6 » (cote 91)*, l'appelante fait état de ce qui suit : 4 janvier 1992 : KIMIN paiements 900.498,00 ; 29 décembre 1994 : KIMIN exécution jugement : 2.430.452,00 ; et que dans celui intitulé « situation vente appartement/M. BOKANA : prix vente 15.200.000 FB »* (cote 92)*, la même appelante mentionne dans la rubrique observations : 29 janvier 1992 : surséance de la résiliation. Cession de la créance de 2.430.435,41 à KIMIN en 3 mensualités* (...) *et* *versement loyer BAT à partir d'octobre 1992. Il découle des constatations ci-dessus qu'à la date du 28 janvier 1992, il n'y a pas eu résiliation de la convention de vente conclue entre parties le 24 mai 1988, comme a eu à le constater le premier juge.*

S'agissant de la résiliation du 29 juin 1992 alléguée par l'appelante COMIMMO, la Cour constate qu'elle a été notifiée à Monsieur BOKANA WONDANGELA, alors qu'en l'espèce, celui-ci est décédé le 27 juin 1992 suivant l'extrait d'acte de décès du 17 août 1994 versé au dossier, soit deux jours avant. Elle en conclut que cette résiliation faite à l'égard d'un mort est inopérante.

Eu égard à ce qui précède, la Cour dira non fondées toutes les prétentions de l'appelante COMIMMO fondées sur la prétendue résiliation de la convention du 24 mai 1988, étant précisé que l'article 6 de cette convention ne peut trouver application qu'en cas de sa résiliation, ce qui n'est pas le cas en l'espèce.

Par ailleurs, à la lumière des deux pièces comptables susvisées de l'appelante, la Cour retient qu'après le dernier paiement de 2.430.452,00 FB intervenu le 29 décembre 1994 en exécution du jugement RC 61.146, Monsieur BOKANA W'ONDANGELA était débiteur de la COMIMMO de 5.099.983,41 FB, en principal et de 1.037.248,00 FB, au titre d'intérêts, soit 6.137.231,41 FB au total. Elle note que l'appelante avait accepté la cession des loyers de la BAT pour le règlement du prix de la vente des appartements en cause ; que la BAT payait mensuellement un loyer de 4.500 $, ainsi qu'il ressort de la lettre de Grindlays Bank adressée à la COMIMMO le 5 octobre 1992 (cote 19 de l'appelante) *et que l'appelante a reconnu dans ses conclusions qu'elle a commencé à percevoir ces loyers à partir du mois de juillet 1992, ce qui apparaît aussi dans ladite lettre.*

Elle relève, au regard de ce qui est dit ci-dessus, que de juillet 1992 à juillet 2016, l'appelante a eu à percevoir au total 1.300.500 $ pour 289 mois des loyers.

Étant donné que la créance restant due (principal et intérêt) *est de 6.137.231,41 FB, elle estime qu'il y a lieu de déduire cette somme des loyers perçus et que l'appelante COMIMMO rende le surplus à la succession BOKANA WONDANGELA.*

Aussi, considérant que le prix de vente des deux appartements a été intégralement payé et que rien ne pouvait justifier l'occupation des lieux par l'appelante COMIMMO, c'est à bon droit, estime la Cour, que le premier juge a dit bonne et valable la vente advenue entre la société COMIMMO SPRL et Monsieur BOKANA W'ONDANGELA et a ordonné le déguerpissement desdits appartements de la COMIMMO et de tous ceux qui les occupent de son chef. Ainsi, son œuvre sera confirmée, sauf en ce qui concerne les dommages et intérêts.

À ce propos, elle relève que la succession BOKANA, appelante sur incident, sollicite la majoration à 700.000 $ le montant des dommages et intérêts, au motif que la somme de 70.000 $ lui allouée à ce titre par le premier juge s'avère à présent insuffisant.

La Cour, tenant compte du fait que depuis la décision du premier juge jusqu'à ce jour, la COMIMMO continue à jouir des appartements dont litige, aggravant de ce fait le préjudice subi par la succession BOKANA, fera droit à cette demande et condamnera la COMIMMO à lui payer la somme de l'équivalent en francs congolais de cent mille dollars américains (100.000 $) *fixée* ex aequo et bono*, à titre de dommages et intérêts. Les frais d'instance seront à la charge des deux appelants.*

C'EST POURQUOI ;
La Cour ;
Statuant contradictoirement ;
Le Ministère public entendu ;
Dit recevable et fondé l'appel sous RCA 26.513 de la Société COMIMMO Sarl ;
Annule le jugement RC 101.287 dans toutes ses dispositions ;
Dit recevable mais non fondé l'appel sous RCA 26.844 de ladite société ;
En revanche, dit recevable et fondé l'appel incident sous RCA 27.117 de la succession BOKANA W'ONDANGELA ;
Y faisant droit ;
Dit que de juillet 1992 à juillet 2016, la Société COMIMMO Sarl a perçu au total 1.300.500 $ des loyers au détriment de la succession BOKANA W'ONDANGELA ;
En conséquence, ordonne à la Société COMIMMO Sarl de restituer cette somme à la succession BOKANA W'ONDANGELA, après déduction de 6.137.231,41 FB représentant le solde du prix de vente des appartements 19 et 20 situés au 13e niveau de l'immeuble COMMIMO sis Boulevard du 30 juin dans la Commune de la Gombe à Kinshasa et les intérêts de retard ;
Condamne la Société COMIMMO Sarl à payer à la succession BOKANA WONDANGELA la somme de l'équivalent en francs congolais de cent mille dollars américains (100.000 $) *à titre de dommages et intérêts ;*
Confirme le jugement RCE 876 pour le reste ;
Mets les frais d'instance calculés à la somme de FC à la charge de la Société COMIMMO Sarl.
Ainsi arrêté et prononcé par la Cour d'appel de Kinshasa/Gombe à son audience publique du 1er septembre 2016 (…).

6. Observations

Exceptionnel, car ça n'arrive pas tous les jours sinon jamais, vu les délais trop longs que prend un procès. J'ai eu à déférer en cassation l'arrêt RCA 26.513/26.844/27.117 du 18 mai 2010, cassé avec renvoi sous RC 3632 le 10 février 2016. J'ai obtenu sous RAC 016 le 1er septembre 2016 l'arrêt après renvoi.

Les présentes observations portent donc sur l'ensemble des questions, soulevées à l'occasion de l'exécution d'un contrat de vente à tempérament intervenu voilà déjà 28 ans soit le 24 mai 1988.

1. Sur la contradiction de motifs de fait

Si le pourvoi en cassation est déposé, c'est parce que l'arrêt RCA 26.513/26.844/27.117 renferme une flagrante contradiction de motifs de fait. Car, contrairement au premier juge, la Cour d'appel de la Gombe a admis d'une part que le contrat de vente était résolu et que, d'autre part, les chefs de demande se rapportant à cette vente, soit l'établissement des titres de propriété des deux appartements et le déguerpissement consécutif du vendeur étaient précoces, sans compter que ce juge d'appel aura encore condamné l'acheteur au paiement du solde du prix, censé et effectivement déjà réglé par la perception des loyers de trois ans.

L'arrêt après cassation RAC 016 a fait cesser la contradiction de motifs, en constatant n'y avoir pas eu résiliation de la vente au 28 janvier 1992, de par la volonté commune des deux parties, pour prétendu défaut de paiement du solde, celui-ci ayant été effectivement réglé moitié par la cession des loyers, confirmée par les pièces du dossier, telles la comptabilité du vendeur lui-même et la correspondance du locataire des appartements litigieux via la banque Grindlays.

L'arrêt RAC 016 du 1er septembre 2016 a conclu en ces termes par cet attendu au 20e feuillet : « *Aussi, considérant que le prix de vente des deux appartements a été intégralement payé et que rien ne pouvait justifier l'occupation des lieux par l'appelante COMIMMO, c'est à bon droit, estime la Cour, que le premier juge a dit bonne et valable la vente advenue entre la société COMIMMO SPRL et Monsieur BOKANA W'ONDANGELA et a ordonné le déguerpissement desdits appartements de la COMIMMO et de tous ceux qui les occupent de son chef. Ainsi, son œuvre sera confirmée, sauf en ce qui concerne les dommages et intérêts.* »

Pour ma part, je trouve opportun de rappeler ici ce qu'a écrit Jacques BORÉ à propos de la contradiction de motifs de fait : « *La contradiction de motifs de fait existe lorsqu'un arrêt constate à la fois que l'auteur de coups et blessures volontaires a agi avec préméditation et que le prévenu a porté ces coups dans un mouvement subit de colère* (Crim., 18 juin 1969, B. n° 201) ; *lorsqu'un arrêt constate que les débats ont eu lieu à huis clos et porte cependant la mention : "ainsi fait et prononcé en audience publique", cette mention impliquant que les débats ont été publics* (Crim., 15 oct. 1970, B. n°270) »[20].

2. Sur la qualité d'agir en justice des ayants cause

Le plaidant congolais adore exciper. Pour ce il ose faire feu de tout bois. Le vendeur COMIMMO n'a pas en effet manqué de contester à la succession de l'acheteur BOKANA – son fils survivant Serge, la fille ayant péri avec le père dans le crash de l'avion – la qualité d'agir en justice pour réclamer la remise des appartements dont le prix avait déjà été intégralement payé. La COMMIMO lui a opposé le défaut de qualité, la vente ayant été *intuitu personae*, selon elle. Triste et minable exception, à la limite de…, vu que le contrat de vente du 24 mai 1988 fait l'objet d'un écrit et a été exécuté par les deux parties. Il y eut hélas cette mort accidentelle de l'acheteur. *Intuitu personae*, qui priverait les ayants droit de la faculté de réclamer quoi que ce soit ?

Les juges ont évacué ce dilatoire incongru en ces termes, au 18e feuillet du RAC 016 : « (…) *le contrat conclu entre les parties n'était pas intuitu personae ; que de*

20 BORÉ, J., *La Cassation en matière pénale*, Paris, LGDJ, 1985, p. 616, n° 2035 et 2037.

ce fait, la mort d'un des contractants ne mettait pas fin à l'existence du contrat dont les effets doivent profiter à ses ayants cause ; qu'en l'espèce, la succession BOKANA est en droit d'ester en justice pour revendiquer ses droits ; ».

3. Sur la renonciation à la résiliation d'un contrat synallagmatique

Comme bien souvent, le contrat de vente du 24 mai 1988 contient aussi un article 6 alinéa 2 prévoyant qu'« *à défaut du paiement des sommes exigibles dans les quinze jours de l'échéance, le vendeur aura la faculté de résilier la présente convention, de plein droit, et sans autre formalité, si l'acquéreur ne satisfait pas à ses obligations* (...) ».

Le 28 janvier 1992, le vendeur use de cette faculté. Dès le lendemain l'acquéreur lui fait une contreproposition : caution solidaire immédiate pour les sommes échues et cession des loyers pour les sommes à venir.

Au vu des pièces, la cour a constaté que la contreproposition a été acceptée et suivie d'effet. A dit, dès lors, qu'il s'était agi non d'une résiliation mais bien d'« *un rappel de paiement de la somme de 9.307.167 FB, solde du capital y compris les intérêts de retard* ».

On peut donc renoncer à une résiliation du contrat sur proposition de l'autre partie.

Pour la cour, « *il s'est agi simplement d'un rappel, mieux d'une mise en demeure qui a produit l'effet escompté en l'occurrence, le paiement de la créance avant le délai butoir d'un mois,* (...) ». On ne saurait en l'espèce comprendre autrement le comportement du vendeur et de l'acheteur.

4. Sur l'inopérance d'une notification faite à une personne déjà décédée

Puisque la première notification de résiliation du contrat avait été contrée par l'acheteur, le vendeur cherchera à faire échec et mat. Deux jours après le crash fatal de l'avion, il notifie la dernière et irrévocable résiliation, selon lui.

La justice a répondu à la COMIMMO, au 19e feuillet, 3e paragraphe :

« *S'agissant de la résiliation du 29 juin 1992 alléguée par l'appelante COMIMMO, la Cour constate qu'elle a été notifiée à Monsieur BOKANA WONDANGELA, alors qu'en l'espèce, celui-ci est décédé le 27 juin 1992 suivant l'extrait d'acte de décès du 17 août 1994 versé au dossier, soit deux jours avant. Elle en conclut que cette résiliation faite à l'égard d'un mort est inopérante.* »

Y a-t-il à redire sur cette position de la Cour d'appel ? Et pourquoi le vendeur ne s'incline pas, va assigner en contestation de la saisie ? Au nom de quel argument, pensez-vous ?

5. La bonne foi dans l'exécution des conventions

Dans cette affaire, tout a tourné autour de la bonne foi. Car jusqu'après cassation, après avoir encaissé 10.000.000 FB sur un total de 15.000.000, le vendeur en était encore à réclamer à l'acheteur 7.853.234,73 FB, tout en gardant les appartements vendus ! Avoir le beurre et l'argent du beurre ! Pour le vendeur donc les intérêts continuaient à courir même après sa résiliation inopérante.

La Cour d'appel a adjugé l'argument de l'acheteur suivant lequel le vendeur a péché contre la bonne foi devant présider à l'exécution de toute convention, pour 1° avoir accepté la cession des loyers afin d'apurer le solde, sans néanmoins tenir parole ; 2° avoir notifié une résiliation du contrat à un contractant qu'il savait décédé ; 3° pour avoir avoué, dans ses conclusions sous RCE 876 que la résiliation du 28 juin 1992 permettait à Bokana, au vu de la convention en son article 6 alinéa 4 de rester dans les lieux, sans néanmoins le laisser dans ces mêmes lieux après perception des loyers.

6. Sur la compensation des sommes d'argent

Afin de se faire passer pour créancière de l'acquéreur, le vendeur a sollicité la compensation des sommes, vu le niveau important des intérêts de retard. La cour a repoussé cette prétention, compte tenu de l'argument de l'acheteur. Il n'y a pas lieu à application de l'article 183 du CCL III, étant donné que les prétendus intérêts sont fort contestés par l'acheteur, ne découlant d'aucune somme principale précise ni d'une période déterminée connue, le postulant les ayant calculés sur l'ensemble des sommes perçues soit 10.100.000 FB sur les 15.000.000 dus.

SECTION 6 : COUR SUPRÊME DE JUSTICE

ARRÊT RC 161/TSR DU 14 AOÛT 2017
EN CAUSE : LE PROCUREUR GÉNÉRAL DE LA RÉPUBLIQUE C/ 1/ LA SUCCESSION NYEMBO MUANA NGONGO 2/LA SUCCESSION MUNONGO M'SIRI 3/LA SOCIÉTÉ BRASIMBA

But, conséquences et utilité du pourvoi dans l'intérêt de la loi

Que vient faire ici un arrêt de cassation sans renvoi, sur réquisitoire du Procureur général de la République, après injonction du ministre de la Justice ?

C'est l'occasion de traiter des conséquences du pourvoi sur injonction du ministre ou du pourvoi du Procureur général de la République introduit *motu proprio* hors délai.

1. L'arrêt RC 161/TSR

ARRÊT :

Par réquisitoire introductif de pourvoi en cassation sur injonction du ministre de la justice contenue dans la lettre n° 1498/RN0294/HMT/CAB/JGS&DH/2016 du 21 juillet 2016 et déposé le 27 janvier 2017 au greffe de la Cour suprême de justice, le Procureur général de la République poursuit la cassation de l'arrêt RCA 6744/6750 du 21 juillet 2011 par lequel la Cour d'appel de Kinshasa/Matete, après avoir reçu et dit fondés les appels principaux de la société BRASIMBA et des héritiers de feu MUNONGO M'SIRI ; annula en toutes ses dispositions le jugement RC 4358 ; statuant à nouveau ; reçut l'action originaire en tierce opposition des héritiers de feu

MUNONGO et annula intégralement le jugement RC 5334 pour incompétence territoriale ; dit recevable mais non fondée l'action reconventionnelle de la société BRASIMBA et dit recevables mais non fondés les appels incidents des héritiers de feu NYEMBO MUANA NGONGO.

Dans leurs conclusions, la société BRASIMBA et les héritiers de feu MUNONGO M'SIRI opposent au pourvoi une fin de non-recevoir tirée de la violation de l'article 41 de la loi organique n° 13/010 du 19 février 2013 relative à la procédure devant la Cour de cassation en ce que le pourvoi a été introduit alors que le tribunal de grande instance de Kinshasa/Matete est saisi d'une requête civile sous RC 8919/20.264 relative à la même affaire. Cette fin de non-recevoir n'est pas fondée en ce que l'action en requête civile invoquée ne vise pas l'arrêt RCA 6744/6750 dont pourvoi mais plutôt le jugement RC 5334. Dès lors, le pourvoi est recevable.

Le moyen unique est pris de la violation de l'article 80 du Code de procédure civile en ce que le juge d'appel a reçu la tierce opposition des héritiers de feu MUNONGO contre le jugement RC 4358 alors que la procédure sous RC 5334 concernait aussi Monsieur MUNONGO en tant qu'associé de la Brasimba qui le représentait dans cette cause ainsi que ses héritiers qui constituent ses ayants cause à titre universel.

Développant le moyen, le Procureur général de la République expose que le litige et le procès qui opposent les héritiers de feu NYEMBO MUANA NGONGO à la société BRASIMBA sont issus de la contestation de la cession faite par cette dernière à NYEMBO, pourtant confirmée par acte du 21 décembre 1974, devenu irrévocable.

Que pour confirmer cette cession, Monsieur NYEMBO, de son vivant, avait assigné la société BRASIMBA agissant en défense aussi bien pour elle-même que pour son actionnaire MUNONGO et par ricochet, pour les ayants cause à titre universel de ce dernier.

Il poursuit qu'en tant qu'actionnaire de la société BRASIMBA, Monsieur MUNONGO avait été valablement représenté par cette dernière et ce, par le biais de ses gérants, mandataires du conseil d'administration agissant pour ses intérêts et partant, ses héritiers qui ont été représentés au procès ne pouvaient être constitues comme tiers en référence à l'article 756 du Code de la famille.

Il conclut qu'en recevant la tierce opposition des héritiers de feu MUNONGO, le juge d'appel a violé la disposition légale visée au moyen étant entendu que ceux qui ont été représentés au procès ainsi que ceux qui sont aux droits des parties ne disposent pas de la tierce opposition.

Le moyen est fondé en ce que le juge d'appel a reçu l'action en tierce opposition des héritiers de feu MUNONGO alors qu'ils n'avaient pas la qualité de tiers pour avoir été représentés dons le procès originaire par leur père qui était actionnaire dans la société BRASIMBA qui l'avait représenté en vertu de la notion d'intérêt commun.

Il s'ensuit que l'arrêt attaqué encourt cassation totale sans renvoi.

C'EST POURQUOI ;

La Cour suprême de justice, siégeant comme cours de Cassation en matière de droit privé ;

Le Ministère public entendu ;
Casse l'arrêt attaqué sans renvoi ;
Met les frais à charge du trésor ;
La Cour a ainsi jugé et prononcé à l'audience publique du 14 août 2017.

2. Textes légaux

Loi organique n° 13/010 du 19 février 2013 relative à la procédure devant la Cour de cassation :

Article 36 :
Le Procureur général près la Cour de cassation ne peut se pourvoir en toute cause et nonobstant l'expiration des délais que sur injonction du ministre de la Justice ou dans le seul intérêt de la loi. Dans ce dernier cas, et sous réserve de ce qui est prévu à l'article 48 de la présente loi organique, la décision de la Cour ne peut ni profiter ni nuire aux parties. Lorsque le Procureur général se pourvoit sur injonction du ministre de la Justice, le greffier notifie ses réquisitions aux parties qui peuvent se faire représenter à l'instance et prendre des conclusions. L'injonction du ministre de la Justice doit être donnée dans le délai de prescription de l'action qui y donne lieu et être subordonnée à un excès de pouvoir dans la décision entreprise ou à un mal jugé certain. Cette injonction est motivée et mentionne le ou les moyens que le Procureur général peut, s'il échet, invoquer à l'appui de son réquisitoire. L'arrêt rendu sur pourvoi formé sur injonction du ministre de la Justice est opposable aux parties.

Article 48 :
Lorsque le Procureur général se pourvoit dans le seul intérêt de la loi, son acte profite au condamné quant aux seules condamnations pénales.

3. Observations

En matière civile, l'action appartient aux parties litigantes et à elles seules, du premier degré à la cassation, en passant par l'appel. Entre parties, ce qui est jugé le demeure irrévocablement, au regard et en vertu de l'article 36 alinéa 2.

Mais il peut arriver que le Procureur général près la Cour de cassation initie un pourvoi soit sur injonction du ministre de la Justice soit *motu proprio* ou de son propre mouvement.

Les articles 36 alinéa 2 et 48 de la loi organique n° 13/010 du 19 février 2013 relative à la procédure devant la Cour de cassation indiquent aux parties litigantes la conduite à tenir : « *La décision de la Cour ne peut ni profiter ni nuire aux parties.* », sauf en matière pénale, « *quant aux seules condamnations pénales* ».

On l'oublie bien souvent, en cas de succès du pourvoi du Procureur général près la Cour de cassation. C'est le lieu de rappeler la doctrine et la jurisprudence françaises en l'occurrence, pour saisir l'exacte portée des dispositions des articles 36 et 48 de la loi du 19 février 2013.

La doctrine distingue le pourvoi dans l'intérêt de la loi du pourvoi pour excès de pouvoir. L'un et l'autre sont introduits par le Procureur général près la Cour de cassation soit sur injonction du ministre soit *motu proprio*.

Jacques BORÉ enseigne[21] : « Le *pourvoi dans l'intérêt de la loi est une voie particulière de recours, ouverte au Procureur général près la Cour de cassation, contre les décisions en premier ou en dernier ressort ayant définitivement acquis l'autorité de la chose jugée, en vue de faire censurer par la Cour de cassation, dans un intérêt purement doctrinal et sans porter atteinte aux droits des parties, les violations de la loi dont elles sont entachées. Selon la formule de TARBE, ce recours est "une leçon pour l'inexpérience des tribunaux" (Lois et règlements à l'usage de la Cour de cassation*, p. 73, col. 2) *et a pour but d'empêcher le développement d'une jurisprudence illégale, par l'indifférence, la négligence ou la collusion des parties. Il est établi dans le seul intérêt du maintien des principes, pour corriger toute fausse interprétation ou même toute fausse application de la loi, soit dans son esprit, soit dans ses formes* (Jur. gén., V° Cassation, n° 986, 993 et 1001 ; CRÉPON, t. 2, n° 163, p. 41 ; GLASSON, TISSIER et MOREL, t. 3, ri° 979, p. 528 ; FAYE, *op. cit.*, n°s 445 à 450). *Comme le pourvoi des parties, il tend à assurer l'unité de la législation par l'unité de la jurisprudence* (FAYE, *op. cit.*, n° 455). *Inconnue dans les pays de Common law, la procédure du pourvoi dans l'intérêt de la loi se rencontre dans la plupart des pays d'Europe continentale – à l'exception de la République fédérale allemande et au Japon* (TUNC A., RID comp. 1979, p. 16). *Elle est courante aux Pays-Bas, en cas de désaccord des tribunaux inférieurs sur un point de droit.* »

« *C'est au point de vue de ses effets que le pourvoi dans l'intérêt de la loi diffère le plus profondément du pourvoi des parties. La cassation à laquelle il aboutit n'est prononcée que dans l'intérêt jurisprudentiel d'une exacte application de la loi, pour dénoncer l'erreur commise par le juge du fond et concourir à la formation de la jurisprudence. Son effet matériel se réduit donc à la mention de l'arrêt de cassation sur les registres du greffe de la Cour d'appel, à son impression et à sa publication, qui fera connaître l'état du droit* (jur. gén., V° cassation, n° 1038). *Cet arrêt reste sans influence sur le sort des parties, à qui il ne peut ni nuire ni profiter. L'article 17 de la loi du 3 juillet 1967 dispose que "si une cassation intervient, les parties ne peuvent s'en prévaloir pour éluder les dispositions de la décision cassée". L'article 88 de la loi du 27 ventôse an VIII et l'article 51 du 23 juillet 1947 ajoutaient que la décision cassée "vaudra transaction" pour les parties. Mais cette formule était passablement inexacte, puisque le jugement avait été rendu par l'autorité judiciaire et conservait entre les parties la force de chose irrévocablement jugée, qui est nécessaire à la recevabilité du pourvoi du Procureur général ; cette qualification contestable a été supprimée par la loi de 1967.* »

---

[21] BORÉ, J., *La cassation en matière civile*, Paris, Dalloz, 1997, n° 3432, 3461, 3462, 3466, pp. 869, 878 et 879.

« *Le caractère platonique de la censure prononcée dans le seul intérêt de la loi a été critiqué. Comme l'a écrit TUNC* (*RID comp.* 1978., 440), "*une décision nouvelle, qui ne produit pas d'effet entre les parties, choque ; elle laisse les parties soumises à une décision, postérieurement jugée mal fondée. Mais si la décision doit profiter aux parties, pourquoi la leur offrir gratuitement, plus que la décision de première instance et d'appel" ? Ce cercle vicieux, tout autant que l'encombrement de la Cour de cassation, explique pourquoi cette procédure est aussi peu utilisée.* » « *En outre, la cassation dans l'intérêt de la loi est prononcée sans renvoi, puisqu'aucun litige ne reste à régler entre les parties.* (Jur. Gén. V° Cassation, n° 1036-1037 ; FAYE, *op. cit.*, n° 452 ; Cass. 1re civ. 29 nov. 1960, Bull. civ. I, n° 519 ; 3 mai 1960, ibid. I, n° 228) ».

En conclusion, chaque fois que l'on a affaire avec une décision de cassation sur pourvoi du Ministère public, il faut y regarder de près pour savoir si elle doit ou non profiter à une partie, car les conséquences découlent des conditions mêmes de ce recours, à savoir, selon J. BORÉ[22] :

1° Le pourvoi doit être dirigé contre le dispositif d'un jugement ;

2° Il faut que ce jugement ait définitivement acquis l'autorité de la chose jugée, mais il n'est pas nécessaire qu'il soit en dernier ressort ;

3° Il faut que le dispositif du jugement soit entaché de violation de la loi et non d'excès de pouvoir ;

4° Quand le recours est ouvert, la loi n'impose aucun délai pour son exercice.

SECTION 7 : COUR SUPRÊME DE JUSTICE

ARRÊT RC 3460 DU 7 FÉVRIER 2018
COUR D'APPEL DE KINSHASA/GOMBE

ARRÊT RCA 26.508 DU 29 JANVIER 2010
TRIBUNAL DE GRANDE INSTANCE DE KINSHASA/GOMBE
JUGEMENT RC 94.833 DU 3 FÉVRIER 2009
EN CAUSE : LUNGUMBU MULONGE C/SAKOMBI INONGO

Fin mandat – aveu judiciaire – charge de la preuve

1. Jugement RC 94.833

(...)

Attendu qu'il ressort de l'analyse du dossier que les deux parties en cause se disputent la propriété de l'immeuble sur base des certificats d'enregistrements vol. AL. 401 folio 42 du 15 février 2006 pour le demandeur et de celui n° vol. A. 297 folio 72 du 24 février 1989 pour le défendeur ;

---

22 BORÉ, J., *ibid.*, n° 3436, p. 871.

Qu'à l'analyse des allégations des parties, le tribunal ne parvient pas à comprendre comment toutes les ventes conclues entre les diverses personnes devaient s'opérer pendant que l'immeuble litigieux restait occupé par le sieur SAKOMBI, alors que cet immeuble était censé appartenir à autrui ;

Attendu que la preuve du droit de propriété d'un immeuble est établie par l'article 227 de la loi portant régime des biens qui dispose que le certificat d'enregistrement fait pleine foi de la concession des charges réelles et éventuellement des droits de propriété qui y sont constatés ;

Que dans le cas sous examen le tribunal se trouve devant deux certificats d'enregistrement dont le premier datant de 1982 appartient au défendeur SAKOMBI tandis que l'autre de 2006, portant n° AL. 401 Folio 42, appartenant au demandeur LUNGUMBU et tous, portant sur le même immeuble ;

Que pour départager les parties, le tribunal fera application de la jurisprudence de la Cour suprême de justice qui dispose « si les deux parties au procès détiennent chacune un certificat d'enregistrement se rapportant à la parcelle litigieuse, la cour ne prendra pas en considération le certificat d'enregistrement émis en faveur du second acheteur, lequel devra être annulé, le certificat détenu par le premier acheteur demeurant seul valable » (CSJ, TSR 001/RC 356, 21 décembre 1983 inédit, cité par DIBUNDA, in *Répertoire général de la jurisprudence de la Cour suprême de justice, 1965-1985*, p. 29) *;*

Que dans le cas d'espèce, le tribunal dira seul valable le certificat d'enregistrement n° vol. 297 folio 72 détenu par le sieur SAKOMBI INONGO et en conséquence, ordonnera au conservateur des titres immobiliers de la Lukunga de procéder à l'annulation du certificat détenu par le demandeur LUNGUMBU ; (...)

ARRET RCA 26.508

Par déclaration faite et actée au greffe de la Cour de céans en date du 29 avril 2009, Maître KATAMBU, avocat au barreau de Kinshasa/Matete, porteur d'une procuration spéciale à lui remise le 20 avril 2009 par Monsieur Elie LUNGUMBU MULONGE, releva appel du jugement sous RC 94.833 rendu le 3 février 2009 par le tribunal de grande instance de Kinshasa/Gombe en cause entre parties dont le dispositif du jugement entrepris est ainsi libellé :

PAR CES MOTIFS ;

Le Tribunal, statuant publiquement et contradictoirement à l'égard des parties ;

Vu le Code de l'Organisation et de la compétence judiciaires ;

Vu le Code de la procédure civile ;

Vu le Code civil livre III et II ;

Le Ministère public entendu ;

Dit recevable mais non fondée l'action du demandeur LUNGUMBU et l'en déboute ; (...)

Sur ce, la Cour déclara les débats clos, prit la cause en délibéré et à l'audience de ce jour vingt-neuf janvier deux mille neuf, prononça publiquement l'arrêt suivant :

ARRÊT :

Par déclaration reçue et actée en date du 29 avril 2009 au greffe civil de la Cour de céans, Maître KATAMBU Robert, avocat au barreau de Kinshasa/Matete, porteur de procuration spéciale de son client Elie LUNGUMBU MULUNGE, datée du 20 avril 2009, a relevé appel contre le jugement RC 94.833 prononcé le 3 février 2009 par le tribunal de grande instance de Kinshasa/Gombe, pour mal jugé.

Le tribunal précité a reçu l'action du demandeur LUNGUMBU mais l'a dite non fondée, et l'en a débouté, a dit seul valable le certificat d'enregistrement vol. 297 folio 72 détenu par SAKOMBI INONGO, a ordonné au conservateur des titres immobiliers de la LUKUNGA de procéder à l'annulation du certificat d'enregistrement détenu par le demandeur LUNGUMBU ; a dit recevable mais non fondée la demande conventionnelle formulée par le sieur SAKOMBI ; et a mis les frais d'instance à charge du demandeur.

Par déclaration faite et actée au greffe de cette même Cour, le 19 août 2009, sieur SAKOMBI INONGO, élisant domicile au cabinet de son conseil, Maître MUKENDI SAMBAY, avocat près cette Cour, sis boulevard du 30 juin n° 22/B immeuble Neptune, (ex-Bata) *dans la commune de la Gombe a également interjeté appel incident contre le même jugement pour dommages intérêts inexistants.*

À l'appel de la cause, à l'audience publique du 21 octobre 2009, l'appelant a comparu par ses conseils Maîtres MUAKA Jean Bosco, FALANKA Irenée et KABUYA Sandra tandis que l'intimé a comparu par le bâtonnier MATADIWAMBA KAMBA MUTU conjointement avec Maître MUKENDI. Après les plaidoiries des parties, la cause a été communiquée au Ministère public pour son avis écrit qui a été lu à l'audience publique du 3 décembre 2009, à laquelle la cause a été prise en délibéré, la saisine de la Cour de céans est donc régulière.

Les faits de la cause sont demeurés constants et se résument de la manière ci-après :

Le demandeur originaire, sieur Elie LUNGUMBU, actuel appelant soutient être propriétaire de l'immeuble sis au n° 3093 avenue Joli Parc quartier Macampagne, commune de Ngaliema couvert par le certificat d'enregistrement AL 401 folio 42 du 15 février 2006 obtenu à la suite de la vente passée entre lui et le sieur THUBEMONA, porteur d'une procuration du 13 janvier 1983, lui remise par le sieur AMADOU KONAN, ancien propriétaire dudit immeuble, en vertu du certificat d'enregistrement vol. 190 folio 88 du avril 1982, l'immeuble en question fut d'abord la propriété de sieur Georges TSOLAKIS qui l'avait cédé à l'Économat du Peuple, en 1970, en compensation d'une créance.

L'Economat l'a à son tour vendu au sieur AMADOU KONAN en 1970, son ancien locataire. Sous prétexte d'avoir été spolié dans ses droits par Monsieur AMADOU KONAN, avec la complicité du conservateur des titres immobiliers, l'Économat du peuple saisit le tribunal de grande instance de Kinshasa, qui, après avoir constaté sous RC 50.827 la régularité et authenticité du certificat d'enregistrement vol. A 190 folio 88 du sieur AMADOU KONAN Félix le débouta en date du 2 janvier 1984 de son action.

Le demandeur originaire, l'appelant LUNGUMBU ajoute, s'agissant du défendeur originaire SAKOMBI que celui-ci occupe les lieux sans aucun titre ni droit depuis plusieurs années jusqu'à ce jour, prétendant détenir un certificat d'enregistrement vol. A 229 folio 72 du 21 février 1989 lui délivré en vertu d'un acte de vente passé entre lui et un certain Léon SHRIQUI, sujet Espagnol ;

Le certificat d'enregistrement inscrit au nom du défendeur a déjà été annulé par le conservateur des titres immobiliers pour fraude, la commission de discipline du MPR comme la commission des biens mal acquis de la conférence nationale souveraine avait abondé dans le sens que le défendeur originaire n'avait aucun droit sur l'immeuble querellé.

Avant de quitter le pays, le sieur AMADOU avait donné mandat à son beau-frère TUBEMONA MBINGA WOTO pour vendre l'immeuble ou à défaut, en cas d'impossibilité, l'immeuble lui reviendrait.

En vertu de ce mandat, le sieur TUBEMONA a vendu l'immeuble au demandeur originaire, qui fort de cet acte de vente et du certificat d'enregistrement vol. AL 401 folio 42 du 9 février 2006, obtenu à la suite de cet acte de vente a saisi le premier juge peur solliciter le déguerpissement du défendeur originaire de l'immeuble litigieux, mais fut débouté de son action. Entre-temps le défendeur originaire l'a attrait devant le tribunal de paix de Ngaliema pour stellionat, il fut acquitté en date du 2 février 2007 par ce tribunal. Le demandeur originaire est en appel contre la décision du premier juge relative au déguerpissement dans la présente cause.

Le défendeur originaire, quant à lui, soutient avoir acquis son immeuble, l'immeuble querellé, des mains de Monsieur SHRIQUI Léon et en détenir un titre de propriété. Contrairement aux allégations du demandeur originaire, son titre de propriété est intact. Le conservateur venait de lui en délivrer une photocopie certifiée conforme.

Il estime que la vente passée entre LUNGUMBU et TUBEMONA est nulle, puisqu'acquise moyennant une pièce caduque, la procuration générale du 13 janvier 1983. Par convention il a demandé devant le premier juge les dommages intérêts de l'ordre de 200.000 $; de constater que son certificat d'enregistrement vol. 297 folio 72 du 24 février 1982 est antérieur à celui vanté par le demandeur originaire, obtenu moyennant une procuration caduque.

L'appelant soutient en droit que son appel est fondé puisqu'il est incontestablement propriétaire de l'immeuble litigieux en vertu du certificat d'enregistrement vol. AL 401 folio 42 du 15 février 2006.

Son certificat est vieux de plus de deux ans.

Le jugement entrepris a dit seul valable, le certificat d'enregistrement détenu par l'intimé, se basant sur des éléments erronés et des arguments non conformes au droit. Il n'a pas dit expressis verbis qui est le vrai propriétaire.

En décidant d'autorité l'annulation de son certificat d'enregistrement le premier juge a statué ultra petita.

Pour départager les parties, la Cour doit se référer à l'historique de l'immeuble en question pour trouver des éléments qui vont l'éclairer sur base des différentes pièces soumises à son examen. Cet historique démontre que s'il y a un débat sur l'antériorité des titres et si la Cour le faisait ab initio et non in fine, c'est le titre d'AMADOU, qui a donné naissance à son titre, qui est le plus ancien dans ce conflit.

Le premier juge a violé les dispositions de la loi dite foncière notamment l'article 219 qui dispose que le droit de jouissance d'un fond n'est légalement établi que par un certificat d'enregistrement concédé par État. L'article 227 ajoute que le certificat d'enregistrement fait pleine foi de la concession, des charges réelles et éventuellement des droits de propriété qui y sont constatés.

Son certificat est le seul valable et partant toutes les prétentions de l'intimé ne sauraient être envisagées que comme un acte de spoliation, de privation de droit de propriété et de trouble de jouissance.

L'intimé a fait prévaloir son influence politique pour obtenir le titre qu'il possède sur l'immeuble querellé. Par sa lettre du 24 février 1992, le conservateur des titres immobiliers de la division urbaine secteur ouest actuellement Lukunga avait annulé le certificat d'enregistrement vol. A. 297 folio 72 dont se prévaut l'intimé, en ces termes :

Je viens de procéder à l'annulation pure et simple de double de votre certificat d'enregistrement se trouvant dans mes archives conformément à l'esprit du jugement sous RC 50.827 – RH 19.793 du tribunal de grande instance de Kinshasa/Gombe en faveur de la République du Zaïre prise en la personne du conservateur des titres immobiliers et confirmant les droits immobiliers de Monsieur AMADOU KONAN Félix consacrés dans son certificat d'enregistrement vol. A 190 folio 88. Par ailleurs, vous êtes sans ignorer que votre certificat ci-haut cité a été établi à l'issue d'une procédure entachée de l'irrégularité et en violation de la loi en matière et que du reste le jugement précité est devenu définitif et irrévocable.

Comment comprendre qu'un certificat d'enregistrement annulé le 24 février 1992 puisse être réhabilité le 26 février 1992, soit deux jours après ?

La vente intervenue entre l'intimé et Monsieur SHRIQUI Léo est nulle.

Ce dernier n'a jamais acquis régulièrement ledit immeuble de la part de l'Économat du Peuple, par conséquent n'a jamais été propriétaire. Dans une lettre du conseil de sieur Léo, il écrit que son client n'a jamais été propriétaire des immeubles repris dans le contrat de vente signé le 27 septembre 1983 avec la République du Zaïre, entre autres la parcelle 3093 vol. 190 folio 88, immeuble litigieux. Il n'a été que le prête-nom d'une personnalité mise en cause devant la commission de discipline du MPR.

L'Économat du Peuple dénonce également cette vente. Le consul de ce dernier ayant reconnu que son client n'avait aucun argument à opposer à Monsieur AMADOU sur le plan de droit, après avoir émis des doutes sur le paiement de prix par SHRIQUI a demandé que le prix de vente soit restitué à ce dernier au cas où le paiement serait effectué au comptant. Ce remboursement était proposé, car la vente était conclue sur un bien d'autrui. En conséquence, la vente conclue entre SHRIQUI et SAKOMBI est nulle, car portant sur un bien d'autrui.

Le moyen de l'intimé selon lequel le mandat de TUBEMONA serait caduc manque de pertinence. L'intimé n'a apporté devant le premier juge et même devant la Cour de céans la preuve du décès de Monsieur AMADOU conformément à l'article 72 du Code de famille. Dans le cas d'espèce, ce décès doit être prouvé par un acte de décès. Cette pièce n'existe pas au dossier. Le mandat donné à Monsieur TUBEMONA était valable et en conséquence la vente entre TUBEMONA et lui (appelant) *est valable et ne saurait être attaquée en droit parce que les pièces du dossier démontrent que la source de cette vente est juridiquement protégée.* (jugement RP 19.642/I). *Le certificat d'enregistrement vol. A 190 folio 88 inscrit au nom de Monsieur AMADOU n'ayant jamais été attaqué ni annulé par un quelconque jugement, son certificat qui en tire sa source, doit être considéré comme le seul valable et qu'il est l'unique vrai propriétaire.*

Le conservateur des titres immobiliers a violé l'article 235 de la loi dite foncière. Celui-ci recommande au conservateur des titres immobiliers d'annuler le premier (titre) *certificat avant de dresser un nouveau. C'est à bon droit que la Cour le confirmera comme le seul propriétaire de l'immeuble querellé.*

En ce qui concerne l'appel incident de l'intimé, l'appelant sollicite de la Cour de le rejeter, car c'est plutôt lui qui a subi d'énormes préjudices.

Pour tout ce qui précède, il demande à la Cour d'infirmer l'œuvre du premier juge dans toutes ses dispositions, statuant à nouveau de dire son action fondée ; de le confirmer comme seul propriétaire de l'immeuble litigieux et de condamner l'intimé au déguerpissement et aux dommages-intérêts de l'ordre de 200.000 $.

En réplique aux moyens de l'appelant, l'intimé SAKOMBI rétorque en droit :

Il a acquis le bien litigieux des mains de Monsieur SHRIQUI Léon et en détient le titre depuis le 24 février 1989. Se trouvant hors du pays, il a acheté ce bien par personne interposée et de ce fait ne peut exercer aucune influence politique. Contrairement aux allégations de l'appelant, son titre de propriété est intact. Le conservateur lui en a délivré une photocopie certifiée conforme le 7 novembre 2008. La vente vantée par l'appelant est nulle comme acquise moyennant une pièce caduque soit il y a 23 ans à la date de son usage. Le mandataire TUBEMONA a reconnu que son mandat Amadou KONAN est mort.

L'appelant repousse cet aveu. Il s'agit non pas d'un aveu judiciaire mais bien celui fait par son vendeur TUBEMONA, lui ayant cédé sans mandat, celui-ci n'existe plus de par le décès avoué du mandat AMADOU.

Le premier juge s'est appuyé sur ce moyen, pour déconsidérer la vente en faveur de l'appelant opérée sans mandat par le sieur TUBEMONA ; Il a invoqué pour ce, la jurisprudence de la Cour suprême de justice qui a décidé que si les deux parties au procès détiennent chacune un certificat d'enregistrement se rapportant à la parcelle litigieuse, la Cour ne prendra pas en considération le certificat d'enregistrement émis en faveur du second acheteur, lequel devra être annulé, le certificat détenu par le premier acheteur demeurant seul valable. Qu'en l'espèce, non seulement la seconde vente en faveur de l'appelant LUNGUMBU n'est validée faute notamment du mandat du fait du décès avoué du mandat, mais encore et surtout te titre de l'intimé SAKOMBI occupant les lieux continuèrent depuis le 24 février 1992 n'a jamais été annulé ainsi que l'allègue l'appelant qui s'appuie sur une simple lettre du 24 février 1992.

Entre la correspondance du 24 février 1992 et le certificat de l'existence du titre le 7 novembre 2008 par le conservateur des titres immobiliers, Léon LUBAMBA NGOY, la justice ne peut avoir égard au dernier acte, en date et surtout à la matérialité de l'existence vérifiable en cas de besoin.

L'appelant ne peut tirer aucun avantage ni un quelconque argument juridique du jugement RP 19.642 d'acquittement du mandataire TUBEMONA comme propriétaire de l'immeuble litigieux.

En acceptant d'acquérir un bien litigieux sur lequel portent des décisions judiciaires, l'appelant principal en sa qualité d'ayant cause à titre particulier ne peut prétendre que ces décisions lui sont inopposables.

En ce qui concerne la nullité de la vente entre Monsieur SHRIQUI et SAKOMBI, car en droit la vente portant sur un bien d'autrui est nulle, l'intimé soutient que le certificat d'enregistrement vol. A 190 folio 88 au nom de Félix AMADOU KONAN a été annulé à la suite d'une lettre du ministre des Affaires foncières n° 1440/00520 du 20 avril 1984, que donc suite à l'annulation du certificat d'enregistrement de AMADOU KONAN qu'un nouveau contrat de concession n° RC 00504 du 4 février 1985 suivi du certificat d'enregistrement vol. A 228 folio 35 que Léo SHRIQUI lui a vendu finalement par acte de vente passé devant le notaire MASSAMBOMBO en date du 8 avril 1987.

L'intimé estime que le comportement de l'appelant est une désinvolture, donc une faute appelant réparation, car avant d'être traîné à la barre, il a fait l'objet d'une tentative d'expulsion par des huissiers sous bonne escorte. Il demande à la Cour de constater qu'il détient sur la parcelle litigieuse le certificat d'enregistrement vol. 297 folio 72 du 24 février 1989 toujours en vigueur ; de constater que le certificat d'enregistrement vol. AL folio 42 du 15 février 2006 vanté par l'appelant a été obtenu postérieurement, moyennant au demeurant une procuration générale coulée caduque que de par la mort avoué du mandat par le mandataire indélicat et en conséquence la vente est irrégulière. En conséquence, confirmer le jugement a quo sauf en ce qui concerne les dommages intérêts que le premier juge a omis de prononcer. Il sollicite la somme de 50.000 $ des dommages-intérêts.

Le Ministère public quant à lui a demandé de confirmer l'œuvre du premier juge.

La Cour, après examen minutieux de toutes les pièces et autres éléments du dossier et des conclusions des parties relève que l'objet du litige est l'immeuble sis au n° 24 de l'avenue Joli Parc portant le numéro 3093 du plan cadastre, commune de Ngaliema ; celui-ci fut jadis propriété de Monsieur Georges TSOLAXIS de nationalité grecque, qui l'avait cédé à l'Économat du Peuple en compensation de la créance due par lui à ce dernier, au regard du rapport technique du service de contentieux du 23 octobre 2004.

La Cour constate, qu'en date du 7 avril 1982, Monsieur AMADOU KONAN Félix, sujet ivoirien a obtenu un certificat d'enregistrement vol. A 190 folio 88 en vertu de l'acte de cession passé en bonne et due forme entre les deux parties.

La Cour constate également que sous RC 50.827/RH 19.793, l'Économat du Peuple a assigné Monsieur AMADOU KONAN Félix et la République du Zaïre prise en la personne du conservateur des titres immobiliers pour fausseté et irrégularité de délivrance de titres détenus par Monsieur AMADOU, notamment le certificat d'enregistrement vol. A 190 folio 88 du 7 avril 1982 ; le tribunal de grande instance de Kinshasa/Gombe, saisi après avoir constaté la régularité et l'authenticité de ces titres, le certificat d'enregistrement sus invoqué, débouta l'Économat du Peuple et le condamna pour trouble de jouissance à 100.000 z et 10.000 z à titre de dommages-intérêts.

La Cour observe que ce jugement n'a pas été attaqué en appel par l'Économat du Peuple, ni plus tard par le sieur SHRIQUI Léon qui s'est fait délivrer sur le même immeuble et suivant un acte de vente conclu avec le ministère du Portefeuille, le certificat d'enregistrement vol. A 288 folio 35 du 4 avril 1985.

Ce jugement est coulé en force de chose jugée, jusqu'à ce jour. Dès lors, la Cour estime que l'annulation du certificat d'enregistrement vol. A 190 folio 88 du 7 avril 1982, sur ordre du ministre des Affaires foncières par la lettre n° 1440/0050 du 20 avril 1984 ne peut avoir aucun effet sur ce titre, confirmé par un jugement coulé en force de chose jugée. Ce titre est par ce fait, et reste, antérieur à celui délivré à Monsieur SHRIQUI en date du 4 avril 1985 et à celui de l'intimé SAKOMBI, lui délivré en date du 24 février 1982.

La Cour note qu'avant de quitter le pays, Monsieur AMADOU KONAN Félix avait disposé de son bien immeuble en donnant mandat à son beau-frère TUBEMONA de vendre ledit immeuble ; en cas d'impossibilité de vente, l'immeuble devra être transféré, par la force des présents, même après sa mort au père du mandat ou à lui-même le mandat.

Contrairement aux moyens de l'intimé selon lesquels, le mandat donné à TUBEMONA cessait avec la mort du mandataire AMADOU KONAN, selon les déclarations de son beau-frère, la Cour est d'avis que ce dernier a de son vivant disposé de ce bien, même après sa mort, attribut de son droit de propriété et que son beau-frère TUBEMONA avait qualité de vendre le dit bien, puisqu'il en devenait propriétaire par cet acte lui donné par AMADOU KONAN.

Ainsi, le certificat d'enregistrement d'AMADOU KONAN restant toujours valable par le fait de la force de chose jugée du jugement qui le confirme reste antérieur aux autres titres détenus par l'intimé.

L'appelant LUNGUMBU ayant acheté l'immeuble, couvert par le certificat d'enregistrement vol. 190 folio 88 du 9 avril 1982 auprès de Monsieur TUBEMONA qui avait qualité de le faire au regard de mandat lui donné par Monsieur AMADOU KONAN Félix, reste le seul propriétaire valable de l'immeuble querellé en vertu de la jurisprudence de la Cour suprême de justice qui a décidé que si les deux parties au procès détiennent chacune un certificat d'enregistrement se rapportant à la parcelle litigieuse, la Cour ne prendre pas en considération le certificat d'enregistrement émis en faveur du second acheteur, lequel devra être annulé, le certificat détenu par le premier acheteur demeurant seul valable.

Dans le cas sous examen, le certificat d'enregistrement de AMADOU KONAN qui a donné naissance à celui détenu par l'appelant est antérieur comme démontré ci-haut à celui de CHRIQUI Léon et de SAKOMBI INONGO. C'est à bon droit que Monsieur LUNGUMBU a sollicité le déguerpissement de l'intimé SAKOMBI de l'immeuble querellé.

La Cour constate, au regard de la demande reconventionnelle du demandeur originaire, ce dernier n'a pas sollicité l'annulation du certificat d'enregistrement détenu par le demandeur LUNGUMBU.

En ordonnant l'annulation de ce titre, le premier juge a statué ultra petita ; on œuvre sera annulé pour ce.

Quant aux dommages-intérêts sollicités par l'appelant, la Cour estime qu'ils sont exagérés et les réduit à une somme modeste de 20.000 $ (vingt mille dollars) *pour tous les préjudices confondus.*

C'est pourquoi ;

La Cour, section judiciaire ;

Statuant publiquement et contradictoirement à l'égard de toutes les parties ;

Le Ministère public entendu ;

Dit les deux appels principal et incident recevables ;

Dit l'appel principal partiellement fondé et l'appel incident non fondé ;

Infirme le jugement entrepris dans toutes ses dispositions ;

Statuant à nouveau et faisant ce que le premier juge aurait dû faire ;

Condamne l'intimé SAKOMBI INONGO à déguerpir, lui et tous ceux qui y résident de son chef, de la parcelle sise au n° 24 de l'avenue Joli Parc, quartier Macampagne portant le n° 3093 du plan cadastral, commune de Ngaliema ;

Le condamne au paiement des dommages-intérêts de l'ordre de 20.000 $;

Ainsi arrêté et prononcé à l'audience publique de ce vingt-neuf janvier deux mille dix à laquelle ont siégé les magistrats MWANGA MULINDIA, président ; MAYINGILA GIDEBI et MVUEKIANI Alexis, conseillers ; en présence de BOKANGO, officier du Ministère public et avec l'assistance de NZIMBU, greffier du siège.

ARRÊT RC 3460

Par sa requête introductive de pourvoi en cassation signée le 19 mai 2010 et déposée le 21 du même mois au greffe de la Cour suprême de justice, Monsieur SAKOMBI INONGO, agissant par son conseil, Maître MATADIWAMBA KAMBA MUTU, avocat à la Cour suprême de justice forma le pourvoi en cassation contre l'arrêt RCA 26.508 rendu par la Cour d'appel de Kinshasa/Gombe en date du 29 janvier 2010 en la cause l'opposant à Monsieur LUNGUMBU MILONGE et dont le dispositif est ainsi conçu :

C'est pourquoi ;

La Cour, section judiciaire ;

Statuant publiquement et contradictoirement à l'égard de toutes les parties ;

Le Ministère public entendu ;

Dit les deux appels principal et incident recevables ;

Dit l'appel principal partiellement fondé et l'appel incident non fondé ;

Infirme le jugement entrepris dans toutes ses dispositions.

Statuant à nouveau et faisant ce que le premier juge aurait dû faire ;

Condamne l'intimé SAKOMBI INONGO à déguerpir, lui et tous ceux qui y résident de son chef, de la parcelle sise au n° 24 de l'avenue Joli Parc, quartier Macampagne portant le n° 3093 du plan cadastral, commune de Ngaliema ;

Le condamne au paiement des dommages-intérêts de l'ordre de 20.000 $;

Par exploit daté du 10 juin 2010 de l'huissier SASA NIANGA Théo-Blaise de cette Cour, signification de cette requête fut donnée à Monsieur LUNGUMBU MILONGE ;

Maître Vital M'BUNGU BAYANA KADIVIOKI, avocat à la Cour suprême de justice, agissant pour le compte de Monsieur LUNGUMBU MILONGE, prit le mémoire en réponse signé le 8 juillet 2010 et déposé le même jour au greffe de la Cour de céans ;

Par exploit daté du 13 juillet 2010 de l'huissier Albert MOGBAYA de cette Cour, signification dudit mémoire en réponse fut donnée à Monsieur SAKOMBI INONGO ;

Transmis au Procureur général de la République par lettre n° 1390/GREF.CIV/ RC 3460/ KN/2012 du 17 décembre 2012 du greffier en chef de cette juridiction, le dossier de la cause revint au greffe de la Cour de céans muni des conclusions établies et signées par le premier Avocat général de la République Victor MUMBA MUKOMO le 15 avril 2013 ;

Par ordonnance prise par le Premier président de cette Cour en date du 18 juin 2013, le conseiller MASANI fut désigné en qualité de rapporteur et par celle du 10 octobre 2016, la cause fut fixée à l'audience publique du 21 novembre 2016 ;

Par exploits datés des 24 octobre et 8 novembre 2016 des huissiers NZUZI NKETE et Anne-Marie NDIKA de cette Cour, notification à comparaître à l'audience publique du 21 novembre 2016 fut donnée à Messieurs Elie LUNGUMBU MILONGE et SAKOMBI INONGO ;

À l'appel de la cause à l'audience publique du 21 novembre 2016, la partie demanderesse comparut représentée par son conseil, Maître SHEBELE, avocat à la Cour suprême de justice, loco le Bâtonnier national MATADIWAMBA KAMBA MUTU tandis que la partie défenderesse ne comparut pas ni personne à son nom bien que régulièrement notifiée de la date d'audience ;

Suite au décès de la partie demanderesse, la Cour ordonna la surséance de cette cause pour manque de l'acte de décès au dossier ;

Par leur requête signée le 4 septembre 2017 et déposée le 6 du même mois au greffe de la Cour de céans, Messieurs SAKOMBI MOLENDO et SAKOMBI APINDA, agissant par leur conseil, Maître Dieudonné KALUBA DIBWA, avocat à la Cour suprême de justice, sollicita la reprise d'instance de ladite cause ;

Par ordonnance datée du 22 septembre 2017, le Premier président de cette Cour refixa la cause à l'audience publique du 30 octobre 2017 ;

Par exploits datés des 5 et 6 octobre 2017 de l'huissier Anne-Marie NDIKA de cette Cour, signification de la requête en reprise d'instance et notification à comparaître à l'audience publique du 30 octobre 2017 furent données à Messieurs LUNGUMBU MILONGE, SAKOMBI MOLENDO et SAKOMBI APINDA ainsi qu'au Procureur général de la République ;

À l'appel de la cause à l'audience publique du 30 octobre 2017, la partie demanderesse comparut représentée par son conseil Maître KALUBA avocat à la Cour suprême de justice tandis que la partie défenderesse ne comparut pas ni personne en son nom ;

La Cour déclara la cause en état d'être examinée et après son instruction, accorda la parole :

D'abord au conseiller KAZADI qui donna lecture du rapport écrit de son collègue MASANI sur les faits de la cause, l'état de la procédure suivie en matière de cassation ainsi que les moyens invoqués par les parties ;

Ensuite au conseil de la partie demanderesse qui déclara n'avoir pas des observations verbales à faire ;

Ensuite au Ministère public représenté par l'Avocat général de la République MATIYABU MISA qui donna lecture des conclusions écrites par le premier Avocat général de la République Victor MULUMBA MUKOMO dont le dispositif est ainsi libellé :

Conclusion :

Eu égard à tout ce qui précède, qu'il plaise à la section judiciaire de la Cour suprême de cassation de rejeter la requête pour non-fondement des moyens.

Frais comme de droit.

Après quoi, la Cour déclara les débats clos, prit la cause en délibéré pour son arrêt à être rendu à l'audience publique du 22 novembre 2017 ;

La cause fut appelée à l'audience publique du 7 février 2018 à laquelle aucune des parties ne comparut ni personne en leurs noms ;

Sur ce, la Cour prononça l'arrêt suivant :

ARRÊT :

Par requête déposée au greffe de la Cour suprême de justice le 21 mai 2010, Monsieur SAKOMBI INONGO sollicite la cassation de l'arrêt RCA 26.508 rendu le 29 janvier 2010 par la Cour d'appel de Kinshasa/Gombe qui a confirmé dans toutes ses dispositions le jugement RC 24.833 ; statuant à nouveau, a condamné le demandeur au déguerpissement de la parcelle querellée et au paiement des dommages et intérêts de l'ordre de 20.000 $ au profit du défendeur.

Sans pour autant examiner tous les moyens, la Cour statuera sur les deux branches du premier moyen tirées de la violation des articles 232 et 544 du CCL III, relatif à l'aveu judiciaire et à la fin du mandat, en conjonction avec l'article 1er de l'ordonnance du 1er mai 1885, relatifs à l'application des principes généraux du droit, en ce que le juge a admis la régularité de la vente opérée par le mandataire AMADOU KONAN décédé, estimant que faute d'acte civil, il y avait défaut de rapporter la preuve de la mort de AMADOU KONAN, le mandant, alors que le décès de celui-ci était avoué par le mandataire THUBEMONA lui-même, et qu'en conséquence le mandat avait pris fin.

En tant qu'il vise la violation de l'article 1er de l'ordonnance du 1er mai 1885, le moyen est irrecevable parce qu'il invoque une disposition inexistante.

En tant qu'il vise les articles 232 et 544 du CCL III, le moyen est fondé. En effet, aux termes de l'article 544 du CCL III, le mandat prend fin par la mort ou la déconfiture soit du mandant soit du mandataire, cependant l'article 232 précise que l'aveu fait pleine foi contre celui qui l'a fait et ne peut être révoqué à moins qu'on prouve qu'il a été à la suite d'une erreur de fait.

Il appert que la concession querellée a été vendue après la mort du mandant tel que le confirme le mandataire lui-même et l'arrêt dont pourvoi au 15e feuillet aux 4e et 6e paragraphes. En adoptant la position du premier juge sur la régularité de la vente, alors que la vente est intervenue après la mort du mandant, l'arrêt déféré a violé les dispositions légales visées au moyen.

Dès lors, l'arrêt sera cassé sans renvoi.

C'EST POURQUOI ;

La Cour suprême de justice, section judiciaire, siégeant comme Cour de cassation en matière de droit privé ;

Le Ministère public entendu ;

Reçoit la requête du demandeur et la dit fondée ;

Casse sans renvoi l'arrêt RCA 26.508 rendu par la Cour d'appel de Kinshasa/Gombe ;

Met les frais d'instance charge du défendeur ;

La Cour a ainsi jugé et prononcé à son audience publique du 7 février 2018 à laquelle ont siégé les magistrats BOMBOLU BOMBONGO, président, NTAMBWE WA KANIKI, KAZADI WA LUMBULE, MATHE KYALIRE, MWANGA MULINDIA, conseillers, avec le concours du Ministère public représenté par l'Avocat général de la République MIKOBI MINGA et l'assistance de Mme MASUKA, greffier du siège.

OBSERVATIONS

Une parcelle de terre, une vente, un juge. Simples, les règles sont connues trop même. Mais le juge congolais prend aujourd'hui son temps, même là où un étudiant de candidature en droit répondrait vite et correctement.

La villa Sakombi Inongo du quartier huppé de Macampagne à Kinshasa/Ngaliema vaut un détour. L'un dit l'avoir achetée en 1980 et en détenir un certificat d'enregistrement de 1982, renouvelé en 1989, à l'issue de multiples vicissitudes politiques.

L'autre exhibe un titre de propriété de 2006 des suites d'une acquisition entre les mains d'un vendeur, lui aussi porteur d'un titre de 1982. Mais le bien est occupé par le premier depuis au moins 25 ans.

Que fait le tribunal de grande instance/Gombe, saisi en premier ?

Il dit valable le certificat de M. Sakombi, assigné en déguerpissement par M. Lungumbu. Sur pied de l'article 227 de la loi dite Foncière relatif à la force probante du certificat d'enregistrement régulièrement établi.

Le juge s'est appuyé pour ce faire sur une bonne interprétation de la Cour suprême de justice, dans son arrêt TSR 001/RC 356 du 21 décembre 1983 :

« Si les deux parties au procès détiennent chacune un certificat d'enregistrement se rapportant à la parcelle litigieuse, la Cour ne prendra pas en considération le Certificat d'enregistrement émis en faveur du second acheteur, lequel devra être annulé, le certificat détenu par le premier acheteur demeurant seul valable ; »

C'est là aussi un rappel de l'adage *Prior in tempore, potior in jure.*

Au degré d'appel, revirement inadmissible, en marge de la loi, sous influence sans doute. Car là où l'intimé Sakombi oppose la nullité de la vente pour défaut de mandat, sur pied des articles 232 et 544 du CCL III relatifs respectivement à l'aveu judiciaire et à la fin du mandat, la Cour d'appel lui réservera cette réponse osée : « *M. THUBEMONA* (...) *avait qualité de le faire au regard du Mandat lui donné par M. AMADOU KONAN Félix* », d'autant que « *ce dernier a de son vivant disposé de ce bien, même après sa mort, attribut de son droit de propriété* ».

Les juges d'appel ferment donc les yeux devant les dispositions claires comme de l'eau de source que sont les articles 234 et 544 susdits. Quant à l'aveu judiciaire, fait par voie de conclusions par le mandataire THUBEMONA lui-même annonçant le décès de son mandant KONAN, ces juges ont voulu une autre preuve : « *Par ailleurs, faute d'un acte de l'état civil, l'intimé* (Sakombi) *demeure en défaut de rapporter la preuve de la mort de sieur AMADOU KONAN* ».

C'est ce qui s'appelle renverser la charge de la preuve. Pourquoi tout cet aveuglement de la part de hauts magistrats devant les textes de compréhension facile ? Influence. Pour se donner un air sérieux et une conscience tranquille, nos trois savants juges de la Cour d'appel de la Gombe y sont allés par un *distinguo* à eux : « *Le mandat tel que donné à sieur THUBEMONA par sieur AMDOU KONAN constitue une dérogation et non une violation de l'article 544* ». Comment ? Y aurait-il d'autres modes de cessation du mandat que ceux définis à l'article 544 ? En quoi ce mandat-ci constitue-t-il une dérogation à la loi quant à sa manière de finir comme le prévoit la loi ?

Enfin, ce mercredi 7 février 2018, sept ans et demi après le dépôt du pourvoi, la Cour régulatrice du droit, – une fois n'est pas coutume, – venait de fixer l'horizon, sans que j'aie reçu notification de date d'audience. Mais pourquoi sept ans et sept mois pour solutionner un si petit conflit, sauf la taille de la bâtisse en cause ?

Il y eut un délibéré houleux à la plénière de la Cour suprême de justice.

Je dus annoncer à la chambre une mort de notoriété publique de mon client SAKOMBI INONGO, pour pouvoir solliciter la surséance à statuer. Jusque quand ? Ne valait-il pas mieux une absence de décision qu'une sentence qui violerait la loi dans cette cause où j'attendais qu'on affirme un jour les principes élémentaires ?

C'est par un coup de fil lointain du Canada que mon fils Mwanga swa Kipipa Désiré, avocat, m'apprit la décision tant attendue : « *Papa, félicitation, tu as gagné ! Regarde Jeune Afrique sur Facebook.* »

Comme je l'avais développé dans le premier moyen de cassation, l'arrêt RC 3460 dit, au 6e feuillet : « *En tant qu'il vise les articles 232 et 544 du CCL III, le moyen est fondé. En effet, aux termes de l'article 544 du CCL III, le mandat prend fin par la mort ou la déconfiture soit du mandant soit du mandataire, cependant l'article 232 précise que l'aveu fait pleine foi contre celui qui l'a fait et ne peut être révoqué à moins qu'on prouve qu'il a été à la suite d'une erreur de fait. Il appert que la concession querellée a été vendue après la mort du mandant tel que le confirme le mandataire lui-même et l'arrêt dont pourvoi au 15e feuillet aux 4e et 6e paragraphes.* »

Sept ans et sept mois pour trouver cette solution-là. A un confrère me demandant d'introduire une reprise d'instance dans cette cause, j'ai réservé cette sublime réponse : « *Si les juges cessaient de juger les affaires de* ***science personnelle****, on aurait sans doute eu un arrêt. Soit. Allez-y.* » Intelligent et conséquent, il n'a pas pu introduire une reprise d'instance.

DÉCISIONS PÉNALES

SECTION 1 : COUR D'APPEL DE KINSHASA/MATETE

ARRÊT RPA 718 DU 2 DÉCEMBRE 2008
EN CAUSE : MP ET KWADEBA C/BOKOKO, CTI DU MONT-AMBA, OMOMBO, NGUANZA, RDC

Le faux en écriture du conservateur des titres fonciers, punissable sur pied des articles 205 du code foncier ou 124 et suivants du Code pénal livre II

Bien que faisant encore l'objet d'un pourvoi en cassation *sub* RP 3359 que j'ai confirmé le 5 octobre 2009, pour le compte du conservateur des Titres immobiliers du Mont-Amba, l'arrêt RPA 718 soulève une intéressante question de texte de loi applicable, s'agissant du faux en écriture, reproché à un conservateur des Titres immobiliers lors de l'établissement d'un certificat d'enregistrement.

Peu importe l'arrêt que livrera la cassation un jour – on attend depuis cinq ans – voici la question : le conservateur des Titres immobiliers est-il poursuivable au regard de l'article 205 de la loi dite Foncière ou des articles 124, 125, 127 du CPL II, sinon sur pied de tous ces textes ensemble ?

La question a de l'intérêt pour un prévenu, car il s'agit du maximum de la peine comminée et donc de la prescription.

La requête confirmative du pourvoi a été contrée par un mémoire en réponse de l'excellent confrère Me Lukoki-lu-Nzuana Kiasi, magistrat émérite, inscrit au barreau depuis le 17 août 1979.

Quelle est votre opinion ? Qui a raison, qui a tort ? Enfin, les textes légaux concernés sont-ils à l'origine de la querelle ?

1. Les textes de loi

Article 205 de la loi dite foncière :

Sera passible d'une peine de 6 mois à 5 ans et d'une amende de 50 à 300 Z ou d'une de ces peines seulement :

1 (...)

2 le fonctionnaire qui aura dressé un certificat d'enregistrement en vertu d'un tel contrat.

Article 124 CPL II :

Le faux commis en écritures avec une intention frauduleuse ou à dessein de nuire sera puni d'une servitude pénale de six mois à cinq ans et d'une amende de vingt-cinq à deux mille francs, ou d'une de ces peines seulement.

Article 125 CPL II :

Si le faux a été commis par un fonctionnaire ou agent de la Colonie, dans l'exercice de ses fonctions, la servitude pénale pourra être portée à dix ans et l'amende à cinq mille francs.

Article 127 CPL II :

Tout fonctionnaire ou officier public qui, dans l'exercice de ses fonctions, aura délivré un faux certificat, fait usage d'un certificat faux ou falsifié, sera puni d'une servitude pénale de trois mois à cinq ans et d'une amende de 100 à 1.000 francs, ou d'une de ces peines seulement.

2. Les faits de la cause et la procédure

Au 10e et 11e feuillets l'arrêt relate : *« S'agissant des faits de la cause, il ressort de la citation directe diligentée en date du 10 et 17 août 2007 sous RP 2020, que la partie civile KWADEBA a attrait en justice le prévenu BOKOKO MANKOTO pour faux et usage de faux, et les prévenus Richard OMOMBO MAMBA et Paulin NGUANZA NGUNGA pour faux et usage de faux et pour stellionat, infractions prévues et punies respectivement par les articles 124 à 125 et 96 du livre II du Code pénal ; »*

3. Motivation de L'arrêt RPA 718

(...)

Dans le cadre de leur défense les prévenus David BOKOKO MANKOTO et Richard OMOMBO MAMBA ont soulevé des préalables relatifs à l'incompétence matérielle du premier juge, à l'irrecevabilité de la citation directe en vertu de l'adage « Electa una via » et pour défaut de qualité dans le chef de la partie civile et enfin à la prescription de l'action publique ;

(...)

Quant à l'exception de prescription, la Cour entend l'examiner à l'occasion de l'étude des infractions reprochées aux prévenus ;

(...)

Interrogé sur les faits mis à sa charge quant à l'établissement par lui d'un faux certificat d'enregistrement vol. AMA 38 folio 118 du 7 juin 1999 au nom de l'Institut Congolais de médecine chinoise et d'acupuncture, le prévenu David BOKOKO MANKOTO a déclaré avoir agi régulièrement dans le cadre de ses fonctions de conservateur des titres immobiliers du Mont-Amba ;

Le faux et l'usage, soutient-il, sont des infractions intentionnelles et non pas des délits d'imprudence et dès lors, leur établissement suppose l'existence d'un dol spécial ;

Dans le cas d'espèce, relève-t-il, les contacts pris par le conservateur en chef, avec l'OBMA (office des biens mal acquis) *autour de l'enregistrement de l'immeuble au nom de l'Institut congolais de médecine chinoise et d'acupuncture prouvent à suffisance qu'il n'avait pas l'intention de nuire à la partie civile qu'il ne connaissait même pas et dont il ignorait les prétentions sur l'immeuble querellé étant donné qu'elle ne s'était jamais manifestée ;*

La Cour analysant les éléments constitutifs de faux en écritures sur pied des articles 124 et 125 du LIVRE II du Code pénal constate en premier lieu que le prévenu n'a pas nié avoir établi au nom de l'ICMCA le certificat d'enregistrement vol. AMA 38 folio 118 du 7 juin 1999 qui est ce jour le document ou mieux l'écrit incriminé ;

Elle relève en deuxième lieu que cet écrit qu'est le certificat d'enregistrement susmentionné contient des altérations manifestes de la vérité ;

Ainsi peut-il être noté que dans cet écrit, le prévenu a mentionné qu'il établissait le certificat d'enregistrement en faveur de l'Institut Congolais de Médecine Chinoise et d'acupuncture en sigle ICMCA ayant son siège social à Kinshasa et dont la personnalité civile a été reconnue depuis le deux novembre 1986, représenté par Messieurs OMOMBO Richard et NGWANZA Paulin.

(...)

En effet, estime-t-elle, le comportement du prévenu David BOKOKO ne découle pas comme il le prétend d'une simple négligence ou d'une quelconque imprudence mais d'une volonté délibérée de tricher ; pour s'en convaincre, la Cour s'en tient à l'ampleur des altérations de la vérité sus mentionnées ;

(...)

La Cour est d'avis que contrairement à l'argumentaire du prévenu David BOKOKO MANKOTO, c'est à bon droit que la partie civile l'a cité sur pieds des articles 124 et 125 du LIVRE II du Code pénal ; En effet note-t-elle, en prévoyant l'article 125, le législateur a bel et bien voulu sanctionner les faux en écritures commis par un fonctionnaire ou un agent public ;

L'article 127 du LIVRE II du Code pénal vanté par le prévenu est en ce qui est des fonctionnaires une dérogation à l'article 125 du LIVRE II du Code pénal s'agissant d'une catégorie de documents ou d'écrits que sont les certificats ;

(...)

Commentant cette disposition, Georges Mineur écrit que les faux certificats prévus par l'article 127 sont de faux en écritures d'une nature spéciale. Il s'agit, explique-t-il, des attestations écrites d'un fait ou d'une appréciation qui sont de nature à dispenser d'un service légalement dû, ou à appeler la bienveillance de l'autorité publique ou des particuliers, sur la personne qui le possède, ou à lui faciliter l'obtention d'une place ou d'un crédit quelconque tels sont, poursuit-il, les certificats qui attestent l'indigence, une maladie, une infirmité, les certificats de congé que délivrent aux militaires les commandants de dépôt (Mineur G., *Commentaire du Code Pénal Congolais*, 2e éd., Bruxelles 1953, pp. 291 à 292).

C'est par souci d'échapper aux poursuites, pense la Cour, que le prévenu met dans cette catégorie des certificats, le certificat d'enregistrement qui n'est pas une simple altération d'un fait, mais un titre de propriété en matière immobilière, comme l'est la carte rose pour les véhicules auto moteurs ;

(...)

Partant de l'analyse qui précède, elle dira établie dans le chef du prévenu DAVID BOKOKO MANKOTO l'infraction de faux et usage de faux sur le certificat d'enregistrement vol. AMA 38 folio 118 du 7 juin 1999 mise à sa charge dans la citation directe ;

Répondant à l'exception de prescription, la Cour la dira non fondée ; en effet l'article 125 livre II du Code pénal fixe le maximum à 10 ans de SPP ;

4. Observations

On l'aura bien compris, les juges d'appel ont été, sans conteste, influencés par la constitution des faits pour pouvoir se prononcer sur la prescription. Inclination naturelle mais qui n'a rien à voir avec le droit en l'occurrence.

Car, constituée ou non, l'infraction se prescrit du seul fait de l'écoulement d'un délai à calculer arithmétiquement. Sans aller chercher d'abord à savoir si les faits mis à charge du prévenu sont établis ou pas.

Or c'est ce qu'a fait hélas l'arrêt RP 718 à son 11e feuillet : « *Quant à l'exception de prescription, la Cour entend l'examiner à l'occasion de l'étude des infractions reprochées aux prévenus* ».

Au lieu de produire un arrêt de vingt-cinq feuillets, les magistrats se devaient juste de noter la date de la perpétration des faits et celle de l'introduction de l'action, en s'assurant au passage de l'existence ou non des actes interruptifs, pour calculer le délai de la prescription, sur pied du texte devant réprimer les faits en conjonction avec l'article 24, 3° du CPL I sur la prescription. Agir autrement, c'est, me semble-t-il, vouloir juger selon que…

Ceci dit, revenons à la question. Quel est le bon texte pour réprimer le faux en écritures dont le *corpus delicti* est un certificat d'enregistrement d'un immeuble ?

L'arrêt RPA 718 a choisi : « (…), *en prévoyant l'article 125, le législateur a bel et bien voulu sanctionner les faux en écriture commis par un fonctionnaire ou un agent public* ».

Au passage et parce que cet autre article du Code pénal a un même taux maximum de la peine que l'article 205, 2 de la loi dite Foncière, taux favorable au fonctionnaire, la Cour d'appel de Matete a écarté l'article 127 du CPL II, invoqué par le conservateur des Titres immobiliers, car, selon la Cour d'appel, cet article concerne « *une catégorie de documents ou écrits que sont les certificats* ».

Ce faisant, à mon avis et c'est bien la thèse que je défends dans le pourvoi, l'article 205, 2 de la loi dite Foncière est là pour ajouter, le droit pénal étant d'interprétation stricte, un autre certificat non expressément visé à l'article 127 du CPL II, soit le certificat d'enregistrement d'immeuble.

L'on retiendra, du reste, qu'entre les articles 205, 2 et 127, la différence porte uniquement sur le minimum légal : 3 mois au Code pénal et 6 mois au Code foncier, le maximum étant le même, soit 5 ans, en lieu et place de 10 ans prévus à l'article 125 du CPL II, pour tous les autres fonctionnaires.

Pour le défendeur en cassation, Me Lukoki-lu-Nzuana Kiasi introduit une nuance, à savoir une exception dans l'exception. Pour lui, donc, il faut interroger l'article 204 de la loi dite Foncière, pour savoir s'il s'agit d'appliquer l'article 205 ou plutôt l'article 125 du CPL II. Selon sa thèse, l'article 205 s'appliquera, si le conservateur a agi « *en violation des dispositions impératives de la loi foncière ou contrairement aux dispositions impératives d'ordre urbanistique* ».

Comme c'est un texte d'exception que cet article 205,2, poursuit Me Lukoki, il doit obéir à l'adage *Specialia generalibus derogant*, et non s'appliquer « *à tout vent* », de sorte que le faux certificat doit avoir comme acte générateur ou « *support un contrat nul tel que défini par l'article 204 de la loi foncière* ».

Si pareille thèse tient la route, elle ne contredit nullement la mienne, à tout prendre. En effet, dois-je le répéter ? En introduisant dans le Code foncier l'article 205, 2 pour réprimer le faux en écriture, le législateur n'ignorait point l'existence au Code pénal ordinaire des dispositions antérieures. L'on doit, dès lors, admettre que nouvelle dérogation a été faite aux articles 125 et 127 du CPL II portant le maximum à 10 ans de SPP pour le faux « *commis par un fonctionnaire ou agent de la Colonie, dans l'exercice de ses fonctions* ».

Enfin, le faux visé au Code foncier est-il nécessairement lié à l'existence d'un contrat générateur nul, comme l'écrit l'avocat Lukoki-lu-Nzuana Kiasi ? Autrement dit et *a contrario*, à défaut d'un tel contrat, un conservateur des Titres immobiliers ne peut-il pas dresser un faux certificat ?

L'arrêt RPA 718 écarte l'avis de Me Lukoki, quand il dit qu'il faut considérer « *le comportement du prévenu* » et rechercher « *la volonté délibérée de tricher* » chez le conservateur. Par exemple, motive l'arrêt au 18e feuillet, « *le fait pour le prévenu de faire état d'un acte de donation passé devant notaire pour faire croire ainsi à l'existence d'un acte authentique alors qu'il avait devant lui la photocopie certifiée conforme d'un acte sous seing privé* ». Ou encore, « *affirmer dans le certificat d'enregistrement incriminé que l'ancien certificat d'enregistrement était annulé alors qu'il ne l'a jamais été* ».

Ces deux motifs retenus par la cour pour incriminer le comportement du conservateur Bokoko tranchent la querelle, à mon avis. Il n'y a pas deux corps du délit, le contrat générateur et le certificat consécutif, il n'y en a qu'un seul : le certificat lui-même. Il appartient au conservateur de le dresser en se conformant à la loi, sans tricherie aucune. À défaut, il lui sera appliqué l'article 205, 2 et non les textes du Code pénal ordinaire.

SECTION 2 : COUR SUPRÊME DE JUSTICE

ARRÊT RP 2149 DU 26 FÉVRIER 2003
EN CAUSE : MPETI E. S. ET MPETI E. J.-M C/MP ET PC CPCL/CBCO

Escroquerie : par qui doit être remis l'objet du délit, la victime ou même un intermédiaire ?

1. Les textes de loi

Article 98 du CPL II :

Quiconque, dans le but de s'approprier une chose appartenant à autrui, s'est fait remettre ou délivrer des fonds, meubles, obligations, quittances, décharges, soit en faisant usage de faux noms ou de fausses qualités, soit en employant des manœuvres frauduleuses pour persuader l'existence de fausses entreprises, d'un pouvoir ou d'un crédit imaginaire, pour faire naître l'espérance ou la crainte d'un succès, d'un accident ou de tout autre événement chimérique, pour abuser autrement de la confiance ou de la crédibilité, est puni d'une servitude pénale de trois mois à cinq ans et d'une amende dont le montant ne dépasse pas deux mille zaïres, ou d'une de ces peines seulement.

Article 87 du CPP :

Ils (jugements) contiennent (...) les motifs et le dispositif.

2. Les faits de la cause et la procédure

L'arrêt RP 2149 du 26 février 2003 a été rendu sous la direction de l'excellent juge Makay Ngwey, président, le même que dans l'arrêt ci-dessus RPR 006/99. Il est court : cinq paragraphes sur un feuillet, pour casser le jugement entrepris, faute de l'élément matériel : remise de la chose mobilière, exigée pour l'escroquerie.

Cette motivation brève répond à une requête confirmative du pourvoi de neuf feuillets et un mémoire en réponse de six feuillets.

Pour vous permettre de comprendre l'exercice – l'arrêt et sa critique –, voici les faits de la cause.

1° MM. Simon et Jean-Marie MPETI, jumeaux, étaient membres de la Caisse populaire de crédit LUYMAS, où ils avaient donc chacun son compte, à la succursale de Kintambo, portant respectivement les numéros 4879 et 1997.

En marge de la réforme monétaire de 1993, M. Simon ELOMBE fera un versement par chèque de 60.000.000.000 Z, qui sera finalement porté en compte à concurrence de 20.000 ZRN, son chèque n'ayant pu être encaissé, pour provision insuffisante.

En raison de la rareté de billets de banque à Kinshasa et dans tout le pays, le déposant se résolut, avec l'accord de « LUYMAS », à placer 15.000 ZRN dans deux comptes au nom de MOPUTU, son épouse et de SUNGU, un autre affilié à la Caisse, question d'avoir plusieurs retraits à la fois.

Au 21 janvier 1994, le compte de M. Simon ELOMBO accusait un solde de **3.262** ZRN et celui de l'autre, un crédit de **4.501** ZRN, à la date du 9 décembre 1993.

La « LUYMAS » ne s'est jamais opposée à un quelconque retrait, car ce sont les déposants eux-mêmes qui actionnent leurs comptes et les paiements sont faits au fur et à mesure.

Seulement, les affiliés MPETI feront des calculs, après avoir même changé la position de leurs comptes, de vue à terme. Ils intitulent ces fameux calculs « généalogie de la situation financière ». Moyennant un taux d'intérêt mensuel de 375 % et une capitalisation des avoirs, ils réclameront désormais à « LUYMAS » 172.882,74 $, au total.

La « LUYMAS » repousse la revendication. Les déposants recourent à tout, notamment au redoutable KONGOLU Mobutu pour se faire payer ; en vain !

2° Las, ils assignent au civil pour obtenir ce paiement, tandis que la « LUYMAS » les cite au pénal pour tentative d'escroquerie, doublée d'usure. Passant outre l'exception Le criminel tient le civil en état, le tribunal de grande instance/Gombe condamne sous RC 65.725/65.817 au remboursement de 172.882 $ ou 49.837.980 ZRN, avec exécution provisoire.

La procédure de défenses à exécution n'y fera rien : une bonne partie des biens meubles et immeubles de « LUYMAS » sera vendue.

La procédure pénale quant à elle sera vouée à des manœuvres dilatoires éhontées, jusqu'à un pourvoi en cassation contre un avant-dire-droit de mise en état de la cause, pourvoi qui sera classé sans suite pour non-consignation !

Enfin, le premier juge condamne, de même que celui d'appel, sous réserve que ce dernier a dit constituée non pas la tentative mais l'escroquerie, suite au fait que le jugement civil, moyen du délit, venait d'être exécuté.

3. Observations

Quelle pourrait être la vraie raison d'un arrêt si court, pour répondre à une requête confirmative si laborieuse du pourvoi en neuf pages, avec cinq moyens de cassation, subdivisés en branches et sous-branches, comme savait le faire Me Kankonde Batubenga May a Luebo de pieuse mémoire ?

Dans mon mémoire en réponse à cette requête, j'ai eu à stigmatiser le premier moyen de cassation contenant, il faut le faire, douze articles pris dans cinq décrets différents pour développer ce moyen ! Ce premier moyen ne concernait pourtant que la seule existence de la partie civile « LUYMAS », pas encore le fond de la cause, soit la constitution ou non de l'escroquerie.

La Cour régulatrice du droit balayera la difficulté lui tendue par les demandeurs, en faisant une économie de temps. Aller à l'essentiel. Voir si le délit a été commis ou pas. Sous réserve de ce que peut cacher un litige aussi lourd – 2.600.000 $ –, la réponse de la Cour suprême de justice est tout à fait énigmatique, en tout cas critiquable, à mon avis.

La jurisprudence bégaie, balance, selon que, est en dents de scie, ai-je eu à le dire dans l'introduction. N'est-ce ici une belle illustration ? Car sans doute au courant de la situation, l'ancien bâtonnier national Mbu ne Letang a également introduit une intervention volontaire, comme j'ai eu à le faire dans le dossier RP 2277, MP et PC ANWARALI c/MUKENDI NTAMBE. Le 20 juillet 2002, j'ai obtenu gain de cause par un avant-dire-droit agréant l'intervention volontaire de mon client.

Le 26 février 2003, moins d'une année après, soit exactement sept mois plus tard, notre Cour régulatrice du droit, « *appelée à veiller à l'application des lois par toutes les juridictions* »,23 **de la même façon**, oubliera sa propre décision acquise lors d'une précédente plénière, « *dira cette requête* (en intervention volontaire) *irrecevable parce que non prévue par la procédure devant elle lorsqu'elle siège en matière répressive* ».

Et pourtant l'intervention volontaire venait d'être autorisée aussi en matière répressive *sub* RP 2277. Rejet ici non dans le dispositif mais dans un motif décisoire cette fois-ci, on dirait, aux échecs, rejet « en passant ».

Et au fond de la cause, nulle prévention n'est constituée, ni la tentative d'escroquerie ni l'usure figurant dans la citation directe et retenue par les juges d'appel, à l'exclusion de l'usure on ne sait pourquoi du reste ?

Cet arrêt pousse à une mûre réflexion. Mérite d'être enseigné, tant il doit pousser à la réflexion, mêlée d'indignation. Vous interpelle !

Déjà devant le jugement d'appel, sous la plume de leur conseil Kankonde Batubenga May a Luebo, les pourvoyants, dans leur exposé des faits déplorent : « *Comme on peut le deviner déjà, ce jugement n'a qu'un mérite, celui de mécontenter toutes les parties aux conflits* ». Le juge de cassation sifflera la fin de la partie, hélas ! Au détriment du droit et de la victime.

Suivons. Pour défaut de remise d'une chose mobilière à l'accusé, ainsi que le veut le Code pénal, la Cour suprême écarte l'infraction d'escroquerie, vu que « *dans le cas sous examen, il ressort de la décision attaquée que les demandeurs* (entendez les deux prévenus) *n'avaient **reçu** ni fonds ni une quelconque autre chose mobilière de la part de la deuxième défenderesse* (entendez la "LUYMAS"), *mais que la somme d'argent perçue par eux soit 2.600.000 $ leur fut payée à la suite d'une vente des biens immobiliers de la défenderesse en exécution du jugement RC 65.817/65.725* ». Bien tout cela.

On y est. Réfléchissons à présent. Simplifions. Les prévenus n'ont rien reçu directement de la victime, mais bien du greffier, après la vente de ses biens immobiliers ! L'escroquerie peut-elle néanmoins se concevoir ? Pour la cassation, c'est non, faute de remise d'un meuble.

Or le tribunal de grande instance, juge d'appel aura reconnu l'escroquerie en lieu et place de sa tentative visée dans la citation directe à base des manœuvres frauduleuses, caractérisées par au moins six faits matériels ci-après. L'ouverture des comptes en zaïres, le dépôt par les clients de 60.000.000.000 z, devenus 20.000 ZRN, la conversion des comptes à vue en comptes à terme, opération destinée à se faire payer des intérêts à... 375 % le mois, l'élaboration d'un document dit « *généalogie de la situation financière* », donnant une somme de 172.882 $. Il n'est pas inutile de souligner que c'est le déposant seul qui actionne son compte sans possibilité pour la caisse de s'y opposer.

La « *généalogie de la situation financière* », document unilatéral protesté par la « LUYMAS » aurait dû connaître le même sort comme dans l'arrêt RPR 006/99

23 TERRÉ, F., *ibid.* n° 106, p. 88.

du 24 décembre 1999, MP et JANGA c/J.-P. BEMBA, à savoir son rejet des débats comme non contradictoire.

Mais alors, puisque remise des fonds a quand même eu lieu en faveur des prévenus, des suites d'une vente publique des biens immobiliers d'autrui, vente provoquée par eux, ne fallait-il pas aller savoir si cette opération-là était ou non répréhensible ? Fallait-il s'arrêter en surface, en constatant simplement l'absence de remise directe de la chose par la victime ? L'escroquerie par jugement n'existe-t-elle pas ?

Quand le greffier a remis le produit de vente des immeubles, n'est-ce pas qu'il le faisait au nom et pour le compte de la « LUYMAS » ? 2.600.000 $ remis et une petite entreprise d'épargne disparue du circuit économique !

En fait, pour pouvoir attirer l'attention du tribunal suprême de cassation, j'avais pris soin de rappeler, dans mon mémoire en réponse du 18 novembre 1999, deux jurisprudences déjà soumises à l'appréciation du tribunal d'appel le 30 avril 1999. Elles visaient à caractériser les manœuvres frauduleuses des clients de « LUYMAS », dans la conversion de leurs comptes à vue en comptes à terme, dans le calcul des intérêts avec un taux impossible de 375 % par mois, dans l'élaboration du fameux document unilatéral « *généalogie de la situation financière* », soumis au juge civil pour condamner.

L'arrêt a choisi l'élément remise d'une chose mobilière qui est en aval et encore, pour apprécier l'infraction. L'élément manœuvre frauduleuse, qui se trouve en amont, n'a pas compté ! Ni non plus le fait que la chose mobilière à savoir les 2.600.000 $ sont en vérité le produit de vente d'un immeuble.

Faut-il une thèse de doctorat pour vous amener à l'admettre ?

4. La jurisprudence

1° *Le fait de se présenter au guichet de la caisse d'épargne avec un livret dont le montant est majoré si grossièrement que l'employé s'en aperçoit et ne remet pas l'argent est une tentative d'escroquerie* (Orléans, 15 mars 1957, GP 1957, p. 214).

2° *Le compte étant un contrat, le client a donc le plus grand intérêt, en demandant l'ouverture d'un compte, de préciser quelle nature exacte il entend donner à ce compte, bien entendu avec le banquier.*[24]

Et, en l'espèce, citation directe avait été par ailleurs lancée non pour escroquerie mais pour sa tentative. Je rêve encore devant cette sorte de nuances, de jeu de mots dont a usé la Cour dans la rédaction de son œuvre : Les prévenus « *n'avaient **reçu** ni fonds ni une quelconque chose **mobilière** de la part de la* » victime, « *mais que la somme d'argent **perçue** par eux soit 2.600.000 $ leur fut payée à la suite d'une vente de biens **immobiliers** de la* » victime ! Pas « reçu », mais « perçu ». Pas bien « mobilier » comme l'exige la loi, mais bien « immeuble ». Car, en effet l'escroquerie requiert la remise d'un meuble. Toutes ces nuances tiennent la route, mais qu'ont-elles de commun avec la vérité ?

---

[24] CABRILLAC, H., *Introduction au Droit bancaire*, Paris, Dalloz, 1965, p. 45.

Or Aristote, disciple de Platon conseille : J'aime Platon, mais j'aime davantage la vérité, *Amicus Plato sed magis amica veritas*. Hélas, la mission du juge, on l'ignore bien souvent, n'est pas de dire la vérité mais le droit. Parfois on n'a pas le temps ni encore moins raison d'aller à la vérité. Un élément contre un autre dans le même texte de loi et ça y est, le tour est joué. Justice est rendue. Ici on aurait voulu que la cour créât une jurisprudence, en disant, par exemple, que recevoir le produit d'une vente publique réalisée suite à ses propres manœuvres frauduleuses revient à recevoir ledit immeuble et donc à commettre l'escroquerie.

Il faut saluer la cohérence du raisonnement des magistrats de cassation, et déplorer leurs motifs faits de vernis. Le juge se cache toujours derrière les motifs de sa décision. À l'expert de le traquer. À la victime de trinquer, hélas.

SECTION 3 : COUR SUPRÊME DE JUSTICE

ARRÊT RPP 112 DU 14 SEPTEMBRE 2001
EN CAUSE : HUNANKOR C/LES MAGISTRATS BUKASA, KABANDJO, MULUMBA ET LA RDC

Preuve du fait : cas d'une contre-lettre face à un acte judiciaire ou administratif

1. Les textes de loi

Article 203 du CCL III :

Les contre-lettres ne peuvent avoir leur effet qu'entre les parties contractantes : elles n'ont point d'effet contre les tiers.

Article 226 du CCL III :

La présomption légale est celle qui est attachée par une loi spéciale à certains cas ou à certains faits ; tels sont :

1° – Les cas dans lesquels la loi déclare la propriété ou la libération résulter de certaines circonstances déterminées ;

2° – L'autorité que la loi attribue à la chose jugée ;

3° – La force que la loi attache à l'aveu de la partie ou à son serment.

Article 227 de la loi dite Foncière :

Le certificat d'enregistrement fait pleine foi de la concession, des charges réelles et, éventuellement, des droits de propriété qui y sont constatés. Ces droits sont inattaquables et les actions dirigées contre eux ne peuvent être qu'en dommages-intérêts. Toutefois, les causes de résolution ou de nullité du contrat ou de l'acte, l'erreur de l'ordonnance d'investiture donnent dans les deux années depuis la mutation, ouverture à une action en rétrocession, avec dommages-intérêts s'il y a lieu.

Les deux derniers articles combinés avec les adages *Lata sententia judex* et *Non bis in idem.*

Contre l'arrêt RCA 1637/59 du 11 octobre 2000 de la Cour d'appel de Mbuji-Mayi, la partie succombante « HUNANKOR » a initié un pourvoi en cassation, auquel j'ai répondu, pour le compte de « MAS », par un mémoire déposé le 23 mars 2001. La même partie a introduit aussi une requête en prise à partie *sub* RPP 112 contre les magistrats de la composition. Cette procédure de fond a abouti plus vite et positivement pour la « HUNANKOR ».

L'arrêt étant long – huit feuillets –, des extraits nécessaires à la critique seront seuls reproduits ci-après.

2. L'arrêt RPP 112

Par ordonnance rendue le 18 mai 2001, la Cour suprême de justice, siégeant en chambre du conseil en matière de prise à partie, autorisa la Société HUNANKOR, agissant par son Conseil, Maître Claude MANZILA, à prendre à partie les Magistrats Anaclet BUKASA, MULUMBA et BAKANDJO, respectivement président et conseillers à la Cour d'appel de Mbuji-Mayi qui ont rendu l'arrêt RCA 1637/59 du 11 octobre 2000, dans la cause qui a opposé la requérante à la société messagerie AUTOMOBILE DU SANKURU « MAS ».

Par requête déposée au greffe de la Cour suprême de justice le 28 mars 2001, la Société HUNANKOR SPRL, agissant par son conseil, l'Avocat MANZILA LUDUM SAL'A SAL, a introduit une action en prise à partie dirigée contre les Magistrats Anaclet BUKASA LUKUNGA, MULUMBA KABONGO et BAKANDJO LOKOMBO, respectivement président et conseillers de la Cour d'appel de Mbuji-Mayi, du chef de dol commis lors de l'arrêt RCA 1637/59 qu'ils ont prononcé le 11 octobre 2000 et par lequel ils ont reçu et dit partiellement fondé l'appel de la société MAS (Messageries automobiles de Sankuru)*, et annulé en toutes ses dispositions le jugement attaqué RC 4565. Statuant à nouveau et faisant ce que le premier juge aurait dû faire, ils ont dit recevable et partiellement fondée l'action originaire de l'appelante MAS, déclaré bonne et valable la saisie conservatoire pratiquée sur les biens meubles de la société HUNANKOR, qu'ils ont convertie en saisie exécution, condamné la requérante au paiement des sommes respectives de six millions de zaïres et cinq millions quatre cent mille francs congolais à titre des loyers échus et l'ont condamné également à payer, à titre de contrevaleur des effets perdus ou endommagés la somme de 34.350.000.000 Z. Ils l'ont, en outre, condamné également à payer, à la société MAS, à titre des dommages-intérêts, la somme de 500.000 FC, la même composition a ensuite commis la Banque centrale du Congo, succursale de Mbuji-Mayi, en qualité d'expert aux fins de déterminer la valeur en francs congolais des sommes formulées en zaïre à la période du mois d'août 1991 ; elle a dit qu'il n'y a pas lieu à ordonner le déguerpissement de l'intimée ou des siens des lieux querellés ;*

Elle a enfin déclaré non fondée la demande de l'appelante MAS tendant à entendre dire acquises à son patrimoine les modifications apportées aux lieux litigieux par l'intimée HUNANKOR.

Il résulte de l'ensemble des pièces du dossier et des débats à l'audience que les faits de la cause se présentent comme suit :

Le 20 juillet 1991, les sociétés MAS (Messageries automobile de Sankuru) *et HUNANKOR signèrent par le biais de leur organe, un contrat aux termes duquel la première donnait en location à la seconde une partie de sa concession sise au croisement des avenues INGA et Maman YEMO dans la Commune de Dibindi à Mbuji-Mayi pour un loyer mensuel d'un million cinq cent mille zaïres et pour une durée de 6 mois renouvelable par tacite reconduction.*

Le 24 août 1992 intervint entre les nommés Jean-Claude HELLEBAUT, Administrateur-Gérant de la MAS et Olivier KABANGU, agissant en nom personnel un contrat de vente portant sur les mêmes lieux loués à HUNANKOR. Le prix de vente fut fixé à 2.500.000.000 Z.

Le même jour, les deux parties signèrent un autre contrat de vente en précisant que le contrat du 24 août 1992 était un contrat simulé lequel ne deviendrait effectif qu'après détermination du prix et versement effectif de ce prix entre les mains du vendeur moyennant décharge. Le 18 septembre 1992, elles firent délivrer par le conservateur des titres immobiliers de Mbuji-Mayi, le certificat d'enregistrement vol. 14, folio 155 au nom du sieur KABANGU Olivier et convinrent que le vendeur gardait le certificat d'enregistrement jusqu'au paiement du prix de vente. Le 8 février 1995, Monsieur Olivier KABANGU se fit établir à l'insu de l'autre partie un autre certificat d'enregistrement vol. 20, folio 23. À la suite du conflit né lors de l'exécution de deux contrats de vente pré rappelés, la partie HELLEBAUT assigna le sieur KABANGU en justice et sollicita l'annulation de la vente et du certificat détenu par ce dernier.

Par jugement RC 4544 du 11 décembre 1996, le tribunal de grande instance de Mbuji-Mayi débouta Hellebaut de son action. Ce jugement signifié à Monsieur HELLEBAUT n'avait pas été attaqué par des voies de recours.

(...)

Sur appel formé le 26 août 1996, par l'avocat KALELE KATUNGA porteur d'une procuration spéciale à lui donnée par Monsieur Jean-Claude HELLEBAUT au nom de la MAS, la Cour d'appel de Mbuji-Mayi rendit l'arrêt RCA 1637 en date du 11 mars 1997 par lequel, après avoir infirmé le jugement attaqué, elle statua à nouveau et condamna la requérante au paiement de 29.281.000.000 Z (ancien zaïre) *à titre de loyers échus et 50.000.000 ZRN de dommages-intérêts.*

Cette décision ne fut pas signifiée à la société HUNANKOR, toutefois, le conseil de la société MAS écrivit au conseil de la société HUNANKOR, SPRL pour lui en faire connaître le dispositif tout en lui demandant de prier sa cliente d'exécuter volontairement ladite décision.

Entre-temps, lors de l'entrée de L'AFDL, le Palais de Justice de Mbuji-Mayi fut pillé par la population ; tous les dossiers furent détruits, en qui obligea du coup la société MAS de recommencer la procédure.

Statuant pour la deuxième fois sous RCA 1637/59, la Cour d'appel de Mbuji-Mayi reçut l'appel et le dit partiellement fondé. Elle annule dans toutes ses dispositions le jugement a quo, dit donne et valable la saisie conservatoire pratiquée sur les biens meubles de la société HUNANKOR et la convertit en saisie exécution et condamna la même société au paiement de la somme globale de 237.744.210 FC soit 9.509.768 $.

À l'appui de sa requête, la société HUNANKOR invoque quatre griefs qui, selon elle, seraient constitutifs du dol dans le chef des magistrats mis en cause :

Le premier grief est tiré de ce que, bien qu'informés de l'existence d'une première décision dans la même affaire, les magistrats mis en cause ont tenu à rendre une seconde décision malgré les preuves versées au dossier par le conseil de la société HUNANKOR et l'insistance de ce même conseil à ne pas violer la règle Non bis in idem *et à constater le dessaisissement de la cour.*

Par mauvaise foi et sous prétexte de l'absence de signification du premier arrêt et de l'impossibilité de le retrouver après les pillages, ils se seraient crus en droit de statuer à nouveau dans la même cause.

Le deuxième grief leur reproche d'avoir agi par dol en faisant délibérément une confusion entre le contrat de bail passé par les sociétés HUNANKOR et MAS le 20 juillet 1991 et pris fin le 24 août 1992 avec le contrat de vente conclu entre Messieurs HELLEBAUT et Olivier KABANGU.

En décidant que le sieur KABANGU n'avait pas payé le prix de vente des lieux et que de ce fait le bail continuait à produire ses effets jusqu'à l'an 2000 d'une part et, d'autre part qu'en condamnant HUNANKOR de payer les arriérés des loyers jusqu'à l'an 2000 alors qu'après la vente du 24 août 1992 confirmée par jugement RC 4544 rendu le 11 décembre 1996 par le tribunal de grande instance Mbuji-Mayi, jugement signifié mais non attaqué et par le certificat délivré à Monsieur KABANGU, les magistrats incriminés auraient non seulement violé l'autorité de la chose jugée attaché au jugement RC 4544 sus invoqué, mais aussi usé des manœuvres frauduleuses pour nuire à la requérante et procurer un profit à la société MAS.

Dans le troisième grief, la requérante critique les magistrats incriminés de s'être autorisés à faire des calculs des arriérés des loyers non sollicités par la société MAS, alourdissant par ce procédé la condamnation de la requérante à 237.744.210 FC, soit 9.509.768 $ alors que la société MAS avait exigé des arriérés des loyers allant du 20 juillet 1991 au 24 août 1992 soit 82.000 $, plus la somme de 4.182 $, représentant la contrevaleur des effets perdus ou endommagés et 20.000 $ à titre des dommages-intérêts soit au total 106.189 $ lesquels convertis en francs congolais au taux de 1 $ pour 25 FC devaient donner la somme de 2.654.725 FC.

Le dernier grief se rapporte à l'ordre que les Magistrats incriminés avaient donné à la Banque centrale du Congo, succursale de Mbuji-Mayi de calculer en francs congolais la somme de 34.350.000.000 z représentant la contrevaleur de divers effets mobiliers estimés par MAS à l'équivalent de 4.182 $ le 20 octobre 1993. Il vise *également l'ordre donné à la Banque centrale du Congo de déterminer en francs congolais la valeur de ces 34.350.000.000 z au taux d'août 1991 au lieu de celui du 20 octobre 1993, ce qui a pour conséquence de donner le montant de 5.815.196 $ au lieu de 4.182 $ réclamé par la MAS.*

De ce qui précède, la requérante conclut que les magistrats pris à partie ont cherché intentionnellement à lui nuire et à enrichir sans cause la société MAS. C'est pour cette raison qu'elle sollicite l'annulation de l'arrêt RCA 1637/059 et le paiement de la somme de 50.000.000 FC à titre des dommages-intérêts.

De leur côté, les magistrats pris à partie ont dans la note de plaidoirie prise par leur conseil, l'avocat MATADIWAMBA du Barreau de la Cour suprême de justice, soulevé une fin de non-recevoir tirée du défaut de qualité dans le chef de Monsieur KABANGU d'agir au nom et pour le compte de la société HUNANKOR.

Ils ont soutenu à cet effet que l'acte constitutif de la société HUNANKOR est muet sur la représentation en justice, seul l'article 10 traitant des services techniques, d'administration et de finances dispose que ceux-ci seront placés sous la supervision de deux gérants de la société mixte ; toutefois les noms de gérants devant agir conjointement n'apparaissent pas dans l'acte constitutif.

Cependant dans l'immatriculation au Nouveau Registre de Commerce figurent les noms de Messieurs Olivier KABANGU et JIANG JING QIU comme gérants sans préciser comment ils doivent agir. Si l'on se rapporte à l'article 10 de l'acte constitutif, on peut conclure que Monsieur KABANGU n'a pas qualité seul, à représenter HUNANKOR. Il y a donc lieu de déclarer cette action irrecevable.

Quant au fond, les magistrats poursuivis ont affirmé qu'ils n'avaient nullement l'intention de favoriser la partie MAS au détriment de la société HUNANKOR ; qu'au contraire, lors de l'examen de cette cause ils se sont trouvés devant le cas d'une décision judiciaire ayant existé mais qui avait péri dans les pillages, difficulté non prévue par aucune disposition légale expresse et qui les a amenés à consulter la plénière pour avis. Ce comportement, ont-ils enchaîné, n'est pas celui des individus qui veulent agir dans l'ombre.

S'agissant de la fixation de la hauteur des loyers échus, les magistrats incriminés ont allégué que devant le problème qui leur a été posé par la présence de la contre-lettre il fallait répondre si oui ou non le bien était en location ou avait été vendu ; car, selon l'article 203 du Code civil livre III, la contre-lettre passe avant l'acte, fut-il authentique, puisqu'elle est justement censée exprimer la volonté des parties à l'acte apparent.

Ayant constaté en application de la disposition légale susvisée, que Monsieur KABANGU n'avait point des droits sur le bien « dont il tirait de plantureux revenus, il a fallu faire des calculs des loyers, période par période, monnaie par monnaie pour faire arrêter par un expert le montant à convertir en francs congolais pour exécution. »

Quant à l'absence de l'expédition pour appel, les magistrats pris à partie allèguent que ce fait est dû aux pillages du Palais de justice de Mbuji-Mayi ; ils ont ajouté qu'en tout état de cause, lorsqu'un juge reçoit l'appel en l'absence d'une expédition pour appel, il ne commet pas un dol mais expose son œuvre à cassation.

En conclusion, ils ont demandé à la Cour de dire l'action de requérante recevable mais non fondée.

Sur la fin de non-recevoir tirée du défaut de qualité de Monsieur KABANGU de représenter la société HUNANKOR en justice.

La Cour constate qu'il est versé au dossier le procès-verbal de l'assemblée générale extraordinaire de la société HUNANKOR du 31 août 1991 notarié le même jour dont le point 4 confie la gestion de cette entreprise à Monsieur KABANGU seul. Il s'ensuit que ce dernier a qualité pour représenter HUNANKOR en justice. Dès lors l'exception de défaut de qualité dans son chef sera déclarée recevable mais non fondée. La requête sera donc reçue.

Concernant le premier grief, la Cour relève que pour statuer sur la recevabilité de l'appel au regard de l'exception tirée de l'adage Non bis in idem *les magistrats pris à partie se sont référés à la plénière de la Cour d'appel et que de l'avis de celle-ci, l'arrêt RCA 1637 du 11 mars 1997 ayant été détruit lors des pillages du Palais de justice de Mbuji-Mayi, l'exécution dudit arrêt devenait impossible, il fallait recommencer la procédure.*

Sans vouloir juger du bien-fondé de la consultation par les juges du fond de l'assemblée plénière des magistrats, la Cour note que compte tenu de la réalité de la difficulté rencontrée par les magistrats incriminés, le fait de consulter et de suivre l'avis émis par l'assemblée plénière sur ce point précis ne constitue pas un dol à cause de l'absence de manœuvres frauduleuses.

En revanche, le fait pour les mêmes magistrats de décider d'autorité que le bail conclu entre la société MAS et la société HUNANKOR le 20 juillet 1991 a continué à produire ses effets jusqu'en l'an 2000 alors qu'il y avait au dossier la preuve d'une vente conclue entre HELLEBAUT et Monsieur KABANGU, vente confirmée, du reste par de jugement RC 4544 du 11 décembre 1996 coulé en force de chose jugée et par le certificat d'enregistrement détenu par KABANGU, constitue une machination destinée à tromper et à procurer à la société MAS un avantage indu d'autant plus que dans l'assignation qu'elle a lancée sous RC 4565 cette société a fixé les arriérés des loyers à l'équivalent en zaïres de 82.000 $ et que la somme postulée pour la remise des lieux en état s'élevait à 4.189 $ tandis que les dommages-intérêts étaient évalués à 20.000 $ soit au total 106.189 $.

En effectuant des calculs ou en suivant des procédés non soumis à la contradiction des parties pour accorder des sommes indues, les magistrats pris à partie se sont rendus coupables de dol.

L'intention frauduleuse découle notamment du procédé utilisé pour allouer des loyers d'un montant supérieur à celui sollicité, en l'occurrence le fait de tenir compte de la période allant de la conclusion du contrat de vente à l'an 2000 alors que pour la demanderesse originaire, les arriérés des loyers avaient un montant bien déterminé soit 82.000 $ et se rapportaient à la période allant de juillet 1991 à août 1992.

Cette intention découle aussi du refus par les magistrats pris à partie de prendre en considération la vente conclue entre la partie HELLEBAUT et Monsieur Olivier KABANGU alors que ladite vente a été confirmée par le jugement RC 4544 coulé en force de chose jugée et par le certificat d'enregistrement détenu par le sieur KABANGU.

L'argumentation selon laquelle le certificat d'enregistrement et les constatations du jugement RC 4544 coulé en force de chose jugée n'ont aucune force probante face à une contre-lettre n'est pas juridiquement défendable, car le jugement comme le certificat d'enregistrement ne sont nullement l'œuvre des parties ; ils émanent l'un de l'autorité judiciaire et l'autre d'une autorité administrative. De plus l'article 227 de la loi dite foncière stipule que le certificat d'enregistrement fait pleine foi des droits de propriété qu'il constate.

Il serait un non-sens juridique de soutenir qu'une contre-lettre, œuvre des parties au contrat apparent puisse avoir plus de force qu'un certificat d'enregistrement constatant les droits de propriété d'une partie ou qu'une décision judiciaire qui a tranché une contestation née entre les parties.

De ce qui précède, la Cour déclare fondée la requête de la partie HUNANKOR.

Quant à la réparation, la requérante sollicite la condamnation des magistrats incriminés à lui payer à titre de dommages-intérêts la somme de 50.000.000 FC. Elle justifie ce montant par le préjudice souffert à la suite de plusieurs démarches effectuées auprès des autorités pour obtenir la surséance à l'exécution de l'arrêt entrepris, par celui souffert à l'occasion du financement d'une mission d'enquête envoyée à Mbuji-Mayi et par le fait qu'elle a été obligée d'engager des frais importants pour les démarches de ses avocats conseils.

La Cour dit que par leur décision, les magistrats incriminés ont causé un préjudice certain à la société HUNANKOR. Toutefois, elle considère que le montant de 50.000.000 FC est exorbitant qu'il convient de le fixer ex aequo et bono *à 150.000 FC.*

C'EST POURQUOI ;

La Cour suprême de justice, section judiciaire, statuant en matière de prise à partie ;

Le Ministère public entendu ;

Reçoit l'action de la société HUNANKOR et la dit fondée ;

Annule dans toutes ses dispositions l'arrêt RCA 1637/59 prononcé le 11 octobre 2000 par la Cour d'appel de Mbuji-Mayi ;

Statuant sur les dommages-intérêts, condamne les magistrats BUKASA MULUMBA KABONGO et BAKANDJO solidairement avec la République Démocratique du Congo leur civilement responsable, à payer à la société HUNANKOR, la somme de 150.000 FC (francs congolais).

Condamne les magistrats cités aux frais de l'instance, à raison de 1/3 chacun, frais fixé à la somme de...

Ainsi jugé et prononcé à l'audience publique de ce quatorze septembre l'an deux mille un à laquelle siégeaient les magistrats : LWAMBA, président, LUBAKI MAKANDA et KADIEBWE, conseillers, avec le concours du Ministère public représenté par MAYANGI et l'assistance du greffier du siège, Madame MUKOMATE.

3. Observations

L'exception de défaut de qualité du gérant a été soulevée à juste titre, mais il s'avérera que les actes de société de « HUNANKOR » avaient fait l'objet d'une requête complémentaire à celle introductive du pourvoi lui-même.

Il a été reproché aux magistrats pris à partie de chercher à favoriser une partie, en évaluant les dommages sur pied de la contre-lettre, qui prime, devant le jugement et le certificat d'enregistrement détenus par le plaignant.

Pour la Cour, ce reproche tient, car « *Il serait un non-sens juridique de soutenir qu'une contre-lettre, œuvre des parties au contrat apparent puisse avoir plus de force qu'un certificat d'enregistrement constatant les droits de propriété d'une partie ou qu'une décision judiciaire qui a tranché une contestation née entre les parties.* »

Et la Cour de préciser : « *le jugement comme le certificat d'enregistrement ne sont nullement l'œuvre des parties ; ils émanent l'un de l'autorité judiciaire et l'autre d'une autorité administrative.* »

Tout ceci vaut, si et seulement si toutes choses restent égales par ailleurs. Or il existe cet article 33 du CCL III : « *Les conventions légalement formées tiennent lieu de loi à ceux qui les ont faites. Elles ne peuvent être révoquées que de leur consentement mutuel ou pour les causes que la loi autorise. Elles doivent être exécutées de bonne foi* ».

Et l'article 203, appelé à rescousse par les magistrats finalement condamnés vient à la suite du 33 : il fallait donc malaxer davantage !

Contre l'absence de l'expédition pour appel, les magistrats incriminés ont opposé les pillages de 1991 de triste mémoire, valant cas de force majeure.

Ils ont été suivis en cela par la chambre, présidée par le président Lwamba Bindu, qui en savait un bout en la matière. L'absence de dol ou manœuvres frauduleuses leur a été reconnue, d'autant qu'ils auront consulté la plénière de la Cour d'appel sur ce point précis.

Enfin, afin de pouvoir les condamner, la Cour est revenue tout de même à la contre-lettre. A pris en considération et la vente simulée et le jugement et le certificat d'enregistrement, pour conclure à « *une machination destinée à tromper et à procurer à la société "MAS" un avantage indu d'autant plus que dans l'assignation qu'elle a lancée sous RC 4565 cette société a fixé les arriérés des loyers à l'équivalent en zaïres de 82.000 $ et que la somme postulée pour la remise des lieux en état s'élevait à 4.189 $, tandis que les dommages-intérêts étaient évalués à 20.000 $ soit au total 106.189 $* », montant bien en deçà de ce que les magistrats condamnés ont prononcé.

La condamnation peut s'expliquer par ce qui vient après l'incise « *d'autant plus que dans l'assignation...* ».

SECTION 4 : TRIBUNAL DE GRANDE INSTANCE DE KINSHASA/ GOMBE

JUGEMENT RPA 16.026 DU 10 MARS 1998
EN CAUSE : MP ET PC BOMPESE B. C/MM. WETU ET CONSORTS

Fausseté du fait calomnieusement dénoncé à établir préalablement

L'arrêt RPA 16.026 du 10 mars 1998 fait l'objet d'un pourvoi en Cassation sous RP 2039 du 18 mai 1998. L'arrêt de cassation se fait toujours attendre, dix-sept ans après. Hélas, ce n'est pas là un cas isolé ; j'en ai encore des plus anciens. Dossier incendié lors du contentieux électoral Kabila/Bemba de 2006 ? On ne doit pas écarter la simple lenteur, devenue coutume.

Il est bien utile que la cassation fixe un jour l'opinion sur la double question controversée de la notification d'appel au pénal et de la comparution volontaire.

J'opinerai sur la requête confirmative que j'ai déposée et sur le mémoire en réponse signée par l'ancien bâtonnier et avocat à la Cour suprême de justice, le professeur MATADI NENGA GAMANDA, député, aujourd'hui ministre de l'Énergie.

1. Les textes de loi

Article 100 Code de procédure pénale :
L'appel est notifié par les soins du greffier aux parties qu'il concerne.

Article 76 Code pénal livre II :
Sera puni d'une servitude pénale de cinq ans au maximum et d'une amende de vingt-cinq à mille francs ou d'une de ces peines seulement : celui qui aura fait par écrit ou verbalement à une autorité judiciaire ou à un fonctionnaire public, qui a le devoir d'en saisir ladite autorité, une dénonciation calomnieuse ; celui qui aura fait par écrit ou verbalement à une personne des imputations calomnieuses contre son subordonné.

2. Jugement RPA 16.026

(...)

Attendu que par les actes d'appel n° 154/97 du 15 novembre 1997 et n° 053/98 du 2 février 1998, Monsieur Jean-Philémon BOMPESE BOKOLOMBE et le Ministère public représenté par le Magistrat MBAYO SENGA, Premier Substitut du Procureur de la République près le tribunal de grande instance de Gombe ont interjeté appel, aux motif de mal jugé, contre le jugement rendu contradictoirement par le tribunal de Paix de Kinshasa-Gombe, sous RP 15.239/II en date du 11 novembre 1997, dont le dispositif est ainsi libellé :

Par ces motifs ;
Vu le Code de l'organisation et de la compétence judiciaires ;
Vu l'article 76 du Code pénal livre II ;
Vu le Code de procédure pénale ;
LE TRIBUNAL ;
Statuant publiquement et contradictoirement et en premier ressort ;
Dit non établie dans le chef des cités WETU ADIAMBE KATUMBOMBO, DIEUDY MAKIALANDAMA, INDOMBE YENDURU et MASENGO WA KASONGO l'infraction de dénonciation calomnieuse mise à leur charge, les en acquitte et les renvoie des fins de la poursuite ; condamne le citant BOMPESE BOKOLOMBE des frais d'instance taxés à la somme de 4.590, 00 ZRN ;
Fixe à deux jours la durée de la contrainte par corps à exercer contre lui en cas de non-paiement dans le délai légal de huit jours ;
Ainsi jugé et prononcé...
Attendu qu'à l'appel de la cause, spécialement à l'audience publique du 10 février 1998 à laquelle l'affaire a été prise en délibéré, le citant BOMPESE a comparu en personne assisté de ses conseils Maîtres OTOKO et KAPITA, et tous les cités ont également comparu en personne assistés de leur conseil Maître N'KAWE ;
Attendu que la procédure suivie est régulière ;
Attendu que, quant aux faits, Monsieur BOMPESE avait par citation directe du 24 octobre 1997, sous RP 15.239/II attrait sieurs WETU ADIAMBE Daniel, KIALONDAMA DIEUDY, INDOMBE Jean-Louis et dame MASENGU KASONGO Claudine devant le tribunal de paix de Kinshasa/Gombe pour dénonciation calomnieuse, fait prévu et puni par l'article 76 du Code pénal livre II ;
Qu'il déclare qu'en date du 11 octobre 1997, à Kinshasa, les cités l'ont dénoncé méchamment et de mauvaise foi, par citation directe sous RP 15.238/II devant le tribunal de Paix de la Gombe, d'avoir :
– vendu les parcelles formant jadis le quartier général de la Croix Rouge Congolaise localisées entre le bureau de la commune de la Gombe et le bureau PEV sur l'avenue de la Justice, et puis détourné et dissipé les fruits de la vente ;
– vidé le compte bancaire laissé par la Croix Rouge de Belgique après l'accession du pays à l'indépendance et l'avoir fermé sans aucun rapport officiel ;
– prélevé et détourné les créances dues par les formations médicales Croix Rouge à la Croix Rouge Congolaise ;
– Détourné et scellé frauduleusement divers objets mobiliers et immobiliers appartement à la Croix rouge Congolaise ;
– vendu pour le compte de la Croix Rouge Congolaise des cartes des membres et en avoir détourné le produit ;
– signé en blanc et séché la Trésorerie de la Croix Rouge Congolaise et détourné des dons provenant des tiers pour le compte de la Croix Rouge Congolaise ;

Attendu que devant le tribunal de Paix de la Gombe, les cités ont été tous acquittés et Monsieur BOMPESE a été condamné aux frais d'instance ; et que mécontent de la décision du premier juge, il a interjeté appel contre cette décision pour mal jugé ; que pour le même motif le Ministère public a également interjeté appel contre cette décision ;

Attendu que le citant Bompese, quant en droit, soutient qu'il y a motivation confuse, contradictoire voire absurde du premier juge en ce qu'il est resté en pleine confusion sur le sens spécifique de l'article 76 du Code pénal congolais comparé à l'article 447 du Code pénal belge ;

Que le premier juge a préféré adopter la situation belge qui voulait que l'action en dénonciation calomnieuse soit suspendue jusqu'au jugement définitif de l'autorité compétente, si le fait imputé est l'objet d'une poursuite répressive ou d'une dénomination sur laquelle il n'a pas été statué ;

Qu'alors que dans le cas d'espèce, l'article 76 du Code pénal congolais donne compétence au juge saisi de la dénonciation de trancher le point de savoir si les faits imputés au plaignant sont vrais ou faux, exacts ou inexacte, attribués à leur auteur ou à une tierce personne, et ce dans un seul et même jugement au cours de la même instance ;

Que les cités l'avaient dénoncé méchamment, calomnieusement et spontanément devant le tribunal de Paix pour les faits faux ; que les accusations calomnieuses qui ne se fondent sur aucune preuve avaient comme objet et but de nuire à lui, salir son nom, son honneur, sa crédibilité, sa personnalité et sa réputation ;

Qu'il sollicite ainsi d'infirmer le jugement entrepris dans toutes ses dispositions, de statuer à nouveau en condamnant les cités du chef de l'infraction de dénonciation calomnieuse mise à leur charge conformément à la loi pénale, avec arrestation immédiate, car leur fuite est à craindre, et de les condamner au paiement de l'équivalent en monnaie nationale de la somme 400.000 $ (quatre cent mille dollars américains) *;*

Attendu que dans son réquisitoire, le ministre public a proposé la disqualification des faits en retenant l'infraction d'imputation dommageable prévue et punie par l'article 74 du Code pénal et a requis la condamnation des cités à 12 mois de servitude pénale principale chacun, qu'il a fondé la disqualification des faits au motif que le juge de Paix n'est pas autorité judiciaire au sens de l'article 76 du droit pénal ni fonctionnaire ayant le devoir de saisir l'autorité judiciaire ;

Attendu que pour les prévenus, l'action est non fondée, car la dénonciation calomnieuse n'existe pas et qu'il y a faute de preuve de la part du citant qui par ailleurs n'a répondu à aucun des moyens versés au dossier par eux ; qu'ils soutiennent que lorsque les faits sont dénoncés auprès de l'autorité judiciaire et que celle-ci n'a pas encore déclaré la fausseté de ces faits par une décision d'acquittement coulée en force de choses jugées, c'est-à-dire une décision devenue exécutoire et irrévocable, il n'y a pas de dénonciation calomnieuse ; que le citant n'apporte pas la preuve de la fausseté des faits lui reprochés ; qu'il faille rejeter l'original du chèque versé par le citant au dossier, car non soumis aux débats ;

Qu'ils sollicitent la confirmation du jugement entrepris en ce qui concerne leur acquittement et la condamnation du citant au paiement de l'équivalent en nouveau zaïre de 200.000 $ à titre des dommages et intérêts pour action téméraire et vexatoire ;

Attendu que pour le tribunal, les appels du sieur Bompese et du ministre public ayant été interjetés dans le délai et la forme prévue par la loi, seront déclarés recevables, car ils sont régulièrement faits ;

Attendu qu'il est constant que les prévenus sus identifiés sont poursuivis du chef de l'infraction de dénonciation calomnieuse prévenue et punie par l'article 76 du Code pénal congolais livre II ; et la disqualification des faits en imputation dommageable au motif que le juge de paix n'est pas une autorité judiciaire ne saurait être retenue pour cause que le tribunal ou le juge incarne l'autorité judiciaire par excellence ;

Attendu que la doctrine constante et la jurisprudence enseignent en droit congolais, que le juge saisi de l'action en dénonciation calomnieuse est seul compétent pour trancher le point de savoir si le fait dénoncé est vrai ou faux (MINEUR G., *Commentaire du Code pénal congolais*, 2e édition, 1933, p. 135 ; Boma 26 décembre 1913 et jur. Congo 1934, p. 245) *; que partant le tribunal estime que l'action en dénonciation calomnieuse doit faire l'objet d'un examen autonome comme toute autre action pénale et ne saurait être suspendue ni en souffrance à l'attente d'une autre décision pénale définitive relative à la fausseté des faits dont action en dénonciation calomnieuse ;*

Qu'ainsi la motivation du jugement entrepris consistant à la subordination de l'examen de l'infraction de dénonciation calomnieuse à l'établissement préalable de la fausseté des faits dénoncés, paraît contraire au principe de l'autonomie du droit pénal qui exige la preuve libre pour toute infraction constatée ou dénoncée ; que dès lors l'infirmation du jugement attaqué pour ce motif est fondée ;

Attendu que s'agissant de l'infraction de dénonciation calomnieuse elle-même, il se dégage de la lecture de l'article 76 du Code pénal livre II et de la doctrine constante qu'elle est le fait d'imputer méchamment et spontanément à un individu déterminé, dans un écrit remis ou dans une déclaration verbale, faite ou adressée soit à une autorité judiciaire, soit à un fonctionnaire qui a le devoir d'en saisir ladite autorité, un fait faux qui, s'il était prouvé exposerait celui qui fait l'objet de l'imputation à une sanction judiciaire, disciplinaire ou administrative ;

Attendu qu'il en découle que les éléments constitutifs de cette infraction demeurent l'imputation par écrit ou verbalement d'un fait faux, une intention méchante ou dessein de nuire ; la spontanéité, l'existence de l'autorité judiciaire et d'une personne physique déterminée ;

Attendu que hors le cas d'espèce les prévenus reconnaissent avoir cité sieur Bompese devant le tribunal de Paix sous RP 15.238/II pour des faits qui se résument en stellionat et en abus de confiance ; que de l'examen des pièces du dossier versées par les prévenus, il ne se dégage pas la preuve de vente des immeubles ni de l'abus de confiance ;

Qu'il est établi que ces faits, s'ils étaient prouvés exposeraient Bompese à la condamnation pénale ;

Attendu que de ce qui précède, le tribunal trouve que le comportement des prévenus est constitutif de l'infraction de dénonciation calomnieuse telle que prévue par l'article 76 du CP L II ; qu'il dira établie en fait et en droit cette infraction à charge des prévenus qui ont agi comme auteurs et les condamnera chacun à une peine identique ;

Qu'ainsi le jugement entrepris sera infirmé dans toutes ses dispositions ;

Attendu qu'en ce qui concerne les postulations civiles du citant, il ressort des éléments du dossier que Monsieur Bompese a consigné les frais pour solliciter les dommages et intérêts ;

Qu'il est incontesté que le citant a subi un préjudice moral qui touche à son honneur, à sa réputation et à sa crédibilité et un préjudice matériel partant sur les frais engagés pour la poursuite des différents procès évoqués par les prévenus et qu'il y a ainsi lieu de condamner ces derniers à en assurer la réparation ;

Attendu, cependant, que le tribunal trouve le montant de l'équivalent en nouveaux zaïres de 400.000 $ postulé par le citant exorbitant et estime ex aequo et bono *lui allouer l'équivalent en nouveaux zaïres de 10.000 $* (dix mille dollars américains) *à titre des dommages et intérêts pour tous préjudices confondus par lui subis ;*

PAR CES MOTIFS ;

Vu le Code de l'organisation et de la compétence judiciaire ;

Vu le Code de procédure pénale ;

Vu l'article 76 du Code pénal livre II ;

LE TRIBUNAL ;

Statuant publiquement et contradictoirement à l'égard de toutes les parties et après en avoir délibéré conformément à la loi ;

Le Ministère public entendu ;

Reçoit les appels de Monsieur Jean-Philémon BOMPESE BOKOLOMBE et du Ministère public et les dit fondés ;

Infirme en conséquence le jugement sous RP 15.239/II rendu par le tribunal de Paix de Kinshasa/Gombe en date du 11 novembre 1997 dans toutes ses dispositions ;

Statuant à nouveau et faisant ce que le premier juge aurait dû faire ;

Dit établie en fait et en droit l'infraction de dénonciation calomnieuse mise à charge des prévenus WETU ADIAMBE Daniel, KIALONDAMA Dieudy, INDOMBE Jean-Louis et Dame MASENGU KASONGO Claudine et les condamne chacun à 3 mois (trois mois) *de servitude pénale principale ;*

Les condamne chacun à ¼ des frais d'instance taxés à... nouveaux zaïres payables dans le délai légal, à défaut de ce faire, ils subiront chacun 7 jours de contrainte par corps ;

Statuant sur les intérêts civils, condamne les coupables précités à payer à Sieur BOMPESE BOKOLOMBE, solidairement ou l'un à défaut de l'autre, l'équivalent en nouveaux zaïres de 10.000 $ (dix mille dollars américains) *;*

Ainsi jugé et prononcé par le tribunal de grande instance de Kinshasa/Gombe siégeant en matière répressive au degré d'appel, à son audience publique de ce mardi 10 mars 1998, à laquelle ont siégé YUNGU IKWO MPURAKE, président de chambre, MUANJI KABIKU et DARUWEZI MPENDEKI, juges, avec le concours du ministère public représenté par ILUNGA KATOKO, Premier substitut du procureur de la République et l'assistance de MBIZI TSHIKU, greffier du siège.

3. Observations

En leur premier moyen de cassation, les condamnés Wetu et consorts reprochent aux juges du fond la violation de l'article 100 du CPP, en ce que seul l'appel de la partie civile Bompese leur a été notifié, d'heure en heure, après une ordonnance abréviative du délai, et non l'appel du Ministère public, du reste, relevé à une semaine de l'ouverture du procès.

Ils prennent appui sur la doctrine et la jurisprudence, en citant A. RUBBENS : « *Lorsqu'il y a possibilité d'une aggravation de la situation* » (du prévenu), « *la citation est nécessaire* » et « *la comparution volontaire ne pourrait être admise dans le cas où la loi exige citation* »[25]

Contre ce moyen, le défendeur a répondu n'y avoir point de préjudice, renvoyant sans le citer à l'article 28 du CPC, valable aussi au pénal :

Nullité sans grief n'opère. Lui aussi a appelé A. RUBBENS à rescousse[26] :

« *Lorsque la formalité de la notification a été omise, il y a lieu de surseoir à statuer sur l'appel jusqu'à ce que la date de fixation ait été notifiée. Jugé cependant qu'il n'y a pas lieu de surseoir à statuer, malgré l'omission de notifier l'appel à la partie civile, les intérêts de ladite partie sont sauvegardés. Si la comparution volontaire ne peut suppléer aux irrégularités de la déclaration d'appel ou de la citation en appel, elle peut parfaitement couvrir l'irrégularité, voire l'absence de notification de la date de fixation d'appel* ».

Qui a tort ? Qui a raison ? Si la Cour régulatrice du droit savait rapidement dire le droit ?

En leur second moyen de cassation, les sieurs Wetu et consorts reprochent au tribunal de grande instance d'avoir mal appliqué l'article 76 du CPL II, relatif au délit de dénonciation calomnieuse, en mettant en veilleuse l'élément fausseté du fait dénoncé que cette infraction suppose.

En d'autres termes et en clair, ce qui est taxé de dénonciation calomnieuse et qui leur est reproché, c'est une citation directe, déposée par eux au tribunal de paix, à l'endroit de leur chef et adversaire Bompese, soupçonné de dissipation des biens de la Croix-Rouge, leur employeur commun.

---

25 RUBBENS, A., *L'Instruction criminelle et la Procédure pénale*, t. III, Léopoldville, Lovanium, 1965, p. 250, n° 272.

26 RUBBENS, A., *ibid.*, p. 281.

Le tribunal de paix se déclarera incompétente *ratione personae*, le chef étant dignitaire de l'Ordre national du Léopard et le cité considérera, lui, qu'il a été acquitté et citera à son tour ses adversaires pour dénonciation calomnieuse.

Question intéressante soumise à la cassation : quel est le juge compétent pour dire la fausseté ou non du fait dénoncé par le Wetu et consorts ? Fallait-il attendre que leur citation directe soit vidée ou non ?

Ce moyen de cassation renvoie essentiellement à un précédent de la Cour suprême de justice, elle-même : « *L'infraction de dénonciation calomnieuse suppose que soit établie* ***préalablement*** *la fausseté des faits dénoncés ; dès lors, n'établit pas cet élément la motivation du jugement qui se borne à apprécier les faits par un raisonnement à caractère hypothétique.* »[27]

Que fera-t-elle un jour ? On attend voir.

Or le tribunal de grande instance, juge du fond, a suivi l'hypothèse de la dénonciation faite à « *un fonctionnaire qui a le devoir d'en saisir ladite autorité* »[28], pour ne pas surseoir à statuer et donc devoir se prononcer sur la fausseté des faits de la citation directe à l'endroit de M. Bompese.

Le mémoire en réponse du défendeur soutient que : « *contrairement à certains droits étrangers, qui distinguent le juge de l'action de celui de l'exception, en droit congolais, le juge de l'action est en même temps celui de l'exception. Ainsi le juge de la dénonciation calomnieuse est en même temps le juge des faits imputés et qualifiés de dénonciation calomnieuse. Dans ce sens, le juge de la dénonciation calomnieuse examine les faits et établit s'ils sont vrais ou faux.* »

Cette parade de l'ancien bâtonnier Matadi Nenga tient la route, *rebus sic standibus*. Elle est toutefois à passer au bistouri.

Primo, faut-il faire l'impasse sur les faits calomnieux directement dénoncés à un tribunal d'avec ceux dénoncés à un fonctionnaire qui a le pouvoir d'en saisir une autorité ? Ou y a-t-il une différence ? Nous sommes en droit pénal où tout est d'interprétation stricte, *poenalia restringenda*.

Secundo et mieux, en l'occurrence, n'est-ce pas qu'il existe deux actions croisées, celle des quatre contre leur chef et celle de celui-ci contre eux ?

Les subalternes citent leur supérieur pour dissipation des biens ; à son tour, il les cite pour dénonciation calomnieuse. Interpénétration idéale des actions croisées.

La bonne administration de la justice veut qu'un seul et même jugement tranche un tel conflit. Non seulement au nom de la litispendance qui existe ici, mais davantage, en celui de la connexité des faits. Pile ou face ?

N'est-ce pas que le juge saisi en second lieu devait s'en souvenir ? C'est en définitive la mission de la cassation d'indiquer la route à suivre. Par un arrêt, bon ou mauvais, avec, au besoin, un dit pour droit.

---

[27] CSJ, *Bulletin*, 1976, p. 167.

[28] MINEUR, G., *Commentaire du Code pénal congolais*, Bruxelles, Larcier, 1953, p. 133.

SECTION 5 : COUR D'APPEL DE KINSHASA/GOMBE

ARRÊT RPA 11.185 DU 18 AOÛT 1999
EN CAUSE : MP ET PC MBUNDU K. C/LONDJOKA D.

Éléments constitutifs de l'extorsion

1. Les textes de loi

Article 67 CPL II :

Est puni d'une servitude pénale d'un à cinq ans celui qui, par violences, ruses ou menaces, a enlevé ou fait enlever, arrêté ou fait arrêter arbitrairement, détenu ou fait détenir une personne quelconque.

Lorsque la personne enlevée, arrêtée ou détenue aura été soumise à des tortures corporelles, le coupable est puni d'une servitude pénale de cinq à vingt ans. Si les tortures ont causé la mort, le coupable est condamné à la servitude pénale à perpétuité ou à mort.

Article 84 CPL II :

Est puni d'une servitude pénale de cinq à vingt ans et d'une amende qui peut être portée à deux mille francs celui qui a extorqué, à l'aide de violences ou de menaces, soit des fonds, valeurs, objets mobiliers, obligations, billets, promesses, quittances, soit la signature ou la remise d'un document quelconque contenant ou opérant obligation, disposition ou décharge. Est puni d'une servitude pénale de cinq à vingt ans et d'une amende qui peut être portée à deux mille francs celui qui a extorqué, à l'aide de violences ou de menaces, soit des fonds, valeurs, objets mobiliers, obligations, billets, promesses, quittances, soit la signature ou la remise d'un document quelconque contenant ou opérant obligation, disposition ou décharge.

Comme l'arrêt RPA 11.026 du 10 mars 1998 de la même Cour d'appel, celui-ci a également été déféré à la Cour suprême de justice, par une requête confirmative, signée le 25 octobre 1999 par l'avocat près cette Cour Manzila Ludum Sal-A-Sal. J'y ai répondu par un mémoire du 17 décembre 1999.

Hélas, à ce jour, nous attendons la position de la Cour régulatrice du droit, sur le point de savoir si elle sanctionnera l'œuvre des juges du fond en allant, elle aussi, connaître les faits de la cause.

2. L'arrêt RPA 11.185

Par sa déclaration faite et actée le 29 novembre 1997 au Greffe de la Cour de céans, Monsieur MBUNDU KIMPUKU Victor, mieux identifié au dossier, a relevé appel du jugement contradictoire rendu le 27 novembre 1997 par le tribunal de grande instance de Kinshasa/Gombe sous RP 16.126/CD, lequel a déclaré recevable mais non fondée la citation directe, a dit non établies les infractions d'arrestation arbitraire et d'extorsion mises à charge de la citée LONDJOKA, l'en acquittée et renvoyée de fins des poursuites, a déclaré recevable mais non fondée la demande reconventionnelle et a mis les frais d'instance à charge des parties à raison de la moitié pour le citant et l'autre moitié pour le Trésor.

Ce recours introduit dans les forme et délai de la loi, c'est-à-dire conformément au prescrit des articles 96 al. 3°, 97 al. 1er et 100 al. 1er du Code de procédure pénale, sera déclaré régulier en la forme, partant recevable.

Il appert des données du dossier de la cause auxquelles la Cour aura égard qu'aux termes de l'exploit du 12 septembre 1997 de l'huissier Albert St. André BAKONGO de Kinshasa, une citation directe a été donnée à Madame LONDJOKA DJEMA à la requête du Sieur MBUNDU KIMPUKU Victor, d'avoir à comparaître par devant le tribunal de grande instance de Kinshasa/Gombe, siégeant en matière répressive au 1er degré à son audience publique du 22 septembre 1997 pour répondre des faits « d'arrestation arbitraire » et « d'extorsion de signature » mis à sa charge.

En effet, le citant MBUNDU KIMPUKU Victor reçut en sa qualité de responsable du bureau des reconversions des titres parcellaires à la Division urbaine de l'Urbanisme et Habitat, en sigle RTP, en date du 12 août 1997, la visite de la citée LONDJOKA DJEMA, venue s'enquérir du véritable propriétaire de la parcelle sise rue Loango n° 2/Bis dans la commune de Bandalungwa qu'elle comptait acheter. S'étant référé à la fiche y afférente gardée aux archives de son service, MBUNDU KIMPUKU Victor confirma à Madame LONDJOKA DJEMA que le propriétaire était un certain SANGALA Alphonse. Il lui conseilla néanmoins d'aller poursuivre ses investigations au niveau du quartier et de la commune.

Hélas, sans obtenir au préalable les renseignements du chef du quartier et/ou chargé de l'Habitat/commune, Madame LONDJOKA DJEMA se rendit avec les commissionnaires à Binza/IPN pour rencontrer le soi-disant propriétaire SANGALA Alphonse à qui elle versa le prix. Un acte de vente sous-seing privé fut signé par les parties à la vente.

Le lendemain matin, soit le 13 août 1997, la prévenue LONDJOKA DJEMA vint pour une seconde fois au bureau de l'actuelle partie citante MBUNDU avec le livret de logeur de la parcelle achetée et l'acte de vente susdit pour solliciter la reconversion du titre de propriété. MBUNDU KIMPUKU exigea comme d'habitude la présence du vendeur avant de procéder à tout changement ; dans l'entre-temps, il fit établir par ses agents la déclaration de vente que la prévenue signa en attendant l'arrivée du vendeur SANGALA Alphonse ; et l'acheteur dépêcha sa jeep de marque ISUZU avec ses agents pour aller chercher le vendeur SANGALA Alphonse.

Un moment donné la mère de la prévenue revint donner l'information selon laquelle le vendeur était porté disparu de la circulation, plus précisément du lieu où ils avaient conclu la vente de la veille, ce qui conduisit MBUNDU à surseoir au changement des mentions de la fiche relative à la propriété de la parcelle susdite. Non contente de la position de MBUNDU, l'acheteuse LONDJOKA DJEMA cogita dans le sens d'une escroquerie dont elle venait d'être victime. Étant donné que dans l'enceinte de la Division urbaine de l'Urbanisme et l'Habitat, elle serait informée par un quidam agent de cette Division urbaine que ce genre de coup ne pouvait avoir comme auteur que les agents du bureau de RTP. La victime alla porter plainte à la police d'intervention rapide en indiquant qu'elle suspectait les agents de ce dernier bureau ainsi que les commissionnaires de l'agence immobilière appelée « IMMO-SUKA » de Yolo-Sud.

La police interpella les suspects dont entre autres MBUNDU, MUKAMBOLI MBOMBO, tous agents du bureau de RTP et MBAYO, responsable de l'agence IMMO-SUKA qu'elle arrêta pour raison d'enquête.

L'OPJ verbalisant établit à son niveau la culpabilité de MBUNDU KIMPUTU seul en qualité d'auteur de l'escroquerie, maintint son arrestation et l'obligea de restituer la somme escroquée. Comme l'inculpé continuait à nier les faits mis à sa charge, l'OPJ exécuta l'ordre donné par Madame LONDJOLA, c'est-à-dire sa volonté de voir MBUNDU céder sa propre parcelle en compensation avec la somme escroquée. L'OPJ et Madame LONDJOKA décrochèrent l'assentiment de MBUNDU et de ses enfants à céder leur parcelle sise au n° 29 bis de l'avenue Kapela, quartier Yolo-Sud, commune de Kalamu.

Ces agissements de Madame LONDJOKA furent considérés par MBUNDU comme constitutifs des infractions d'arrestation arbitraire et d'extorsion à charge de celle-là, raison pour laquelle il la cita directement devant le tribunal de grande instance de Kinshasa/Gombe qui se prononça, en date du 27 novembre 1997, pour le non-établissement de ces infractions à charge de la citée.

Non content de ce jugement, le citant MBUNDU releva le présent appel. Dans ses conclusions, l'appelant et partie civile MBUNDU soutient que les infractions aux articles 67 et 87 du CP L II sont établies à suffisance de droit à charge de la prévenue LONDJOKA. Il justifie son soutènement comme suit :

– L'infraction d'arrestation arbitraire prévue et réprimée par le prescrit de l'article 67 susdit est établie par le fait que ses éléments constitutifs ont été réunis ;

– l'élément matériel a consisté ici dans les faits par l'auteur LONDJOKA d'avoir fait appréhender la victime en la privant de sa liberté quatre jours durant ;

– le second élément dont les moyens utilisés pour faire arrêter la victime arbitrairement est ici, la violence usée par la police sur MBUNDU ;

– tandis que l'élément intentionnel réside ici dans la connaissance qu'avait la prévenue qu'elle privait sciemment la victime de sa liberté, sachant que la vente passée avait comme vendeur le sieur SANGALA et non MBUNDU, et ce bien que son chauffeur l'a eût informée qu'il connaissait l'un des commissionnaires qui pouvaient donner l'adresse des escrocs.

L'appelant ajoute, en ce qui concerne l'infraction d'extorsion prévue et sanctionnée par l'article 84 du CPL II, que c'est la prévenue qui a demandé et insisté auprès de l'OPJ instrumentant de contraindre à tout prix la victime MBUNDU à accepter de payer ou restituer les 21.000 $ du prix versé pour l'achat de la parcelle sise sur l'avenue Loango n° 2 bis dans la Commune de Bandalungwa. Elle a demandé à la l'OPJ d'exercer une contrainte morale et physique en maintenant MBUNDU en dé-

tention jusqu'à ce qu'il accepte de payer le prix versé par l'acheteuse ou de céder sa maison, ce qui a amené la partie civile et ses enfants à signer les actes du 18 et du 19 août 1997 à partir de la police.

Il renchérit que c'est la prévenue qui a transporté et accompagné les policiers, à bord de sa voiture PAJERO, au domicile de MBUNDU pour recueillir les enfants de celui-ci qui étaient propriétaires véritables de la parcelle qu'elle comptait se faire approprier injustement. Ces derniers enfants ont été également contraints d'accepter la cession de leur parcelle en faveur de Madame LONDJOKA, et ce pour que leur père recouvre la liberté. Ainsi l'intention coupable est ici réalisée par le fait de vouloir nuire et celui de s'approprier injustement la parcelle d'autrui.

Il conclut en sollicitant à la Cour de recevoir et dire fondé son appel et sa constitution de partie civile ; d'annuler en conséquence l'œuvre du premier juge ; et de condamner la prévenue à lui payer le montant de 150.000 FC à titre des dommages et intérêts, et ce après l'avoir condamnée conformément à la loi.

De son côté, le Ministère public requiert l'acquittement de la prévenue au motif que les infractions mises à sa charge n'étaient pas établies à suffisance de droit.

La prévenue LONDJOKA DJEMA quant à elle, allègue que les deux infractions mises à sa charge ne sont pas établies, faute de la réunion de leurs éléments constitutifs. Elle soutient, dans le sens des prévisions de la loi pénale, que pour l'extorsion, l'acte matériel d'extorsion n'a pas été réalisé, car la victime ne prouve pas en quoi a consisté l'acte d'extorsion de sa signature ni sur quoi ont porté les violences dont elle aurait été victime. Sa signature sous réserve apposée sur l'acte de cession du 18 août 1997 est de nature à susciter un doute tant au sens de l'abréviation « S/R » utilisée par lui, celle-ci pouvant même être comprise comme « sans réserve ». Enfin, le fait qu'elle n'a jamais cité les deux témoins qui ont contresigné l'acte notarié à comparaître devant le tribunal, suppose qu'elle n'a jamais subi des tortures pour la contraindre à signer ce document qu'elle incrimine.

La prévenue enchaîne que l'élément « emploi de violences ou de menaces » fait défaut, en ce sens qu'il ne se présume pas d'où aussi longtemps que la victime ne prouve pas ces violences ou ces menaces par la production d'une attestation médicale par exemple, cet élément n'est pas établi.

Par contre, explique la prévenue, la victime est restée dans les contradictions tout le long de son soutènement autour des violences exercées à son endroit ; ce qui est équipollent à l'absence totale de motivation. S'agissant de l'élément « chose, objet de la remise forcée », la prévenue soutient qu'il y a absence du caractère forcée de l'apposition par la victime de sa signature sur les actes de vente et de cession. D'autre part l'intention coupable de cette infraction n'est non plus établie, étant donné que la volonté de s'approprier injustement la chose d'autrui n'est pas prouvée.

Quant à la prévention « d'arrestation arbitraire », la prévenue allègue que ses éléments constitutifs ne sont pas réunis dans le cas d'espèce. Elle fait remarquer que s'il est vrai que la victime a été arrêtée à la suite de la plainte de la prévenue, il n'en est pas moins vrai que cette arrestation n'a pas été opérée dans les conditions non prévues par la loi. Par contre, elle a été opérée par un OPJ conformément à l'article

2 al. 1er et 4 du CPP, sur base d'une plainte régulière, et en vertu du mandat d'amener décerné par l'OMP et pour le besoin d'enquête. Aussi, cette plainte de la prévenue est exempte de témérité, de légèreté et du caractère dolosif tant qu'elle a été motivée aussi par la ferme assurance donnée par MBUNDU laquelle aurait déterminé la prévenue à aller verser le prix de la parcelle qui était de 21.000 $. Elle invoque une dense jurisprudence pour appuyer son soutènement. Elle argue enfin qu'il y a défaut de violence envers Monsieur MBUNDU tout comme il y a absence d'intention coupable dans le chef de la prévenue. Elle termine enfin par solliciter à la Cour de recevoir l'action du citant mais la dire non fondée, de dire par conséquent non établie dans son chef, les infractions d'extorsion et d'arrestation arbitraire, de l'en acquitter et de confirmer le jugement a quo sans toutes ses dispositions.

La Cour relève en ce qui concerne l'infraction « d'arrestation arbitraire » reprochée à la prévenue LONDJOKA-DJEMA que telle qu'elle est prévue et réprimée par l'article 67 du CPL II qui édicte qu'« est puni d'une servitude pénale d'un à cinq ans, celui qui, par violences, ruses ou menaces a enlevé ou fait enlever, arrêté ou fait arrêter arbitrairement, détenu ou fait détenir une personne quelconque »*, exige pour qu'elle soit établie, la réunion d'éléments constitutifs ci-après : – un acte matériel d'enlèvement, d'arrestation arbitraire ou détention illégale ; – la réalisation de cet acte au moyen de violence, soit par ruse ; – l'intention coupable de l'auteur consistant dans la connaissance que la privation de la liberté qu'il inflige est arbitraire et illégale* (Dr. pén. spécial zaïrois, LIKULIA BOLONGO, T. 1, 2e éd., p. 169-178).

Elle note, dans le cas d'espèce et dans le sens des considérations du premier juge qu'il n'est pas contesté que l'acte matériel d'arrestation qui consiste en la privation effective de la liberté de la victime MBUNDU a été réalisé, le 16 août 1997. Cependant, une certaine unanimité se dégage des dires des parties (citée et citant) *que cette arrestation a été opérée par un OPJ en la personne de Monsieur BWALESO-SAMINGA, conformément à la loi. En effet, sur base de la plainte verbale de la prévenue LONDJOKA – DJEMA, victime d'escroquerie d'une somme de 21.000 $ et dans le cadre de ses investigations, l'OPJ s'est saisi des suspects pour besoin d'enquête, et ce conformément au prescrit des articles 1 et 4 du CPP.*

Elle opine que cette privation de liberté (dont Monsieur MBUNDU fut victime) *étant justifiée par la loi elle-même, les éléments violence, ruse, intention coupable et caractère arbitraire de l'arrestation ne sont pas réunis pour que les faits tombent sous le coup de l'article 67 du CPL II susdit. Partant, l'infraction susvisée n'est pas établie à suffisance de droit à charge de la prévenue LONDJOKA-DJEMA.*

S'agissant de « l'extorsion de signature » reprochée à la même prévenue, infraction prévue et sanctionnée par l'article 84 du CPL II, la Cour fait remarquer de prime abord qu'aux termes de cette disposition légale, « est puni d'une servitude pénale de 5 à 20 ans et d'une amende qui peut être portée à 2.000 z, celui qui a extorqué, à l'aide de violences ou menaces, soit des fonds, valeurs, objets mobiliers, obligations, billets, promesses, quittances, soit la signature ou la remise d'un document quelconque contenant ou opérant obligation, disposition ou décharge ». *Qu'il résulte de cet énoncé que cette infraction à l'article 84 exige, pour sa réalisation, la réunion de ses éléments constitutifs ci-après : – l'acte d'extorsion, – l'emploi des violences ou menaces, – une chose, objet de la remise forcée, – et l'intention coupable de l'auteur.*

Elle relève dans le cas d'espèce que ce dernier mode de transgression de la loi pénale a été réalisé par l'exclusion de la liberté de consentement de la victime MBUNDU KIMPUTU. En effet la chose faisant l'objet de la remise forcée est cette signature de la cession de la parcelle des enfants de la victime, laquelle a été décrochée moyennement menaces et violences. L'acte matériel d'extorsion a porté sur l'usage des violences et menaces dont les coups de matraque répétés portés sur la victime, le maintien de celle-ci au cachot jusqu'au jour où elle signera l'acte de cession de sa parcelle et la menace de connaître un mauvais sort (voir l'attitude des premiers jours des soldats et policiers de l'AFDL à leur arrivée à Kinshasa).

Enfin, l'intention coupable de l'auteur a consisté dans la seule volonté de Madame LONDJOKA DJEMA de s'approprier injustement la parcelle de la famille MBUNDU, elle a ainsi poursuivi un gain illicite. Cette intention coupable est sans conteste prouvée par le fait que c'est la prévenue qui a incité l'OPJ et ses policiers à se comporter en juges iniques. Elle leur a demandé d'user de tous les moyens possibles de coercition afin d'amener MBUNDU à accepter la cession de sa parcelle. Ce que la prévenue ne nie ou ne conteste autrement qu'en gardant son mutisme. Ce comportement de la prévenue se prouve également par le fait qu'après s'être renseignée du domicile de la victime, elle y soit descendue avec les policiers pour apprécier la valeur et chercher les enfants de cette dernière, qu'elle a été présente avec sa maman à tous les stades de la coercition de MBUNDU et ses enfants à signer l'acte de cession de leur parcelle à la prévenue. C'est elle qui a demandé plus tard à l'OPJ de s'en passer des autres suspects pour ne retenir que MBUNDU qui était capable de payer quelque chose. C'est elle qui a demandé encore à l'OPJ de clôturer ses investigations au niveau de l'inculpation de MBUNDU, alors que son chauffeur est venu l'informer qu'il connaissait certains commissionnaires qui étaient avec eux au lieu de la vente, notamment un certain MVUMVI MAYIMONA (cf. S/F n° 5, cote 57, PV de l'IPJ). *Pourtant, aucun élément des investigations de l'OPJ verbalisant n'a été déterminant pour conclure à la culpabilité de MBUNDU seul.*

La Cour opine que les contradictions multiples de la prévenue et sa mère enregistrées à l'audience publique du 5 juillet 1999 sur la présence des parties devant le notaire et la signature sous réserve des actes de cession et notarié par MBUNDU, démontrent à suffisance que la prévenue s'est rendue réellement coupable des infractions ci-haut mises en exergue.

Elle note qu'il a été jugé que pour qu'il y ait extorsion par menaces, l'agent doit faire naître chez la victime la crainte d'un mal auquel elle ne peut se soustraire et de nature à dominer sa volonté (Cons. de guerre appel, 18 mai 1903, Jur. d'État I, P. 26) « *Tel est le cas des faits reprochés à la prévenue* » (voir le recouvrement de la liberté à la seule condition de céder sa parcelle...). *Jugé aussi que « peu importe que la menace soit susceptible d'exécution ou qu'elle ait impressionné la victime ; il suffit qu'elle soit de nature à faire craindre un danger à la victime* » (L'shi 20 juillet 1972, RJZ, 1972, P. 182). *Tel est également le cas de la menace proférée à la victime MBUNDU.*

Il appert de tout ce qui précède que dans les circonstances toutes particulières de la perpétration des faits ci-haut étayés dans leur matérialité, tous les éléments constitutifs de l'extorsion sont ici réunis à suffisance de droit. C'est pour cette raison que la Cour dira établie l'infraction susvisée à charge de la prévenue LONDJOKA DJEMA.

Eu égard à la gravité de cette infraction, la condamnation exemplaire de l'auteur s'indique. Néanmoins, la Cour relève que le Ministère public n'a pas relevé appel du jugement entrepris, partant elle ne saura alourdir la situation de la prévenue en prononçant des peines privatives de liberté à son égard ;

La Cour opine cependant, eu égard au comportement répréhensible de la prévenue, que le fait de la dépossession de la victime de la parcelle de ses enfants et des sévices endurés par cette dernière pendant sa détention a occasionné un préjudice énorme. En effet, la victime n'était pas n'importe quelle personne ; elle est une personne qui jouit d'une notoriété publique sans reproche en sa qualité de chef d'un service public, père d'une famille nombreuse et dont le casier judiciaire est vierge. La prévenue sera alors tenue de réparer ce préjudice conformément au prescrit des articles 258 et 259 du Code civil congolais livre III. Sa condamnation au paiement de la somme globale de cinq mille francs congolais à titre des dommages-intérêts, et ce en faveur de la victime, suffira pour une réparation équitable de ce préjudice. Elle note que ce montant est apprécié ex aequo et bono *en l'absence d'éléments précis d'appréciation, conformément à la jurisprudence selon laquelle « le juge ne peut statuer* ex aequo et bono *sur les dommages-intérêts que s'il n'a pas d'éléments d'appréciation* » (CSJ, RC/C 001, 31 octobre 1996, inédit), *étant donné aussi que le montant de 150.000 FC sollicité par la victime paraît exagéré.*

C'EST POUR QUOI ;

La Cour, section judiciaire ;

Statuant contradictoirement ;

Le Ministère public entendu ;

– Reçoit l'appel de Monsieur MBUNDU KIMPUKU Victor en la forme et le dit partiellement fondé ;

– En conséquence, infirme le jugement entrepris en ce qu'il a dit non établie l'infraction d'extorsion mise à charge de la prévenue LONDJOKA DJEMA ; et statuant à nouveau quant à ce, et faisant ce que le premier juge aurait dû faire ;

– Déclare établie en fait et en droit, cette dernière prévention d'extorsion ;

– Condamne la prévenue à payer à la partie civile MBUNDU KIMPUTU Victor la somme de cinq mille francs congolais à titre des dommages-intérêts ;

– Dit cette somme payable dans le délai de 4 mois à dater du prononcé du présent arrêt ;

Confirme le jugement entrepris quant au surplus ;

– Met les frais d'instance à charge des parties à raison de 2/3 pour la prévenue et 1/3 pour la partie civile ;

Ainsi arrêté et prononcé par la Cour d'appel de Kinshasa/Gombe à son audience publique du 19 août 1999 à laquelle ont siégé les magistrats : Placide KANIKI, président, Georges N'GULA et Marcus TSHIMANGA, conseillers ; avec le concours du magistrat MUKONKOLE, officier du Ministère public ; et l'assistance de Monsieur MAKABI, greffier du siège ;

4. Observations

Pour asseoir son moyen de cassation, la pourvoyante Londjeka s'efforce d'établir que le défendeur Mbundu, fonctionnaire à l'Habitat était propriétaire de l'agence immobilière IMMOSUKA, qui lui a fourni de faux renseignements sur la parcelle lui proposée en vente, lui-même en personne et aussi par le biais de ses personnels de l'agence.

Pour elle, l'escroquerie dont elle est victime était préparée d'avance par l'agence et son propriétaire Mbundu.

Le défendeur en cassation objecte que ce procès-là, à l'endroit du sieur Mbundu et ses personnels, n'a jamais eu lieu. Du réel !

Quant à l'extorsion de signature, chef de condamnation de la pourvoyante Londjeka, celle-ci la repousse avec force. Vu, dit-elle, qu'elle fut simple « *observatrice de ce qui s'est passé au bureau de la PIR* », sous – entendant par-là que les tortures ayant entraîné la reconnaissance de l'escroquerie et la remise consécutive du livret de logeur, donc de la parcelle, était non son fait à elle, mais bien celui des agents de la PIR. Du réel tout cela aussi.

Mais la Cour d'appel, infirmant le jugement *a quo*, a maintenu la prévenue dans les liens de l'extorsion de signature, à raison que « *L'acte matériel d'extorsion a porté sur l'usage des violences et de menaces dont les coups de matraque répétés portés sur la victime, le maintien de celle-ci au cachot jusqu'au jour où elle signera l'acte de cession de sa parcelle et la menace de connaître un mauvais sort* (voir l'attitude des premiers jours des soldats et policiers de l'AFDL à leur arrivée à Kinshasa) ».

La pourvoyante demeure ici, en effet, non seulement auteur morale des actes matériels des agents de l'ordre, mais encore bénéficiaire desdits actes. La Cour d'appel a relevé au passage que dame Londjeka est celle qui a conduit la police pour leur indiquer la parcelle qu'elle visait, « *Ce que la prévenue ne nie ou ne conteste autrement qu'en gardant son mutisme* », mentionne l'arrêt au onzième feuillet.

Que pourra faire un jour la cassation, si un arrêt devait intervenir ? Pourra-t-elle contredire les juges du fond quant à leurs constatations des faits de la cause ?

J'ai pris soin, dans le même mémoire en réponse, de leur rappeler le contenu de l'article 37 de l'ordonnance-la loi organique de la procédure de cassation, le même qu'en France :

La Cour de cassation :

1° ne censure pas la fausse application de la loi pour constatation inexacte des faits de la cause ;

2° les juges du fond se prononcent souverainement sur la valeur des preuves versées aux débats ;

3° c'est un principe général du droit que « *les déclarations en fait données par les tribunaux et par les cours sont irréfragables* » ;

4° que, par exemple, « *Il ne lui* (cour de cassation) *appartient pas de réviser les sens et la portée des témoignages produits devant les juges du fond* ».[29]

Un arrêt de notre juridiction sera bien utile pour la vie du droit, dans ce pays où plaideurs et plaidants confondus croient toujours que la cassation constitue un troisième degré de juridiction.

SECTION 6 : TRIBUNAL DE GRANDE INSTANCE DE LUBUMBASHI

JUGEMENT RPA 2596 DU 8 MARS 2001
EN CAUSE : MP ET PC SERKAS & SONS SPRL C/MUKWAYANZO JOSE ET CONSORTS

Abus de confiance et contrat de remise de la chose

1. Les textes de loi

Article 95 CPL II :

Quiconque a frauduleusement, soit détourné, soit dissipé au préjudice d'autrui des effets, deniers, marchandises, billets, quittances, écrits de toute nature contenant ou opérant obligation ou décharge et qui lui avaient été remis à la condition de les rendre ou d'en faire un usage ou un emploi déterminé, est puni d'une servitude pénale de trois mois à cinq ans et d'une amende dont le montant ne dépasse pas mille francs ou d'une de ces peines seulement.

Article 87 CPP :

Les jugements indiquent le nom des juges qui les ont rendus et, s'ils ont siégé dans l'affaire, celui de l'officier du Ministère public, du greffier et des assesseurs, l'identité du prévenu, de la partie civile et de la partie civilement responsable.

Ils contiennent l'indication des faits mis à charge du prévenu, un exposé sommaire des actes de poursuite et de procédure à l'audience, les conclusions éventuelles des parties, les motifs et le dispositif. Les jugements des juges de police non magistrats de carrière ne comportent pas l'indication des actes de la procédure à l'audience ; ils contiennent l'état des frais dressé par le juge à la

[29] BORÉ, J., *La Cassation en matière pénale*, *ibid.*, n° 2510 et 2513, pp. 756-758.

suite du jugement. Les jugements sont signés par le président ou par le juge, ainsi que par le greffier, s'il était présent, lorsque le jugement a été prononcé.

Ce jugement a atterri sur ma table en vue de le déférer en cassation pour mal-jugé, précisément, pour défaut de réponse correcte à l'objection du condamné Mukwayanzo quant à la remise des fonds à lui par la SERKAS & SONS. J'ai dû déposer une requête confirmative le 15 juin 2001 pour la déclaration du 22 mars 2001.

2. Les faits de la cause et la procédure

Pour une meilleure compréhension de toute la situation, il faut d'abord rendre les faits de la cause que les juges du fond n'ont pas relatés, à aucun moment, ni au premier ni au second degré, s'étant contentés de reproduire les seules préventions du Ministère public qui sait parfois bien les rédiger.

En septembre 1999, à Kinshasa, M. José Mukwayanzo, depuis un an au service de la Sprl SERKAS & SONS, est sollicité par M. Serge KASANDA, associé-gérant de la même société, pour aller lui acheter de l'hétérogénite au Katanga.

En contrepartie, son salaire sera versé à sa famille à Kinshasa, tandis qu'il touchera une commission de 30 % sur les ventes, sans oublier son logement à l'hôtel ainsi que ses frais de séjour à Lubumbashi. Dans sa mission, il utilisera les installations et les personnels de la SERKAS, comprenant, pour l'essentiel, un chef d'entrepôt Ngoy Ilosiko et quelques manutentionnaires.

Les fonds lui sont remis à lui à Kinshasa ou alors envoyés directement par M. Serge Kasanda lui-même. Il n'existe aucun service de comptabilité pour la SERKAS & SONS. Quant aux sommes destinées au commerce de l'hétérogénite, c'est M. Mukwayanzo qui les gère en tenant une comptabilité sommaire en recettes et dépenses.

Au bout d'un certain temps, avec le volume grandissant du travail, M. Mukwayanzo obtiendra l'envoi à Lubumbashi du chef comptable Kabasele Leta pour mettre sur pied un service comptable.

Sans doute à la demande de Kinshasa, ce Kabasele diligentera un audit. À son retour à Kinshasa, après trois semaines de travail à Lubumbashi, il annoncera à M. Mukwayanzo un déficit de 68.253 $ à justifier. Dans une lettre du 2 mai 2000, c'est une somme de 175.613,7 $ qui sera annoncée. Enfin, devant le parquet de Lubumbashi, ce montant tombera à 123.660,28 $ pour faire l'objet de trois préventions de détournement, auxquelles s'ajoutera une quatrième, relative au détournement de 960 sacs d'hétérogénite.

2° Le tribunal sera saisi de trois préventions d'abus de confiance successivement pour les sommes de 32.796,20 $ pour la période du 14 septembre au 24 novembre 1999, 43.188,50 $, de décembre 1999 au 31 novembre 2000, 47.193,08 $, pour le mois de février 2000, soit au total 123.177,78 $ plus une quatrième prévention relative au détournement de 960 sacs d'hétérogénites.

Il condamnera le 7 décembre 2001 pour toutes les préventions à 8 ans de SPP, en concours matériel, et à la restitution tant des sommes d'argent soit 123.660,28 $ que de 960 sacs d'hétérogénite, au lieu de 123.177,78 $, somme arithmétique correcte de 32.796,20 + 43.188,50 + 47.193,08 ;

Quant à lui, le tribunal de grande instance dira non constituée la quatrième prévention, et constituées les trois premières mais en concours idéal. Il condamnera à 2 ans de SPP et à la restitution du même montant erroné de 123.660,28 $.

3. Jugement RPA 2596

Attendu que par son appel acté le 9 décembre 2000 au greffe du tribunal de Paix de Lubumbashi/Kamalondo, le prévenu MUKWAYANZO José s'insurge, pour mal jugé, contre le jugement RP 1181/I prononcé le 7 décembre 2000 par le tribunal de Paix précité. Lequel jugement a déclaré établie en fait comme en droit les quatre préventions d'abus de confiance articulées à sa charge et l'en a condamné à deux ans de servitude pénale principale et 2.500 FC d'amende, pour chacune des préventions ;

Que faisant le cumul, après avoir dit toutes les quatre préventions en concours matériel, le même jugement a retenu contre le prévenu huit ans de servitude pénale principale et dix mille francs congolais d'amende payables dans le délai légal ou à défaut subir 15 jours de servitude pénale subsidiaire ;

Que le même jugement a condamné le prévenu MUKWAYANZO à restituer les sommes d'argent détournées soit 123.660,28 $ au bénéfice de la partie civile SERKAS AND SONS ;

Qu'il a en outre condamné in solidum le prévenu et son coauteur NGOY ILOSIKO à la restitution de 960 sacs d'hétérogénite détournée et au paiement en faveur de la partie civile de la somme 100.000 FC à titre de dommages-intérêts ;

Qu'enfin le jugement attaqué a condamné le prévenu ici concerné au paiement des trois quarts des frais d'instance ;

Attendu qu'à l'audience de plaidoirie, la partie civile a comparu représentée par son conseil Bâtonnier MBUYI TSHIMBADI, avocat près la Cour d'appel de Lubumbashi ; tandis que le prévenu a comparu en personne assisté de ses conseils Maîtres TAKIZALA MASOSO, Alberto NGULUNG RUMBU et NSENDA, tous avocats près la même Cour d'appel ;

Attendu que le tribunal s'était déclaré saisi sur remise contradictoire ;

Attendu qu'ayant pris la parole, la partie civile a déclaré que l'appel du prévenu doit être dit non fondé parce qu'il n'a pu prouver le mal jugé qu'il reproche au jugement attaqué ;

Attendu que parlant des faits de la cause, la partie civile estime qu'ils sont restés constants tant devant le premier juge qu'au degré d'appel ;

Qu'en effet, elle soutient qu'alors travailleur de la société SERKAS AND SONS, le prévenu MUKWAYANZO a reçu de celle-ci les sommes en dollars, à des périodes différentes, à l'effet bien entendu d'acheter ici au Katanga de l'hétérogénite pour le compte de cette dernière dont le siège principal se trouve à Kinshasa ;

Attendu cependant, continue la partie civile, qu'à la suite des rumeurs persistantes sur la mégestion financière érigée en règle par le prévenu au sein de la société SERKAS qu'il représentait ici au Katanga, la direction générale de SERKAS à Kinshasa a édicté un certain nombre des mesures afin d'assainir les gestions financières et comptable ;

Attendu que par la même occasion, enchaîne la partie civile, un audit interne était dépêché à Lubumbashi à l'effet de tirer au clair la situation ;

Que lors de contrôle, sur base des carnets des bons de paiement et reçus remis par le prévenu et signés de sa main (présentement portés disparus par le fait du prévenu qui les avait retirés auprès du comptable MULALO pour répondre à la demande d'explication qui lui était adressée), *ainsi que des rapports d'activités que le prévenu adressait à la Direction générale. Il a été permis de dégager qu'il tenait une comptabilité parallèle qui lui a permis de détourner les fonds appartenant à la société dont le montant global s'élève à 123.660,28 $ à raison de – 32.796,20 $ pour la période allant du 14 septembre au 24 novembre 1999 – 43.188,50 $ pour la période allant de décembre 1999 au 31 janvier 2000 – 47.193,08 $ pour celle de février 2000 ;*

Attendu que pour la partie civile, le prévenu a réussi son forfait au moyen des artifices suivants :

– la tenue simultanée de deux comptabilités pour camoufler son forfait ;

– le gonflement des chiffres et surfacturation dans le secteur des achats marchandises, du transport, évacuation marchandises, achats sacs vides, manutention, prestations agences en douanes dont GLOBEX ;

– le versement fictif et transport de fonds fictifs à la Banque de commerce et développement BCD ;

– le dédoublement des paiements aux fournisseurs à la fois repris en poste achat marchandises et aussi de façon individuelle et isolée ;

Attendu que comme si tous ces détournements ne suffisaient pas, la partie civile soutient avec force qu'il a été constaté également que le prévenu avait détourné 960 sacs d'hétérogénite qui étaient entreposés dans les installations ou dépôts de la SERKAS ;

Attendu que pour la partie civile et le Ministère public, le prévenu n'étant pas parvenu à justifier d'une part les écarts de l'ordre de 123.660 $ ainsi que la destination donnée aux 960 sacs d'hétérogénite et à prouver, d'autre part, le mal jugé reproché au jugement attaqué, le tribunal ne devra que recevoir son appel, mais le dire non fondé et en conséquence confirmer le jugement a quo dans toutes ses dispositions ;

Attendu que prenant le contre-courant des déclarations de l'accusation, le prévenu MUKWAYANZO commence par donner les motifs de son appel en l'occurrence :

– la contrariété dans les deux décisions rendues par le tribunal de Paix de Lubumbashi/Kamalondo pour les mêmes faits, entre les mêmes parties ; le premier jugement ayant acquitté le prévenu poursuivi du chef d'abus de confiance sous RP 1199 et le second ayant condamné le même prévenu pour les mêmes faits sous RP 1181 ;

– le caractère imprécis et vague du jugement RP 1181 dont appel, le prévenu y est reproché d'avoir gonflé les chiffres sans autres précisions ;

– le refus du premier juge de répondre au moyen lié au lot des marchandises prétendues détournées dont aucun d'entre eux n'avait obtenu plus de 5 % de teneur en cobalt ;

Attendu qu'en dehors de ces motifs d'appel, le prévenu allègue que plutôt que d'être le représentant de la société SERKAS AND SONS à Lubumbashi, il était en réalité le représentant personnel de monsieur Kasanda, PDG de la société précitée et du reste son propre ami, dans les affaires d'achats et vente des hétérogénites ;

Que c'est à ce titre qu'il a pu recevoir de Monsieur Kasanda, et non de la société SERKAS, plusieurs sommes d'argent en dollars américains, à des périodes différentes ;

Attendu que le prévenu prétend que de mémoire, il est dans l'impossibilité de dire avec exactitude combien il a reçu et combien il a dépensé ;

Attendu qu'il déclare que selon les accords privés conclus avec son ami Kasanda, le prévenu devait acheter les hétérogénites pour celui-ci et pour chaque opération, il avait droit à 30 % ;

Que ces droits ne lui sont jamais payés jusqu'à ce jour par Kasanda ;

Que pour en convaincre, il dit que l'écrit comportant lesdits accords est resté à Kinshasa, sans autre précision ;

Attendu que le prévenu estime que l'erreur commise par l'officier du Ministère public c'est de s'être fondé sur le tableau des écarts établi unilatéralement par le comptable de SERKAS, Monsieur KABASELE, alors que la partie civile détient par devers elle les pièces comptables sur lesquelles il (le prévenu) *pouvait se référer pour justifier ;*

Que cette façon de se comporter, renchérit le prévenu, l'a mis dans l'impossibilité de procéder à la contre vérification et même à se justifier sur les écarts lui reprochés ;

Attendu que toujours pour sa défense, le prévenu reconnaît avoir reçu plus d'argent que les montants repris par le comptable de la partie civile dans son tableau ;

Qu'il relève à titre d'exemple l'omission par ledit comptable des rubriques telles que : – licence d'exportation qu'il évalue à 113.300 $, – transport qu'il estime à 95.300 $, – les frais administratifs, etc. ;

Que pour cet aspect de choses, il cite à témoin la Banque de commerce et développement, l'agence GLOBEX et la société ESO TRUCKING ;

Attendu que le prévenu ajoute que le tableau de la partie civile non seulement comporte les omissions ci-haut reprises mais aussi il reprend des montants inexacts qui ne viennent pas de ses pièces comptables qu'elle a, du reste, fait disparaître pour le noyer ;

Attendu que parlant de 960 sacs d'hétérogénites, le prévenu soutient que ces marchandises étaient retournées aux fournisseurs parce que n'atteignant pas le pourcentage voulu soit 5 % de teneur en cobalt ;

Que donc ces marchandises n'étaient pas encore la propriété de la société SERKAS, le marché ayant achoppé quant à la condition de teneur en cobalt en dé-

pit bien entendu des avances sur les frais de transport faits par SERKAS pour leur acheminement dans des entrepôts avant leur expertise au laboratoire ;

Que le prévenu estime donc n'avoir commis aucun détournement quant à ce ;

Attendu que fort des allégations qui précèdent, le prévenu prétend avec le concours de ses conseils qu'il y a non seulement le doute qui doit lui profiter mais aussi les faits mis à sa charge ne sont pas établis ;

Qu'il invite alors le tribunal à recevoir son appel, le dire fondé et en conséquence annuler le jugement entrepris dans toutes ses dispositions ;

Que statuant à nouveau, il souhaite voir le tribunal dire non établies toutes les préventions mises à sa charge et l'en acquitter purement et simplement ;

Attendu qu'en ce qui concerne les témoins assermentés, l'expert de la Banque a démontré au tribunal que sur ce que le prévenu devait payer pour la licence d'exportation, elle rachetait le 30 % en franc congolais et les 70 % restaient à la disposition du prévenu ;

Que donc en réalité le prévenu ne dépensait rien en cette matière si ce n'est qu'amener les dollars à la Banque pour que celle-ci rachète 30 % en franc congolais ;

Attendu que la société ESO TRUCKING a déposé dans le sens qu'elle ignorait tout ce que le prévenu aurait fait avec sa hiérarchie installée en Afrique du Sud ;

Que sur place, il n'a jamais reçu un quelconque paiement du prévenu ni signé avec lui un quelconque contrat ;

Attendu que l'agence GLOBEX, témoin non assermenté, a déclaré avoir traité 33 dossiers de SERKAS dont 25 pour 1.300 $ par dossier et 8 pour 1.100 $ par dossier soit le total de 41.300 $ qui ne couvrent nullement les montants des écarts reprochés au prévenu ;

Attendu que pour le Tribunal, l'appel du prévenu étant fait dans les délais et forme légaux, il le dira recevable en la forme sur fond des articles 96, 100 et 101 du Code de procédure pénale ;

Attendu que l'appel déclaré recevable en la forme, il s'impose d'en examiner le bien-fondé par les motifs ayant déterminé le prévenu à le former ;

Attendu que le tribunal rejette le premier motif d'appel donné par le prévenu selon lequel il y aurait contrariété dans les deux décisions rendues par le premier juge sous RP 1199 et sous RP 1181 ; qu'en effet, le prévenu n'ayant formé appel contre le jugement RP 1181, la juridiction d'appel ne peut se permettre d'examiner les faits relatifs au RP 1199 non soumis à son examen ;

Que donc ce moyen n'est pas justifié ;

Attendu que s'agissant du second motif d'appel lié au caractère imprécis et vague du jugement RP 1181, le tribunal constate que le prévenu n'a nullement démontré cette imprécision, ni le caractère vague dudit jugement ;

Qu'en effet, après avoir analysé les éléments constitutifs de l'infraction d'abus de confiance tels que présentés par le doctrinaire LIKULIA BOLONGO (Likulia Bolongo, *Droit pénal spécial Zaïrois*, tome I, 2e éd. LGDJ, 1985, pp. 425-432)*, le premier juge a déclaré à bon droit établies les trois infractions d'abus de confiance articulée à charge du prévenu – l'abus de confiance pour 32.796,20 $ commis au* *courant de la période allant du 14 septembre au 24 novembre 1999 ; – l'abus de confiance pour 43.188,50 $ commis au courant de la période allant de décembre 1999 au 31 janvier 2000 ; – l'abus de confiance pour 47.193,08 $ commis au courant du mois de février 2000 ;*

Attendu que faisant siens les arguments du premier juge pour ces trois préventions, le tribunal confirmera son œuvre quant à ce, sauf en ce qu'elle a retenu le concours matériel ;

Qu'en fait, ces trois infractions demeurent dictées par la même intention criminelle du prévenu ; qu'en conséquence, le tribunal dira qu'elles sont en concours idéal et ne retiendra que la plus forte (lire dans ce sens Likulia Bolongo, *op. cit.*, p. 26) *;*

Attendu qu'à ce niveau, le tribunal rejette les moyens du prévenu tendant à faire croire à l'existence de doute ;

Qu'en effet, il faut constater que par le fait que le prévenu invoque des montants plus élevés que ceux qui lui sont réclamés et pour lesquels il a cité le témoin qui ne l'ont pas appuyé dans ses dires, il y a détournement dans son chef ;

Attendu par ailleurs que les allégations du prévenu de nature à faire accepter qu'il travaillait pour le compte de son ami Kasanda et non pour celui de la société SERKAS sont à déconsidérer dans la mesure où lui-même a reconnu qu'il était travailleur de celle-ci et que les éléments de l'instruction ont démontré qu'il agissait au Katanga pour le compte de SERKAS qu'il représentait ;

Attendu que la contestation du tableau des écarts par le prévenu ne peut ébranler la conviction des juges dans la mesure où il n'a pu produire les éléments d'une comptabilité contraire et surtout que l'instruction a relevé sur base des pièces saisies chez le prévenu par le Ministère public qu'il tenait une comptabilité parallèle dans le but de camoufler son forfait ;

Attendu que traitant du motif d'appel lié au refus du premier Juge de répondre au moyen relatif au lot des marchandises dont aucun d'entre eux n'a été trouvé avec au moins 5 % de teneur de cobalt, le tribunal estime ce moyen fondé ;

Qu'en effet, en disant établie la prévention d'abus de confiance sur les 960 sacs d'hétérogénite alors que le doute sur la propriété de SERKAS sur lesdites marchandises n'était pas totalement dissipé, le premier juge n'a pas bien dit le droit ;

Que les notions civilistes de choses de genre et choses individualisées n'ont pu réussir à dissiper le doute face aux déclarations du prévenu selon lesquelles les marchandises concernées n'ayant pas répondu à la condition fixée étaient restituées aux fournisseurs qui les ont vendues en sa présence pour lui permettre de retirer les avances sur les frais de transport faits par lui ;

Que pour cela, le tribunal annulera l'œuvre du premier degré en ce qu'elle a dit établie la prévention d'abus de confiance sur les 960 sacs d'hétérogénites ;

Que statuant à nouveau quant à ce, il dira cette dernière prévention non établie et en acquittera purement et simplement le prévenu ;

PAR CES MOTIFS,
Le tribunal ;

Statuant publiquement et contradictoirement ;
Vu le Code de l'organisation et de la compétence judiciaires ;
Vu le Code de procédure pénale ;
Vu le Code pénal Livre II, en son article 95 ;
Le Ministère public entendu ;
Reçoit l'appel du prévenu et le dit partiellement fondé ;
Confirme l'œuvre du premier juge en ce qu'elle a dit établies les trois infractions d'abus de confiance ci-haut reprises ;
Déclare par contre que ces trois infractions sont en concours idéal et condamne en conséquence le prévenu MUKWAYANZO José à 2 ans de servitude pénale principale et à la restitution de 123.660,28 $;
Annule cependant la décision du premier juge en ce qu'elle a dit établie la prévention d'abus de confiance sur les 960 sacs d'hétérogénites ;
Statuant à nouveau quant à ce, dit cette prévention non établie en fait comme en droit et en acquitte le prévenu ;
Condamne le prévenu au ¾ des frais de deux instances, le ¼ étant à charge du trésor public ;
Ainsi jugé et prononcé par le tribunal de grande instance de Lubumbashi, à son audience de ce jeudi 8 mars 2001, à laquelle siégeaient les magistrats Jimmy MUNYANGE MUYAMBO, président, Vicky TSHIBOLA KABALA et Gérard MASUMBUKO MALIPO, juges, en présence de DITEND A NAWEJ, officier du Ministère public, avec l'assistance de MUZINGA, greffier.

4. Observations

En vue de repousser l'inculpation d'abus de confiance, l'appelant Mukwayanzo a opposé, en bonne place, le défaut du contrat de remise des fonds à lui par la société SERKAS & SONS. Les juges du fond ont noté cette défense : « *Attendu qu'en dehors de ces motifs d'appel, le prévenu allègue que plutôt que d'être le représentant de la société SERKAS & SONS à Lubumbashi, il était en réalité le représentant personnel de monsieur Kasanda, PDG de la Société précitée et du reste son propre ami, dans les affaires d'achat et vente des hétérogénites* ». Il ajoute qu'au demeurant l'ami lui a remis « *plus d'argent que les montants repris par le comptable de la Partie civile dans son tableau* ».

Les juges du fond lui ont répondu : « *Attendu par ailleurs que les allégations du prévenu de nature à faire accepter qu'il travaillait pour le compte de son ami Kasanda et non pour celui de la Société SERKAS sont à déconsidérer dans la mesure où lui-même a reconnu qu'il était travailleur de celle-ci* (...) ».

Cette réponse-là est insuffisante, n'en est pas une ! Le tribunal ne lui dit-il pas ce que lui-même reconnaît déjà, à savoir qu'il était aussi « travailleur de SERKAS AND SONS » ? Comme si, en l'occurrence, ce Mukwayanzo ne pouvait pas être à la fois et au service de la société et au service d'un individu. Pis, le tribunal n'analyse même pas ledit contrat de remise.

En cassation, le demandeur a naturellement visé l'article 95 du CPL II, relatif à l'abus de confiance, qui présuppose nécessairement un contrat de remise de la chose à qualifier par le juge saisi :

1° *le délit n'est constitué que si la remise a été faite à titre précaire. Tel n'est pas le cas, par exemple, lorsqu'elle a été faite en exécution, non pas d'un mandat, mais d'un contrat de louage d'ouvrage, l'entrepreneur pouvant employer à d'autres usages les fonds perçus* (...) *;*

2° *sont sujettes à cassation « les décisions qui se bornent à nommer le contrat violé sans l'analyser, ce qui faisait obstacle à un contrôle sérieux de la qualification de la convention » ;*

3° *la Cour de cassation censure aussi les arrêts qui omettent de qualifier le contrat ayant existé entre le prévenu et la partie civile* (...)[30] ;

4° *l'abus de confiance, est la violation frauduleuse d'un contrat translatif de la détention ou de la possession d'une chose* (...) ;

la première question à résoudre est donc celle de savoir si ce contrat a été formé.[31]

Comme la réponse de la Cour d'appel est insuffisante et donc fait défaut, le pourvoyant a construit une seconde branche de son moyen, visant à stigmatiser l'absence de motivation, vu que : « *L'obligation de motiver les jugements est pour le justiciable la plus précieuse des garanties ; elle le protège contre l'arbitraire et lui fournit la preuve que sa demande et ses moyens ont été sérieusement examinés, et, en même temps, elle met obstacle à ce que le juge puisse soustraire sa décision au contrôle de la Cour de cassation.* »[32]

Si quatorze ans après, l'on pouvait obtenir la position de notre cour de cassation.

SECTION 7 : COUR D'APPEL DE MATADI

ARRÊT RPA 997 DU 25 AOÛT 2000
EN CAUSE : MP ET PC NKIKISALA C/MAKOKO ET CONSORTS

Responsabilité du commettant – validité d'une procuration spéciale pour appel signée mais sans nom du donneur

1. Texte de loi

Article 260 al. 3 du CCL III :

On est responsable non seulement du dommage que l'on cause par son propre fait, mais encore de celui qui est causé par le fait des personnes dont on doit répondre, ou des choses que l'on a sous sa garde.

---

[30] BORÉ, J., *ibid.*, n° 3546, 3547, 3550, pp. 1080-1081.

[31] MINEUR, G., *ibid.*, pp. 222-223.

[32] BORÉ, J., *ibid.*, p. 600, n° 1988, 1°.

(…)

Les maîtres et les commettants, du dommage causé par leurs domestiques et préposés dans les fonctions auxquelles ils les ont employés.

L'arrêt RPA 997 du 25 août 2000 de la Cour d'appel du Bas-Congo à Matadi, qui m'est parvenu, encore une fois, pour un pourvoi en cassation, remet sur le tapis une question apparemment trop connue, mais toujours tranchée dans tous les sens. C'est le problème de la responsabilité des maîtres et commettants. Quand leur responsabilité est-elle légalement engagée ?

Voici une entrée en matière, et non de la digression pour cet arrêt RPA 997 contre la SA Sucrière Kwilu Ngongo.

Dans quelques semaines, je dois, en effet, plaider pour une entreprise de la place, la SCTP SA, ex-ONATRA condamnée, au premier degré, aux dommages-intérêts de la petite somme de… 100.000 $, tandis que son préposé l'a été, de son côté, pour 50.000 $, en faveur des mêmes ayants droit du collègue de service de ce préposé, mort d'« empoisonnement », sur le lieu de travail selon la prévention. Les deux agents Bilimo et Lengisa, taxateurs au beach Ngobila, occupent le même bureau, partagent la même table. Commandent, ce jour-là, l'un un thé, l'autre un café, servis par leur restaurateur habituel, consomment chacun sa commande ; mais Lengisa vomira plus tard et va décéder à deux mois du sinistre petit déjeuner. Soupçons d'empoisonnement sur son collègue, pour n'avoir pas été vu au lieu mortuaire, accuse la partie civile. Condamné à mort avec dommages-intérêts, y compris à charge de leur employeur commun SCTP.

Pour motiver cette condamnation de l'employeur, le tribunal de grande instance/Gombe a retenu les éléments de fait que voici : avoir fourni à ses deux taxateurs un même bureau, une même table de travail, ce qui est, selon l'accusation, une occasion de conflit permanent ; n'avoir pas prévu un réfectoire, ne pas veiller à la sécurité alimentaire de ses agents.

L'arrêt de la Cour d'appel de Matadi que je publie est allé, à peu de choses près, dans le même sens que le jugement du tribunal de grande instance/Gombe condamnant l'employeur SCTP, pour un meurtre par « empoisonnement », reproché à un agent, du seul fait qu'il a été commis sur le lieu de travail et pendant les heures de service. Il est dès lors urgent que la Cour régulatrice du droit intervienne. Que ça cesse de varier selon que. Revenons à l'arrêt RPA 997 de la Cour d'appel de Matadi, après cette parenthèse du jugement de condamnation de la SCTP.

2. Les faits de la cause et la procédure

MM. Makoko, beau-fils de la partie civile Nkikisala, et Luyindula sont employés à la Sucrière, en qualité d'électricien pour le premier et de comptable pour le second.

Le 17 janvier 1997, le beau-fils écrira à son beau-père, par ailleurs commerçant, pour l'intéresser à le vente par la Sucrière d'un lot de véhicules, en lui faisant croire, dans cette correspondance, lui avoir fait réserver le camion

Mercedes 2624 n° 11, dont il devait verser une avance de 1.000 $ au plus tard le 31 janvier, si le bien l'intéressait.

Le beau-père se rendra aussitôt à Mbanza-Ngungu et versera, **sans décharge**, entre les mains du beau-fils, l'avance requise, dont le montant est controversé : 2.000 $ pour le beau-fils, 4.000 $ pour le gendre.

Plus tard, aux fins de se faire remettre le solde et totaliser 10.000 $, le beau-fils ne trouvera pas mieux que de diriger son beau-père à un autre agent de la Sucrière, le nommé Luyindula. Ce dernier exhibant une lettre falsifiée persuadera leur victime du succès de l'opération pour avoir déjà lui-même rendu un tel service à un certain Luamba dans l'acquisition d'un pick-up ISUZU n° 21.

C'est grâce à son secrétaire que M. Nkikisala découvrira la supercherie, après avoir versé en **deux tranches** le montant lui exigé par le beau-fils.

Le 21 décembre 1998, le tribunal de grande instance à Mbanza-Ngungu condamnera, après disqualification des faits en abus de confiance, les parties cités Makoko et Luyindula, respectivement à 15 et 7 mois avec sursis et à la restitution de 6.000 $ plus 10.000 $ de dommages-intérêts, *in solidum* avec le civilement responsable La sucrière.

Quant à elle, la Cour d'appel de Matadi condamnera pour escroquerie aux mêmes peines. S'agissant des intérêts civils, la cour a condamné à dix mille dollars américains en remboursement du montant escroqué, majoré d'une somme de cent cinquante mille francs congolais à titre des dommages-intérêts.

3. L'arrêt RPA 997

(...)

S'agissant des véhicules à vendre aux personnes étrangères à la compagnie, l'Administrateur-Directeur Général lançait un appel d'offre externe reprenant également la liste des véhicules à vendre et qui étaient plus défectueux que ceux réservés au personnel de la compagnie.

Ainsi toute personne intéressée par cette offre introduisait une demande et une fois celle-ci retenue, le paiement se faisait au grand comptant.

Alors qu'il n'avait formulé aucune demande d'achat de véhicule comme dit ci-haut, le cité MAKOKO profita d'une vente des véhicules qui était programmée par la compagnie pour écrire le 17 janvier 1997 à son gendre NKIKISALA VAKANDA une lettre par laquelle il l'informait que la compagnie sucrière vendait un certain lot des véhicules et qu'il lui avait réservé un camion de marque MERCEDES 2624 n° 11 d'une valeur de dix mille dollars américains ; il ajouta qu'en sa qualité d'agent à cette compagnie, la Direction pouvait lui vendre ledit véhicule à quatre mille dollars américains, à condition de verser d'ici le 31 janvier 1997 une avance de mille ou huit cents dollars américains de garantie, car dit-il, le véhicule en question était convoité par d'autres personnes ; il termina en rassurant son gendre que s'il payait cette avance, le solde sera payé en dix mensualités et il insista pour que cette information soit gardée secrète.

Convaincu de la réalité de cette mise en scène à cause de la confiance qu'il avait placée en lui, le citant regagna d'urgence MBANZA-NGUNGU et lui versa la première tranche sans aucune décharge mais dont le montant d'après lui s'élevait à six mille dollars américains alors que son beau-fils MAKOKO soutient que c'était deux mille dollars ; cette première tranche fut versée après avoir visité le véhicule en question dans l'enceinte de l'usine où il était exposé avec d'autres véhicules.

Mais pour convaincre NKIKISALA à lui verser la totalité de la somme de dix mille dollars américains tel que constaté dans la décharge signée le 11 décembre 1997 par le cité MAKOKO lui-même, ce dernier le mit en contact avec le deuxième cité LUYINDULA qui confirma que l'opération lui proposée était possible, car lui aussi l'avait faite pour LUAMBA Georges dans l'acquisition d'un PICK-UP de marque ISUZU n° 21 à un prix intéressant. À cette occasion, LUYINDULA lui remit, comme preuve, la photocopie de la lettre du 11 juillet 1995 adressée à LUAMBA par la compagnie, photocopie qu'il avait soutirée du classement de la Direction financière. Étant d'un niveau d'études très bas (4 ans primaires)*, le citant ne remarqua pas sur le champ que cette photocopie était falsifiée ; il découvrit cela plus tard grâce à son secrétaire et comprit qu'il était victime des manœuvres frauduleuses ; il saisit, par voie de citation directe, le tribunal de grande instance de MBANZA-NGUNGU qui rendit son jugement dont appel.*

De l'appel des cités

Il ressort de l'examen des procurations spéciales remises par les cités à Maître André SIALA NDOMBE que ceux-ci, après avoir bien précisé le pouvoir qu'ils ont donné à leur conseil dans ces procurations, ils les ont signées mais en omettant de mentionner leurs noms après les mentions « Je soussigné… ».

Pour la Cour, cette omission ne rend pas ces procurations nulles ou irrégulières ; en effet, il est de jurisprudence que l'exigence de la spécialité de la procuration implique que le mandat doit désigner la décision à attaquer et la voie de recours à exercer contre elle ; (CSJ, RP 1894 du 19 septembre 1997, *Revue de droit congolais*, 1re année, juillet-août-septembre, n° 001).

Quant au bien-fondé de ces appels, les cités soutiennent qu'ils ne peuvent être maintenus valablement dans les liens de la prévention mise à leur charge du fait qu'il s'agit d'un problème purement familial opposant le beau-père à son beau-fils et qu'ils ne reconnaissent pas les faits mis à leur charge ; ils attaquent l'œuvre du premier juge en ce que ce dernier les a condamnés des chefs d'abus de confiance et de complicité d'abus de confiance sans leur avoir donné du temps pour préparer leurs moyens de défense et que les liens de prépositions entre eux et la Compagnie Sucrière n'ont pas été démontrés.

La Cour ne les suivra pas dans leur soutènement ; en effet, il ressort des éléments de la cause qu'ils ont eu suffisamment du temps pour préparer leurs moyens de défense et qu'ils ont même été interrogés par le premier juge sur les faits de la prévention d'abus de confiance.

En ce qui concerne la disqualification des faits d'escroquerie en abus de confiance par le premier juge, la Cour constate que celui-ci a motivé erronément sa décision en soutenant que le cité MAKOKO n'avait pas préalablement employé des manœuvres frauduleuses pour se faire remettre le montant de six mille dollars américains par le citant NKIKISALA mais qu'il a plutôt affecté cet argent à son commerce à l'insu et contre le gré du propriétaire dont la bonne foi fut surprise en apprenant que le sucre lui serait livré à la place du véhicule.

La Cour ne fera pas sienne ce raisonnement, car battu en brèche par les éléments du dossier qui démontrent à suffisance que c'est grâce à l'emploi des moyens frauduleux que le cité MAKOKO s'est fait remettre volontairement de fonds et que ces moyens consistent dans les faits suivants :

1°) Le fait d'écrire une lettre à NKIKISALA, l'invitant à venir lui verser de l'argent pour l'acquisition d'un camion MERCEDES 2624 n° 11 alors que lui-même MAKOKO n'avait formulé aucune demande pour l'achat de ce camion ;

2°) Le fait de faire introduire NKIKISALA dans l'enceinte de l'usine et lui faire visiter les véhicules qui étaient exposés pour la vente dans le seul but de le persuader l'existence d'un pouvoir ou d'un crédit imaginaire ;

3°) Le fait pour MAKOKO de mettre NKIKISALA en contact avec LUYINDULA de service comptabilité pour le convaincre davantage que l'opération en question était possible et l'amener à verser la totalité du montant escroqué ;

Toutes ces machinations ont fait que l'infraction d'escroquerie soit consommée malgré ses dénégations faites tant devant le premier juge que devant cette Cour.

<u>De la complicité de LUYINDULA</u>

La Cour relève que la complicité de LUYINDULA dans les faits commis par le 1er cité MAKOKO résulte du fait d'avoir fourni une aide accessoire dans les faits qui ont consommé l'infraction.

D'après MINEUR, les actes de consommation sont ceux qui auront été accomplis après que l'infraction aura été légalement commise, dans le but d'assurer au coupable le bénéfice de son crime ; (Mineur G., *Commentaire du Code pénal*, p. 93).

En effet, la victime a été convaincue de verser la totalité de la somme de dix mille dollars américains après l'intervention de LUYINDULA qui lui remit la photocopie de la lettre du 11 juillet 1995 soutirée du classement de la Direction financière.

<u>De l'appel de la compagnie Sucrière</u>

La compagnie Sucrière de Kwilu-Ngongo attaque aussi l'œuvre du premier juge en ce que ce dernier :

1°) l'a condamnée sur base de la lettre n° 1180/DF/SD/NS'M/95 du 11 juillet 1996 en motivant sa décision que cette lettre a été falsifiée avec la complicité de ses préposés aux lieu et heure de service ; elle enchaîne que cette motivation est insuffisante, inadéquate et erronée dans ce sens que le premier jugé n'a pas démontré comment la Sucrière avait commis ce faux ; elle conclut que l'insuffisance de motivation équivaut à l'absence de motivation entraînant annulation de la décision.

2°) a soutenu que la prétendue visite de l'engin par la partie civile a eu lieu en présence du chef de garage BABU, alors que ce dernier se trouvait en congé au moment des faits ;

3°) n'a pas répondu à son action reconventionnelle tendant à obtenir condamnation de la partie civile pour procès téméraire et vexatoire ;

4°) a fait une mauvaise application de l'article 260 al. 3 du Code civil livre III en la condamnant sur base d'une Jurisprudence étrangère au droit positif congolais ; elle enchaîne que la loi qui supplante la jurisprudence et la doctrine exige que le dommage soit causé dans les fonctions auxquelles ils (préposés) *ont été employés ; elle conclut que les préposés n'avaient nullement pour fonction de vente des véhicules de la Sucrière et que le dommage n'a pas été commis pendant la durée du travail.*

La Cour relève en ce qui concerne les premier et deuxième moyens que le premier juge a bien motivé sa décision. En effet, il a été établi, lors de la descente sur les lieux effectuée le 25 juillet 1998 que la photocopie de la lettre datée du 11 juillet 1995 envoyée à LUAMBA Georges et dont l'année et le type de véhicule et le prix ont été changés et portant la mention « CL » était tirée à partir de la photocopie classée au secrétariat de la Direction financière et que la machine qui avait servi à falsifier cette lettre était la même que celle qui avait servi à la dactylographie de l'original.

En outre, cette descente sur les lieux avait aussi confirmé que le citant NKIKISALA avait réellement visité le véhicule en question.

En ce qui concerne le troisième moyen, la Cour constate qu'effectivement le premier juge ne l'avait pas rencontré ; cette omission entraînera l'annulation du jugement entrepris.

Quant au quatrième moyen relatif à la mauvaise application de l'article 260 al. 3 du Code civil livre III, la Cour fait sien le raisonnement du premier juge en ce qu'il s'est basé sur la jurisprudence selon laquelle il n'est pas exigé, pour que la responsabilité du commettant soit engagée, que l'acte fautif imputable au préposé rentre dans les fonctions dévolues à celui-ci ; il suffit qu'il ait été commis pendant la durée du service et qu'il soit en relation avec celui-ci, même indirectement et occasionnellement ; (Cass. 30 sept. 1957, JTI, 1958, p. 201 avec note ; Pas, I, p. 62 ; 10 févr. 1958, JTP 493 ; 15 juin 1949, Pas I, p. 444 ; Belg. Col., 1950, p. 46).

En effet, en matière de responsabilité aquilienne, la responsabilité des maîtres et des commettants repose sur une idée de faute dans leur chef qui se situe au niveau de la surveillance des personnes engagées par eux.

Il est de jurisprudence que l'idée commune des différents cas prévus par l'article 260 est l'obligation que la loi impose à certaines personnes qui disposent d'une autorité de droit ou de fait sur d'autres, d'user de cette autorité pour les empêcher de causer des dommages (Elis., 15 juillet 1939, RJCB, 1940, p. 47).

En l'espèce, la faute de surveillance dans le chef de la Compagnie Sucrière de Kwilu-Ngongo découle des faits suivants :

1°) les préposés MAKOKO et LUYINDULA ont profité de l'incapacité de leur employeur (la compagnie Sucrière) *à respecter ses propres instructions en matière de vente des véhicules déclassés ;*

En effet, en date du 17 janvier 1994, Monsieur PEMBELE KABANGU, chef de l'administration à la Sucrière, avait adressé à toutes les Directions de la Sucrière, une note interne n° 003/94 par laquelle il interdisait formellement à tout agent de la compagnie à servir d'intermédiaire aux personnes étrangères à la société dans l'acquisition des véhicules réservés au personnel de cette compagnie. Mais sans que cette note soit abrogée, Messieurs MAYO BAKWANGA et Eric EKCKHOUT, respectivement chef de division comptable et Directeur financier passèrent outre celle-ci en agréant en date du 11 juillet 1995 la demande d'un certain LUAMBA Georges introduite par l'intermédiaire du cité LUYINDULA BILONDO.

La Cour note que c'est cette lettre obtenue en violation de la note interne citée ci-haut qui a permis à MAKOKO de convaincre sa victime pour lui verser la totalité du montant de dix mille dollars américains. Ces faits sont d'ailleurs reconnus par la Compagnie Sucrière de Kwilu-Ngongo qui les confirme dans les lettres de licenciement sans préavis adressées à ses agents MAKOKO et LUYINDULA. En effet au paragraphe 3 desdites lettres, il est dit ceci : « ... il est constaté que pour mener à bien votre opération, vous avez changé l'année de la correspondance n° 1180/DF/SD/NS'M/95 du 11 juillet 1995 adressée à Monsieur LUAMBA Georges ainsi que l'objet, le type du véhicule lui proposé et le prix ».

2°) La facilité avec laquelle LUYINDULA est entré en possession de la copie de la lettre citée ci-haut et classée aux archives de la Direction financière prouve ainsi le défaut de surveillance de ses préposés par la compagnie qui laissait n'importe quel agent accéder au classement jusque même à en tirer une photocopie ;

3°) Cette compagnie n'avait pas la main mise sur la garde industrielle ; en effet celle-ci a fait entrer NKIKISALA dans l'enceinte de l'usine pour visiter les véhicules exposés à la vente alors qu'il n'était pas muni d'une demande d'achat de véhicule ni l'autorisation de pénétrer dans l'enceinte de la Compagnie ;

(...)

PAR CES MOTIFS :

La Cour d'appel, section judiciaire ;

Statuant contradictoirement ;

Le Ministère public entendu en ses réquisitions verbales ;

Déclare recevables, mais fondés les appels des cités MAKOKO Joseph et LUYINDULA BILONGO ;

Déclare recevables et fondés partiellement ceux de la compagnie Sucrière de KWILU-NGONGO et du Ministère public ;

Annule en conséquence le jugement entrepris dans toutes ses dispositions ;

Statuant à nouveau, dit que les faits reprochés aux cités MAKOKO Joseph et LUYINDULA BILONGO sont constitutifs des infractions d'escroquerie pour le premier cité et de complicité d'escroquerie pour le deuxième cité ;

Dit ces infractions établies à leur charge et les en condamne, avec admission des circonstances atténuantes découlant de leur délinquance primaire, le premier cité MAKOKO Joseph à 15 mois de SPP avec sursis de 24 mois, le deuxième cité LUYINDULA BILONGO à 7 mois de SPP avec sursis de 12 mois ;

Statuant quant aux intérêts de la partie lésée NKIKISALA VAKANDA, condamne in solidum les cités MAKOKO et LUYINDULA avec leur civilement responsable, la compagnie Sucrière de KWILU-NGONGO à lui payer la somme de dix mille dollars américains en remboursement du montant escroqué, majoré d'une somme de cent cinquante mille francs congolais à titre des dommages-intérêts pour préjudice subi ;

Condamne les cités et leur civilement responsable à ¼ des frais d'instance chacun, payable dans le délai légal ou à défaut subir 7 jours de CPC pour les cités ;

Met ¼ de ces frais à charge du Trésor public ;

Ainsi jugé et prononcé par la Cour d'appel de MATADI à son audience publique de ce vendredi 25 août 2000 à laquelle siégeaient Messieurs : Bernard MUSASA MUDIBO, président de chambre ; Guillaume KAKUDJI WA KAKUDJI et Delphin PUKU NGUNGU DEYS, conseillers ; en présence de KUMBU PHANZU, officier du Ministère public ; avec l'assistance de BONYEME IS'EKULA, greffier.

4. Observations

L'employeur « La Sucrière », appelé au procès comme civilement responsable de ses agents indélicats reproche, aux juges du fond, une mauvaise application de l'article 260 al.3 du CCL III, pour avoir donné une extension indue aux expressions « *pendant la durée de service* » et « *en relation avec celui-ci* » voire « *même indirectement et occasionnellement* ».

Pour elle, sa condamnation, moyennant une jurisprudence étrangère, du reste inappropriée, est acquise en violation de la loi, car ses préposés Makoko et Luyindula ont commis leur acte délictueux **en dehors de leurs fonctions respectives d'électricien et de comptable**, sans oublier que ce forfait ne lui a jamais profité et d'aucune manière.

À l'inverse, la cour a répondu à l'employeur que :

1° La lettre du 11 juillet 1995, falsifiée, qui, selon la cour, aura convaincu la victime Nkikisala à croire en la régularité de l'opération de vente était tirée à partir de la photocopie classée au Secrétariat ;

2° La victime avait réellement visité le véhicule ;

3° En droit la responsabilité des maîtres et des commettants repose sur une idée de faute dans leur chef qui se situe au niveau de la surveillance des personnes engagées par eux. (Voy arrêt déféré, 14e et 15e feuillets)

Cette réponse de la Cour d'appel de Matadi tient-elle la route ?

Est-elle pertinente ? C'est vrai que la lettre adressée à la future victime est falsifiée à partir d'une autre, réelle, de la « Sucrière » ; que la victime est allée palper le camion exposé dans la concession de l'employeur, à l'intention du public. Mais cela suffit-il ? Y a-t-il jusque-là une quelconque négligence à mettre au compte de l'employeur ?

Pour pousser à la réflexion et contrer la condamnation, le civilement responsable a opposé cette jurisprudence de la cassation française, qui a l'intérêt de faire la distinction entre faute intentionnelle et faute de négligence ou d'imprudence : « (...) *L'Assemblée plénière dans un arrêt du 17 juin 1983* (Bull. civ. n° 8) *a jugé que la responsabilité du commettant n'était pas engagée par un acte délibéré du préposé, étranger à ses fonctions, et accompli à des fins personnelles pendant le temps du travail.* » [33]

Le commettant, le maître, l'employeur ne sera pas tenu, ne répondra pas de son préposé, si l'acte de celui-ci est « délibéré » soit, dit le *Petit Larousse* « libre, conscient, réfléchi, exprès » et si « l'acte est accompli à des fins personnelles ». Acte réfléchi **et** à des fins personnelles. Une double condition qui doit nécessairement se réaliser pour impliquer la responsabilité d'autrui. La Cour d'appel de Matadi a retenu à faute le défaut de surveillance de ses agents utilisant les documents de service, certes falsifiés, pour tromper le public.

En revanche, il faut se réjouir de la sentence de la Cour d'appel de Matadi qui s'est appuyée sur un arrêt de notre Cour suprême de justice, quant à la validité d'une procuration pour appel. En l'absence de la mention du nom du mandant, la Cour d'appel a dit que la signature suffisait. À qui, en effet, une telle omission peut-elle nuire ? Que dira plus tard la cassation ? On attend.

SECTION 8 : COUR SUPRÊME DE JUSTICE

ARRÊT RP 3461 DU 16 SEPTEMBRE 2013
EN CAUSE : MP & PC PALUKU KANYINYI C/MUBANGI JACK ET LA SOCIETE ZTE

Faux en écritures – infraction impossible ou putative – computation de délais

Une fois n'est pas coutume et point de règle sans exception, ce dit-on. À une requête confirmative du pourvoi déposée le 2 juin 2010, la Cour suprême de justice a, en effet, répondu le 16 septembre 2013, soit exactement 3 ans et 3 mois plus 14 jours ! Un record tout de même ici, vu que l'on attend encore dans nombre de dossiers déposés depuis les années 1990.

Reconnaissons, dès l'abord, que l'arrêt de clôture de la série RP 3461 du 16 septembre 2013 colle à la loi, est bien rendu, à part ceci qu'il est démenti par le dossier soumis à la Cour. Responsable mais pas coupable !

1. Les textes de loi

Article 47 de l'O-L n° 82/017 du 31 mars 1982 organique de la Cour suprême de justice :

---

[33] BORÉ, J., *supra*, n° 2642, p. 799.

Le délai pour se pourvoir est de quarante jours francs à dater du prononcé de l'arrêt ou du jugement rendu contradictoirement.

Le Procureur général près la Cour d'appel dispose toutefois d'un délai fixe de trois mois à partir du prononcé du jugement ou de l'arrêt.

Lorsque l'arrêt ou le jugement a été rendu par défaut, le pourvoi n'est ouvert et le délai ne commence à courir à l'égard du condamné que du jour où l'opposition n'est plus recevable.

Pour la partie civile et la partie civilement responsable, le délai prend cours le dixième jour qui suit la date de la signification de l'arrêt ou du jugement.

Article 124 CPL II :

Le faux commis en écritures avec une intention frauduleuse ou à dessein de nuire sera puni d'une servitude pénale de six mois à cinq ans et d'une amende de vingt-cinq à deux mille francs, ou d'une de ces peines seulement.

Article 126 CPL II :

Celui qui, dans une intention frauduleuse ou à dessein de nuire, aura fait usage de l'acte faux ou de la pièce fausse, sera puni comme s'il était l'auteur du faux.

2. Les faits de la cause et la procédure

L'arrêt étant d'irrecevabilité du pourvoi, pour tardiveté de la déclaration du pourvoi, n'a pas eu besoin de relater les faits, dont voici en accéléré un résumé.

M. Mubangi Jack est poursuivi pour avoir, à Kinshasa, signé la lettre de licenciement de M. Paluku, sur papier à firme avec cachet de la société CCT, alors qu'en réalité ce Paluku est employé d'une autre société du groupe ZTE Corporation, où le même Mubangi est chef du personnel.

Le congédié dit être en difficulté pour défendre ses droits en justice, ne sachant pas à qui reprocher son licenciement abusif, au vu de la lettre de licenciement.

Tant le tribunal de paix que celui de grande instance de Matete condamnent tous deux Mubangi J. pour faux et usage, à 12 mois de SPP, à 25.000 F d'amende plus 7.500 $ des dommages-intérêts, avec arrestation immédiate, « *en raison de la mobilité constante du cité* », a eu à préciser le premier juge.

3. L'arrêt RP 3461

Par déclarations actées respectivement les 3 et 8 mars 2010 au greffe du tribunal de grande instance de Kinshasa/Matete et confirmée par requête signée par l'avocat à la Cour suprême de justice MATADIWAMBA KAMBA MUTU au cabinet duquel ils ont élu domicile, et déposée au greffe de cette Cour le 2 juin 2010, Monsieur MUBANGI Jack et la société par actions à responsabilité limitée ZTE Corporation sollicitent la cassation du jugement contradictoire RPA 1575 du 1er décembre 2009 par lequel le susdit tribunal a confirmé en toutes ses dispositions celui du tribunal de paix de Kinshasa/Lemba qui l'avait condamné à douze mois de servitude pénale principale, avec arrestation immédiate, et à vingt-cinq mille francs congolais d'amende, ainsi qu'à sept mille cinq cents dollars américains de dommages-intérêts.

Le demandeur et la demanderesse estiment que le juge d'appel n'ayant rendu sa décision que le 1er décembre 2009, soit plus de huit jours après la prise en délibéré de la cause le 9 octobre 2009, leurs pourvois faites par déclarations actées comme dessus au greffe de la juridiction d'appel et confirmés par requête déposée au greffe de la Cour dans les trois mois de ces déclarations est recevable. Ils estiment en effet que le délai de pourvoi n'a guère commencé à courir pour le demandeur, faute de signification de la décision attaquée qu'à dater de la signification de celle-ci le 2 février 2010.

La Cour suprême de justice constate que le demandeur et la demanderesse ne sollicitent pas d'être relevés de la déchéance encourue pour tardiveté, en invoquant un cas de force majeure, mais qu'ils soutiennent plutôt que leurs pourvois ont été introduits dans le délai légal.

Elle relève en revanche qu'en l'espèce, le juge d'appel a correctement qualifié sa décision de « contradictoire » à leur égard et qu'ainsi, la date du prononcé est à prendre en compte dans la computation du délai pour se pourvoir en cassation.

La Cour infère de ce qui précède que formés contre un jugement contradictoire du 1er décembre 2009 par déclarations faites et actées les 3 et 8 mars 2010 au greffe de la juridiction qui l'a rendu, les deux pourvois sont manifestement tardifs, car introduits au-delà du délai de quarante jours prescrits par l'article 47 de sa procédure.

Ils sont dès lors irrecevables.

C'EST POURQUOI ;

La Cour suprême de justice, section judiciaire, faisant office de Cour de cassation et siégeant en cassation en matières répressives ;

Le Ministère public entendu ;

Déclare les pourvois irrecevables ;

Condamne les demandeurs et demanderesse chacun à la moitié des frais d'instance fixés à 20.000 FC.

La Cour a ainsi jugé et prononcé à son audience publique de ce 16 septembre 2013, à laquelle ont siégé les magistrats Evariste-Prince FUNGA MOLIMA MWATA, président, Jean UBULU PUNGU, Bruno NUMBI BAVINGA, Placide KAZADI wa LUMBULE et Jean Désiré MWANGILWA MUSALI, conseillers, avec le concours du Ministère public représenté par le magistrat Simon NYANDU SHABANDU, Avocat général de la République, et l'assistance de Madame Anne-Marie NDIKA, greffier du siège.

4. Observations

Il est admis, selon le dossier et l'arrêt, que la cause a été mise en délibéré le 9 octobre 2009 et que le jugement n'interviendra que le 1er décembre 2009, soit hors délai de huitaine, et sans que les parties aient été avisées de la date du prononcé. Comme toujours. Il est aussi admis que les déclarations de pourvoi ont été faites, pour le civilement ZTE, dans le délai légal des 50 jours à compter de la signification à elle faite du jugement attaqué et de nul délai, pour le prévenu Mubangi à qui la décision n'a jamais été notifiée. Ces deux pourvois, enfin, ont été, dit la Cour elle-même, confirmés dans le délai légal des trois mois ! Tout est donc dans les délais.

Hélas, la Cour régulatrice du droit conclura à leur irrecevabilité pour tardiveté, au motif que, « *le demandeur et la demanderesse ne sollicitent pas d'être relevés de la déchéance encourue* ».

Ça vous retourne, cette motivation-là. À ne plus rien y comprendre ! Doit-on encore solliciter d'être relevé de la déchéance encourue, si, comme ici, tout a été fait dans les délais légaux ?

Cinq magistrats de cassation ont répondu oui. Attention, un seul a dû préparer la décision, mais tout de même… Cet arrêt comme d'autres restera dans les annales et les parties peuvent aller se faire voir ailleurs.

La réponse de la Cour au fond eût dû indiquer la route, quant à la notion peu commune d'infraction putative ou impossible, dont s'est défendu le chef des personnels Mubangi Jack.

L'incrimination de faux en écriture, objet de la citation directe à sa charge, peut-elle avoir du succès, vu le dossier ? Y a-t-il, en d'autres termes, difficulté à se défendre pour ce travailleur licencié ? Existe-t-il pour lui, possibilité d'un préjudice généralement quelconque ? Après deux instances qui ont dit oui, qu'allait dire le tribunal de cassation ? On ne le saura jamais, comme celui-ci a répondu par l'irrecevabilité du pourvoi.

Lisez le moyen de cassation du condamné Mubangi auquel la Cour n'a pu répondre, ayant plutôt botté en touche, pardon, plutôt pris la tangente, pour clôturer définitivement le dossier. Il est développé comme je l'ai appris dans les livres :

Le moyen reproche au jugement déféré d'avoir violé les textes ci-dessus par mauvaise acception, en ce que les faits de la cause ne rentrent pas dans l'hypothèse légale de l'article 124 ni encore moins du 126 et ce à cause de l'impossibilité même d'un quelconque préjudice à l'endroit d'autrui, du fait de l'utilisation du cachet et du papier à firme qui ne sont pas ceux de l'employeur.

AUX MOTIFS QU'effectivement une mesure de licenciement sans préavis a été prise le 17 novembre 2008, par le cité MUBANGI Jack, vrai chef des personnels, à l'endroit du citant PALUKU K., vrai cadre du service technique à la société ZTE, du papier à firme et le cachet de la société CCT ayant été utilisés pour la circonstance (Voy. jugement attaqué, 5e feuillet, dernier attendu, et la citation directe) ;

AUX MOTIFS QUE, devant l'inspection du Travail, la CCT, propriétaire du papier à firme et du cachet, a dit n'être pas l'employeur du sieur PALUKU K., lequel y verra altération de la vérité et en saisira donc le juge répressif, au lieu d'appeler son véritable employeur à cette instance ;

AUX MOTIFS QUE tant le premier que le second juge l'ont suivi et dit constituée l'infraction de faux en écriture ;

ALORS QU'en réalité et au vœu de la loi, il n'y a point là altération de la vérité et en tout cas point possibilité d'un quelconque préjudice à l'endroit de l'agent licencié ;

ALORS QU'en fait, les sociétés ZTE et CCT ont mis sur pied une structure commune de gestion, dénommée « CCT ROJECT TEAM », pour gérer l'ensemble des personnels, dont le citant PALUKU, de la ZTE, comme en témoignent ses bulletins de paie et autres factures de soins médicaux, versés au dossier par les pourvoyants (voir RPA 1575, 6e feuillet, 3e attendu) ;

ALORS QUE ces faits de la cause relèvent de ce que la doctrine et la jurisprudence appellent **l'infraction impossible ou putative**, *c'est-à-dire celle où le fait matériel en lui-même n'est pas du tout susceptible de causer un préjudice ;*

La doctrine a parfois distingué **l'infraction manquée** (...) *de* **l'infraction impossible**, *qui correspond à la situation dans laquelle le délinquant ne parvient pas au résultat recherché en raison d'une impossibilité matérielle dont, par définition, il ignorait l'existence. Ainsi, le pickpocket qui plonge sa main dans une poche vide ou la personne animée d'intentions homicides qui utilise un revolver dépourvu de percuteur ou qui tire sur une personne déjà décédée.*

(...)

Ainsi en est-il de **l'infraction putative**, *qui n'existe que dans l'esprit de l'agent* (voler un bien... dont on est propriétaire ; détourner un mineur... qui est en réalité majeur) ou

(...)

Il ne suffit pas que l'acte réunisse les caractères extérieurs de délit défini par la loi pour tomber sous l'application de celle-ci ; il faut encore qu'il cause ou puisse du moins causer un préjudice soit à l'État, soit aux particuliers (...) *Ainsi, bien que la vérité ait été altérée de la manière déterminée par la loi et dans une intention méchante ou frauduleuse, cette altération ne constitue un faux criminel qu'à la condition d'un préjudice possible.*[34]

L'impossibilité peut provenir de l'objet du délit, ou du moyen employé pour le commettre (...)

L'impossibilité qui résulte des moyens employés, est absolue, lorsqu'ils sont radicalement impuissants à produire le crime que l'agent a en vue. Un individu, dans l'intention de faire avorter une femme enceinte, lui administre des anodins qu'il prend pour des abortifs (...) *Un troisième tire sur celui qu'il veut tuer, avec une arme à feu qui a été déchargée* (...)[35]

Les principes, la doctrine, la jurisprudence veulent donc que le faux en écriture, comme toutes les autres infractions, emporte un préjudice ou l'éventualité d'un préjudice.[36]

Bâtir la jurisprudence, c'est trancher pareilles controverses. La loi est là, immuable, séculaire. Les hypothèses de fait, elles, sont d'une variété telle que,

---

[34] DEPORTES, F. et Le GUENECHEC, F., *Droit pénal général*, 2e éd., Paris, Economica, 2003, pp. 397-398, n° 456.

[35] HAUS, J. J., *Droit pénal*, 3e éd., t. I, Gant, Librairie générale de Ad. Hoste, 1879, pp. 201 et 348, n° 283 et 462.

[36] LAMBERT, L., *Traité de droit pénal spécial*, Paris, Police-Revue, 1968, p.866.

fréquemment, les tribunaux se doivent de contrer l'imagination toujours fertile des contrevenants et autres criminels. Interpréter la loi sans cesse, sans la tordre ! Nous allons le voir tout à l'heure, en analysant deux décisions d'une juridiction extrajudiciaire, le CNO. Le Conseil national de l'Ordre des avocats n'est pas pourtant un modèle, loin s'en faut. Lorsqu'il ne s'agit pas de couper des conflits d'honoraires, dont le législateur lui réserve la compétence, le CNO a su donner une interprétation qui satisfasse la corporation des avocats et toute la communauté nationale tout court, tant la décision s'avérera aller dans le sens de l'intérêt général.

Thionville, 20 août 2016

SECTION 9 : COUR MILITAIRE DE KINSHASA/GOMBE

ARRÊT RPA N° 211/14 – RMP N° 4926/BAZ/14 DU 18 FÉVRIER 2015 EN CAUSE : MP & PC NZOLAMESO M. C/BIDIMBU LUTUMBA

Éléments constitutifs de compétence personnelle devant une juridiction militaire

Elle est civile et militaire la justice. Essentiellement, la différence tient à la personne et à la matière, *ratione personae et materiae.*

Condamné à cinq ans de SPP pour détention illégale d'arme et de munitions de guerre, après les dix ans du premier degré, M. Bidimbu m'a sollicité pour confirmer sa déclaration de pourvoi en cassation. Ce recours ne manque pas d'intérêt, tant l'arrêt de condamnation m'a paru soulever une question bien sérieuse d'interprétation stricte de la loi pénale, *poenalia restringenda sunt.*

1. LES TEXTES DE LOI

Code judiciaire militaire :

Article 104 :

La compétence personnelle des juridictions militaires est déterminée par la qualité et le grade que porte le justiciable au moment de la commission des faits incriminés ou au moment de sa comparution.

Article 112,7° :

Sont également justiciables des juridictions militaires :

(...)

7. ceux qui, même étrangers à l'armée, provoquent, engagent ou assistent un ou plusieurs militaires, ou assimilés, à commettre une infraction à la loi ou au règlement militaires. Il en est de même de tous ceux qui commettent des infractions dirigées contre l'armée, la Police nationale, le Service national, leur

matériel, leurs établissements ou au sein de l'armée, de la Police nationale ou du Service national ;

Article 115 :
Les juridictions de droit commun sont compétentes dès lors que l'un des coauteurs ou complices n'est pas justiciable des juridictions militaires, sauf pendant la guerre ou dans la zone opérationnelle, sous l'état de siège ou d'urgence, ou lorsque le justiciable civil concerné est poursuivi comme coauteur ou complice d'infraction militaire.

Code pénal militaire :
Article 203 :
Est puni de vingt ans de servitude pénale, tout individu qui détient sans titre ni droit des armes ou des munitions de guerre.

2. L'arrêt RPA n° 211/14-RMP n° 4926/BAZ/14

PRO-JUSTITIA
ARRÊT
Au Nom du Peuple congolais
(Art 149 de la Constitution)

La Cour militaire de Kinshasa/Gombe, siégeant et statuant au degré d'appel en matière répressive, en chambre foraine à la prison militaire de Ndolo, dans la Commune de Barumbu, a rendu et prononcé en audience publique de ce 18 février 2015 l'arrêt dont la teneur suit :

En cause : L'Auditeur militaire supérieur près la Cour militaire de Kinshasa/Gombe, ministère public et Partie civile NZOLAMESO MAWETE ;

Contre : BIDIMBU LUTUMBA MASIVI MASALA MWANANGO Noël Simon : Directeur général de la SOCIA, société privée ; né à Mbanza-Ngungu, le 25 décembre 1937 ; fils de MASISA(+) et de LUBUNDO(+) ; originaire du village de Seni ; secteur de Kipemba ; territoire de Madimba ; district de Lukaya ; province du Bas-Congo ; études faites : licence en droit des Affaires ; État civil : veuf et père de 12 enfants ; sans antécédents judiciaires connus ; domicilié sur l'avenue du progrès n° 43/13, au quartier Bon-marché ; actuellement en détention à la prison militaire de Ndolo.

Prévenu de :

1. Avoir détenu sans titre ni droit des armes ou des munitions de guerre ;

En l'espèce, avoir à Kinshasa, ville-province de ce nom et capitale de la République Démocratique du Congo, sans précision de date certaine mais depuis l'an 2011 jusqu'au 19 mai 2014, période non encore couverte par le délai légal de prescription, détenu sans titre ni droit une arme de guerre de type GP 9 mm n° FAZ 73/8410 et neuf munitions de calibre 9 mm. Faits prévus et punis par l'article 203 du CPM.

Vu le jugement entrepris rendu contradictoirement par le tribunal militaire de garnison de Kinshasa/Gombe en date du 17 octobre 2014 dont le dispositif est ainsi conçu :

« Disant droit ;

Le tribunal, à la majorité des voix des membres de sa composition, par vote au scrutin secret, distinct et successif, répond à la question de savoir si le prévenu BIDIMBU LUTUMBA MASIVI MASALA MWANANGO Noël-Simon est coupable de l'infraction mise à sa charge, ouï ;

Quant à celle de savoir s'il est possible de lui accorder le bénéfice des circonstances atténuantes, répond, non ;

À celle de savoir s'il y a lieu de lui appliquer une sanction pénale, répond, comme ci-haut, ouï ;

En conséquence, le condamne à dix ans SPP pour détention illégale d'armes et munitions de guerre ; à 55.000 FC des frais d'instance payables dans huit jours ou à défaut de paiement à trois mois de contrainte par corps ;

Ordonne son arrestation immédiate ;

Rappelle le condamné de son droit d'appel faisable dans cinq jours ;

Ainsi jugé et prononcé à l'audience publique de ce jour à laquelle ont siégé : le capitaine magistrat KABONDO PIBWE, président ; le major BOKANGA BOKATA Thomas, member ; le capitaine KABUNGA FARAY, membre ; le Capitaine ANGBONGI GBOTU Peter, membre ; le commissaire principal NAKAHOSA MUTIMA Théophile, membre ; avec le concours du lieutenant magistrat NDODI VITA, officier du Ministère public et l'assistance du lieutenant KASIA IBAS Didier, greffier du siège. »

Vu l'appel interjeté, pour mal jugé, le 17 octobre 2014, au greffe du tribunal militaire de garnison de Kinshasa/Gombe par Maître Marie Jeanne LUHAKA, Avocat au barreau de Kinshasa/Gombe, porteur d'une procuration spéciale lui délivrée à la même date par le prévenu BIDIMIBU LUTUMBA Noël Simon contre le jugement rendu à la même date par ledit tribunal ;

Vu l'appel interjeté, pour mal jugé, le 22 octobre 2014, au greffe du même tribunal contre le jugement sus indiqué, par Maître MWAMBA NKONGOLO Jean Jacques, Avocat au barreau de Kinshasa/Gombe, porteur d'une procuration spéciale lui délivrée à la même date par la partie civile NZOLAMESO MAWETE ;

Vu la notification, le 22 octobre 2014, de l'appel du prévenu ainsi que celui de la partie civile au Ministère public par exploits du lieutenant KASIA IBAS Didier, greffier du siège dudit tribunal ;

Vu la notification à la même date que précédemment de l'appel du prévenu à la partie civile et vice-versa par exploits du même greffier ;

Vu la fixation de la cause enrôlée sous RPA n° 211/14 à l'audience publique du 17 décembre 2014, à 10 heures par l'ordonnance du Premier président de la Cour militaire de Kinshasa/Gombe du 9 décembre 2014 ;

Vu la citation établie le 11 décembre 2014 par le lieutenant-colonel MBUSA APENDEKI, greffier du siège et notifiée au prévenu BIDIMBU LUTUMBA Noël Simon par exploit d'huissier aux fins de comparaître devant la Cour militaire de

Kinshasa/Gombe siégeant en foraine à la prison militaire de Ndolo, dans la commune de Barumbu, à son audience du 17 décembre 2014 à 10 heures ;

Vu la notification de la date d'audience au Ministère public et à la partie civile par exploit d'huissier du 11 décembre 2014 ;

Vu le procès-verbal de tirage au sort des juges assesseurs de la composition du siège de la Cour militaire de Kinshasa/Gombe et leur prestation de serment sur réquisition de l'officier du Ministère public ;

Vu l'appel de la cause à cette audience à laquelle le prévenu comparaît en personne assisté de ses conseils Maîtres Marie Jeanne LUHAKA et NGOMO Peter, tous les deux Avocats au barreau de Kinshasa/Gombe, la partie civile comparaît représentée par Maîtres KAYEMBE, MWAMBA KONGOLO J. Jacques et MBENZA ABEDI Strelly, porteurs des pièces ;

Vu l'appel incident formé, le 17 décembre 2014, par voie des conclusions à l'audience, par Maître MWAMBA KONGOLO Jean Jacques, pour le compte de la partie civile NZOLAMESO MAWETE et la consignation des frais y afférents ;

Vu la requête de mise en liberté provisoire introduite, le 25 novembre 2014, par les conseils du prévenu BIDIMBU LUTUMBA et le retrait de celle-ci par lesdits conseils avant son examen ;

Vu le mémoire unique du 16 décembre 2014 émanant des conseils du même prévenu et réceptionné le 24 décembre 2014 au greffe de la Cour militaire de Kinshasa/Gombe dans lequel lesdits conseils ont soulevé in limine litis trois exceptions, à savoir, l'incompétence de la Cour de céans à l'égard du prévenu, la nullité de la présente instance ainsi que celle des procès-verbaux des officiers de police judiciaire du Département du renseignement militaire de la Force terrestre T2.

Vu l'examen dudit mémoire à l'audience du 24 décembre 2014 et sa prise en délibéré ;

Vu le renvoi de la cause au 30 décembre 2014 pour le prononcé ;

Revu l'arrêt avant-dire droit rendu à cet effet dont le dispositif est ainsi libellé :

« Par ces motifs ;

La Cour militaire de Kinshasa/Gombe, statuant publiquement et contradictoirement à la majorité des voix des membres de sa composition ;

Le Ministère public entendu ;

Vu la Constitution ;

Vu la loi n° 023/2002 du 18 novembre 2002 portant Code judiciaire militaire ;

Vu la loi n° 024/2002 du 18 novembre 2002 portant Code pénal militaire ;

Vu le Décret du 6 août 1959 portant Code de procédure pénale tel que complété et modifié à ce jour ;

Disant droit ;

Reçoit le mémoire unique introduit par le prévenu ;

Déclare le premier moyen tiré de l'incompétence de la Cour non fondé et irrecevables ceux tirés de la nullité de la présente instance et des procès-verbaux établis par les officiers de police judiciaire du T2 ;

Ordonne la poursuite d'instruction ;

Réserve les frais. »

Vu la remise contradictoire de la cause à l'audience du 7 janvier 2015 à 10 heures ;

Vu l'appel de la cause à cette audience publique à laquelle le prévenu comparaît en personne assistée de ses conseils Maîtres Marie Jeanne LUHAKA et Peter NGOMO, tous Avocats du barreau de Kinshasa/Gombe, la partie civile NZOLAMESO comparaît représentée par Maîtres KAYEMBE, MWAMBA KONGOLO Beto J. Jacques et MBENZA ABEDI Strelly, porteurs des pièces, tous Avocats au barreau de Kinshasa/Gombe ;

Vu l'instruction faite de cette audience ;

Vu les renvois de la cause aux audiences publiques successives du 14, 21 et 28 janvier 2015 ;

Vu les assignations à témoins faites et la comparution des nommés TSHIKALA Antoine et KALONDA Jacques respectivement chef de bureau et chef de division au ministère de l'Intérieur et Sécurité ;

Vu l'appel de la cause et l'instruction faite à ces audiences ;

Vu les dépositions faites par des susnommés recueillies à titre des renseignements ;

Vu la remise contradictoire de la cause à l'audience du 4 février 2015 à 10 heures ;

Vu l'appel de ladite cause à cette audience ;

Ouï les Conseils de la partie civile dans leurs conclusions dont le dispositif de la note est ainsi libellé :

À ces causes,

Sous toutes réserves généralement quelconques ;

Plaise à votre auguste Cour ;

S'entendre dire recevable et fondée la présente action ;

S'entendre dire établies en fait et en droit les infractions d'attentat à la personne du plaidant et ses frères (art 160 Code pénal militaire) et de détention illégale d'arme et munitions de guerre eu égard à l'article 203 du Code pénal militaire ;

S'entendre condamner le prévenu BIDIMBU LUTUMBA Simon à la peine la plus forte prévue par la loi ;

S'entendre condamner le prévenu à titre des dommages et intérêts à la somme de 100.000 $ pour tous les préjudices subis ;

Confirmer sa détention ;

Frais et dépens à la charge du prévenu ;

Et vous ferez justice ;

La Cour de céans leur en a donné acte avec promesse d'en délibérer ;

Ouï à cette même audience, le ministère public dans ses réquisitions dont le dispositif de la note est ainsi conçu :

– Dire établie en fait et en droit la prévention mise à charge du prévenu

– De le condamner à 6 mois SPP ;

– De le condamner en outre aux frais de justice à tarifier par le greffier ;

– Statuer sur l'action civile ;

– L'article 258 CCCLIII dispose que tout fait quelconque de l'homme qui cause à autrui un dommage, oblige celui par la faute duquel il est arrivé à le réparer ;

– L'article 259 CCCLIII ajoute en disant que chacun est responsable du dommage qu'il a causé non seulement par son fait mais encore par sa négligence ou son imprudence ;

– Il est difficile de pouvoir établir le dommage réel qu'auraient causé ces menaces ;

– Nous le laissons à l'appréciation de la Cour ;

– Ainsi justice sera faite.

La Cour de céans lui en a donné acte avec promesse d'en délibérer ;

Ouï le prévenu dans ses moyens de défense présentés tant par lui-même que par ses conseils dont le dispositif de la note est ainsi libellé :

Par ces motifs ;

Qu'il plaise à votre Cour,

– D'infirmer le 1er jugement dans toutes ses dispositions sauf en ce qui concerne le renvoi de la partie civile de la présente cause pour défaut d'intérêt et absence de préjudice ;

– De dire non établie en fait comme en droit la prévention mise à charge du prévenu en conséquence l'en acquitter et le renvoyer des fins de toutes poursuites ;

– Par impossible la Cour disait la prévention établie en fait comme en droit, lui accorder de larges circonstances atténuantes dues à sa délinquance primaire, son âge avancé, son ignorance sur les armes, sa bonne foi manifeste, sa coopération et sa collaboration avec les autorités judiciaires ;

– Quant à la partie civile, dire la constitution recevable mais non fondée quant au fond pour les raisons évoquées ci-haut ;

Frais et dépens comme de droit ;

Et ce sera justice.

La Cour de céans leur en a donné acte avec promesse d'en délibérer ;

Vu les répliques et contre répliques des paroles au procès ;

Ouï le prévenu BIDIMBU LUTUMBA Simon dans son ultime déclaration clamant son innocence ;

Sur quoi, la Cour de céans, ayant clôturé les débats par son Premier président, prend la cause en délibéré pour rendre son arrêt le 13 février 2015 ;

Vu l'ordonnance du Premier président de la Cour de céans prolongeant la date du prononcé au 18 février 2015 à 10 heures ;

À l'appel de la Cause à l'audience du 18 février 2015, la Cour de céans, après en avoir délibéré, à la majorité des voix des membres de sa composition, après un vote au scrutin secret, rend le présent arrêt :

ARRÊT :

I. EXPOSÉ DES FAITS

Par son jugement rendu contradictoirement le 17 octobre 2014, le tribunal militaire de garnison de Kinshasa/Gombe a condamné le prévenu BIDIMBU LUTUMBA Simon à 10 ans de servitude pénale principale du chef de détention illégale d'arme et de munitions de guerre, à 55.000 FC des frais d'instance payables dans le délai de 8 jours ou à 3 mois de contrainte par corps à défaut de paiement dans ce délai et a ordonné son arrestation immédiate. Cependant, ledit tribunal a omis de statuer sur l'action civile mue par Monsieur NZOLAMESO MAWETE, liquidateur de la succession NZOLAMESO et partie civile.

Contre ce jugement, le prévenu précité a interjeté appel pour mal jugé. La partie civile a elle aussi fait appel principal que la Cour de céans a déclaré irrecevable pour défaut de consignation. Cependant, par voie des conclusions à l'audience, elle a finalement fait appel incident.

Explicitant les motifs de leurs appels, le prévenu BIDIMBU LUTUMBA Simon a déclaré qu'il reprochait au premier juge de l'avoir condamné à tort. La partie civile justifie, pour sa part, son appel incident en sollicitant la réparation des préjudices subis à la suite des menaces de mort exercées sur elle et les siens par le prévenu à l'aide de l'arme GP 9 mm saisie.

Cependant, il résulte des pièces du dossier de la cause et des débats que sur fond des soupçons, le capitaine MALABO-TSHOMA, administré au Département de Renseignement militaire de l'État-Major 11 Région militaire avait, en vertu d'un mandat de perquisition émanant du Général de brigade MOLISHO BOMEZA, Avocat général des FARDC effectué, le 6 mai 2014, une perquisition au domicile du prévenu préqualifié, sis avenue du Progrès n° 43/13, quartier Bon-Marché, dans la commune de Barumbu. Au cours de celle-ci, il saisit une arme de chasse calibre 12 Chomber Cyl couverte par une attestation d'enregistrement d'arme à feu de chasse n° 258/200/030/203 délivrée audit prévenu par le ministre de l'Intérieur et Sécurité.

Quelques jours plus tard, le prévenu lui-même avait présenté au même enquêteur une autre arme, en l'occurrence, un revolver GP 9 mm n° FAZ 73/8410 avec un chargeur garni de neuf munitions que celui-ci avait immédiatement saisie suivant le procès-verbal sans numéro du 19 mai 2014 contresigné par le prévenu lui-même en considérant que ledit revolver était une arme de guerre.

À cet effet, il avait aussitôt ouvert une enquête à charge de ce dernier du chef de détention illégale d'arme et de munitions de guerre, infraction prévue et punie par l'article 203 CPM.

Interrogé aussi bien lors de l'enquête préliminaire que lors de l'instruction préparatoire, le prévenu BIDIMBU LUTUMBA avait reconnu que l'arme susmentionnée lui appartenait et qu'il s'étonnait qu'elle fût saisie alors qu'il la détenait en vertu de l'autorisation de l'autorité compétente constatée, selon lui, par une demande de port d'arme d'autodéfense adressée à ladite autorité ainsi que par un procès-verbal de constat administratif des caractéristiques d'arme à feu que lui aurait délivré Monsieur TSHIKALA Antoine, chef de Bureau au ministère de l'Intérieur et Sécurité du Territoire en charge des permis de port d'arme.

Il a, en outre allégué qu'il avait acheté cette arme dans une boutique appelée communément « bilokos » en Émirats arabes unis sans aucune formalité et qu'il l'avait introduite facilement en République Démocratique du Congo sans qu'il ne soit inquiété, tout en reconnaissant cependant avoir eu recours à un personnage influent pour la faire parvenir de Kolwezi à Kinshasa, lieu de sa résidence.

Toutes ces allégations du prévenu n'avaient pas suffi à convaincre le premier juge qui l'avait condamné à une peine sévère après l'avoir reconnu coupable de détention illégale d'arme et de munitions de guerre, sur pied de la disposition précitée.

Devant la Cour de céans, Monsieur NZOLAMESO MAWETE, la partie civile a, par ses Conseils, affirmé que l'arme saisie sur le prévenu BIDIMBU LUTUMBA appartenait à celui-ci depuis l'époque où il était commissaire de police et qu'il les avait menacés avec celle-ci elle et les membres de sa famille après s'être introduit dans leur domicile situé sur l'avenue Pala Bala n° A/2 dans la commune de Bandalungwa.

Au regard des aveux du prévenu et du procès-verbal de saisie de l'arme GP 9 mm FAZ n° 73/8410 et de 9 munitions de guerre établi à charge de celui-ci, le Ministère public a soutenu que le fait matériel de détention des objets précités était établi à charge dudit prévenu mais que celui-ci ignorait quel type d'arme il avait en sa possession. Il a donc, à cet égard, demandé à la Cour de céans de faire bénéficier au prévenu des circonstances atténuantes eu égard à cette ignorance caractéristique de sa bonne foi.

Minimisant les prétentions de la partie civile, le prévenu BIDIMBU LUTUMBA Simon a après avoir nié avoir été membre de la police, reconnu avoir détenu ces objets en vertu d'une autorisation de l'autorité compétente matérialisée, d'après lui, par les deux documents ci-haut cités, à savoir, la demande de port d'arme adressée au ministre et le procès-verbal de constat administratif des caractéristiques d'arme à feu et a affirmé qu'il ne pouvait pas s'agir, en l'espèce, d'une arme ni des munitions de guerre, sinon le fonctionnaire susnommé ne lui aurait pas délivré le procès-verbal sus vanté ni encore moins lui faire payer la taxe à la Direction générale des recettes administratives et domaniales, DGRAD.

Relayant les propos du prévenu, ses Conseils ont fait savoir que leur client, étant un profane en matière d'armes, devait avoir été abusé non seulement par le fonctionnaire prénommé mais aussi par le fait que ladite arme, bien que portant la mention « FAZ » dont le prévenu ignorait d'ailleurs la signification, était une arme commune identique au revolver défini à la page 880 du Dictionnaire Petit Larousse illustré 1987 dont une photocopie était versée au dossier de la cause à la cote 87.

Principalement, ils ont alors conclu que l'arme litigieuse n'était pas une arme de guerre et que, par conséquent, le premier juge avait eu tort de condamner leur client. Accessoirement, évoquant la bonne foi de celui-ci, ils ont demandé à la Cour de céans de lui accorder des circonstances atténuantes dans le cas où l'infraction lui reprochée serait établie.

Pour sa part, la Cour de céans rappelle d'emblée que la détention sans titre d'armes et de munitions de guerre s'entend du fait d'être trouvé en possession d'armes ou de munitions de guerre sans pouvoir justifier de la qualité ou de l'autorisation permettant de les détenir (HCM, RP 001/2004 du 5 octobre 2004, MP contre col. Alamba) *et qu'aux termes de l'article 5 de l'Ordonnance-Loi 85-035 du 3 septembre 1985 por-*

tant régime des armes et munitions, cette autorisation doit émaner du Président de la République.

Dans le cas sous examen, elle note que la matérialité des faits incriminés ne fait l'ombre d'aucun doute. En effet, le prévenu BIDIMBU LUTUMBA n'a produit aucune autorisation de l'autorité compétente pour justifier la détention par lui de l'arme GP 9mm n° FAZ 73/8410 et des munitions de ce calibre prohibés en dépit de la mention FAZ y marquée ostensiblement attestant l'appartenance desdits objets aux FARDC.

S'agissant des prétentions de la défense, la Cour de céans note que celles-ci n'inspirent aucune crédibilité puisqu'elles ne s'appuient pas sur des éléments de preuve sérieux. En effet, ni la demande de port d'arme ni le procès-verbal de constat des caractéristiques d'arme à feu produit en photocopie libre par le prévenu et de surcroît non scellé ne peuvent valoir autorisation spéciale au sens de la loi. D'après le renseignant TSHIKALA Antoine, fonctionnaire au ministère de l'Intérieur, ledit procès-verbal n'est qu'un document interne de service établi sur la base d'un permis de port d'arme ou d'une attestation d'enregistrement d'arme de chasse telle que celle n° 0258/200/030/203 du ministre de l'Intérieur établi pour l'arme calibre 12 Chomber Cyl du même prévenu. En l'espèce, la Cour de céans note que l'autorisation requise par la loi dans le cadre du prévenu BIDIMBU LUTUMBA fait défaut.

Tels sont les faits de la cause.

II. DU DROIT ET QUANT À LA FORME

1. De la recevabilité de l'appel du prévenu.

Est régulier en la forme, l'appel du prévenu BIDIMBU LUTUMBA Simon interjeté le 17 octobre2014 contre le jugement prononcé à la même date par le tribunal militaire de garnison de Kinshasa/Gombe, soit dans le délai de cinq jours francs exigé par l'article 278 al 2 du CJM.

La Cour de céans le dira recevable.

2. De l'irrecevabilité de l'appel principal de la partie civile.

Elle dira irrégulier en la forme et irrecevable l'appel principal interjeté, le 22 octobre 2014, par la partie civile NZOLAMESO MAWETE contre le jugement rendu le 17 octobre 2014 par le même tribunal et ce, pour défaut de consignation des frais y afférents.

3. De la recevabilité de l'appel incident interjeté par la partie civile.

Lors de l'instruction de la cause, la partie civile a, par voie des conclusions, fait appel incident devant la Cour de céans. Cette procédure étant conforme à l'article 98 CPPO, la Cour de céans le dira recevable.

4. De l'appréciation de la compétence de la Cour de céans.

Aux termes de l'article 246 al 1 CJM, « quelle que soit la manière dont elle est saisie, la juridiction devant laquelle le prévenu est traduit apprécie sa compétence d'office ou sur déclinatoire ».

Selon la jurisprudence, cette appréciation d'office s'impose particulièrement lorsque des personnes étrangères à l'armée sont déférées devant le juge militaire. Dans le cas d'espèce, une personne étrangère à l'armée, un prévenu civil, à savoir, Monsieur BIDIMBU LUTUMBA Noël Simon, est traduit devant la Cour militaire de Kinshasa/Gombe laquelle s'oblige à vérifier sa compétence à son égard (HCM, RP n° 001/2004, Affaire Col. Alamba et crts).

En effet, la compétence de la Cour de céans à l'égard de ce prévenu qui ne fait pas partie de la catégorie des justiciables de juridictions militaires telle que définie par les articles 106 et 107 CJM et qui est poursuivi pour une infraction qui relève de la compétence de ces juridictions, à savoir, la détention illégale d'arme et munitions de guerre, en l'espèce, une arme GP 9 mm et neuf munitions de ce calibre, infraction prévue et punie par le Code pénal militaire en son article 203, sera appréciée eu égard au fait qu'il a commis une infraction dirigée contre le matériel de l'armée.

En effet, l'article 112.7 dispose : « ... Il en est de même de tous ceux qui commettent des infractions dirigées contre l'armée, la Police nationale, le Service national, leur matériel, leurs établissements... »

III. DU DROIT ET QUANT AU FOND

Le prévenu BIDIMBU LUTUMBA Simon est poursuivi du chef de détention illégale d'arme et de munitions de guerre prévue et punie par l'article 203 du Code pénal militaire. En effet, cet article dispose : « Est puni de vingt ans de servitude pénale, tout individu qui détient sans titre ni droit des armes ou des munitions de guerre ».

Les éléments constitutifs suivants doivent être réunis pour que cette infraction soit considérée, à savoir, l'acte matériel, le défaut d'autorisation spéciale de l'autorité compétente, l'objet protégé et l'élément moral.

L'acte matériel consiste dans la détention, la possession, la garde par devers soi, la conservation d'un bien donné ou le fait d'avoir le corpus d'une chose. Pour ne pas tomber sous le coup de l'article 203 CPM, il est requis que l'agent puisse avoir l'autorisation spéciale de détention d'arme et de munitions de guerre. Cette autorisation doit spécifier la détention de tel type d'arme ou de munitions. L'article 203 CPM vise les armes de guerre ainsi que leurs accessoires.

Dans le cas sous examen, toutes les parties au procès s'accordent sur le fait que le prévenu BIDIMBU a été trouvé en possession d'une arme GP 9 mm et de 9 munitions de ce calibre. Cependant, elles divergent quant à déterminer le type d'arme et de munitions trouvées sur lui.

En effet, le Ministère public, à l'instar de la partie civile, a soutenu que le revolver GP 9 mm n° FAZ 87/ et les munitions de ce cal 9 mm trouvées sur le prévenu précité font partie de l'arsenal de guerre des FARDC et que leur détention était prohibée. La défense, quant à elle, a affirmé que ledit revolver ne pouvait pas être une arme de guerre étant donné que le prévenu l'a achetée dans une boutique à l'étranger et qu'il en détient tous les documents justifiant sa détention en République Démocratique du Congo.

Pour sa part, la Cour de céans fait observer que l'arme GP 9 mm et les munitions saisies sont des objets appartenant au patrimoine des FARDC qui ont seules le monopole d'achat en République Démocratique du Congo et que le seul fait de leur détention suffit à rendre parfaite la matérialité de l'infraction de détention illégale d'arme et de munitions de guerre (HCM, RP n° 001/2004, p 138, Aff MP/ Col Alamba et consorts).

S'agissant de l'autorisation spéciale exigée par la loi, elle relève qu'au regard de l'article 5 de l'Ordonnance-Loi 85-212 du 3 septembre 1985 portant régime d'armes à feu et leurs munitions, celle-ci ne doit émaner que du Président de la République. Le procès-verbal de constat des caractéristiques de l'arme à feu produit en photocopie libre par le prévenu et non scellé d'ailleurs ne peut valoir autorisation spéciale étant donné qu'il doit être établi sur la base d'un permis de port d'arme qui n'existe pas en l'espèce. Elle note que l'usage qu'en a fait le prévenu ne pouvait être que frauduleux. L'élément moral découle du fait que le prévenu a détenu les objets délictueux saisis sur lui volontairement et consciemment sachant qu'il s'agissait d'objets prohibés.

IV. DE L'ACTION CIVILE

Examinant l'action civile, la Cour de céans relève que les faits tels qu'analysés en l'espèce n'ont causé aucun préjudice à la partie civile. En effet, la partie civile soutient qu'elle-même et les membres de sa famille ont perdu des biens à la suite des menaces exercées par le prévenu sur eux avec l'arme GP 9 mm saisie et que depuis, leur mère est tombée malade, état dont la charge clinique pèse sur elle.

À cet égard, la Cour de céans fait observer d'une part que le préjudice allégué par la partie civile est indéterminé, car celle-ci ne précise pas de quels biens il s'agit et que d'autre part, elle affirme n'avoir pas été saisie pour l'infraction de menaces avec arme prévue et punie par l'article 160 CPOLII que la partie civile considère comme le fait générateur du préjudice vanté mais pour l'infraction de détention illégale d'arme et de munitions de guerre sanctionnée par l'article 203 CPM laquelle infraction n'a pas pu générer ledit préjudice. Elle dira cette action de la partie civile non fondée et l'en déboutera.

Par ces motifs et ceux du premier juge adoptés,

La Cour militaire de Kinshasa/Gombe, statuant publiquement et contradictoirement ;

Le Ministère public entendu ;

Vu la Constitution de la République Démocratique du Congo telle que modifiée à ce jour ;

Vu le Code judiciaire militaire en ses articles 1, 2, 12 à 17, 77, 214, 215, 226, 246 ;

Vu le Code pénal militaire en ses articles 1, 3, 26, 27, 203 ;

Vu le Code de procédure pénale en 96, 98 ;

Vu le Code civil congolais livre III en son article 258 ;

Se déclare compétente ;

Dit l'appel du prévenu régulier en la forme et le reçoit ;

Le déclare fondé partiellement ;

Infirme l'œuvre du premier juge en ce qu'il a prononcé une peine très sévère contre le prévenu et qu'il a omis de se prononcer sur l'action civile mue par la partie civile ;

Condamne en conséquence le prévenu à 5 ans SPP ;

Prononce la confiscation de l'arme et des munitions saisies ;

Confirme son arrestation ;

Quant à l'action civile,

Dit l'appel principal de la partie civile irrégulier et irrecevable ;

Déclare par contre l'appel incident recevable mais non fondé ;

Condamne en outre le prévenu au paiement des frais d'instance de l'ordre de 50.000 FC payables dans un délai de 8 jours ou à 6 mois de Contrainte par corps à défaut de paiement dans le délai ci-dessus prescrit ;

Ainsi, arrêté et prononcé en audience publique de ces, jour, mois et an que dessus à laquelle siégeaient : – le colonel NZAU-KEBA, Premier président ; – le colonel UTENA KABIENA, Premier président ; – le colonel SONGE LONGOMO, juge assesseur ; – le colonel KATAKO-KOKONDA, juge assesseur ; – le lieutenant-colonel BONGO TAMAKA, juge assesseur ; avec la présence constante aux débats du lieutenant-colonel GBONGA Jean-Marie, Avocat général militaire, ministère public et le concours du lieutenant-colonel MBUSA APENDEKI, greffier du siège.

3. La requête confirmative du pourvoi RP 4610

POUR : M. BIDIMBU LUTUMBA MASIVI MASALA MWANANGO, N.S., directeur général de la SOCIA, demeurant au 43/13, avenue du Progrès, quartier Bon-Marché, commune de Barumbu, à Kinshasa, actuellement en détention à la prison militaire de Ndolo, demandeur au pourvoi, assisté et représenté par Maître MATADIWAMBA KAMBA MUTU, avocat à la Cour suprême de justice et y résidant boulevard du Trente-Juin, galerie Mpumbu, 2e niveau, n°10 à Kinshasa/Gombe, chez qui il a élu domicile aux fins des présentes ;

CONTRE : M. NZOLAMESU MAWETE, partie civile, demeurant A/2 rue Palabala, quartier Bisengo à Kinshasa/Bandalungwa, futur défendeur au pourvoi,

En présence de : l'Auditeur militaire supérieur près la Cour militaire de Kinshasa/Gombe

En cause : Arrêt RPA 211/14 du 18 février 2015 de la Cour militaire de Kinshasa/Gombe

(...)

Messieurs de la Cour suprême de justice,

Par la présente requête, le demandeur soussigné a l'honneur de confirmer sa déclaration de pourvoi, actée le 20 février 2015 contre l'arrêt ci-dessus mentionné pour les violations à la loi qu'il contient.

I. RECEVABILITÉ DU POURVOI

Contre l'arrêt du 18 février 2015, le condamné Bidimbu a fait acter sa déclaration de pourvoi le 20 février 2015 soit dans le délai légal des 40 jours. La présente requête confirmative l'est également endéans le délai légal des 3 mois. Toutes autres conditions étant réunies par ailleurs, le pourvoi sera donc déclaré recevable.

II. LES FAITS DE LA CAUSE ET DE LA PROCÉDURE

1. Par une lettre du 24 avril 2014, l'avocat Ngongo Kaula Jovith agissant pour compte de la « succession Nzolamesu », déposa plainte auprès du « chargé de renseignement de la 11e région militaire/Ville province de Kinshasa à Kinshasa-Camp Kokolo ».

Cette plainte confirmait en fait celle dudit Samy Nzolameso du 16 août 2013 dénonçant les mêmes faits. Il y affirmait qu'« en date du 10 août 2013, un certain Bidimbu Lutumba Simon (...), s'est présenté dans cette concession (avenue Palabala A/2 à Bandalungwa) *avec un revolver et un AKA 47 dans le but d'intimider ces héritiers en qualité de leur PAPA KULUTU ».*

Le 22 août 2013, le Ministère public près la Cour militaire de Kinshasa/Gombe classa le dossier RMP 1820/NKK/14 pour insuffisance des charges. Toutefois le dossier sera plus tard envoyé en fixation au tribunal.

2. Sous RP 711/014, le tribunal militaire de garnison de Kinshasa/Gombe rendra le 10 octobre 2014 un jugement de condamnation de M. Bidimbu à 10 ans de SPP avec arrestation immédiate.

Sous RPA 211/14, la Cour militaire confirmera également l'œuvre du premier juge, sauf en ce qui regarde la peine qu'elle ramena à 5 ans. C'est contre cet arrêt qu'a été acté le pourvoi que confirme la présente requête pour violation de la loi.

III. LES MOYENS DE CASSATION

PREMIER MOYEN : Tiré de la violation des articles 104, 112, 7° et 115 du Code judiciaire militaire en combinaison avec l'article 203 du Code pénal militaire, relatifs à la compétence personnelle d'une part et à l'infraction de port d'arme illégal d'autre part.

Développement : le moyen reproche à l'arrêt déféré la mauvaise acception et application conséquente des textes prérappelés, en ce que les juges du fond ont, non seulement donné une interprétation extensive à la loi, mais encore fondé leur compétence personnelle sur l'article 203 qui, lui, ne fait que créer l'infraction poursuivie, sans la moindre allusion à la compétence personnelle ou matérielle.

Première branche : Sur la compétence personnelle des juridictions militaires.

AUX MOTIFS QUE, selon l'arrêt déféré, « la compétence de la Cour de céans à l'égard de ce prévenu qui ne fait pas partie de la catégorie des justiciables de juridictions militaires telle que définie par les articles 106 et 107 CJM et qui est poursuivi pour une infraction qui relève de la compétence de ces juridictions, à savoir, la détention illégale d'arme et munitions de guerre, en l'espèce, une arme GP 9 mm et neuf munitions de ce calibre, infraction prévue et punie par le Code pénal militaire en son article 203, sera appréciée eu égard au fait qu'il a commis une infraction dirigée contre le matériel de l'armée.(...) » (Voy. arrêt, p. 8, dernier paragr.) *;*

AUX MOTIFS QUE ce faisant les juges du fond ont enjambé le texte de base qu'est l'article 104 pour s'appuyer sur les articles 106, 107 et 112, 7° organisant les exceptions ;

ALORS QUE primo, l'article 104 dispose que « La compétence personnelle des juridictions militaires est déterminée par la qualité et le grade que porte le justiciable », ce qui fait défaut pour le pourvoyant ;

ALORS QUE secundo, quant aux exceptions ou précisément les assimilés (articles 106, 107, 112,7)*, le pourvoyant, étranger à l'armée, n'a ni provoqué, ni engagé ou assisté quiconque à « commettre une infraction à la loi ou au règlement militaires » ;*

ALORS QUE tertio, contrairement à l'opinion des juges du fond, M. Bidimbu n'a pas commis une infraction « dirigée contre l'armée, la Police nationale, le Service national, leur matériel, leurs établissements (...) » (Voy. arrêt, p. 8 in fine) *;*

ALORS QU'en effet, au vœu de l'article 112,7°, commettre une infraction dirigée contre notamment les matériels, les établissements de l'armée ou de la police, c'est s'attaquer à ces biens-là en vue de les détruire, ce qui est loin le cas de l'infraction du port illégal visée à l'article 203 du CPM ;

Dès lors, c'est par mauvaise acception et application des dispositions susvisées que l'arrêt attaqué a été acquis, vu que le droit pénal est de stricte interprétation ;

Deuxième branche : Sur l'article 203 du CPM non susceptible de justifier une quelconque compétence personnelle.

AUX MOTIFS QUE le jugement a quo, confirmé en appel quant à ce, a justifié sa compétence personnelle par « les faits pour lesquels ce prévenu a été déféré devant cet auguste tribunal » ;

AUX MOTIFS QUE les juges ont renchéri : « Cette prévention étant prévue et punie par l'article 203 du Code pénal militaire, relève sans équivoque de la compétence des juridictions militaires » (Voy. jugement RP 711/014, p. 8, 2e paragr.) ;

AUX MOTIFS QUE l'arrêt entrepris a abondé dans le même sens, quitte à combiner l'article 203 du CPM avec les articles 106, 107 et 112, 7° du CJM (Voy. arrêt, p. 8 in fine) ;

ALORS QUE cela n'est autorisé par rien du tout, car si le législateur a introduit au Code pénal militaire l'infraction de port d'arme illégal, il n'a point dit que c'est nécessairement les juridictions militaires qui doivent en connaître ;

ALORS QUE d'une part l'article 203 ne fait que créer voire même rappeler une incrimination existant ailleurs, sans plus ;

ALORS QUE d'autre part, et surtout, le même Code de justice militaire en son article 115 rend compétentes les juridictions de droit commun « dès lors que l'un des coauteurs ou complices n'est pas justiciable des juridictions militaires, sauf pendant la guerre ou dans la zone opérationnelle », quod non in casu *;*

Dès lors, en cherchant à se rendre compétente par le biais du libellé de l'infraction, au mépris du Code de procédure, l'arrêt déféré a violé les dispositions visées et s'est ainsi exposé à cassation ;

DEUXIÈME MOYEN : Tiré de la violation de l'article 203 du Code pénal militaire, relatif à l'incrimination de port d'arme illégal, en conjonction avec l'article 1 de l'ordonnance du 14 mai 1886 sur l'application des principes généraux du droit, soit celui qui dit que les administrés ne peuvent pâtir des actes de l'administration.

Développement : le moyen reproche à l'arrêt déféré d'avoir fait de l'infraction de port d'arme illégal un délit matériel, peu importe les justifications du porteur, même à l'appui d'un dossier administratif comportant une erreur.

AUX MOTIFS QUE le dossier démontre que, détenteur des deux armes à feu, une de chasse et une d'autodéfense, le pourvoyant Bidimbu en a sollicité les autorisations à l'autorité étatique ;

AUX MOTIFS QUE pour l'arme aujourd'hui litigieuse, comme pour l'autre, le porteur exhibe la demande d'autorisation au ministère de l'Intérieur, Sécurité, Décentralisation et Affaires coutumières ;

AUX MOTIFS QU'ayant ouvert un dossier ad hoc, ce ministère a envoyé le demandeur de port d'arme Bidimbu au ministère des Finances (DGRAD) *pour y verser la somme de 400 $, laquelle fut versée au compte du Trésor public près la BIAC, en attendant son permis de port d'arme ;*

AUX MOTIFS QU'en revanche et sans contester ce qui précède, les juges du fond ont cependant estimé que le ministère de l'Intérieur n'était pas la bonne adresse, car, pour eux, c'est le Président de la République qui demeure compétent pour autoriser le port d'arme pour ce type d'arme (Voy. arrêt déféré, p. 9, antépénultième paragr.) ;

ALORS QUE c'est là faire payer à un administré la faute ou erreur de l'administration, si faute ou erreur il y a ;

ALORS QU'en effet, il est de principe que les administrés ne peuvent pâtir des fautes et autres turpitudes de l'administration, en aucune manière ;

ALORS QU'in situ, si le ministère de l'Intérieur était incompétent, il lui revenait, à lui, de solliciter la présidence de la République au vu du même dossier de l'impétrant Bidimbu ;

ALORS QU'en tout état de cause, les juges du fond se devaient de noter la bonne conduite du justiciable qui non seulement a sollicité, même mal, l'autorisation mais encore a apporté motu proprio l'arme querellée à l'auditorat militaire en la faisant passer faussement pour une AKA 47 ;

Dès lors, en ne prenant pas en compte le dossier exhibé par le prévenu prouvant qu'il avait tout fait, en ce qui le regarde, pour avoir l'autorisation administrative requise et en le condamnant toutefois pour port illégal d'arme, les juges du fond ont fait du délit une incrimination matérielle et encore, ce que ne dit point la loi ;

PAR CES CONSIDÉRATIONS,

Le demandeur soussigné conclut qu'il Vous plaise, Messieurs de la Cour suprême de justice, de :

Recevoir son pourvoi et le dire bien fondé ;
Casser l'arrêt entrepris ;
Renvoyer la cause devant le tribunal compétent pour connaître du fond ;
Frais à sa charge.
Kinshasa, le 28 avril 2015
Pour le demandeur, son conseil

4. Le jugement RMP N° 4926/14/BA RP N° 711/014

PRO JUSTITIA
JUGEMENT
Au nom du peuple congolais
[Article 149 de la Constitution]

Le tribunal militaire de garnison de la Gombe siégeant en matière répressive au premier degré en chambre foraine à la prison militaire de Ndolo sise sur Flambeau, quartier Bon-marché dans la commune de Barumbu, ville-province de Kinshasa a rendu et prononcé, en audience publique de ce vendredi dixième jour du mois d'octobre de l'an deux mille quatorze, le jugement dont voici les dispositif et motif :

En cause : l'Auditeur militaire de garnison de Kinshasa Gombe, ministère public et sieur NZOLAMESO MAWETE, partie civile ;

Contre : Monsieur BIDIMBU LUTUNBA MASIVI MASALA MUANANGO Noël-Simon né à Mbanza-Ngungu, le 25 décembre 1937, fils de MASISA (+) et de LUBONDO (+), originaire du village Seni, secteur de Kipemba, territoire de Madimba, district de Lukaya dans la province du Bas-Congo, profession : Directeur général d'une société privée SOCIA, état civil : veuf et père de 12 enfants, études faites : Licencié en droit des Affaires, culte catholique, domicilié sur l'avenue progrès n° 43/13, quartier Bon-Marché dans la commune de Barumbu, ville de Kinshasa ;

Prévenu de :

Avoir détenu sans titre ni droit des armes ou des munitions de guerre ;

En l'espèce, avoir à Kinshasa, ville-province de ce nom et capitale de la République Démocratique du Congo, sans précision de date certaine mais depuis l'an 2011 jusqu'au 19 mai 2014, période non encore couverte par le délai légal de prescription, détenu sans titre ni droit une arme de guerre de type GP 9 mm n° FAZ 73/8410 et neuf munitions de calibre 9 mm. Faits prévus et punis par l'article 203 du Code pénal militaire.

Vu la procédure suivie dans la cause opposant le Ministère public au prévenu ci-haut identifié ;

Vu la décision de renvoi de l'Auditeur militaire de garnison de la Gombe datée du 26 juin 2014 et notifiée le jour même audit prévenu ;

Vu la fixation de la cause à l'audience du 22 juillet 2014 par l'ordonnance du président du tribunal de céans prise en date du 11 juillet 2014 ;

Vu le procès-verbal de tirage au sort des membres assesseurs du tribunal de céans pour la session en cours ;

Vu la constitution de la partie civile sieur NZOLAMESO MAWETE par déclaration au greffe du tribunal de céans ;

Vu la citation à prévenu du 11 juillet 2014, notifiée au prévenu le même jour ;

Vu la notification de la date d'audience du 11 juillet 2014 faite à la partie civile sieur NZOLAMESO MAWETE pour comparaître à l'audience du 22 juillet 2014 ;

Vu l'appel de la cause à cette audience à laquelle le prévenu comparaît en personne, assisté de son conseil maître Marie-Jeanne LUHAKA, avocat près la Cour d'appel de la Gombe, et la partie civile représentée par ses conseils maîtres NGONGO KAHOLA Jovith, avocat près la Cour d'appel de Kindu ainsi que MWAMBA KONGOLO et KAYEMBE, tous du barreau de la Gombe ;

Vu l'instruction de la cause à cette audience ;

Vu la remise contradictoire à l'audience du mardi 5 août 2014 ;

Vu l'appel et l'instruction de la cause à cette audience ;

Vu les assignations à témoins faites respectivement aux personnes ci-après : KALONDA Jacques, chef de division au service de maintien de l'ordre de la 8e direction du ministère de l'Intérieur et TSHIKALA Antoine, chef de bureau au même service, ainsi qu'au sieur Daudet LOFINGO SAKAMESO et dame NANGA Marie, en date du 31 juillet 2014 ;

Vu les successives remises contradictoires ;

Vu l'appel et l'instruction de la cause faite à ces audiences ;

Les conseils de la partie civile et du prévenu entendus dans leurs plaidoiries ;

Terminé avec le Ministère public dans sa réquisition ;

Oui enfin le prévenu dans sa dernière déclaration ;

Après quoi, le président a clôturé les débats, le tribunal a pris la cause en délibéré pour le prononcé de son jugement dont la teneur suit :

I. LES FAITS

Au regard des débats en audience et de la compréhension des pièces du dossier, le tribunal peut, comme suit, résumer les faits de la présente cause :

Il se trouve sur l'avenue Palabala au quartier Bisengo dans la commune de Bandalungwa une grande parcelle avec habitations où, de son vivant avec toute sa progéniture vivait le sieur Samuel ZOLAMESO, jeune frère de monsieur BIDIMBU LUTUMBA MASIVI MASALA MWANANGO Noël-Simon, prévenu dans la cause.

Après que le sieur Samuel ZOLAMESO soit décédé et inhumé ; un conflit parcellaire naquit et opposa ses enfants, représenté par leur frère liquidateur NZOLAMESO MAWETE, partie civile au prévenu préqualifié et ce, devant les juridictions de droit commun.

Alors que leur affaire était encore en examen devant le juge compétent, la partie civile NZOLAMESO s'est plaint devant les services de renseignement de la 11e région militaire, prétendant que lui, ses frères et dans une certaine mesure leur mère, la veuve NANGA Marie ont fait, le 10 août 2013 à leur domicile dont l'adresse ci-avant indiquée, objet de menaces et/ou attentat de mort de la part du prévenu BIDUMBU LUTUMBA à l'aide des armes qu'il détenait dont une arme de guerre de type GP n° FAZ 73/8410 contenant neuf munitions et l'autre un fusil de chasse calibre 12.

Cependant, dans ses moyens, le prévenu a soutenu que la parcelle susvisée lui appartient que pour preuve, après le décès de son jeune frère, la veuve NANGA Marie s'y était retirée. Il ne pouvait, poursuit-il, donc pas les menacer, pas surtout avec une arme qu'il gardait à plus de 2000 kilomètres de Kinshasa dans sa résidence secondaire de Kolwezi où, il a son siège d'activité économique. Bien plus, il soutient que ladite arme GP, il la détenait de droit en ce qu'il était en processus devant le ministère de l'Intérieur pour l'obtention d'un permis de port d'arme.

Le Ministère public quant à lui a fait savoir que le prévenu n'avait pas un permis de port d'arme que la détention par lui de l'arme de guerre précitée ne se justifie pas en ce qu'il est civile.

Le tribunal réalise que les parties en présence, particulièrement l'accusation et la défense, chacune campe sur sa position. Pour les départager, il faut un regard inquisiteur sur les faits de la présente cause. D'où leur analyse matérielle s'impose.

II. EXAMEN DES FAITS

Tout au long de l'instruction de la présente cause tant devant le Ministère public que devant les juges, le prévenu BIDIMBU LUTUMBA MASIVI MASALA MWANAGO Noel-Simon n'a jamais nié la détention par lui de l'arme GP n° FAZ 73/8410 avec neuf munitions. Mais, il a toujours soutenu que le ministère de l'Intérieur particulièrement la 8ᵉ direction était informée de cette détention en ce, il était détenteur d'un procès-verbal de constat administratif des caractéristiques d'armes à feu lui délivré par ladite direction que par ailleurs, les démarches continuaient pour l'obtention par le ministre de l'Intérieur du permis de port d'arme.

Cependant avant toute chose, le tribunal de céans a voulu savoir l'origine de l'arme en examen. Qu'à ce propos, le prévenu a prétendu s'en être procuré en Émirats arabes unis, précisément à Doubaï. Et de là, il l'a amenée au Katanga à sa résidence de Kolwezi via à Lubumbashi. Mais à la question de savoir comment les services de sécurité et/ou de renseignement des aéroports de Doubaï et Lubumbashi n'ont pu détecter une arme perdant le voyage. Il soutient qu'en Émirats arabes unis, les armes se vendent çà et là et sont à la portée de tout le monde. Par ailleurs, le prévenu a fait savoir qu'il avait personnellement collaboré avec le service de renseignement de la 11ᵉ région militaire. Car lorsqu'il y était interpellé, son arme se trouvait à Kolwezi, et il l'a fait venir par l'entremise d'un certain Paul, non autrement identifié. À ce sujet, il n'a pu élucider comment le sieur Paul a du tromper la vigilance des agents de sécurité de l'aéroport de Lubumbashi voire ceux de N'djili pour qu'ici aussi l'arme soit inaperçue par eux. Il a allégué en balbutiant que le sieur Paul dont il avait au paravent ignoré les identités est une grande personnalité de la République.

Le tribunal relève qu'il est invraisemblable de nos jours – face à la menace criante et grandissante du terrorisme, et ce, nonobstant le fait que sous d'autres cieux où les armes se font obtenir dans des boutiques – qu'une personne, munie d'une arme, parte de l'aéroport de Doubaï à celui de Lubumbashi et plus tard à N'djili sans que les services de sécurités desdits aéroports ne s'en perçoivent.

Il fait aussi observer qu'il est inouï qu'une arme GP N° FAZ 73/8410 puisse se retrouver dans le marché d'Émirats arabes unis. Car une arme aux initiales de « FAZ » doit avoir comme appartenance les forces armées de la République Démocratique du Congo alors forces armées zaïroises. Il est fort évident relève le tribunal de céans que le prévenu s'en était procurée ici en RDC et non ailleurs. Il en ressort également que ladite arme a toujours été ici Kinshasa et non à Kolwezi.

Au sujet, de sa démarche entreprise au niveau du ministère de l'Intérieur en vue d'obtenir un permis de port d'arme. Le tribunal note qu'il est vrai qu'en date du 5 juillet 2011 le prévenu s'était adressé au vice-Premier ministre, ministre de l'Intérieur et sécurité, pour obtenir deux permis de port d'arme ; l'un pour une arme de chasse calibre 12 marque chomber cyl n° 10.424.225 pour laquelle il avait sans difficulté aucune obtenu le permis de port d'arme, et l'autre pour l'arme de guerre susvisée et dont la démarche est toujours en cours, comme l'atteste le procès-verbal de constat administratif des caractéristiques d'arme à feu établi par monsieur Antoine NTSHIKALA, chef de bureau à la 8e direction dudit ministère.

Entendu à titre de renseignant à l'audience du 5 août 2014, ce dernier a allégué que le prévenu s'était présenté dans son cabinet avec une seule arme, à savoir : un calibre 12 de type chomber eye n° « 1.042.425 JW 2005 » et plus tard il amena sur un bout de papier les caractéristiques d'une autre arme ci-haut décrite. C'est comme cela, poursuit-il, il lui avait établi les deux de constat administratif.

À la même audience, le renseignant Antoine a souligné que s'il avait vu ladite arme comme il vient de s'en apercevoir à l'audience, il n'allait pas établir ledit procès-verbal. Cependant, dans ses moyens, le prévenu a soutenu qu'il avait bel et bien amené son arme GP au cabinet du renseignant et après que ce dernier ait prélevé les caractéristiques et eut établi le procès-verbal ; il lui avait été demandé retourner avec son arme chez lui.

Appelé à ce sujet comme renseignant à l'audience du 19 août 2014, le chef de division KALONDA et chef direct du renseignant Antoine NTSHIKALA, a relevé qu'il n'était pas au courant du dossier du prévenu. Mais il voyait celui-ci faire de combine avec celui-là. À la même audience, le renseignant KALONDA a précisé qu'en aucune occasion lors du traitement de ce dossier, son collaborateur lui a fait un quelconque rapport.

Le tribunal relève qu'il est fort évident, de tout ce qui précède, que le prévenu et le chef de bureau Antoine NTSHIKALA aient fait de combines aux fins d'établir, pour l'intérêt du premier, le procès-verbal de constat administratif des caractéristiques d'arme à feu. Pour déterminer les responsabilités, il sied de confronter ces faits au droit.

III. LE DROIT

A. QUANT À LA FORME

1. Sur la compétence du Tribunal

Le tribunal rappelle qu'aux termes de l'article 246 alinéa premier du Code judiciaire militaire, « quel que soit la manière dont elle est saisie la juridiction devant laquelle le prévenu est traduit apprécie sa compétence d'office ou sur déclinatoire ». Cette appréciation d'office s'impose particulièrement lorsque des personnes étrangères à l'armée et/ou à la police sont traduites par-devant le juge militaire comme en l'espèce.

Le tribunal de céans observe que le prévenu BIDIMBU LUTUMBA MASIVI MASALA MWANANGO Noël-Simon est, sans doute au regard de ses identités, ci-

vil et homme d'affaires congolais, donc personne étrangère à l'armée et la police, n'entrant pas dans la catégorie de justiciables des juridictions militaires tel que l'article 106 du Code précité le veut.

Cependant, les faits pour lesquels ce prévenu a été déféré devant cet auguste Tribunal, c'est-à-dire « la détention illégale d'armes et munitions de guerre ». Cette prévention étant prévue et punie par l'article 203 du Code pénal militaire, relève sans équivoque de la compétence des juridictions militaires.

Par ailleurs, il ressort en substance de l'esprit de l'article 115 du CJM que lorsque le civil est coauteur ou complice d'infraction militaire, les juridictions militaires sont compétentes pour connaître de son affaire.

Bien plus, l'article 73 du Code susvisé précise : « Les Cours et tribunaux militaires ont plénitude de juridiction pour juger les individus traduits ou renvoyés devant eux pour les infractions prévues et punies par la loi ». Il en découle qu'en l'espèce, le tribunal de céans est, à tous égard, compétent pour de cette affaire à l'endroit du prévenu BIDIMBU LUTUMBA MASIVI MASALA MWANANGO Noel – Simon.

2. Sur l'exception soulevée par la défense contre la qualité de la partie civile.

Dans son avis, le Ministère public a pratiquement bondé dans le même sens.

Cependant, le sieur NZOLAMESO MAWETE, par le truchement de ses conseils, a fait savoir qu'il s'était constitué partie civile régulièrement au greffe du tribunal de céans et a consigné les frais y afférent. Dès lors poursuit-il, il a droit de prétendre à cette qualité. Ainsi qu'il invite les juges à faire aussi application des articles 253 et 256 du CJM en ce qu'il était aussi victime de menaces d'attentat de mort par le prévenu.

Le tribunal rappelle qu'il avait décidé à l'audience susvisée de joindre cette exception au fond, car il avait estimé que l'examen de l'action civile ou le bien-fondé de la qualité d'une partie civile dans un procès pénal est une question de fond qui ne peut se régler sans que les juges n'aient au préalable démontré la matérialité de faits de la cause.

Le tribunal de céans relève aussi qu'au regard des pièces du dossier, il était superfétatoire d'ordonner un complément d'instruction comme souhaité par la partie civile en ce qu'il a été témoigné par la veuve NANGA Marie que lorsque le prévenu s'était rendu chez elle, arme à main sous prétexte de menacer la partie civile, celle-ci n'était pas sur le lieu. Ainsi seule la prévention libellée sur la décision de renvoi doit être examinée.

Cependant, relève encore le tribunal que de l'examen d'une action pénale, fut-elle née d'une infraction militaire ou de droit commun, toute personne qui prétend en être préjudiciée, peut s'y greffer en se constituant partie civile avec obligation pour lui de démontrer au fond quelle a non seulement subi un dommage mais aussi il y a un lien de causalité.

C'est donc de bon procédé que les juges aient, en l'espèce, joint cette exception au fond. Ainsi, le tribunal examinera l'action mue par la partie civile NZOLAMESO MAWETE.

B. LE DROIT AU FOND.

Il est reproché au prévenu la détention illégale d'armes et munitions de guerre.

L'infraction de détention illégale et munition de guerre est prévue et punie par l'article 203 du Code pénal militaire ainsi libellé : « est puni de vingt ans de servitude pénale, tout individu qui détient sans titre ni droit des armes et munitions de guerre ».

À la lumière de cette disposition, l'infraction de détention illégale d'armes et munitions de guerre exige pour sa matérialité trois éléments : matériel de détention, absence de titre ou de droit et l'intention coupable.

1. Élément matériel

Il comprend trois parties : la détention, l'objet de cette détention, l'absence de titre ou de droit.

La détention : le législateur Congolais n'a pas défini le concept « détention » mais le dictionnaire Mini Robert indique que détenir signifie « garder », « tenir en possession. » C'est donc garder par devers soi, faire garder, conserver ou faire conserver, cacher ou faire cacher. En l'espèce une arme GP N° FAZ 73/8410 et neuf cartouches 9 mm ont été retrouvées en possession du prévenu ; et celui-ci a reconnu les avoir gardées. La détention est donc établie.

Objet de la détention : armes et munitions de guerre. Pour tomber sous le coup de l'article 203 du Code pénal militaire, l'acte matériel de la détention doit porter sur des armes et munitions de guerre. Il a été arrêté que la définition de ces deux expressions est donnée par l'article premier de l'ordonnance-loi 68-194 du 3 mai 1968 – il s'agit de toute arme tirant en rafales notamment revolver, pistolets, mitraillettes, fusils, FAL, etc. (HCM, RP 003/2009, Aff. Ministère public c/ Gén BOKOPE et consorts, BA, HCM, Éd., 2003-2010, Kinshasa, p. 08.)

Ainsi, l'arme et munitions guerre saisies entre les mains du prévenu BIDIMBU LUTUMBA rentrent sans doute dans la catégorie des armes et munitions de guerre dont la détention est réglementée.

Absence de « titre » ou de « droit ». L'article 203 du Code pénal militaire ne définit pas les concepts « titre et droit ». Cependant le sens de ces deux expressions se trouve circonscrit par l'ordonnance loi 85-035 du 3 septembre 1985 portant régime des armes et munitions spécialement en ses articles 5, 9 et 10 ci-dessous évoqués.

Selon l'article 5, nul ne peut détenir, fabriquer, réparer, abandonner, exposer en vente, céder, distribuer, transporter, importer ou tenir en dépôt des armes de guerre ou leurs accessoires ainsi que des munitions conçues pour ces armes à moins qu'il n'ait reçu une autorisation spéciale du président de la République dans les conditions prévues à l'article 10.

L'article 10 désigne les personnes pouvant obtenir l'autorisation de détenir les armes : ce sont principalement les conservateurs de parcs nationaux ou des gardes-chasse ainsi que d'autre personnes dans les cas où en raison de circonstances, le Président de la République juge nécessaire de prendre des mesures spéciales notamment pour la sauvegarde de la paix publique ou la défense du territoire.

De l'analyse de ces dispositions, il appert que par titre, il faut entendre, l'autorisation du Président de la République accordée à certaines catégories des personnes (art. 5), *tandis que par droit, il faut entendre la qualité du détenteur qui ne peut être qu'un militaire ou policier* (art.9).

Pour le cas d'espèce, ce sont les dispositions de l'article 10 qui doivent être d'application dans la mesure où le prévenu mieux qualifié ci-dessus n'est ni militaire ni policier. Cependant, pour jouir des prescrits de l'article 10, une condition sine qua non s'impose : l'autorisation spéciale du Président de la République et ce, à une catégorie des personnes bien déterminées à savoir, les conservateurs des parcs nationaux, les gardes-chasse et d'autres personnes dans le cadre de la défense du territoire ou de la sauvegarde de la paix publique.

Il ressort de l'analyse ci-dessus que le pré-qualifié prévenu n'a jamais obtenu sa fameuse autorisation de port d'arme, que du reste, il n'est ni conservateur de parc ni garde-chasse, pas plus qu'il n'a obtenu son arme pour la défense du territoire ni la sauvegarde de la paix publique. Mais le prévenu, pour sa défense, a toujours soutenu que s'étant régulièrement adressé au ministre de l'Intérieur, il était déjà détenteur d'un procès-verbal de constat administratif des caractéristiques d'arme à feu et le processus était toujours en cours pour l'obtention d'un titre : le permis de port d'arme. C'était de bon procédé, conclut-il, qu'il détienne et garde son arme susvisée.

Le tribunal fait observer qu'au regard, notamment de l'article 10 de l'ordonnance-loi bien avant citée, la compétence d'autoriser le port d'arme est d'attribution, qu'en l'espèce, il ne revient qu'au seul Président de la République et non à un ministre. Par ailleurs, même dans l'hypothèse où celle-ci relèverait d'un ministre, le procès-verbal de constat administratif des caractéristiques d'armes à feu ne justifierait jamais la détention d'arme et munitions de guerre. De surcroît, le susdit procès-verbal n'est ni une autorisation spéciale du Président de la République ni un permis de port d'arme.

Force est de constater que le prévenu en détenant l'arme GP et les munitions ci-haut décrites, n'avait ni un titre ni qualité. Et il le savait bien, ce qui justifie les combines qu'il faisait avec le chef de bureau le sieur NTSHIKALA.

2. Intention coupable

La doctrine appuyée par la jurisprudence renseigne que la détention sans titre ni droit des armes et munitions de guerre est une infraction dite matérielle en ce que la preuve de l'élément moral n'est pas exigée. Seule l'existence de l'élément matériel doit être prouvée. Cependant le prévenu pourra démontrer le fait ne lui est pas imputable, car toute infraction même purement matérielle suppose chez son auteur une volonté libre (PRADEL, cité par la HCM, *op.cit.*, p.10) *donc une intention.*

Il revient donc à l'auteur présumé, pour renverser cette présomption, d'invoquer des preuves qui excluent sa faute. Or, le prévenu n'a pu, en l'espèce, apporter la preuve d'autorisation spéciale ni, à la rigueur, le permis de port d'arme pour exclure sa faute ; cela étant l'incrimination de détention illicite d'armes et munitions de guerre sera dite établie à sa charge.

IV. QUANT À L'ACTION CIVILE

Examinant l'action civile, le tribunal relève qu'une seule personne, le sieur NZOLAMESO MAWETE, liquidateur de la succession NZOLAMESO s'est constituée au greffe du tribunal de céans, partie civile et ce, dans la conformité des règles d'usage en consignant notamment les frais. Ainsi, le tribunal s'est vu obliger d'examiner son action.

À ce sujet, l'article 258 du Code civil livre III oblige l'auteur d'un dommage à le réparer. Dans le cas d'espèce, la détention illégale d'arme et munitions de guerre par le prévenu BIDIMBU LUTUMBA MASIVI MASALA MWANAGO Noël-Simon n'a, au regard de l'analyse combien circonspecte y apportée, causé préjudice à personne. Il est donc juridiquement impossible d'en ressortir le lien de causalité. Le sieur NZOLAMESO MAWETE aurait dû ne pas se constituer partie civile dans la présente. Le tribunal de céans déboutera son action.

PAR CES MOTIFS

Vu la constitution, spécialement en ces articles 21 et 149 ;

Vu le Code judiciaire militaire, notamment en ses articles 1, 2, 4, 21, 22, 51, 55, 61, 67, 73, 77, 88, 98, 115, 131, 214, 215, 226, 228, 230, 233, Z37, 245, 250 à 254, 260, 261, 267, 270, 273, 275 ;

Vu le Code pénal militaire en son article 203 ;

Vu le Code civil livre III en son article 258 ;

Vu l'ordonnance-loi N° 85-035 portant régime des armes et munitions, particulièrement en ses articles 5, 9, 10 ;

Vu le dossier de la cause ;

Terminé avec le Ministère public dans sa réquisition ;

Les conseils du prévenu et de la partie civile entendus dans leurs plaidoiries ;

Oui enfin le prévenu dans sa dernière déclaration clamant son innocence en sollicitant son acquittement ;

Sur quoi, le tribunal a pris l'affaire en délibéré pour le prononcé du jugement à la date de vendredi 10 octobre 2014.

Disant droit ;

Le Tribunal, à la majorité des voix des membres de sa composition, par vote au scrutin secret, distinct et successif, répond à la question de savoir si le prévenu BIDIMBU LUTUMBA MASIVI MASALA MWANANGO Noël-Simon est coupable de l'infraction mise à sa charge, ouï ;

Quant à celle de savoir s'il est possible de lui accorder le bénéfice des circonstances atténuantes, répond, non ;

À celle de savoir s'il y a lieu de lui appliquer une sanction pénale, répond, comme ci-haut, ouï ;

En conséquence, le condamne à dix ans SPP pour détention illégale d'armes et munitions de guerre ; à 55.000 FC des frais d'instance payables dans huit jours ou à défaut de paiement à trois mois de contrainte par corps ;

Ordonne son arrestation immédiate ;

Rappelle le condamné de son droit d'appel faisable dans cinq jours ;

Ainsi jugé et prononcé à l'audience publique de ce jour à laquelle ont siégé : le capitaine magistrat KABONDO PIBWE, président ; le major BOKANGA BOKATA Thomas, member ; le capitaine KABUNGA FARAY, membre ; le capitaine ANGBONGI GBOTU Peter, membre ; le commissaire principal NAKAHOSA MUTIMA Théophile, membre ; avec le concours du lieutenant magistrat NDODI VITA, officier du Ministère public et l'assistance du lieutenant KASIA IBAS Didier, greffier du siège.

5. Observations

Toute la critique qui vaille de cet arrêt confirmant le jugement *a quo* se trouve dans ma requête confirmative du pourvoi. Va-t-on la rencontrer, je le souhaite vivement dans l'intérêt du droit.

Que dira un jour la Cour régulatrice du droit ? Quant à la compétence personnelle des juridictions militaires et quant à la notion d'« *infraction dirigée contre l'armée, la Police nationale, le Service national, leur matériel* (...) », prévue à l'article 112,7° prérappelé.

En effet, si certaines catégories d'assimilés aux militaires ne soulèvent nulle difficulté d'entendement, d'autres, en revanche, posent un réel problème d'interprétation. Par exemple, quiconque détient illégalement une arme de guerre doit-il être assimilé à et donc relever du tribunal militaire ou bien, au contraire, demeure civil, s'il l'est, et donc justiciable du tribunal civil, pour la même détention illégale ?

Un haut magistrat militaire avec lequel j'ai eu à échanger rapidement là-dessus considérait que c'est toujours la juridiction militaire qui reste compétente. Je n'ai point insisté et pour cause, la conversation se déroulant en son cabinet et moi devant courir ailleurs.

En outre, détenir sans titre une arme de guerre équivaut-il à commettre – c'est mon tracas – cette « *infraction dirigée contre l'armée, la Police nationale, le Service national, leur matériel, leurs établissements ou* (...) » prévue à l'article 112,7° ?

L'arrêt RPA 211/14 du 18 février 2015 a répondu par l'affirmative, qui, dans sa motivation ci-dessus semble suspecter l'accusé civil de vol, infraction pourtant non mise à sa charge.

Tenez : « *Pour sa part, la Cour de céans fait observer que l'arme GP 9 mm et les munitions saisies sont des objets appartenant au patrimoine des FARDC qui ont seules le monopole d'achat en République Démocratique du Congo et que le seul fait de leur détention suffit à rendre parfaite la matérialité de l'infraction de détention illégale d'arme et de munitions de guerre.* » Tel quel !

Par cette motivation-là, la Cour militaire a tout balayé : et l'allégation de l'appelant selon laquelle il a acheté l'arme dans une boutique à l'étranger.

Et les documents y relatifs, dont la demande de permis de port d'arme, le paiement de la taxe au guichet unique du ministère des Finances, etc.

À croire, au total, avec cette motivation-soupçon que l'on a affaire à ce que le psychologue social Pascal Wagner-Egger de l'Université de Fribourg appelle « *une forme de méfiance intense, irrationnelle et persistante à l'égard d'autrui* »[37] du militaire vis-à-vis du civil. Cette méfiance, on sait existe déjà par ailleurs.

L'arrêt a repoussé lesdits documents et arguments, estimant qu'il appartenait non au ministre de l'Intérieur mais au Président de la République de délivrer le permis de port d'arme de guerre.

Encore une fois, il est temps qu'à l'occasion de ce dossier la Cour régulatrice du droit réaffirme la règle suivant laquelle les administrés ne peuvent, en aucune manière, pâtir ni de l'erreur ni de la lenteur de l'administration elle-même. Car, en effet, par un seul dossier, le pourvoyant Bidimbu avait demandé au ministre de l'Intérieur un permis de port d'arme de chasse et de revolver d'autodéfense. L'administration l'a envoyé régler la taxe au guichet unique du ministre des Finances. Sur ces entrefaites un neveu qu'il logeait va le dénoncer à la justice militaire pour menace de mort à l'aide d'un fusil AKA 47, inexistant en vérité.

Dix ans fermes au premier degré, ramenés à 5 ans au second degré. Après un an et 3 mois d'emprisonnement, le condamné a bénéficié de l'ordonnance présidentielle élargissant les condamnés âgés de 70 ans au moins.

Il faut espérer que la cassation rendra un jour un arrêt indiquant la bonne direction à suivre quant à l'entendement des dispositions légales susvisées. Qu'elle n'aura pas recours à une formule genre « Sans qu'il soit nécessaire de » qui empêcherait le public de savoir à quoi s'en tenir désormais face à des dispositions légales susceptibles de plusieurs interprétations.

Enfin, cette affaire a, elle aussi, sa part d'ombre. Car elle ne concerne pas uniquement le port illégal d'arme de guerre mais encore une parcelle à Kinshasa/Bandalungwa, d'où l'oncle condamné cherche à déloger les neveux, fils de son petit frère décédé. Ce qui expliquerait, selon le condamné, et les va-et-vient du parquet (classement sans suite/saisie du tribunal) et enfin la sévérité de la sanction : 10 ans avec arrestation immédiate, malgré sa bonne foi avérée au vu du dossier. La parcelle, le terrain à Kinshasa... On accepte parfois de mourir pour ça.

Par cet arrêt de la Cour militaire de Kinshasa/Gombe, on va donc fermer le regard sur les décisions judiciaires, sous réserve des décisions en matière de délit de presse, qui feront l'objet d'un commentaire global spécifique, avant de boucler cette somme par un autre regard sur deux décisions au moins d'une juridiction extrajudiciaire, le CNO, conseil national de l'Ordre des Avocats. Cet organe a entre autres la compétence restreinte de juger les litiges d'honoraires entre avocats et clients.

Thionville, le 20 février 2015

---

37 NOUYRIGAT, V., « Vous avez dit complot ? », in *Science & Vie*, n° 1187, août 2016, p. 53.

SECTION 10 : COUR SUPRÊME DE JUSTICE

ARRÊT RP 2191/2192 DU 30 MAI 2003
EN CAUSE : SOCIÉTÉ SAPLAST C/NTUMBA NDELELA

Rejet moyen nouveau en cassation

1. Les textes de loi

Les exceptions du défendeur au pourvoi sont tirées de la violation des articles 43 du décret du 23 juin 1960 modifiant et complétant le décret du 27 février 1887 sur les sociétés commerciales, ainsi que des articles 4, 5 et 6 de l'O-L n° 66-344 du 9 juin 1966, relatifs aux actes notariés, le tout en conjonction avec les articles 15 du CPC, applicable au pénal, s'agissant du principe du contradictoire, ensuite l'article 87 du CPP couplé à l'article 1 de l'ordonnance du 14 mai 1886 quant au principe général de droit le désistement et enfin les articles 527 et 529 du CCL III sur le mandat, en l'espèce, le défaut d'indication du lieu de la procuration spéciale pour appel.

Article 527 :
Le mandat peut être donné, ou par acte authentique, ou par écrit sous seing privé, même par lettre. Il peut aussi être donné verbalement ; mais la preuve testimoniale n'en est reçue que conformément au titre : *Des contrats ou des obligations conventionnelles en général.* L'acceptation du mandat peut n'être que tacite et résulter de l'exécution qui lui a été donnée par le mandataire.

Article 529 :
II est (le mandat) ou spécial et pour une affaire, ou certaines affaires seulement, ou général et pour toutes les affaires du mandant.

Article 87 CPP :
Les jugements indiquent le nom des juges qui les ont rendus et, s'ils ont siégé dans l'affaire, celui de l'officier du Ministère public, du greffier et des assesseurs, l'identité du prévenu, de la partie civile et de la partie civilement responsable.
Ils contiennent l'indication des faits mis à charge du prévenu, un exposé sommaire des actes de poursuite et de procédure à l'audience, les conclusions éventuelles des parties, les motifs et le dispositif. Les jugements des juges de police non magistrats de carrière ne comportent pas l'indication des actes de la procédure à l'audience ; ils contiennent l'état des frais dressé par le juge à la suite du jugement. Les jugements sont signés par le président ou par le juge, ainsi que par le greffier, s'il était présent, lorsque le jugement a été prononcé.

2. Les faits de la cause et la procédure

Le 8 avril 1996, la SAPLAST acheta de la SOCITURI-Nouvelle les installations et équipements situés à Isiro. Le 4 mars 1999, alors qu'il était au courant de la transaction depuis 1996, M. Ntumba déposera plainte au parquet général près la Cour d'appel de la Gombe, pour dénoncer l'opération qu'il assimile à une escroquerie, et ce après avoir vainement tenté d'obtenir réparation de la SOCITURI-Nouvelle.

La SAPLAST ayant découvert que les procès-verbaux d'assemblée générale dont se prévalait le sieur NTUMBA comme associé étaient faux, résolut de l'attraire en justice pour tentative d'escroquerie, faux et usage de faux.

Le 14 octobre 1999, le tribunal de paix de Matete déclara non constituées les infractions d'escroquerie, faux et usage. Quant à lui, le tribunal de grande instance/Matete, après avoir dit irrecevable l'appel de la SAPLAST et recevable celui du ministère public, confirmera le jugement *a quo* purement et simplement par jugement RPA 280 du 9 février 2000.

Contre ce jugement, la partie civile succombante SAPLAST a introduit deux requêtes en cassation, sous RP 2191 par l'avocat Matadiwamba Kamba Mutu et sous RP 2192 par l'avocat Mbungu Bayanama Kadivioki. Pourquoi deux pourvois ? L'abondance nuit-elle parfois ? Mais les deux avocats, eux, s'ignoraient et les qualités de l'arrêt démontrent aujourd'hui qu'aucun des deux n'aura comparu à aucune audience d'instruction de la Cour, tandis que le seul avocat de la partie défenderesse Ntumba Ndelela, Me Mbuy Mbiye n'aura manqué aucune audience. Heureusement pour la demanderesse que la procédure de cassation est à « *dossier fermé* » ! Le dépôt des productions suffit amplement.

3. L'arrêt RP 2191/2192

RP 2191

Par sa requête introductive datée du 1er mars 2000 et déposée au greffe de la Cour suprême de justice le 15 mars 2000, Maître MATADIWAMBA KAMBA, Avocat à la Cour suprême de justice, agissant pour sa cliente, la Société SAPLAST, forma pourvoi en cassation contre ce jugement ;

Par exploits des 15, 23 et 24 mars 2000 de l'huissier Albert MOGBAYA, de cette Cour, cette requête fut signifiée au Procureur général de la République, au Procureur de la République près le tribunal de grande instance de Kinshasa/Matete et à Monsieur NTUMBA NDELELA ;

Maître MBUY MBIYE, Avocat à la Cour suprême de justice, agissant pour le compte de son client Monsieur NTUMBA NDELELA, déposa, le 24 avril 2000 au greffe de la Cour suprême de justice, le mémoire en réponse daté du 21 avril 2000 ;

Par exploit du 24 avril 2000 de l'huissier SANZA, de cette Cour, ce mémoire en réponse fut signifié à la Société SAPLAST et au Procureur général de la République ;

RP 2192

Par sa requête introductive datée du 1er mars 2000 et déposée au greffe de la Cour suprême de justice le 15 mars 2000, Maître MBUNGU BAYANAMA KADIVIOKI, Avocat à la Cour suprême de justice, agissant pour sa cliente, la Société SAPLAST, forma pourvoi en cassation contre ce jugement ;

Par exploits des 15, 23 et 24 mars 2000 de l'huissier Albert MOGBAYA, de cette Cour, cette requête fut signifiée au Procureur général de la République, au Procureur de la République près le tribunal de grande instance de Kinshasa/Matete et à Monsieur NTUMBA NDELELA ;

Maître MBUY MBIYE, Avocat à la Cour suprême de justice, agissant pour le compte de son client Monsieur NTUMBA NDELELA, déposa, le 24 avril 2000 au greffe de la Cour suprême de justice, le mémoire en réponse daté du 21 avril 2000 ;

Par exploit du 24 avril 2000 de l'huissier SANZA, de cette Cour, ce mémoire en réponse fut signifié à la société SAPLAST et au Procureur général de la République ;

(...)

Par deux requêtes déposées le 15 mars 2000 au greffe de la Cour suprême de justice et signées, la première par l'avocat à cette Cour MATADIWAMBA KAMBA MUTU et la seconde par l'avocat à la même Cour M'BUNGU BAYANAMA, la société SAPLAST Sprl poursuit la cassation du jugement RPA 280 rendu le 9 février 2000 par le tribunal de grande instance de Kinshasa/Matete qui a dit son appel irrecevable pour irrégularité de la procuration spéciale donnée à l'avocat qui avait formé appel, parce qu'émanant d'une personne non existante suite au défaut de publication de ses statuts au Journal officiel et qui a déclaré recevable mais non fondé l'appel du Ministère public interjeté contre le jugement RP 18.564 du 14 octobre 1999 par lequel le tribunal de paix de Kinshasa/Matete avait déclaré non établies à charge de Monsieur NTUMBA NDELELA, deuxième défendeur en cassation, les infractions de faux et d'usage de faux ainsi que celle d'escroquerie mise à sa charge ;

Dans ses deux mémoires en réponse, le deuxième défendeur oppose au pourvoi une exception d'irrecevabilité tirée de l'inexistence de la demanderesse en tant que société privée à responsabilité limitée pour cause de violation de l'article 43 du décret du 23 juin 1960 modifiant et complétant le décret du 27 février 1887 relatif aux sociétés commerciales touchant la nécessité d'un acte authentique pour la constitution des sociétés privées à responsabilité limitée, en ce que l'acte constitutif de la demanderesse a été établi en violation des articles 4, 5 et 6 de l'ordonnance-loi n° 66/344 du 9 juin 1966 relatifs aux conditions d'authenticité des actes notariés et en violation des articles 317 et 222 du Code de la famille sur la tutelle des mineurs.

Dans la première branche de cette exception, le deuxième défendeur précise qu'aux termes de la loi, la société privée à responsabilité limitée doit être constituée par un acte authentique, condition réalisée uniquement par la formalité substantielle de présentation de l'acte au notaire par toutes les personnes qui y sont parties et la comparution de ces dernières aux fins de déclarer, après en avoir entendu la lecture donnée par le notaire, que l'acte tel qu'il est dressé renferme l'expression de leur volonté. Or soutient-il, il ressort de l'acte constitutif de la demanderesse que celui-ci a été notarié en date du 4 avril 1989 sur présentation au notaire KAZANWA de Goma et comparution de la prétendue personne morale SAPLAST SPRL, qui était encore juridiquement inexistante, faute de personnalité civile. Dès lors, conclut-il, ledit acte constitutif ne peut revêtir les attributs d'un acte authentique faute de sa présentation au notaire par toutes les personnes qui prétendent en être parties et faute de comparution de toutes ces personnes devant le notaire, à savoir Monsieur KATEMBO MBANGA, Monsieur KAMBALE SIVAVIKUA représentant le mineur MBAMU MBANGA, Monsieur MUHINDO MBANGA et Madame MASIKA MASTAKI.

Dans la seconde branche, se référant à la jurisprudence de la Cour suprême de Justice (CSJ RA 381-410/97 du 2 novembre 1998 RAJ 1999, p. 15) *le 2e défendeur déclare qu'il est de règle que la requête est irrecevable si en violation des articles 1, 2, 3, 5 et 7 du décret du 23 juin 1960 relatifs aux sociétés commerciales, l'acte constitutif de la demanderesse n'est pas revêtu des signatures des membres qui la composent ou encore que l'omission des signatures des membres sur l'acte constitutif d'une société met en cause l'existence juridique de celle-ci pour défaut de preuve de son authenticité par suite du non-respect des textes légaux. Or dit-il, il ressort des statuts de la demanderesse en cassation que l'associé mineur MBAMU MBANGA n'y a pas apposé légalement sa signature, celle qui s'y trouve portée pour son compte l'ayant été par Monsieur KAMBALE SIVAVIKWA qui a agi sans avoir prouvé sa qualité de père ou encore celle de tuteur dudit associé mineur d'âge. Il en conclut que l'acte constitutif de la demanderesse n'est pas régulier et que dès lors le pourvoi sera déclaré irrecevable pour inexistence de cette dernière.*

En ses deux branches réunies, l'exception ne sera pas retenue. En effet, il appert des pièces auxquelles la Cour suprême de justice peut avoir égard que le 2e défendeur avait été attrait en justice par la demanderesse par voie de citation directe pour répondre des infractions de faux et d'usage de faux. Il ne résulte d'aucun acte que ce défendeur ait dénié à la demanderesse qui est une société privée à responsabilité limitée, son existence juridique pour cause d'irrégularité de son acte constitutif. En n'invoquant pas les irrégularités relatives à la constitution de la demanderesse devant les juges du fond, le 2e défendeur est censé y avoir renoncé et ne peut dès lors être reçu à les soulever pour la première fois en cassation.

A. De la requête signée par l'avocat MATADIWAMBA.

Le premier moyen est pris de la violation de l'article 15 du Code de procédure civile en ce que le juge d'appel a pris en considération une pièce versée au dossier, en l'occurrence le jugement RC 3432, après la clôture des débats, laquelle pièce n'a jamais été soumise à la contradiction, alors qu'il est du devoir de tout juge de veiller au respect du principe du contradictoire et de ne fonder sa décision que sur les seules pièces qui ont été soumises aux débats.

Ce moyen est irrecevable parce que manquant en fait. En effet, le juge d'appel a décrété l'irrecevabilité de l'appel formé par la demanderesse en se basant sur l'irrégularité de la procuration donnée à l'avocat qui avait agi au nom de cette dernière qui a été considérée comme inexistante suite au défaut de publication de ses statuts au Journal officiel. L'irrecevabilité de l'appel n'a donc pas été justifiée par l'inexis-

tence de la demanderesse tirée du jugement RC 3432 qui avait été versé au dossier après la clôture des débats ;

Le deuxième moyen est tiré de la violation de l'article 2 du décret du 27 février 1887, tel que modifié à ce jour, sur notamment la publication au Journal officiel des actes des sociétés, en ce que le juge d'appel a admis que la demanderesse n'avait pas d'existence juridique pour défaut du dépôt des statuts au greffe du registre de commerce et pour défaut de publication de ceux-ci au Journal officiel alors que l'immatriculation au nouveau registre de commerce, non contestée, ne se conçoit pas sans dépôt préalable au greffe du registre de commerce et que la demande de publication constituée par la lettre du greffier n° 0991/D.18/89 du 4 août 1984 déposée au dossier suffit pour conclure à la publication, tant il est de jurisprudence constante que les administrés ne doivent pas pâtir des lenteurs du service public.

Ce moyen est irrecevable par ce que mélangé de fait et de droit. En effet, de la décision attaquée, 6e feuillet, 2e paragraphe, il ressort qu'à la question du tribunal d'apporter les preuves de publication de ses statuts au Journal officiel, la demanderesse avait présenté la quittance des frais du notariat à Goma comme frais de publication au Journal officiel à Kinshasa alors qu'il existe des services préposés pour recevoir les frais et délivrer les quittances relatives aux frais de publication au Journal officiel, services différents du notariat auxquels avait fait allusion le deuxième défendeur. Ainsi, en demandant à la Cour de prendre en considération notamment la lettre du greffier n° 991/D.18/89 du 4 août 1984 déposée au dossier pour retenir la violation de l'article 2 du décret du 27 février 1887 sur la publication des actes des sociétés au Journal officiel, le moyen invite la Cour à procéder à des investigations de fait consistant à savoir si oui ou non les documents produits en cassation l'avaient aussi été devant le juge de fond.

Le troisième moyen est basé sur la violation de l'article 87 du Code de procédure pénale sur la motivation et de l'article 1 de l'ordonnance du 14 mai 1886 sur les principes généraux du droit, ici celui de désistement, en ce que le tribunal de grande instance s'est contredit en admettant d'un côté que « le Ministère public qui avait également fait appel y a renoncé implicitement dans son réquisitoire en demandant au tribunal de confirmer le premier jugement dans son dispositif », et d'un autre côté que « le tribunal dira son appel recevable ».

Ce moyen est irrecevable pour défaut de qualité et d'intérêt dans le chef de la demanderesse. En effet, s'agissant de l'appel du Ministère public pour lequel la décision attaquée contiendrait des contradictions dans la motivation, la demanderesse n'a pas qualité ni intérêt pour s'en prévaloir étant donné que son action se limite aux seules postulations civiles.

Le quatrième moyen est pris de la violation de l'article 87 du Code de procédure pénale relatif à la motivation de tout jugement en combinaison avec les articles 124 et 126 du Code pénal livre II sur le faux et l'usage de faux, en ce que le juge d'appel, moyennant sa formule dubitative de recevoir l'appel du Ministère public, a confirmé purement et simplement le jugement a quo « dans tout son dispositif » alors que « ce jugement confirmé n'aura fait que reproduire du 4e au 7e feuillet les thèses des deux parties civiles et prévenue, pour n'indiquer la position du tribunal qu'au 8e feuillet, et ce, en termes généraux, sans réellement que l'on puisse savoir pourquoi il écarte une thèse au profit d'une autre » et en ce qu'il aura « tout bonnement oublié d'opiner sur la seconde prévention, celle d'escroquerie, se contentant de l'exclure automatiquement du fait, selon eux, de la non-existence de celle de faux et usage ».

Ce moyen n'est pas fondé. En effet, il ressort du jugement RP 18.564 confirmé par celui attaqué en cassation que le premier juge a suffisamment motivé sa décision relative aux infractions mises à la charge du 2e défendeur en relevant au 8e feuillet l'absence de l'élément matériel du faux suite notamment au défaut, par la demanderesse, de produire les statuts de la société SOCITURI NOUVELLE, lesquels auraient pu permettre d'établir l'absence de la qualité d'associé dans le chef du deuxième défendeur. L'infraction de faux en écritures n'ayant pas été déclarée établie, le juge a logiquement déclaré non établies celles d'usage de faux et d'escroquerie, lesquelles trouvaient leur fondement dans celle de faux en écritures.

B. De la requête signée par l'avocat M'BUNGU BAYANAMA.

Le premier moyen est pris de la fausse application de l'article 2 du décret du 27 février 1887 en ce que le juge d'appel a jugé que la demanderesse en cassation, la société SAPLAST SPRL, n'a pas publié ses statuts au Journal officiel alors qu'il repose au dossier de la SAPLAST, en plus de l'acte constitutif et de l'immatriculation au NRC, l'acte de dépôt du 4 août 1989 et la lettre n° 991/D.18/89 du 4 août 1989 du greffier divisionnaire du tribunal de grande instance de Goma transmettant les statuts de cette société au Directeur du Journal officiel pour publication. Il s'ensuit que preuve est faite que cette publication a été demandée et que si celle-ci n'a pas été effectuée, la faute incombe à l'Administration. Il est de jurisprudence constante que les particuliers ne doivent pas pâtir des lenteurs ou des carences de l'Administration.

La Cour réserve à ce moyen la même réponse que celle qu'elle a donnée au deuxième moyen de la présente requête.

Le deuxième moyen est tiré de la violation des articles 527 et 529 du Code civil livre III, en ce que le juge du second degré a déclaré qu'une procuration spéciale est irrégulière parce que le lieu de l'émission n'a pas été indiqué, alors qu'aucun texte de loi visé au moyen n'exige l'indication du lieu d'émission ou de la légalisation du mandat pour établir sa validité.

Ce moyen est irrecevable parce que manquant en fait. Il reproche en effet à la décision attaquée ce qu'elle n'a pas dit. Le juge d'appel a qualifié la procuration spéciale d'irrégulière parce que donnée par une personne inexistante et non pour défaut d'indication du lieu de son émission.

Le troisième moyen est basé sur la violation de l'article 87 du Code pénal livre II, en ce que le second juge n'a pas rencontré le moyen portant sur le fait que le défaut d'indication du lieu d'émission sur la procuration spéciale n'est pas une condition essentielle pour sa validité.

Ce moyen n'est pas fondé. En effet, s'exprimant sur ce point, le juge d'appel a relevé, au 7e feuillet, 4e §, « qu'il n'y a pas intérêt de pouvoir indiquer le lieu à partir du moment où la société est congolaise parce que les éléments substantiels du genre, le délai et la qualité du mandat ne sont pas mis en cause ». En s'exprimant ainsi, le jugement attaqué a rencontré le moyen de la demanderesse et n'a pas violé les dispositions légales visées au moyen.

C'EST POURQUOI :

La Cour suprême de justice, section judiciaire, siégeant en cassation en matière répressive ;

Le Ministère public entendu ;

Reçoit le pourvoi, mais le déclare non fondé ;

Condamne la demanderesse aux frais d'instance taxés à la somme de 5.800 francs congolais ;

La Cour a ainsi jugé et prononcé à l'audience publique du 30 mai 2003 à laquelle ont siégé les magistrats BOJABWA BONDOI NDJEKO, président, TUKA IKA BAZUNGULA et NZANGI BATUTU, conseillers, avec le concours du Ministère public représenté par l'Avocat général MADUDU et l'assistance de Monsieur SANZA K. Émile, greffier du siège.

4. Observations

Pour pertinentes soient-elles, les exceptions du défendeur en cassation Ntumba, relatives à l'existence juridique de la SAPLAST ont été écartées par le juge de cassation, pour n'avoir pas été soulevées devant les juges du fond. C'est ce que l'on appelle un moyen nouveau. L'arrêt précise que « *le deuxième défendeur est censé y avoir renoncé et ne peut dès lors être reçu à les soulever pour la première fois en cassation* ».

On se rappellera en l'occurrence qu'il s'agit des exceptions soulevées par une partie citée directement, qui s'est défendue au premier comme au second degré, sans néanmoins avoir opposé ces défenses-là.

On lira les motifs pertinents du rejet des moyens de cassation soulevés par la SAPLAST, notamment à propos de la règle du contradictoire, organisée par l'article 15 du CPC.

Seulement, il me paraît intéressant d'épingler deux autres moyens rejetés, eux aussi. En effet, la SAPLAST reprochait aux juges du fond d'avoir admis qu'elle n'avait point d'existence juridique, pour défaut et du dépôt de ses statuts au NRC et de leur publication au Journal officiel, lors même que l'acte de dépôt des statuts au greffe a été produit au dossier ainsi que la lettre du greffier au Journal officiel pour publication.

La Cour régulatrice du droit a rejeté ce moyen de cassation, estimant, quant à elle, que c'est là un moyen « *mélangé de fait et de droit* » et donc irrecevable. Car, par un tel moyen, enchaîne l'arrêt, la partie « *invite la Cour à procéder à des investigations de fait consistant à savoir si oui ou non les documents produits en cassation l'avaient aussi été devant le juge de fond* ».

À quoi ça tient… Vous avez déposé ? – Je ne sais pas, vous répondra-t-on un jour. Or la cassation est une procédure à dossier fermé. Au pénal, c'est le dossier du greffe d'appel qui est transmis en entier à la cassation. Les juges de cassation n'avaient qu'à s'y référer pour répondre aux moyens des parties. Ils n'avaient nulle investigation à faire ailleurs que dans le dossier sous leurs yeux.

Ensuite cet autre moyen de cassation rejeté. Il s'agit du moyen pris de la violation de l'article 87 du CPP, relatif à la motivation, en ce que le juge d'appel avait, d'une part, admis que le Ministère public qui « *avait également fait appel y a renoncé implicitement dans son réquisitoire en demandant au tribunal de confirmer le premier jugement* » et, d'autre part, que ce même ministère public a demandé au juge de dire recevable son appel.

La cassation a dit ce moyen irrecevable « *pour défaut de qualité et d'intérêt dans le chef de la demanderesse* » SAPLAST, « *étant donné que son action se limite aux seules postulations civiles* ». On croyait que la partie civile pouvait aussi entreprendre un jugement pénal pour toute contravention à la loi. Qu'en est-il au juste pour vous, Messieurs les Juges ?

Enfin, j'ai parcouru cet arrêt, à maintes reprises, pour vérifier.

Nulle part la chambre a dit joindre les deux pourvois sous RP 2191 et RP 2192 émanant d'une même partie contre la même décision. La jonction s'imposait, bien sûr, mais était-ce inutile de l'ordonner *expressis verbis* ? N'a-t-il pas été jugé selon que ?

SECTION 11 : COUR SUPRÊME DE JUSTICE

ARRÊT RPR 006/99 DU 24 DÉCEMBRE 1999
RP 35/TSR DU 23 JUIN 1999
EN CAUSE : MP & JANGA-JA-LOOKA PÈRE, FILS ET FILLES C/BEMBA GOMBO ET FNMA

Non-communication des pièces : rejet

1. Les textes de loi

Article 87 al. 2 du CPP sur la motivation :

Ils (les jugements) contiennent l'indication des faits mis à charge du prévenu, un exposé sommaire des actes de poursuite et de procédure à l'audience, les conclusions éventuelles des parties, les motifs et le dispositif.

Article 258 du CCL III sur la réparation intégrale du dommage :

Tout fait quelconque de l'homme, qui cause à autrui un dommage, oblige celui par la faute duquel il est arrivé à le réparer.

Article 37 al. 2 et 5 de l'ordonnance-loi n° 82-017 du 31 mars 1982, relatif à l'obligation pour la juridiction de renvoi de suivre l'injonction de la Cour régulatrice du droit :

Si un pourvoi introduit pour tout autre motif que l'incompétence est rejeté, le demandeur ne pourra plus se pourvoir en cassation dans la même cause sous quelque prétexte et pour quelque motif que ce soit. La juridiction de renvoi ne peut décliner sa compétence.

Elle est tenue de se conformer à la décision de la Cour sur le point de droit jugé par elle.

2. Les faits de la cause

Le dernier arrêt de ce conflit, que je produis, le RPR 006/991 n'ayant relaté que les faits de la procédure suivie jusque-là, voici les faits de la cause qui ont fait l'objet du second pourvoi sous RP 35/TSR, toutes sections réunies.

1° Le 20 juin 1986, les sociétés ABC-des-Constructions et FNMA passent un contrat de bail de l'immeuble sis 6789 Mondjiba à côté du Pont-Dag-Hammarskjöld, actuellement objet du litige.

Le loyer mensuel est de l'équivalent de 160.000 FB, dont 40.000 au bailleur et pendant 10 ans des impenses faites au bâtiment.

En 1988, une mésentente s'installa au sujet de la valeur du bien loué, du taux des loyers et de la clef de répartition respective. À la suite de quoi, le 5 janvier 1991, le locataire FNMA donnera assignation au bailleur pour s'entendre vider le litige (RC 61.900 TGI/Gombe).

Lors des pillages des 20, 21 et 22 septembre 1991, le commerce du locataire fut atteint, mais le bâtiment demeure intact et le 15 décembre 1991, le locataire en remettra les clefs au propriétaire.

En 1993, précisément le 25 février, une première équipe, sous la conduite de l'ingénieur BWANGA est envoyée sur les lieux par l'ex-locataire, pour démonter l'installation électrique, deux splits, les antivols, le système de sécurité.

Le 9 août de la même année, une seconde équipe, sous la direction du gérant statutaire de la FNMA, Monsieur Jean-Pierre BEMBA ayant une couverture de 60 militaires, dont 15 du SARM et 45 de la DSP, descend encore dans la parcelle.

Objectif : désosser le bâtiment, depuis le carrelage jusqu'à la toiture, en passant par les portes et fenêtres. La destruction durera 22 jours, rien ni personne ne pouvant l'arrêter.

2° Après avoir constaté que le prévenu BEMBA avait « *ordonné que l'on défasse l'immeuble complètement en enlevant et en emportant tout ce qui s'y trouvait à savoir tôles, charpente, portes, fenêtres, toutes les installations électriques et en cassant les carreaux* », le tribunal de paix de Ngaliema l'a condamné à 3 mois de SPP, à une amende de 25.000 ZRN et a sursis à statuer quant aux dommages-intérêt, faute d'expertise de l'immeuble (Voy. RP 11.296/11.353 du 7 février 1994, 7e feuillet et dispositif) ;

En appel, le tribunal de grande instance de la Gombe aggrave la peine en la portant à 12 mois de SPP avec sursis. Fixe les dommages-intérêts moyennant une erreur matérielle à l'équivalent en zaïres de 1.000.000.000 de francs belges (un milliard de francs belges) (Voy. RPA 15.631).

Sur requête des parties civiles, la rectification d'erreur matérielle le tribunal « *dit que le montant des DI à allouer aux parties civiles est de 1.000.000.000* (un milliard) *de FB en ZRN ; confirme pour le surplus* » (Voy. RPA 15.654 du 29 décembre 1994).

Sur pourvoi en cassation des toutes les parties à la cause, la Cour suprême de justice casse le jugement rectificatif d'erreur pour la contradiction de motifs de fait qu'il comporte, renvoie et enjoint au tribunal de « *statuer dans la limite de leurs* (parties civiles) *prétentions, sans contradiction ni dans la motivation, ni entre la motivation et son dispositif* » (Voy. RP 1749 du 29 avril 1997).

Après renvoi, le tribunal de grande instance de la Gombe remet incroyablement en selle le montant du million de francs belge, non concerné par le jugement rectificatif mais jadis proposé par le condamné BEMBA et son civilement responsable, montant auquel il ajoute quelques 500.000 pour faire un total de 1.500.000 FB pour reconstruire le bâtiment y compris ses accessoires, sans rien dire du manque à gagner.

3. L'arrêt RPR 006/99

Par arrêt RP 35/TSR du 23 juin 1999, la Cour suprême de justice, toutes sections réunies, siégeant en cassation en matière répressive, après avoir cassé le jugement RPA 15.988 rendu contradictoirement le 3 octobre 1997 par le tribunal de grande instance de Kinshasa/Gombe, a renvoyé la cause devant sa section judiciaire pour y être statué sur le fond ;

Il ressort du dossier de la cause que par jugement du 7 février 1994, le tribunal de Paix de Kinshasa/Ngaliema avait condamné le prévenu BEMBA à trois mois de servitude pénale principale avec sursis de douze mois et à une amende de 25.000 ZRN, ainsi qu'au paiement, in solidum avec son civilement responsable FNMA, de la somme de 10.000.000 de ZRN à titre des dommages-intérêts pour les préjudices moraux et le manque à gagner et avait sursis à statuer sur la contrevaleur de l'immeuble détruit, faute d'expertise judiciaire ;

Sur les appels du prévenu Bemba et de son civilement responsable, FNMA, ainsi que des parties civiles, le tribunal de grande instance de Kinshasa/Gombe, par son jugement RPA 15.631 du 24 août 1994, a déclaré ces appels partiellement fondés ; il a confirmé le jugement déféré dans toutes ses dispositions, sauf en ce qu'il s'était réservé à statuer sur la valeur de l'immeuble ; il a condamné le prévenu Bemba à une année de servitude pénale principale avec sursis de six mois et statuant sur les intérêts civils des actuels demandeurs, il a condamné le prévenu Bemba et son civilement responsable, FNMA, au paiement de la somme équivalent en zaïres de 1.000.000.000 FB en chiffres, mais 1.000.000 FB en lettres ;

Saisi en rectification de cette erreur matérielle, le tribunal susvisé, par son jugement RPA 15.694 du 29 décembre 1994, a dit que le montant des dommages-intérêts à allouer aux parties civiles, actuels demandeurs, était de 1.000.000.000 FB et a confirmé le jugement déféré pour le surplus ;

Sur pourvois des parties civiles, actuels demandeurs, sous RP 1749/1752, la Cour suprême de justice a cassé, en date du 20 avril 1997, le jugement rectificatif attaqué, a renvoyé la cause devant le tribunal de grande instance de Kinshasa/Gombe autrement composé et a dit pour droit que la juridiction de renvoi devra, dans la fixation de dommages-intérêts à allouer aux parties civiles, statuer dans la limite de leurs prétentions, sans contradiction ni dans sa motivation ni entre la motivation et son dispositif ;

Sous RPA 15.988 du 3 octobre 1997, la juridiction de renvoi a fixé ex aequo et bono *à l'équivalent en ZRN de 1.500.000 FB la somme à allouer aux parties civiles à titre des dommages-intérêts pour tous préjudices confondus ;*

En statuant comme il a fait, cette juridiction de renvoi s'est prononcée en dehors de l'objet dont elle était saisie. Ce faisant, elle a commis un excès de pouvoir et sa décision a été cassée par la Cour suprême de justice qui a renvoyé la cause devant sa section judiciaire pour y être statué comme dit plus haut ;

Devant la Cour de céans, les demandeurs, parties civiles, sollicitent la condamnation du sieur Bemba et de son civilement responsable FNMA, actuels défendeurs, au paiement des sommes équivalentes en francs congolais de 100.000.000 FB pour la reconstruction du bâtiment, 10.000.000 FB pour les équipements emportés et 125.000.000 FB des dommages-intérêts pour atteinte à la considération ;

À l'appui de leurs prétentions, les demandeurs invoquent, en ce qui concerne la reconstruction de l'immeuble détruit, son état actuel de désossement pur et simple depuis le pavement jusqu'à la toiture, de sorte que ledit immeuble est redevenu à l'état d'élévation des murs ;

Ils s'appuient également sur le coût de réfection dudit immeuble par FNMA avant la destruction pour la somme de 47.822.878 FB et surtout sur le devis estimatif du coût des travaux de réfection de l'immeuble après la destruction, lequel devis donne le montant, poste par poste, pour les mêmes matériaux que ceux détruits, montant qui s'élève à la somme de 100.000.000 FB ;

Quant à la valeur des équipements emportés, ils déclarent que les défendeurs avaient soutiré notamment des splits, des antivols, le système électrique, des réglettes et plafonniers ;

S'agissant des dommages-intérêts, ils affirment que ceux-ci comprennent le manque à gagner correspondant à la durée du délai pour reconstruire l'immeuble détruit ainsi que la perte de loyer qui était de 5.333 dollars américains par mois ;

Dans leurs répliques, les défendeurs reconnaissent que le coût des travaux réalisés sur l'immeuble concerné avant sa destruction était de 47.822.878 FB ; que le loyer mensuel dû par la FNMA aux demandeurs après soustraction des frais exposés par cette dernière pour la reconstruction de l'immeuble détruit s'élevait à 40.000 FB en exécution du contrat de location signé pour une durée de 10 ans renouvelable. Ce contrat n'a été exécuté que durant 5 ans, soit de 1986 à 1993 ;

Ils prétendent aussi que les équipements furent emportés par eux suite aux menaces de perte et de destruction consécutives aux pillages de 1991 et 1993 et que lesdits équipements appartiennent à la FNMA qui les aurait placés dans l'immeuble pour besoin d'exploitation ;

Pour terminer, ils demandent à la Cour de dire les prétentions des demandeurs par trop exorbitantes, confuses et aléatoires ; de déclarer leur action civile partiellement fondée et de leur allouer ex aequo et bono *la somme de 1.000.000 FB pour tous préjudices subis ;*

La Cour relève d'abord que présentement la responsabilité pénale et civile est acquise du fait de la chose jugée résultant du jugement RPA 15.631 rendu le 24 août 1994 par le tribunal de grande instance de Kinshasa/Gombe et que seul reste à régler le problème de la fixation de la hauteur de la réparation des préjudices subis par les demandeurs ;

Pour ce faire, la Cour note qu'aux termes de l'arrêt RP 1749/1752, la juridiction de renvoi devrait, dans la fixation des dommages-intérêts à allouer aux parties civiles, statuer dans la limite de leurs prétentions, sans contradiction ni dans la motivation, ni entre la motivation et son dispositif ;

La Cour relève ensuite que devant le premier juge comme devant le juge d'appel qui a commis une erreur matérielle en leur allouant la somme équivalent en zaïres de 1.000.000.000 FB en chiffres, mais de 1.000.000 FB en lettres ; les parties civiles, actuels demandeurs, avaient sollicité la condamnation des défendeurs Bemba et FNMA au paiement de 45.000.000 z qui équivalaient à l'époque à 100.000.000 FB, à la contrevaleur des équipements emportés et à celui de 200.000.000.000.000 de ZRN à titre des dommages-intérêts. –

Pour la fixation de la hauteur de la réparation du préjudice subi relatif à la reconstruction de l'immeuble détruit, la Cour tiendra compte de l'accord des parties sur les frais de réfection antérieure de l'immeuble détruit ; lesquels frais s'élèvent à la somme équivalent en francs congolais de 47.822.878 FB ;

Compte tenu de l'état actuel dudit immeuble et à défaut de connaître sa valeur avant la réfection dont le coût est donné ci-haut, la Cour ne tiendra pas compte du devis non contradictoire déposé par les demandeurs et fixera le montant, pour la reconstruction, ex aequo et bono *en francs congolais équivalent de 50.000.000 FB ;*

Quant au montant en francs congolais équivalent de 10.000.000 FB sollicité pour les équipements emportés, la Cour ne suivra pas les défendeurs dans leurs soutènements selon lesquels les équipements concernés appartenaient à la FNMA qui les avait placés dans l'immeuble détruit pour le besoin d'exploitation. En effet, ces équipements, par le fait de leur incorporation dans l'immeuble, étaient devenus propriétés des demandeurs, propriétaires de l'immeuble concerné, surtout que les défendeurs n'ont emporté aucune preuve pour appuyer leurs prétentions ;

Faute d'éléments d'appréciation, à savoir les factures d'achat ou les factures pro forma *pour achat futur desdits équipements, la Cour allouera aux demandeurs une somme en francs congolais équivalent de 5.000.000 FB, fixée* ex aequo et bono *;*

S'agissant de la somme en francs congolais équivalent de 125.000.000 FB pour dommages et intérêts comprenant le manque à gagner en attendant la reconstruction de l'immeuble détruit et la perte du loyer, la Cour constate que les défendeurs reconnaissant dans leurs conclusions l'existence du bail intervenu entre la FNMA et les demandeurs pour une durée de dix ans dont cinq ans seulement ont été consommés au loyer mensuel de 160.000 Z dont 40.000 Z étaient régulièrement payés étant donné que la FNMA retenait chaque mois 120.000 Z afin de récupérer les frais exposés pour la construction du bâtiment ;

La Cour tiendra compte de ce taux de loyer pour fixer la hauteur du manque à gagner. Cependant, étant donné que les parties n'ont pas donné le taux de change entre les différentes monnaies invoquées et particulièrement entre le zaïre qui fut la monnaie du loyer et le franc belge qui est la monnaie de référence, la Cour fixera ex aequo et bono *le montant des dommages-intérêts à allouer aux demandeurs à l'équivalent en francs congolais de 9.500.000 FB* (neuf millions cinq cent mille francs belges) *;*

De tout ce qui précède, la somme totale des montants à laquelle les défendeurs seront condamnés à payer aux demandeurs est l'équivalent en francs congolais de 64.500.000 FB, soit 7.469.100 FC, suivant le taux officiel de 1 FB égale 0,1158 FC en vigueur au jour du prononcé ;

C'EST POURQUOI,

La Cour suprême de justice, section judiciaire, siégeant sur renvoi, en matière répressive ;

Le Ministère public entendu ;

Condamne les défendeurs Bemba Jean-Pierre et son civilement responsable, la FNMA, à payer, in solidum, aux demandeurs la somme de 7.469.100 FC (sept millions quatre cent soixante-neuf mille cent francs congolais) *pour tous préjudices confondus ;*

Met les frais d'instance à charge des défendeurs ;

La Cour a ainsi jugé et prononcé à l'audience publique du 24 décembre 1999 à laquelle ont siégé les magistrats : MAKAY NGWEY, président f.f., les conseillers LUMUANGA wa LUMUANGA et BUBI NTENDE ; avec le concours du Ministère public, représenté par l'Avocat général de la République NKONGOLO UBITE et l'assistance de Monsieur Pius KANKU NTEBA, greffier du siège. –

4. Observations

Produit *in extenso*, cet arrêt n'appellera pas pour autant beaucoup d'observations de ma part. Le président f.f. Makay Ngwey, d'heureuse mémoire, président de chambre, fut un excellent juriste. Formé dans le moule de l'université catholique de Lovanium, promotion 1969, une année après la mienne. La rédaction de cet arrêt de fond et non de cassation peut en faire foi. Une écriture sans reproche.

Voyons d'abord l'arrêt de cassation, non reproduit ici, le RP 35/TSR. Quel moyen a emporté la cassation du jugement RPA 15.988 du 3 octobre 1997 du tribunal de grande instance/Gombe ? C'est essentiellement la violation des alinéas 2 et 5 de l'article 37 de la loi organique de la procédure devant la Cour de cassation. Car le tribunal de grande instance s'écartera de l'injonction, lui donnée par le juge de cassation « *de statuer dans la limite de leurs* (les parties civiles) *prétentions, sans contradiction ni dans la motivation ni entre la motivation et son dispositif* ». Au contraire, le tribunal de grande instance a adopté la même motivation, déjà reconnue contradictoire en elle-même par la Cour suprême de justice.

Quelle était en l'espèce la contradiction de motifs de fait ? Dans l'appréciation des dommages-intérêts leurs alloués, les parties civiles avaient reproché au jugement déféré, d'un côté, d'avoir admis qu'il fallait tenir « *compte* (...) *des pillages non contestés de septembre 1991, lesquels étaient indépendants du prévenu Bemba* » et, de l'autre côté, que, d'après l'arrêt RP 1749/1752 du 29 avril 1997 de cassation, la condamnation du prévenu Bemba a acquis le caractère définitif.

Or cet arrêt de la Cour suprême de justice en question avait déjà jugé que c'est le prévenu qui a « *ordonné que l'on défasse l'immeuble complètement en enlevant et en emportant tout ce qui s'y trouvait à savoir tôles, charpentes, portes, fenêtres, toutes les installations électriques et en cassant les carreaux* ».

En conclusion, pour un juge, d'admettre, à la fois, que les faits de la cause résultent des pillages excluant toute faute de l'accusé, d'une part, et qu'ils sont consécutifs à un ordre donné par le même et reconnu, par ailleurs, par décision irrévocable, d'autre part, c'est se contredire entre deux lignes d'intervalle. Exact. Car l'on ne sait point être à la fois, coupable et innocent d'un même acte. Les demandeurs au pourvoi ont appuyé leur moyen par ces deux jurisprudences de la cassation française que j'ai piquées dans l'ouvrage de Jacques BORÉ :

« *En cas de contradiction entre les motifs de fait* (...) *la souveraineté des juges du fond pour apprécier le préjudice résultant d'une infraction cesse-t-elle lorsque cette appréciation est déduite de motifs contradictoires* (Crim. 20 nov. 1968, B. n° 308 ; 5 nov. 1969, B. n° 290)

La contradiction de motifs de fait existe lorsqu'un arrêt constate à la fois que l'auteur de coups et blessures volontaires a agi avec préméditation et que le prévenu a porté ces coups dans un mouvement subit de colère (Crim., 18 juin 1969, B. n°201) ; *lorsqu'un arrêt constate que les débats ont eu lieu à huis clos et porte cependant la mention : « ainsi fait et prononcé en audience publique », cette mention impliquant que les débats ont été publics* (Crim., 15 oct. 1970, B. n°270) »[38]

Enfin, dans l'arrêt de fond RPR 006/99, le lecteur a dû noter deux points intéressants : le sort du devis de réparation exhibé par le bailleur et celui des immeubles par incorporation emportés par le locataire.

La Cour a repoussé le devis comme « non contradictoire » et a donc fixé le montant de la réparation *ex aequo et bono*. Le locataire a-t-il emporté tôles,

[38] BORÉ, J., *op. cit.*, p. 616, n° 2036 et 2037.

charpentes, portes, fenêtres, splits, etc., comme ayant été posés par lui, que la Cour l'en a cependant condamné « *par le fait de leur incorporation dans l'immeuble* ». Lesdits biens « *étaient devenus propriétés* » du bailleur. Bien souvent on ne l'admet point de gaité de cœur, le mors aux dents, en colère bleue.

SECTION 12 : COUR SUPRÊME DE JUSTICE

ARRÊT RP 3489 DU 27 JANVIER 2012
EN CAUSE : KHONDE ET CONSORTS C/MP ET PC NIATI PAMBU AGNES

Délai du pourvoi

1. Les textes de loi

Les articles 7 et 51 de la loi organique de la procédure devant la Cour de cassation.

Article 7 :

Dès le dépôt de la requête introductive du pourvoi ou de la requête confirmative d'une déclaration de pourvoi ou lorsque celle-ci n'est pas suivie dans les délais d'une requête confirmative, le greffier transmet le dossier de la cause au premier président de la Cour suprême de justice.

Celui-ci procède, avec un président et, éventuellement avec le Procureur général de la République, à l'examen préliminaire de la requête. Si le pourvoi est manifestement irrecevable ou si la cause ne relève pas de la compétence de la Cour suprême de justice, le premier président fixe la date à laquelle l'affaire sera appelée. Notification de cette date est faite au demandeur et au Procureur général de la République. Dans le cas contraire, le pourvoi suivra son cours normal, conformément aux articles 8, et suivants.

Article 51 :

Par dérogation à l'article 1er, le pourvoi contre les arrêts ou les jugements rendus par les juridictions répressives peut être formé par une déclaration verbale ou écrite des parties au greffe de la juridiction qui a rendu la décision entreprise.

La déclaration sera verbale par la seule indication de l'intention de former un pourvoi et par la désignation de la décision entreprise. Le condamné en état de détention peut faire la déclaration devant le directeur de l'établissement pénitentiaire où il est incarcéré ; le directeur dresse procès-verbal de la déclaration et le remet sans délai au greffier de la juridiction qui a rendu le jugement.

Le greffier dresse acte de la déclaration. Il délivre copie de cet acte au déclarant et au Ministère public près la juridiction qui a rendu la décision entreprise. Il transmet immédiatement une expédition de cet acte au greffier de la Cour suprême de justice en y joignant le dossier judiciaire de l'affaire.

Le pourvoi en cassation formé par déclaration au greffe de la juridiction qui a rendu le jugement doit, sous peine d'irrecevabilité, être confirmé dans les 3 mois par une requête faite en la forme prévue aux articles 1 à 3.

Hors les qualités de l'arrêt, œuvre du greffier audiencier, l'arrêt lui-même est très court : deux paragraphes et le dispositif au 5ᵉ feuillet, le reste des sept feuillets, c'est le greffier. Je publie ce petit arrêt d'irrecevabilité non qu'il contient un point de droit quelconque, mais pour informer le lecteur des coulisses possibles dont on peut être et on est de temps en temps victime.

2. L'arrêt RP 3489

Par leurs pourvois formés par déclarations et actées au greffe du tribunal de grande instance de Kinshasa/Matete respectivement les 15, 17 et 24 février 2010, 02, 3 mars 2010, Messieurs KHONDE Joseph et consorts poursuivent la cassation du jugement RPA 1458 rendu le 24 août 2009 par cette juridiction.

Mais la Cour suprême de justice dira ces pourvois irrecevables, les demandeurs ne les ayant pas confirmés par requête conformément à l'article 51 du Code de procédure applicable devant elle qui énonce que le pourvoi en cassation formé par déclaration au greffe de la juridiction qui a rendu le jugement doit, sous peine d'irrecevabilité, être confirmé dans les 3 mois par une requête faite en la forme prévue aux articles 1 et 3 du même code.

C'EST POURQUOI

La Cour suprême de justice, section judiciaire, siégeant en cassation en matière répressive ;

Le Ministère public entendu ;

Dit les pourvois irrecevables ;

Met à charge des défendeurs la masse des frais arrêtés à la somme de 15.000 F.C.

La Cour a ainsi jugé et prononcé à l'audience publique du 27 janvier 2012 à laquelle ont siégé les magistrats NGOIE KALENDA, président de chambre, FUNGA MOLIMA, président et NDALA MUSWAMBA, conseillère, avec le concours du Ministère public représenté par l'Avocat général de la République SUMBUL et avec l'assistance de LENGOLO, greffier du siège.

Un bref rappel des faits vaut la peine, étant entendu que cet arrêt de mise en état de la cause ne pouvait pas et n'a pu du reste les exposer et pour cause. Il aidera à se faire une idée du degré de nuisance de certains plaideurs, sans doute aidés par des greffiers de la même étoffe.

3. Les faits de la cause et la procédure

Les juges d'appel ont retenu ceci :

(...)

L'appelante NIATI PAMBU contracta un mariage coutumier en date du 3 août 1958 (cote 69) *avec feu KHONDE décédé le 16 mars 1991, avec lequel elle eut sept enfants dont les 2ᵉ, 3ᵉ, 4ᵉ et 5ᵉ citants ;*

Que de 1985 à la mort du de cujus, il y eut rupture de la cohabitation entre les deux conjoints ;

Qu'en 1989, l'appelante obtint sous RC 9522/VI du 9 mars 1989, un jugement ordonnant l'enregistrement de son mariage alors que le de cujus se trouvait à l'hôpital de l'IME/KIMPESE ;

Qu'en exécution dudit jugement, l'appelante se fit décerner l'acte de mariage n° 018/007 n° 1 par l'officier de l'état civil de la commune de Lemba en date du 9 mai 2007 ;

Qu'en sus, l'appelante détient les titres de propriété de la parcelle sise BOTANGO n° 388/64, commune de Lemba, propriété exclusive de la succession, selon les intimés, documents qu'elle serait allée arracher entre les mains du 4ᵉ citant à l'aide de menaces.

La prévenue était ainsi poursuivie pour avoir fait enregistrer son mariage, tenez-vous bien, 16 ans après le décès de l'homme : du 16 mars 1991 au 9 mai 2007. Question de pouvoir compter parmi les héritiers et, bien sûr, avec le concours d'un avocat. On notera aussi ce détail : de ses cinq enfants, quatre l'attaquent au pénal, conjointement avec d'autres enfants pour ce faux en écriture, au nom de la mémoire de leur auteur, devais-je apprendre.

4. Observations

Qu'y a-t-il à critiquer dans ce simple arrêt d'irrecevabilité d'un pourvoi par déclaration, non confirmé, comme l'exige la loi elle-même, dans les trois mois par un avocat de cassation ? Rien ! L'arrêt est en tout conforme à la loi. Justice a été rendue et bien !

Or cet arrêt RP 3489 est à mille lieux de la vérité. Contient une grande injustice. Cause un préjudice à l'un des enfants, mon client Khonde Vantoto César. Car, lui au moins a confirmé sa déclaration de pourvoi n° 2671/10 du 24 février 2010 par une requête datée et signée de ma main et par laquelle il sollicitait d'être relevé de la déchéance encourue et ce pour de justes raisons que la Cour régulatrice du droit n'a pu toutefois apprécier.

Pourquoi alors pareil arrêt d'irrecevabilité pour non-confirmation tout court ? Comment se fait-il que le Premier président et la chambre des trois juges n'aient pas vu la requête confirmative de M. Khonde Vantoto César, dûment réceptionnée ce 3 août 2011 par M. le greffier principal J.M. Ekatou Limbele ?

La situation n'est nullement unique ni donc rare, sachez-le. J'ai eu à le vivre à trois reprises à la Cour suprême de justice. Et les autres confrères ? Certainement, oui aussi !

In casu, à la décharge du greffe, on pourrait alléguer l'encombrement, vu le nombre des parties demanderesses, dix au total. Or il y avait au moins deux dossiers, celui de mon client sous RP 3489 et celui de ses cohéritiers sous un autre numéro du rôle. Pourquoi juger toutes ces causes sous un seul numéro ?

Quand le client, averti par les manœuvres de la partie adverse déjà au niveau du tribunal de grande instance, vient me dire, à cinq mois du dépôt de sa requête, que nous avons perdu, je réalise le coup et adresse aussitôt une lettre de demande de réouverture des débats, pour exhiber sa requête prétendument inexistante. Il n'y aura pas de réouverture des débats !

Silence radio sur toute la ligne !

Que doit-il s'être passé au juste ? Tout bonnement, avoir présenté au Premier président toutes les déclarations de pourvoi, confirmée et non confirmées, sous un seul numéro, mais sans la requête confirmative, évidemment. Pas compliqué, un petit service d'ami qu'un agent du greffe sait rendre, moyennant… Tout comme un simple coup tordu de tout le monde, pourquoi l'exclure ?

J'ai connu le même problème dans l'affaire UZB, Union zaïroise de banques contre M., où le procès-verbal du conseil d'administration établissant les pouvoirs d'agir en justice du PDG Isungu avait été subrepticement soustrait. Honnête homme, désolé, le Premier président de la Cour suprême de justice Balanda Mikwin Leliel, à qui j'exhibai l'inventaire des pièces, dûment réceptionnées, comprit tout de suite. Me supplia de ne pas faire du bruit, pour l'image de la haute Cour. Me promit, en guise de réparation, de solliciter une injonction du ministre de la Justice, pour un autre pourvoi dans l'intérêt de la loi. Ma cliente, quant à elle, verra ses immeubles vendus aux enchères, pour finir elle-même par disparaître du circuit bancaire. M. a pignon sur rue en politique. Distingué sinon médiocre opposant à présent et demain peut-être…

Au fait, à quoi tient cette amusante comédie ? M. savait et voyait à Kinshasa comment on faisait du pognon avec les jugements. Il soustrait donc son certificat d'enregistrement à la conservation des Titres immobiliers, où il était conservé pour garantir des sommes empruntées à l'UZB. Crie à la disparition. Refuse cependant de faire la déclaration de perte exigée par la loi, que lui demande une lettre du conservateur, pour le remplacement de son titre. Assigne en dommages-intérêts non pas la République et son conservateur mais… la banque. Gagnera cette cause, successivement au tribunal de grande instance, à la Cour d'appel et… à la Cour suprême de justice, pour cette « perte » du certificat, pourtant intervenue non pas au sein de la banque mais bel et bien à… la conservation des Titres immobiliers ! Quelle faute alors ont pu retenir nos juges successifs pour conclure à la responsabilité de l'UZB ? L'hypothèque n'est-elle pas un contrat liant ici prêteur et emprunteur, M. et UZB ? Or c'est en exécution d'un tel contrat, donc de la commune volonté des deux parties que ce certificat s'est retrouvé à la conservation des Titres immobiliers. Pour être conservé. La faute ? La faute ? Cherchez.

Idem, dans une affaire opposant mon client diocèse de Kenge, où non seulement les statuts de cette ASBL figuraient dans l'inventaire annexé au pourvoi mais en outre, la requête introductive du pourvoi indiquait, en bonne place, le numéro du Journal officiel les ayant publiés. Irrecevabilité du pourvoi aussi !

Pis, finalement, que ça ! Dans un contentieux électoral me concernant personnellement, lors du scrutin de 2006. Moi qui avais su introduire, avec succès, des recours en annulation pour quatre candidats malheureux, j'apprendrai un jour que le recours de mon parti me concernant, signé par moi comme avocat, était déclaré irrecevable, la pièce me désignant président du PTL, parti travailliste libéral et me donnant les pouvoirs de représentation en justice étant dit « anonyme », selon le mot de la chambre de la Cour suprême de justice.

Lorsque, sortant aussitôt du greffe, je la lui présente, dans son cabinet, M. le Premier président de la Cour, qui me tient en estime depuis de longues années, s'exclame, un brin de regret : « *C'est ça le document anonyme ?* ».

Il s'agissait en effet d'une pièce rédigée suivant le modèle exigé par le ministère de l'Intérieur. Les noms et postnoms de chaque membre du directoire du parti, avec, en regard, sa fonction, sa province d'origine, sa signature, le tout certifié conforme, avec cachet du notaire de la ville de Kinshasa ! « Anonyme », aura décrété ce sinistre juge de la Cour suprême de justice.

Les arrêts de la Cour n'étant pas susceptibles de recours, j'ai ainsi perdu un mandat de député national, proprement obtenu sur le terrain. N'avais-je pas affaire à un parti politique bien plus fort que le mien ? J'ai perdu un mandat, mais mon parti, davantage, car il y eut effet domino. Dans la circonscription électorale de Kasongo-Lunda – je suis de Kenge –, notre parti subira le même sort. Les gens savent être cohérents.

Tout a été mis en œuvre, malgré les évidences, pour que le recours du candidat Mengi Kapita ne connaisse pas un sort autre. On s'est alors souvenu de la chose jugée découlant du premier arrêt pourtant inique. Pendant les élections, les recours pleuvent, dépassant le millier, l'argent aussi.

On prépare au greffe, on coupe à l'audience publique, et il y en a pour tout le monde. *Crie, oh the beloved country* ! Pleure, oh pays bien aimé ! C'était dit de l'Afrique du Sud sous l'apartheid par Alan Paton.

C'est toujours valable sous le ciel africain, sauf erreur de ma part.

SECTION 13 : TRIBUNAL DE GRANDE INSTANCE DE KINSHASA/GOMBE

ARRÊT RPA 17.896 DU 11 JUIN 2009
EN CAUSE : MP ET PC BALENGE MOGISA J. C/MAMBA SHAKO NYENYA

Irrecevabilité de l'appel contre un jugement préparatoire

1. Jugement

Attendu que par sa déclaration faite et actée en date du 19 novembre 2008 au greffe pénal du tribunal de Paix de la Gombe sous le n° 161/2008, Maître MUKENDI, avocat, porteur d'une procuration spéciale lui remise par son client BALENGE MOGIGA, a relevé appel contre le jugement avant dire droit, rendu par le tribunal de Paix de la Gombe sous le RP 19.882/20.051/I, lequel ordonnait la réouverture des débats d'office pour la comparution personnelle du prévenu MASHAKO MAMBA NYENGA, à son audience publique du 21 novembre 2008 ;

Qu'à l'appel de la cause à l'audience publique du 17 février 2009, le prévenu a comparu par son conseil Maître MUKENDI, avocat, tandis que la partie civile a comparu par son Avocat conseil, Maître LIMBAYA ;

Que la procédure suivie ayant été régulière le tribunal se déclara valablement saisi ;

Qu'examinant le bien fondé de cet appel, le tribunal se rendit compte que celui-ci a été relevé contre une décision préparatoire ordonnant la réouverture des débats pour la comparution personnelle du prévenu ;

Que ce jugement qui ordonne une mesure d'instruction ne porte grief à aucune des parties pour être appelable ;

Qu'à cet effet, il a été jugé que les jugements préparatoires ordonnant une mesure d'instruction ne sont pas appelables (cf. KATUALA KABA KASHALA, *L'appel en droit Congolais*, p. 25) *;*

Que dans le cas d'espèce, le jugement entrepris étant un jugement préparatoire, son appel sera déclaré irrecevable ;

PAR CES MOTIFS,

Le tribunal statuant publiquement et contradictoirement à l'égard des parties ;

Vu le Code de l'organisation et de la compétence judiciaires ;

Vu le Code de procédure pénale ;

Le Ministère public entendu ;

Déclare irrecevable l'appel interjeté par le prévenu MASHAKO ;

Met les frais de la présente instance à sa charge.

Ainsi jugé et prononcé par le tribunal de grande instance de la Gombe, siégeant en matière répressive au second degré, à son audience publique du 11 juin 2009 à laquelle avaient siégé Madame BAJANA NGOYA, présidente de la chambre, KAMBA KALALA et MUSUYU MUBANG, juges avec le concours de Monsieur MWANDEKE, officier du Ministère public et l'assistance de MAKOSO, greffier du siège.

J'ai été sollicité pour déposer un mémoire en réponse à la requête confirmative du pourvoi du 13 octobre 2009, enrôlée sous RP 3365. L'arrêt de la Cour suprême de justice se fait attendre, alors que la requête ne demande point une quelconque étude. Viendra-t-il un jour que la situation aura été totalement changée sur le terrain ? Peu importe.

Je publie ce jugement uniquement pour stigmatiser notre comportement de plaidant, nous, les avocats.

2. Observations

À mon humble avis, contrairement à ce qu'a fait le signataire de la requête confirmative, les faits de la cause ne peuvent pas être relatés à ce stade-ci ni encore développés les moyens de cassation quant au fond, à savoir si les infractions d'occupation illégale de terre et autres stellionat et usurpation des fonctions existent ou non.

En effet, nul jugement intervenu à ce jour n'a abordé les faits d'une façon quelconque, à part le jugement par défaut entrepris par la cité Mashako.

Sur cette opposition de l'intéressé, vu la peine comminée par la loi, le tribunal a ordonné sa comparution personnelle. Appel ! Statuant sur cet appel, le tribunal de grande instance/Gombe l'a naturellement dit irrecevable, comme dirigé contre un jugement préparatoire ayant ordonné une simple mesure d'instruction. Pourvoi en cassation ! Recours sur recours avant même l'examen au fond, l'opposition ayant remis les pendules à zéro.

Que fera un jour le juge de cassation sinon la même chose que le juge d'appel ? Mais il faut gagner du temps et un accusé en liberté en a toujours besoin. Fatiguer celui qui a raison est devenu un sport sous le ciel congolais. Avec le concours de…

Et l'avocat dans tout cela ? Que conseille-t-il au profane ? Se prive-t-il d'envoyer une petite note d'honoraires ? Je suis sur un dossier où il y a eu multiplication des procédures. Une seule citation directe pour pratique de prix illicite a pu générer… vingt-et-une actions civiles et pénales confondues, en ce compris deux pourvois en cassation et une prise à partie à la Cour suprême de justice. Assignée en justice pour une somme de 130.000 $, cette cliente recevra une note d'honoraires de 5.200.000 $ pour sa défense en béton assurée par un collectif de trois avocats, dont 3.700.000 ont été réglés et un solde de 1.500.000 pose problème. Comme quoi la profession sait faire vivre les plus entreprenants, les plus astucieux, les plus audacieux d'entre nous. Leur œuvre à tous, juges et avocats, peut figurer au palmarès de la jurisprudence congolaise.

SECTION 14 : COUR SUPRÊME DE JUSTICE

ARRÊT RP 1914 DU 24 DÉCEMBRE 1996
EN CAUSE : BANZA M. W. C/MP ET PC VEUVE DIKA MPASI ET MASINI MUYENZI

Délais de recours – irrecevabilité

1. L'arrêt RP 1914

Vu le jugement attaqué rendu contradictoirement au degré d'appel le 10 mai 1996 par le tribunal de grande instance de Kinshasa/Gombe sous le numéro 15.800 du rôle pénal, dont le dispositif est ainsi conçu :

Par ces motifs ;

Le tribunal ;

Statuant contradictoirement ;

Le Ministère public entendu ;

Vu la loi foncière en ses articles 204 et 207 ;
Vu le CPL II en ses articles 122 et 124 ;
Vu le CPP et le COCJ ;
Déclare les appels des prévenus recevables mais partiellement fondés ;
Dit non fondé l'appel de la partie civile ;
Confirme le jugement entrepris en ce qu'il a condamné le prévenu MASINI à 3 mois de SPP mais infirme le jugement quant à la peine d'amende et l'annule quant à ce ;
Confirme le jugement quant à la peine de 11 mois de SPP infligé à la prévenue BANZA MAMBOTE, peine assortie d'un sursis de 12 mois mais retient plutôt le concours idéal en appliquant la peine la plus forte, celle prévue par l'article 124 du CPL II ;
Infirme par ailleurs le jugement en ce qu'il l'a condamné à l'amende de 10.000 ZRN et annule le jugement quant à ce ;
Confirme le jugement a quo quant au montant des dommages-intérêts alloués à la partie civile ;
Dit par contre qu'il n'y a pas lieu de lui restituer les impenses et infirme le jugement quant à ce ;
Met 1/3 des frais de l'instance à charge de la partie civile et 1/3 pour chaque prévenu, frais payables dans le délai ou à défaut 10 jours de contrainte ;

Vu le pourvoi formé contre ce jugement par Madame BANZA MAMBOTE WAMBA suivant déclaration faite et actée au greffe du tribunal de grande instance de la Gombe le 15 août 1996 ;
Vu la requête confirmative de ce pourvoi datée du 11 novembre 1996 et déposée le 12 novembre 1996 au greffe de la Cour suprême de justice ;
Vu la signification de cette requête faite respectivement au Procureur général de la République, au Procureur de la République près le tribunal de grande instance de la Gombe, à Dame DIKA MPASI et à MASINI MUKENZI par les exploits séparés en date du 15 novembre 1996 de l'huissier Zéphirin LUVILA LUNAMA de Kinshasa ;
Vu le mémoire en réponse daté du 30 novembre et réceptionné au greffe de la Cour suprême le 2 décembre 1996 ;
Vu la notification de ce mémoire faite le 10 décembre à Mme BANZA MAMBOTE WAMBA, suivant exploit de l'huissier Zéphirin LUVILA LUNAMA de Kin. ;

Vu, conformément à l'article 7 de l'Ordonnance-Loi n° 82-017 du 31 mars 1982 relative à la procédure devant la Cour suprême de justice, l'examen préliminaire de ladite requête, et l'ordonnance du Premier président prise le 12 décembre 1996, fixant la cause à l'audience du 24 décembre 1996 ;
Vu la notification de cette date d'audience faite le 13 décembre 1996 respectivement au Procureur général de la République, BANZA MAMBOTE et DIKA MPASI par exploit de l'huissier SANZA K. Émile de Kinshasa ;
Vu l'appel de la cause à l'audience du 24 décembre 1996 ;

Ouï à cette audience, le président en son rapport sur l'état de la procédure, le ministère public représenté par l'Avocat général de la République KASHAMA, en ses réquisitoires ;

Sur quoi, la Cour clôt les débats, prend la cause en délibéré et rend, à cette même audience, l'arrêt suivant :

Par son pourvoi du 15 août 1996 confirmé le 12 novembre de la même année, Dame BANZA MAMBOTE WAMBA sollicite la cassation du jugement RPA 15.800 rendu contradictoirement le 10 mai 1996 par le tribunal de grande instance de Kinshasa/Gombe qui a dit recevable et partiellement fondés les appels des prévenus MASINI MUKENZI et BANZA MAMBOTE WAMBA et non fondé celui de la partie civile ; il a infirmé le jugement entrepris en ce qu'il a condamné les prévenus MASINI et BANZA MAMBOTE à des peines de servitude pénale principale et parce qu'il leur a infligé des peines d'amende.

Ce tribunal a ensuite confirmé le montant des dommages-intérêts alloués à la partie civile, dit qu'il n'y avait pas lieu à lui restituer les impenses et a annulé le jugement dont appel sur ce point.

La Cour suprême de justice relève que la décision attaquée ayant été prononcée le 15 mai 1995, la déclaration de pourvoi actée le 15 août 1996 a été faite en dehors du délai prévu à l'article 47 de sa procédure. Ainsi, ce pourvoi exercé en violation du texte légal précité sans que la demanderesse n'ait évoqué un quelconque cas de force majeure, sera déclaré irrecevable pour cause de tardiveté.

C'EST POURQUOI ;

La Cour suprême de justice, section judiciaire, siégeant en cassation en matière répressive, en application de l'article 7 de sa procédure ;

Le Ministère public entendu ;

Déclare le pourvoi irrecevable ;

Condamne la demanderesse aux frais d'instance ;

La Cour a ainsi jugé et prononcé à son audience publique du 24 décembre 1996 à laquelle siégeant Messieurs : GITARI SIMAMIA, président ; BOJABWA B. DJEKO et N'LANDU TELE conseillers ; avec le concours de l'officier du Ministère public représenté par Monsieur NGONGBA, Avocat général de la République et l'assistance de Monsieur MANZENZA LUSLA, greffier du siège.

2. Observations

J'ai décidé de publier cet arrêt de cassation du 24 décembre 1996 rendu après un pourvoi confirmé le 12 novembre 1996, afin de prouver qu'il est possible de juger rapidement, si on le veut. Un mois et douze jours ont suffi en l'occurrence à la Cour suprême de justice pour constater que le recours était tardif. Or souvent cela prend des années, on devine pourquoi.

Mais davantage, l'arrêt est publié pour disserter, à titre de rappel, sur des dispositions légales combien oubliées, relatives aux délais de recours. Tout le monde y va de sa liberté, au palais. Du laxisme, en somme.

Pour prononcer une décision, le délai de la loi ou la huitaine, annoncé par le juge et acté par le greffier, devient finalement une éternité. Avec cette suite fâcheuse que tantôt le tribunal d'appel ne voit point le dépassement et votre appel est dit irrecevable, tantôt ce même tribunal tiendra compte de son dépassement de huitaine par le premier juge, et votre recours sera recevable. Difficile de savoir à quoi s'en tenir devant ce bégaiement, ces dents-de-scie. Selon que !

Quant à la computation des délais, c'est la foire d'empoigne, un capharnaüm, du désordre juridique dans tous les sens. Et pourtant la loi indique comment compter les délais. Pour déposer un recours, qui se souvient encore de « *veille du quantième, selon le calendrier grégorien* » ? Juges et justiciables se complaisent là-dessus. Les tribunaux, y compris la Cour régulatrice du droit elle-même reçoivent les recours dans l'indifférence, en général, sauf si l'attention est réveillée un jour par quelque chose, un stimulus dira le psychologue.

C'est selon, la jurisprudence. Nos tribunaux en appel sont devenus indulgents, cléments, tolérants, qui accordent une sorte de circonstance atténuante, lorsque le délai de huitaine a été dépassé dans le prononcé d'une décision.

Une sentence pénale rendue dans le délai d'un mois passe aujourd'hui pour avoir été donnée dans la huitaine, comme si la loi a changé. Qui, par ailleurs, se souvient encore du délai de distance ? Quel juge ? Le pays n'est-il pas un sous-continent, croit-on se justifier. Or, justement, cela même devra inciter à vérifier. Ce laxisme conduit à des solutions inégales, selon que.

CHAPITRE 6

QUELQUES DÉCISIONS INTERPRÉTATIVES DU CONSEIL NATIONAL DE L'ORDRE

SECTION 1 : LA DÉCISION N° 003/CNO/RAPA/2000 DU 14 MARS 2000

Admission au barreau des détenteurs des diplômes non visés par la loi de 1979 – dernière expression de volonté du législateur

1. Les textes de loi

Ordonnance-loi n° 79-028 du 28 septembre 1979 organique du barreau et du corps des défenseurs judiciaires, spécialement en ses articles 120 et 123.

Loi organique de l'enseignement national n° 86/005 du 22 septembre 1986.

Article 120 :

Le Conseil national de l'Ordre veille à la sauvegarde de l'honneur, des droits et des intérêts professionnels communs des avocats.

Il détermine et unifie les règles et usages de la profession d'avocat. Il arrête à cette fin tous les règlements qu'il estime convenables. Il assure le fonctionnement de l'Ordre et peut imposer aux avocats, sous peine d'omission du tableau, toutes les obligations qu'il estime nécessaires à cet effet.

Il documente les barreaux sur toutes les questions qui intéressent la profession.

Il surveille le respect des règles de la déontologie par tous les avocats.

Il peut à cet effet enjoindre aux organes disciplinaires de se saisir de tout fait dont il a connaissance et en cas de défaillance de ces organes, évoquer les causes devant lui, même d'office.

Art. 123 :

Les règlements adoptés par le Conseil national de l'Ordre sont obligatoires pour tous les avocats. Les conseils de l'Ordre des barreaux en assurent l'application.

Systématiquement, les demandes d'admission au barreau, émanant des personnes n'ayant pas un diplôme délivré par l'UNAZA (université nationale du Zaïre, campus de Kinshasa, Lubumbashi et Kisangani) ou par l'ENDA, ex – École nationale de Droit et d'Administration, sont rejetées, pour manque de titre académique prévu par la loi de 1979. Normal. Aucun reproche à formuler à qui que ce soit. Mais les grincements de dents continuent dans le pays où les universités privées forment de plus en plus des juristes dans des conditions parfois meilleures que les trois universités de l'État.

Car, depuis, le Congo s'est doté de la loi n° 86/005 du 26 septembre 1986 organisant l'enseignement national. Sur pied de ce texte ont en effet été créées quelques universités privées, qui forment notamment des médecins et des juristes ! L'État emploie les médecins. Légaliste, le barreau continuait à ignorer le produit de ces universités-là, comme non visé par sa loi de 1979 !

A-t-il raison ?

Interprétant les deux textes légaux, le CNO s'est prononcé pour l'admission des impétrants issus des universités autres que l'UNAZA et l'ENDA. La raison fondamentale, c'est que la dernière expression de volonté du législateur de 1986 est à prendre en compte. C'est la loi antérieure de 1979 qui doit s'aligner sur celle de 1986 et non l'inverse. Ceci dit, le CNO a rédigé sa décision en des termes mesurés, pour ne pas avoir à contrer de face le texte en vigueur, non encore abrogé. Voici comment :

(...)

Attendu que l'Ordonnance-loi du 28 septembre 1979 conditionne l'admission au barreau notamment à la production d'un diplôme de licence en droit, délivré soit par « l'Université nationale du Zaïre », UNAZA, soit par « l'ancienne École nationale de Droit et d'Administration », ENDA, soit par « une université étrangère » en justifiant en ce cas de la connaissance du droit congolais ;

Attendu que, depuis, le législateur est intervenu, par sa loi-cadre du 22 septembre 1986, pour organiser l'enseignement public et privé et, par décision d'État ainsi qu'une loi particulière, pour dissoudre l'UNAZA ;

Attendu qu'au regard des lois organiques du barreau et cadre de l'Enseignement prérappelées, il échet d'indiquer, à l'ensemble de la profession, dans laquelle des trois catégories de diplômes visées par le législateur de 1979, il convient de placer les titres académiques délivrés par les établissements d'enseignement privé, créés sur pied de la loi-cadre de 1986, car, de toute évidence, nul ne peut ignorer ce texte légal ;

Attendu qu'il tombe sous les sens que ce n'est certainement ni dans la catégorie de diplômes de l'ex-UNAZA ni dans celle de l'ex-ENDA, tous deux établissements publics nommément désignés par la loi et au demeurant dissous sur ces entrefaites, de sorte que ces diplômes ne peuvent être assimilés potius ut qu'à ceux délivrés par les universités étrangères ;

Attendu que cela s'entend aussi au sens que l'on ne peut les ignorer totalement, car, eût-il existé en 1979 un enseignement supérieur privé que le législateur aurait réglé le sort de ces diplômes de toutes les façons ;

Attendu que la présente assimilation ne vaut qu'autant que tel établissement d'enseignement universitaire ayant la personnalité morale n'aura pas encore satisfait à la condition d'agrément prévue à l'article 46 de la loi-cadre susdite ;

Attendu que cette présomption est dans le sens des correspondances émanant des ministères compétents, de l'Éducation nationale et de la Justice et garde des Sceaux, en ce qui regarde respectivement l'agrément pour la fondation d'un établissement d'enseignement supérieur privé et la personnalité juridique, le cas échéant, correspondances adressées au Conseil national de l'Ordre en 1999 (n° 1235/C 1067/CAB/MIN/JGS/99 du 15 octobre 1999 et n° MINEDUC/CAB MIN/1609/99 du 9 novembre 1999)*;*

Attendu, au nom du principe de la maîtrise du tableau, qu'il revient à chaque barreau de s'assurer, autant que faire se peut, par le recours à des critères objectifs et impersonnels, de la moralité et du niveau intellectuel de ses membres, à l'entrée comme après, ce que vise du reste, la loi elle-même, qui impose les conditions de bonne conduite et d'études supérieures dans une profession où cependant l'obligation n'est pas de résultat mais de moyen ;

PAR CES MOTIFS ;

LE CONSEIL NATIONAL DE L'ORDRE,

Dit que les barreaux congolais peuvent aussi admettre sur leurs listes de stage, au vu d'un diplôme délivré par un établissement d'enseignement universitaire privé jouissant de la personnalité morale, en s'assurant de la connaissance du droit congolais par un test avant l'admission ;

Dit que l'obligation de vérifier la connaissance du droit congolais demeure pour les seuls établissements n'ayant pas encore satisfait à la condition d'agrément prévue à l'article 46 de la loi-cadre de l'enseignement.

Ainsi prononcé par le Conseil national de l'Ordre en son audience du 14 mars 2000 à laquelle siégeaient : le bâtonnier national MATADIWAMBA K.M., les bâtonniers NTOTO A.A., KABASELE MFUMU, KIBANGULA K.M., KASHONGWE M., et Maîtres Simon SIALA MBENZA et MUKENDY-a-NGOMBE.

Et là, le CNO a créé. A bien fait parler les deux lois concernées. Est allé à la rencontre de la volonté collective de tout un pays. Une loi ne pouvant pas tout dire ni tout prévoir, aux juges d'y remédier et dans la bonne direction. *Juris prudentia*, sagesse du droit.

SECTION 2 : DÉCISION N° 004/CNO DU 24 AVRIL 2001

Interprétation de la loi par voie règlementaire : cas de l'article 81 relatif à la fixation des honoraires d'avocat

1. Texte de loi

O-L. n° 79/028 du 28 septembre 1979, portant organisation du barreau et du corps des défenseurs judiciaires :

Article 81, dernier alinéa :

En cas de contestation sur le montant des honoraires, le client peut saisir le conseil de l'Ordre aux fins d'une conciliation et en cas d'échec de celle-ci, saisir le Conseil national de l'Ordre aux fins de faire fixer les honoraires.

Ce 24 février 2001, après le succès perceptible de la décision n° 003 du 14 mars 2000 ci-dessus, le CNO se réunit quasiment au complet – sept membres sur neuf, Banza Hangankolua, doyen et ancien bâtonnier, Kabasele Mfumu, secrétaire et bâtonnier, Kashongwe, secrétaire adjoint et ancien bâtonnier, Siala Mbenza, trésorier, Matadi Nenga, ancien bâtonnier, Kibangula, Kadima Mwelabituka, plus le président Matadiwamba Kamba Mutu, bâtonnier national, – pour modifier et compléter le règlement intérieur-cadre datant de l'installation du CNO le 19 août 1987. À l'épreuve du temps, le RIC, règlement intérieur cadre, doit être revisité, vu ses anachronismes et autres non-sens.

Un paradoxe, une injustice, une discrimination, un sort inégal. C'est ce que consacre le dernier alinéa de l'article 81, ci-dessus. Ce texte est pourtant clair et précis. Rien à redire. Mais il fait une victime, l'avocat, rendu inactif, sans initiative, en cas de conflit d'honoraires.

Relisez ce texte : seul le client, éventuel débiteur des honoraires, **peut** aller en conciliation au Conseil de l'ordre du barreau auquel appartient son avocat et lui seul aussi **peut** saisir le CNO pour fixer ces honoraires. Or le client peut ne pas avoir un quelconque intérêt à voir fixer les honoraires qu'il est appelé à payer.

Donc, il fallait faire cesser cette rocambolesque situation, due, au minimum, à la plume du législateur et non à une volonté délibérée de pénaliser le défenseur de la veuve et de l'orphelin. Ainsi le CNO a-t-il ouvert la même possibilité à l'avocat qu'à son client. Chacun peut prendre l'initiative, comme cela se passe en cas de conflit du Travail. Le RIC est donc modifié comme suit : « *Il* (avocat) *doit faire connaître cet état d'honoraires avant la fin de la procédure et par écrit à son client. En cas d'échec de la procédure de conciliation prévue à l'article 81 de la loi, il a lui aussi le droit de saisir le Conseil National de l'Ordre aux fins de fixation des honoraires.* »

Sans énerver la loi, il y a ici aussi création du droit, harmonisation et harmonie dans les rapports sociaux : client et avocat. L'avocat ne se plaint plus, le client non plus. Justice a été rendue, au nom de la vérité.

CHAPITRE 7

LA PRESSE, UNE JURISPRUDENCE CHOISIE

La loi du 22 juin 1996 sur la presse a créé quantité de délits, pour ne pas dire qu'elle les a semés à tout vent. Cela va, en effet, des incriminations précises, prévues aux articles 76 et 77, aux simples interdits, d'ordre moral, non assorties de sanction, prévus à l'article 79.

Seul l'article 82e paraît résumer les choses, mieux, créer l'infraction lorsqu'il proclame : « *L'auteur d'une diffusion ou d'une émission contraire à la loi, à la tranquillité et à l'ordre public ainsi qu'aux bonnes mœurs est passible des peines prévues par la loi sans préjudice des dommages et intérêts* (...). »

Notre loi étant à peine vieille de moins de vingt ans, avouons que bien peu de décisions doivent déjà être rendues à son appui, encore que les victimes privées et publiques ne font pas défaut sous nos latitudes.

Le fil conducteur de toute législation sur la presse étant le même, traiter d'une certaine jurisprudence, en l'occurrence la française, dont la dernière loi remonte au 29 juillet 1981, ne peut manquer d'intérêt. N'est-ce pas que la France passe pour le pays champion de la liberté d'opinion, celui des droits de l'Homme ? Quoi d'étonnant qu'on s'y attende à de fréquents procès en matière de délits de presse !

À quoi sert la presse et comment doit-elle travailler, les journalistes mieux que quiconque sont censés le savoir. Le savent-ils réellement ? Rappelons-leur toutefois que le but d'un organe de presse est d'**informer** autrui. Et pour ce faire, il existe des contraintes ou, si l'on préfère, une soupape de sécurité, destinée à protéger le journaliste : ne rien publier qui ne soit vrai ou tout au moins vérifiable. Dès lors, obéir scrupuleusement à la sacro-sainte règle de la « **double source** », c'est-à-dire « *pas de confirmation, pas d'information* ».

Car grande est la tentation pour un organe de presse d'avoir l'exclusivité, d'être le premier à balancer une information, et donc, à vite oublier d'obtenir la confirmation de la nouvelle. Un cas célèbre en est une illustration : toute la presse américaine, du Washington Post au plus obscur journal local, tous « *ont affirmé que le procureur Starr détenait une robe appartenant à Monica Lewinski, tachée du sperme présidentiel* »[39]

---

[39] *Le Canard enchaîné* n° 4033, 12 février 1999.

Et pourtant cette information s'avérera tout à fait fausse.

En un siècle d'existence, exactement 99 ans aujourd'hui, Le Canard enchaîné, journal satirique s'il en fût, hors influence, surtout de l'argent, est celui à qui il a été intenté quantité de procès en diffamation. Le journal a donc constitué des archives là-dessus. Il suit l'évolution de la démarche des juges – la jurisprudence – avec un réel intérêt. Il sait ce que c'est que bégayer pour un juge. Y a-t-il mieux que cela pour se défendre ?

Informer le lecteur, c'est la raison d'être de tout organe de presse, avons-nous dit tout à l'heure. Voyons ce que disent aujourd'hui les tribunaux français du besoin d'information, qui a conduit souvent Le Canard enchaîné devant le juge. Infatigable, cet hebdomadaire a eu, quand il n'était pas satisfait de la sentence nationale, s'en remettre à la Cour européenne des droits de l'Homme.

SECTION 1 : AFFAIRE CALVET C/ LE CANARD ENCHAÎNÉ

Une grève chez Peugeot. Des remous sociaux dans toute la France.

Et Le Canard enchaîné balance : pendant que l'on refuse 20 % d'augmentation aux travailleurs, le salaire du PDG CALVET a augmenté de 45 % en deux ans ! Réaction immédiate et indignée de l'intéressé auprès de la justice. Le juge de référé refuse la saisie du journal. Devant l'évidence – la nuit ne porte-t-elle pas conseil ? –, le plaignant abandonne les poursuites pour diffamation et fausseté de l'information. Il choisit d'attaquer pour **recel** et autre violation du secret fiscal. Devant la faiblesse de la position du PDG, son avocat a pris cette piste-là, pleine de succès à ses yeux.

Le tribunal correctionnel acquittera pour défaut de délit de violation du secret fiscal, nécessaire à la commission du recel.

En revanche, la Cour d'appel condamnera et le journal et l'auteur de l'article, car, a-t-elle admis, il y avait violation du secret fiscal en publiant la feuille d'impôt de M. Calvet.

La Cour de cassation rejettera comme non fondé le pourvoi du Canard enchaîné, les avis d'imposition de Calvet provenant nécessairement de l'administration fiscale. Le journal ne cède pas !

Quant à elle, la Cour européenne des droits de l'homme a blanchi Le Canard enchaîné, à raison que la simple détention d'un document ne peut pas être reprochée à quelqu'un, quand l'article lui-même n'est pas blâmable.

En fait, avec cette affaire, a été brisé un **piège infernal** pour le journaliste : pas de preuve ? – Diffamateur ! Des preuves ? – Receleur ! Merci à la Cour européenne. Après la cassation on croyait être arrivé au définitif, à l'irrévocable. Le journal a pu titrer son article avec humour : « *Calvet a mis un turbo sur la liberté de la presse* », lui qui professionnellement fabrique des Peugeot. Car désormais, « *la Cour interdit, écrit le journal, la ruse grossière qui consiste à poursuivre la simple détention d'un document quand l'article lui-même est irréprochable.* »

SECTION 2 : AFFAIRE CANDIDAT X C/LE CANARD ENCHAÎNÉ

Un chef du personnel des foyers des immigrés est traité de « patron de choc », aux « méthodes musclées ». Il est par ailleurs candidat à une élection sur la liste du Front national.

Le tribunal de grande instance admet que l'article ne contient aucune diffamation ni injure. Toutefois il condamne pour « dénigrement fautif », à 20.000 F de dommages-intérêts et à la publication de l'article. Appréciez les termes : pas diffamation mais dénigrement.

La Cour d'appel annule le jugement à l'appui de la règle de la liberté de la presse, « *un principe fondamental à valeur constitutionnelle* [qui] *n'est limité que par la répression des abus dans les cas prévus par la loi* ».

Les magistrats ont admis là que « l'insolence et la raillerie », dont use Le Canard enchaîné, dès lors qu'il ne porte pas atteinte « aux droits fondamentaux de la personne visée » ne sont pas reprochables.

En conclusion, le journaliste se doit de vérifier, de tourner sept fois son information avant de la publier. Plus il en a des preuves, mieux il se met à l'abri. Il doit chaque fois se dire qu'il est à l'opposé de l'avocat, duquel il n'est pas exigé de vérifier l'authenticité de ce que le client lui met sous la main.

En effet, si l'avocat produit en justice une pièce fausse, c'est naturellement et uniquement, le client qui fait usage de faux ! Quel avantage !, on dirait quelle mansuétude !

Enfin, il doit se dégager et du contexte et du contenu voire de la forme de l'article, que l'auteur s'est trouvé dans la **nécessité** d'informer le public. Le choix des mots, le ton, le désintéressement, tout cela entre en ligne de compte dans l'appréciation du bon juge.

Aussi le journaliste a-t-il intérêt de se souvenir toujours de ce proverbe lunda : « *Kabamba nsangu waayile, mwin milong washaal* », le colporteur des nouvelles paye toujours à la place de leur auteur.

BIBLIOGRAPHIE

LES OUVRAGES

ALLIOT D., *Voltaire en verve*, Paris, Horay, 2012.

BLOCK G., *Les Fins de Non-recevoir en Procédure civile*, Bruxelles, Bruylant, 2002.

BORÉ J., *La Cassation en Matière civile*, Paris, Dalloz, 1997.

BORÉ J., *La Cassation en Matière pénale*, Paris, LGDJ, Soufflot, 1985.

CABRILLAC H., *Introduction au Droit bancaire*, Paris, Dalloz, 1965.

CHARTIER Y., *La Cour de Cassation*, 2e éd., « Connaissance du Droit », Paris, Dalloz, 2001.

DEPORTES F. et Le GUENECHEC F., *Droit pénal général*, 2e éd., Paris, Economica, 2003.

HAUS, J. J., *Droit pénal*, 3e éd., t. I, Gant, Librairie générale de Ad. Hoste, 1879.

JOBARD-BACHELLIER M.-J. & BACHELLIER X., *Méthode du droit. La technique de cassation, Pourvois et Arrêts en matière civile*, Paris, Dalloz, 1989.

LAMBERT L., *Traité de droit pénal spécial*, Paris, Police-Revue, 1968.

MARGUENAUD J.-P., *La Cour européenne des Droits de l'Homme*, 3e éd., Paris, Dalloz, 2005.

MATADI NENGA GAMANDA, *Droit judiciaire privé*, Louvain-La-Neuve, Academia-Bruylant, 2006.

MATADIWAMBA KAMBA MUTU, T., *Espace Lunda et les Pelende-Khobo*, CEEBA publications, série II, vol. 99, Bandundu, 1998.

MATADIWAMBA KAMBA MUTU T., *Espace lunda et Identité en Afrique centrale, Lieux de Mémoire*, Liège, CEFAL, 4000 2011.

MATADIWAMBA KAMBA MUTU T., *Proverbes Pelende (République du Zaïre)*, CEEBA publications, série II, vol. 120, Kinshasa, 1996, réimpression 1997.

MINEUR G., *Commentaire du Code pénal congolais*, Bruxelles, Larcier, 1953.

MUPILA NDJIKE KAWENDE, H. F., *La Pensée de Th. MATADIWAMBA K.M., confrontée à la Justice, l'État de droit, l'Indépendance de la magistrature, l'Avocat et sa profession*, RDC, Pax Congo, 2005.

MUSHIGO-A-GAZANGA GINGOMBE R., *Les principes généraux du droit et leurs applications par la Cour suprême de justice du Congo*, Louvain-La-Neuve, Academia-Bruylant, 2002.

NDAYWEL è NZIEM I., *Les années Lovanium*, Paris, L'Harmattan, volume II, 2010.

NOUYRIGAT V., « Vous avez dit complot » ?, in *Science & Vie*, n° 1187, août 2016.

RIGAUX F., *La Nature du contrôle de la Cour de cassation*, Bruxelles, Bruylant, 1966.

RUBBENS Antoine, *L'Instruction criminelle et la Procédure pénale*, t. III, Léopoldville/Bruxelles, Lovanium/Larcier, 1965.

TERRE F., *Introduction générale au droit*, 3e éd., Paris, Dalloz, 1996

SCHEVEN C., *Traités des Pourvois en cassation*, 2e éd., Bruxelles, Bruylant/Christophe & Cie, 1885.

ARTICLES

Le Canard Enchaîné, n° du 27 janvier 1999.

Le Canard Enchaîné, n° 4033, 12 février 1999.

Le Monde, quotidien, vendredi 23 juillet 1982, p. 9.

https://adam1cor.fils.worderess.com/2012/151-ns-169-11-bschneidung.pdf.

Revue juridique du Congo Belge, RJCB, 1957.

TABLE DES MATIÈRES

www.ingramcontent.com/pod-product-compliance
Lightning Source LLC
LaVergne TN
LVHW050640051026
849532LV00002B/456
* 9 7 8 2 8 0 6 1 0 4 6 1 8 *